国家社会科学规划基金资助项目研究成果

文化财产的
跨国流转与返还法律问题研究

STUDY ON LEGAL ISSUES OF
TRANSNATIONAL TRANSFER AND
RETURN OF
CULTURE PROPERTY

孙南申　彭岳　孙雯　侯幼萍　杨晓溪　张程毅　张文静　著

法律出版社
LAW PRESS·CHINA

图书在版编目(CIP)数据

文化财产的跨国流转与返还法律问题研究 / 孙南申等著. —北京:法律出版社,2017
ISBN 978 - 7 - 5197 - 1022 - 4

Ⅰ.①文… Ⅱ.①孙…②彭… Ⅲ.①文化—财产—国际法—研究 Ⅳ.①D997.1

中国版本图书馆 CIP 数据核字(2017)第 150059 号

文化财产的跨国流转与返还法律问题研究
WENHUA CAICHAN DE KUAGUO LIUZHUAN YU FANHUAN FALÜ WENTI YANJIU

孙南申 彭岳 等著

策划编辑 黄彬洁
责任编辑 黄彬洁
装帧设计 李 瞻

出版 法律出版社
总发行 中国法律图书有限公司
经销 新华书店
印刷 北京京华虎彩印刷有限公司
责任校对 晁明慧
责任印制 张建伟
编辑统筹 法律出版社
开本 A5
印张 13.5
字数 350 千
版本 2017 年 8 月第 1 版
印次 2017 年 8 月第 1 次印刷

法律出版社/北京市丰台区莲花池西里 7 号(100073)
网址/www.lawpress.com.cn
投稿邮箱/info@lawpress.com.cn
举报维权邮箱/jbwq@lawpress.com.cn
销售热线/010 - 63939792
咨询电话/010 - 63939796

中国法律图书有限公司/北京市丰台区莲花池西里 7 号(100073)
全国各地中法图分、子公司销售电话:
统一销售客服/400 - 660 - 6393
第一法律书店/010 - 63939781/9782 西安分公司/029 - 85330678 重庆分公司/023 - 67453036
上海分公司/021 - 62071639/1636 深圳分公司/0755 - 83072995

书号:ISBN 978 - 7 - 5197 - 1022 - 4 定价:55.00 元

序　言

《文化财产的跨国流转与返还法律问题研究》是一部从国际法与国内法、公法与私法的不同层面与角度论述文化财产法律制度的专著，亦是作者承担国家社会科学规划基金资助项目“文化财产的跨国流转与返还法律问题研究”的最终研究成果。

一、研究的目的和意义

1. 近年来，文化财产的盗窃与非法流转已是世界范围内的一个国际性问题。近30年来，随着中国市场的开放，文化财产流失现象日趋严重，面临着因盗掘地下文物、非法转让、文物走私而造成的大量文化财产流失海外的现状。立足于中国是文化财产来源国这一客观事实，我国正面临着既要防范与打击文物非法出口，又要积极追索流失海外文物的重任。其中所涉及的文化财产的跨国流转与返还法律问题，是我国目前急需深入研究并具有重要理论价值和实践意义的课题。

2. 在国际法层面,1970 年《关于禁止和防止非法出口文化财产和非法转让其所有权的方法的公约》(以下简称 1970 年 UNESCO 公约)专门针对平时文化财产的保护。面对日益发展的文化财产市场,1995 年《关于被盗或非法出口文物的公约》(以下简称 1995 年 UNIDROIT 公约)专项规定了“被盗文物”和“非法出口文物”的返还机制。在国内法层面,各国也存在相应的文化财产保护立法。总体上,已经具有较为完整的文化财产保护的国内法和国际法。在法律制度已经基本完整的前提下,为何文化财产流失的现象却越来越严重?是制度执行的问题还是制度设计问题?当前的法律制度是否还有改进的余地?如何确定文化财产出口限制措施与文化财产贸易的自由化的关系?如何处理文化财产返还中的法律适用和利益冲突等一系列法律问题?这是本课题所需研究解决的问题,亦是项目研究的目的所在,通过本课题的研究,不仅能够对现有的文化财产法律制度做一体系性的梳理与分析,更力图在实施这一制度的理论性和现实性之间达至平衡,就如何保护文化财产与解决跨国流转与返还中的法律问题,提出具有前瞻性和可行性的方案。

3. 本课题从文化财产法律体系化的角度,探讨国际公约与国内规制的脱节和冲突之处,并提出有助于解决两者衔接与适用关系的思路。研究内容充分结合跨国流转与返还的实践案例,分析现有财产法体系在处理文化财产问题方面的不足,立足于解决中国文化财产流失与返还的问题,探讨新的法律解决思路,从规范主义角度提出对策建议。本课题研究的理论重点在于,如何在支离破碎的国内法和国际法之间建构一个分析文化财产法律问题的基本概念体系,并以这些概念为基础使现有的法律制度体系化。因此,本课题研究对文化财产的法律保护与体系完善具有重要的理论意义和实践价值。

二、研究成果的主要内容和重要观点

1. 研究成果的第一章讨论了文化财产跨国流转与返还法律问题

的基本理论问题，涉及文化财产的地位界定、国际主义和民族主义的理论之争、跨国流转与返还的法律定位、中国的现状与问题等方面。在论述文化财产的范围、价值与特征的基础上，本章研究成果认为：

(1)各国对于文化财产的定义不一，相关的判断标准既有价值上的，涉及相关文化产品的艺术性、历史意义和考古价值；也有时间上的，或以期间为准，或以某一具体时点为准。各国在文化财产法的规定方面存在具体分歧，因而在国际层面很难就财产法形成统一法。故各国通过国际公约的方式就文化财产保护设立了最低标准，从而形成了国际文化财产保护公法化的局面。

(2)在理解文化财产保护的确切含义时，存在民族主义和国际主义两个视角的冲突。在应然层面，民族主义似乎得到了普遍的认同，虽然 1954 年的海牙公约持国际主义视角，但 1970 年 UNESCO 公约和 1995 年 UNIDROIT 公约均沿着民族主义思路演进。在来源国国内立法层面，民族主义几乎是一个不证自明的公理。但是，在实然层面，市场国的执法和司法依然带有国际主义的印记。

(3)文化财产的非法贸易额仅次于毒品和武器走私。由此引发的争议是，当市场存在对文化财产的刚性需求时，严格限制文化财产流转是否可行？为此，在国内层面需要加大投入、严格执法，在国际层面需要获得市场国的大力支持。

(4)文化财产的国际流转和返还归根结底是一个国际法问题，无论通过来源国的单方贸易管制，还是通过在市场国诉讼要求返还，均因国内法自身的缺陷而难以保证行为目标的实现。为此，应分析相关法律的脱节和冲突之处，并在此基础上提出具有可行性的问题解决方案。

2. 研究成果第二章对文化财产返还的国际条约机制进行了深入阐述与分析，包括这一机制下的理论依据与法律关系、适用范围与基本内容、国内实施与面临问题、中国实施与追索途径等内容。

(1)本章的目的在于从国际法与国内法关系的角度阐明，有关文化财产保护公约的规则无疑是文化财产贸易合法与否的有效法律依据，因为文物来源国禁止出口的法律难以被进口国承认与适用。非法出口文物在进口国被视为违反外国公法，但该行为一般不构成返还非法出口物品的私法理由。因为公法本身不具有域外效力，除非根据条约规定进口国有义务遵守公约的规定而判决或执行返还非法出口文物。

（2）针对有学者认为"1970 年 UNESCO 公约规定仅能起到预防文物流失的作用，但无法解决那些已经流失至海外并被私人所占有的文物返还问题"。本书认为：第一，1970 年 UNESCO 公约明文承认通过诉讼方式要求返还文物，其前提在于提起诉讼之人应为失落或失窃文物的"合法所有者"。第二，尽管在国际层面存在保护文化财产的国际公约，但这些公约的最终执行仍需落实到各国的财产法之上。其中，1970 年 UNESCO 公约以及 1995 年 UNIDROIT 公约均涉及跨国民事诉讼问题。进行跨国民事诉讼要求返还文化财产会面临诸如诉权归属、善意取得、取得时效和消灭时效等问题，而这些问题上述公约并未予以解决。第三，正是因为各国国内法规定不一致，在公约规定存在缺陷或者国内法执行不力的现状下，相应的努力方向应该是完善国际条约的规定以及强化其在国内的执行。

（3）关于文化财产应返还来源国的理论依据，本章特别指出：从人类社会的发展历史看，我们无法忽视来源国作为文化财产合法的根据地的地位，因为来源国的那些社会组群（各个"社团"）应被视作文化物品的合法生产者与定义者。所以由国家制定政策保护该国所产出的或被视为该国文化一部分的文化遗产是完全合法的。从这一角度来看，文物艺术品是也有类似"国籍"这样的属性。因为几方面因素可能成为文化财产国籍的决定因素，包括艺术家的国籍、涉及的物品的地理位置、对某个组群的宗教意义或其被纳入某一收藏系列的属性。

3. 研究成果第三章对文化财产返还中的一系列法律问题进行了全景式的考察，内容涉及请求基础、法律关系、法律途径、诉讼管辖权、法律适用、国家豁免、承认执行、对策措施等方面。本章的目的在于阐明文化财产追索中所涉及的外交途径、民事程序、刑事程序的适用条件与关系，以及行使诉权的适格主体和如何了解与运用市场国的私法规则，并重点讨论了以下三方面的问题：

(1)国家作为所有人时的文化财产返还问题。相关的争议主要体现在：仅仅通过法律宣告，国家作为文化财产所有人的法律地位能否得到文化财产所在国的承认？

(2)善意第三人保护的问题。被掠夺或被盗文化财产的善意购买人能否拥有免受原所有人追偿的特权？对此，英美法系和大陆法系存在明显的冲突之处。

(3)诉讼时效问题。文化财产从遗失到重现通常会有较长的时间间隔，在时效的起算方面，是采用“要求和拒绝规则”还是采用“发现规则”？这不仅是一个法律技术问题，更是一个法律政策问题。对此，各国法律规范存在较大的冲突。

关于文化财产的所有权归属、法律适用和途径选择问题，本章从有利于流失文物归还来源国的角度，提出了以下观点：

(1)虽然文化财产的所有权可属于不同的主体，但一定程度上具有社会共享的特点。即使这些文化财产可以为私人所有，也不意味着所有权人可以随心所欲地处置这些财产，因为这些文化财产维系的是更广泛的公共利益，应以保护公共利益为目的对文化财产权进行设定，防止某些特权者滥用其所有权。

(2)在分析文化财产返还法律问题时，应以概念分析为前提，即以一般财产法的概念囊括文化财产的具体情形，然后对之进行法律规范的推演。如果规范推演的结果与当事方的利益诉求差距过大，则表明传统的法律框架已经不能满足当前的实际需求，进而需要对文化财产“财产化”的思路加以重新检讨。

(3)依据“物之所在地法”，认为应根据流失地国的法律来界定文化财产流转的合法性与否问题，应根据文化财产所在地国的法律确定文化财产的返还问题。这一理论实践中进一步发展为，就文化财产的返还而言,应区分文化财产流失国外的不同方式:对于仅因违反流失地国贸易管制法而流失国外的文化财产,文化财产所在地国认为并无义务返还,其主要的法理依据是他国公法在本国并无域外效力;对于中国文化财产的返还问题,除了通过文化财产所在地国内法途径之外,借助国际公约下的外交途径与协助途径也是不可或缺的。

4. 研究成果第四章对水下文化遗产保护与返还问题进行了介绍与分析,包括水下文化遗产保护的国际法框架、一般原则、典型案例和中国南海文化遗产保护问题,其重点是对《水下文化遗产保护公约》的阐述,以及西班牙沉船案的分析和对中国的启示。《水下文化遗产保护公约》的意义在于,具体明确了如何对"水下文化遗产"进行保护及其保护的内容和方式,同时为不同水域设计了不同的保护模式,包括内水、群岛水域、领海、毗连区、专属经济区和大陆架范围内的文化遗产保护,更加明确了保护的对象范围以及处理方式。本章另一个重点是通过美国联邦上诉法院作出的关于西班牙沉船案判决的案例分析,详细论述该案所引发的海底文物返还的法律问题,包括水下文化遗产的法律定性、法律归属、主权豁免、保护管辖等方面。并在此基础上,探讨此类案件的相关国际条约与国内立法的适用问题,尤其是对我国追索流失海外文化财产和水下遗产保护的借鉴意义。

5. 研究成果第五章和第六章是对文化财产跨国流转的贸易法律规制所进行的概述、分析与探讨。其中,第五章关注的是文化财产出口限制在国际贸易规制下的合法性问题,以及中国文化财产出口限制的现状与改进措施;第六章则从专业角度讨论具体的文化财产进出口的法律规制,包括文化财产出口管制的法律模式与实施效果,以及进口国对文化财产的进口管理、查处与判例。本章研究内容中的主要观点反映为以下四个方面:

(1)为保护本国文化财产,来源国需要使本国出口管制法具有域外效力。尽管存在旨在强化合作的 1970 年 UNESCO 公约,但因该公约涵盖的时空范围有限,来源国难以通过公约扩大本国出口控制法律的域外效力。尽管1995年UNIDROIT公约并未直接针对出口限制问题,但由于文物返还的前提之一是非法出口,因而可以认为各缔约国间接地承认了资源国出口限制法律的域外效力。

(2)在分析文化财产跨国流转问题时,应主要借助“公共利益”和“不可让渡性”这两个基本概念来论述政府干预的合理性。由于功能评价能够超越概念分析的窠臼,所以有可能在更高层次上达到公法和私法、国际法和国内法的高度统一。在国际层面,文化财产的保护主要表现为公法规范。但公法保护必须以坚实的财产法为基础。

(3)如果说境内执法是一个能力问题,那么境外执法则主要是一个意愿问题。难题在于进口国是否愿意承认来源国出口控制法律在本国的域外效力,以及是否愿意动用本国的执法资源协助出口国限制文化财产出口。文化财产的进口国一般为市场国,其本身可以从文化财产自由贸易中获得众多利益。承认和执行他国的出口控制法律有可能损及市场国的利益。因此,进口国必须在贸易自由和文化财产保护之间做出平衡。

(4)在文化财产所有权关系上,如果认为个人利益具有无可置疑的优先动力,则国家将丧失推进社会变革的能力;反之,如果认为公共利益可以取代个人利益,则会侵蚀社会得以存续的基础。在对个人所有文化财产进行规制时,政府不仅应当证明规制目标的正当性,还应选择适当的规制手段。

6. 研究成果的第七章主要讨论三个方面的问题:其一,文化财产的“财产”属性,说明将文化财产纳入普通财产所可能出现的法律问题;其二,文化财产的“文化”属性,说明将文化财产拔高为抽象文化所可能出现的法律问题;其三,本章指出,将文化财产过度“财产化”或“文化化”这一一元论思维与文化财产的二元属性存在根本冲突,应采取包容实用主义的观点,利用普通财产法的法律框架、概念、原则来包容文化财产法中的文化因素,从而在个人所有与国家干预之间寻求平衡。对于文化财产法的体系化,有必要在公法和私法、国内法和国际法相互衔接的层面促使文化财产法律的体系化。本章的主要学术观点如下：

(1)即使将文化财产“降格”为普通财产，对于文化财产的利用，如出口或摧毁也会因为涉及权力滥用而受到较为严格的限制。因此，那些强调文化财产“财产”属性的理论存在一个盲点，即认为如果文化财产被定性为普通财产，则文化财产将会被彻底商业化，可以由所有权人任意处置。显然，这一观点将财产法等同于权利保护的财产规则了。

(2)文化财产不是不可让渡，而是不可让渡到境外(禁止出口)。因此，相对于普通财产的市场不可让渡，文化财产是严格不可让渡。对于文化财产之所以采取如此严格的规定，其合理性只能立基在相关让渡会损害到团体人格这一理论之上。换言之，对于具有团体人格利益的文化财产，相关团体只有通过占有(直接占有或通过本团体内部成员间接占有)才能体现出与该文化财产所具有的人格联系。

(3)仅仅基于文化财产国家所有这一私法事实，中国文物保护法对于国家所有文化财产的管控缺少坚实的理论依据。国家之所以对文化财产实施管制，一个重要的原因在于文化财产(不管是国有还是私有)具有“公共物”的特征。因而，在其目的约束的范围内，对它们实施特殊规则。当前关于文化财产的国际公约仍以传统的财产法观点为基本前提，其关注点仍在于谁“拥有”特定文化财产，而非谁与特定的文化财产存在特殊关系。因此，在承认个人所有权的同时，也应当承认特定文化财产所承载的团体人格因素。

(4)为促使文化财产法与物权法等法律的体系化，应强调有别于所有权人的团体对于文化财产的照管权利及义务，通过文化财产的团体人格理论，限制文化财产所有权中的排他权和支配权。所有文化财产应当按照是否具有团体人格特性加以分类：有团体人格特性的，可被认定为珍贵文物；没有团体人格特征的，可被认定为非珍贵文物。对于前者，还应继续区分为国宝和非国宝，国宝体现出整个中华民族的团体人格，应适用严格的非让渡规则；非国宝的文物则适用市场的非让渡规则。对于后者,则不应施加特别限制,由普通财产法加以调整即可。

7. 研究成果的第八章深入讨论了现行《文物保护法》存在的问题,并重点分析了2014年《文物保护法修订草案征求意见稿》的重要突破与所面临的新挑战。本章的主要学术观点如下:

中国文物保护法以广泛的文物国有以及严格的行政管控为其特色。虽然逻辑上自成一体,但其存在未从根本上扭转中国文物长期遭受大规模破坏的趋势。为此,在维持既有文物保护体制的同时,应通过对文物保护制度的立法改进,缓解文物保护法的合理性危机,并在文物国有的基础上,建立起文物公物制度。

三、成果的学术与应用价值以及社会影响与效益

1. 研究成果指出,“文化”的界定存在“文化多元”和“文化融合”之争,对于“财产”的界定存在财产权是“对世权”还是“权利综合”之争。理论上,将文化财产视为一种新型的权利,文化财产的返还应遵循有别于一般财产法的制度而加以解决。在效果上,这种观点有助于最大限度地维护中国的利益。研究成果将文化财产定性为团体人格财产的论点,在一定程度上澄清了文化财产国际主义论调的实质。这一论证的核心要点在于:文化财产为天下之公物,为有能者得之。在此情况下,主张返还该文化财产的国家应当证明,本国对该特定文化财产享有人格权益。与中华人民共和国文物保护法所倡导的文化财产国有化、国有财产公法管控化的方案相比,团体人格财产理论更为忠实地体现了对国家所有权的尊重,也更能与物权法形成一个统一的体系。因此,这一理论上的创新观点具有重要的学术价值。

2. 研究成果的应用价值在于:将文化财产的跨国流转与文化财产的跨国返还,这两个相对独立又互为关联的交易行为与追索活动,分别进行专项法律规制研究,并反映两者的因果关系。对于文化财产的跨国追索与返还,研究如何解决跨国追索中面临的一系列法律问题,

分别从国际条约机制与国内司法机制两个层面研究解决之道。本项目的研究成果，不仅对现有的文化财产法律制度作出了体系性的梳理与分析，而且对文化财产流转与返还制度的理论构建与如何保护文化财产的现实性问题解决，提出了法律制度体系化的建议和具有前瞻性和可行性的方案。

3. 研究成果的社会影响与效益体现于：本项目研究内容理论与实践并重，从理论角度论证文化财产保护制度的体系性构建，并结合非法出口与被盗文物返还的国际实践和司法判例，从国际与国内立法两个层面，对文化财产跨国流转与返还法律问题进行实证分析与理论总结。实证的研究分析表明，文化财产的返还问题着眼于事后补救，文化财产的流转问题更着重于事先预防。关于文化财产流转的贸易规制，研究内容不仅理论上论证了来源国出口限制措施具有 WTO 贸易制度下的合法性地位，还从条约义务角度论述了市场国进口管理措施的理论与实践。

本书由孙南申教授负责全书内容篇目设计、确定写作原则与方法、修改全书初稿和最终定稿。全书的具体章节撰写分工如下：

第一章　孙南申
第二章　孙南申　杨晓溪
第三章　孙南申　孙　雯　张程毅　张文静
第四章　孙南申　孙　雯
第五章　孙南申　彭　岳
第六章　侯幼萍
第七章　彭　岳
第八章　彭　岳

孙南申
2017 年 3 月 15 日于上海

目录

第一章　文化财产跨国流转与返还的基本理论

第一节　文化财产的地位界定

一、文化财产的法定含义与范围

“文化财产”(culture property)一词主要针对与特殊文化与历史的民族或国家有特定关系的财产,既涵盖了某些民族或国家以特殊的文化方式体现和创造的各种文物与艺术品,也包括了可以反映早期人类文明的考古遗址。文化财产所起的作用是不言而喻的:既是我们了解各民族历史的发展与变化的途径,又是人们对各国不同时期的文化、历史和社会认同的基石。但文化财产的定义与范围往往由于不断变化而显得模糊和不易界定,因此在使用文化财产过程中的争论是存在的,也是国内法和国际法的相关立法中所面临的重要问题。

事实上，各国对于文化财产的定义不一。相关的判断标准既有价值上的，涉及相关文化产品的艺术性、历史意义和考古价值；也有时间上的，或以期间为准，或以某一具体时点为准。相对而言，前一标准有助于实施文物分类，并配置以更为精致的法律制度；后一标准较为容易操作，但易流于武断。

一直以来，文化财产就是不同于不动产、知识产权和个人财产这三类财产以外的第四类财产。传统上，文化财产是指承载着与特定文化遗产或身份具有独特联系的有形资源。由于其文化意义，这些有形资源，包括历史文件、艺术品、器具、工艺品、古物、建筑物和其他具有艺术、民族或历史价值的实物，实际上超越了一般财产的概念，并且应当得到特别的保护。

当前，各国越来越接受1970年UNESCO公约中就文化财产所作出的宽泛定义，并根据本国的具体情况加以调整。比如，中国1982年制定，2007年第三次修订的《文物保护法》对所保护的文物采用了广泛的定义。[1] 新西兰1975年制定，2006年修订的《受保护物品法》中，“受保护物品”的范围包括年限在50年以上的毛利人手工艺品。[2]

（一）国际公约下的含义与范围

1954年联合国教科文组织于海牙通过的《关于发生武装冲突情况下保护文化财产的公约》（以下简称1954年海牙公约）首次将文化财产定义为“对每一民族文化遗产具有重大意义的可移动或不可移动的财产”，并具体将其范围列举为以下几类：（1）建筑、艺术或历史纪念物；（2）考古遗址；（3）作为整体具有历史艺术价值的建筑群；（4）艺术作品；（5）具有艺术、历史或考古价值的手稿、书籍及其他

---

〔1〕 参见《中华人民共和国文物保护法》第2条。

〔2〕 See Piers Davies and Paul Myburgh, “The Protected Objects Act in New Zealand: Too Late?”, *International Journal of Cultural Property* 15, 2008.

物品;(6)科学收藏品和书籍或档案的重要藏品。[1]

可见,1954 年海牙公约为其目的所定义的“文化财产”强调的是“民族文化遗产”,包括“可移动与不可移动”的这类财产。公约下的“文化财产”与“文化遗产”为同义语,该公约仅适用于战时对文化财产的保护。

与此相对应,1972 年联合国教科文组织于巴黎通过的《保护世界文化和自然遗产公约》第 1 条则进一步将“文化遗产”(culture heritage)的特征与范围作了如下界定:

在本公约中,以下各项为“文化遗产”:

文物:从历史、艺术或科学角度看具有突出的普遍价值的建筑物、碑雕和碑画、具有考古性质的成分或结构、铭文、窟洞以及联合体;

建筑群:从历史、艺术或科学角度看,在建筑式样、分布均匀或与环境景色结合方面,具有突出的普遍价值的单立或连接的建筑群;

遗址:从历史、审美、人种学或人类学角度看具有突出的普遍价值的人类工程或自然与人联合工程以及考古地址等地方。

由此可见,1972 年《保护世界文化和自然遗产公约》对文化遗产的特别界定强调的是“有形的”和“不可移动的”文化遗产,并且将“文物”纳入了不可移动文化遗产的范畴,从而表明“文化遗产”或“文化财产”与“文物“亦为同义语。该公约主要适用于平时对文化遗产的保护。

联合国教科文组织 1970 年 UNESCO 公约将文化财产界定为包括文物在内的“可移动的”文化财产。因为该公约适用的目的是针对“非法进出口”和“非法转让”的文化财产,而作为进出口与跨国转让标的的文化财产一般都是可移动的。为此目的,1970 年 UNESCO 公约第 1 条对可移动文化财产的界定给予了较为广泛的范围,包括各类文化遗产、文物和艺术品,具体如下:

---

[1] 《关于发生武装冲突时保护文化财产的公约》第 1 条。

为了本公约的目的,“文化财产”一词系指每个国家,根据宗教的或世俗的理由,明确指定为具有重要考古、史前史、历史、文学、艺术或科学价值的财产并属于下列各类者:

1. 动物群落、植物群落、矿物和解剖以及具有古生物学意义的物品的稀有收集品和标本;

2. 有关历史,包括科学、技术、军事及社会史、有关国家领袖、思想家、科学家、艺术家之生平以及有关国家重大事件的财产;

3. 考古发掘(包括正常的和秘密的)或考古发现的成果;

4. 业已肢解的艺术或历史古迹或考古遗址之构成部分;

5. 一百年以前的古物,如铭文、钱币和印章;

6. 具有人种学意义的文物;

7. 有艺术价值的财产,例如:(1)全部是手工完成的图画、绘画和绘图,不论其装帧框座如何,也不论所用的是何种材料(不包括工业设计图及手工装饰的工业产品);(2)用任何材料制成的雕塑艺术和雕刻的原作;(3)版画、印片和平版画的原件;(4)用任何材料组集或拼集的艺术品原件;

8. 稀有手稿和古版书籍,有特殊意义的(历史、艺术、科学、文学等)古书、文件和出版物,不论是单本的或整套的;

9. 邮票、印花税票及类似的票证,不论是单张的或成套的;

10. 档案,包括有声、照相和电影档案;

11. 一百年以前的家具物品和古乐器。

国际私法统一协会 1995 年 UNIDROIT 公约对文化财产的定义与 1970 年 UNESCO 公约中所规定的定义完全相同,只是 1995 年 UNIDROIT 公约第 2 条将文化财产表述为文物(culture objects),即

为本公约之目的,文物系指因宗教或者世俗的原因,具有考古、史前史、历史、文学、艺术或者科学方面重要性,并属于本公约附件所列分类之一的物品。

1970 年 UNESCO 公约与 1995 年 UNIDROIT 公约是目前国际上

调整文化财产的跨国流转与返还问题的两个重要国际公约。1970 年 UNESCO 公约主要从国际公法角度规制,后者则从国际私法角度调整,从私法程序方面对前者的救济程序内容进行了补充。因此,这两个公约对文化财产或文物的定义是相同的。

(二)中国法律下的含义与范围

文化财产在我国立法中表述为“文物”,关于文物的界定与范围,我国《文物保护法》第 2 条的采用了广义概念,包括了文化遗址、历史建筑、艺术品、历史文献、历史实物五大类,具体规定的类别如下:

在中华人民共和国境内,下列文物受国家保护:

1. 具有历史、艺术、科学价值的古文化遗址、古墓葬、古建筑、石窟寺和石刻、壁画;

2. 与重大历史事件、革命运动或者著名人物有关的以及具有重要纪念意义、教育意义或者史料价值的近代现代重要史迹、实物、代表性建筑;

3. 历史上各时代珍贵的艺术品、工艺美术品;

4. 历史上各时代重要的文献资料以及具有历史、艺术、科学价值的手稿和图书资料等;

5. 反映历史上各时代、各民族社会制度、社会生产、社会生活的代表性实物。

以上五类中,前二类为不可移动文物,后三类属于可移动文物。对此,我国《文物保护法》第 3 条作出了如下具体规定:

1. 古文化遗址、古墓葬、古建筑、石窟寺、石刻、壁画、近代现代重要史迹和代表性建筑等不可移动文物,根据它们的历史、艺术、科学价值,可以分别确定为全国重点文物保护单位、省级文物保护单位、市、县级文物保护单位。

2. 历史上各时代重要实物、艺术品、文献、手稿、图书资料、代表性实物等可移动文物,分为珍贵文物和一般文物;珍贵文物分为一级文物、二级文物、三级文物。

通过对以上法律中关于文化财产、文化遗产、文物、艺术品的规定的比较，可以清楚地看出这四个术语的实际含义及其之间的关系，具体如下：

第一，1972 年《保护世界文化和自然遗产公约》下的文化遗产的含义主要针对不可移动文物，与中国《文物保护法》中所规定的“不可移动文物”的内容基本相同。因此，文化遗产与文化财产密切相关，但该公约所界定的文化遗产是狭义的，其物理范围小于文化财产，因为文化财产是包括可移动文物在内的。

第二，中国《文物保护法》下的文物含义由不可移动文物与可移动文物两部分构成，其中的不可移动文物的含义与 1972 年《保护世界文化和自然遗产公约》下的文化遗产的内容基本相同。

第三，1970 年 UNESCO 公约下的文化财产含义，尽管有各种不同的表现形式，但其实质内容就是指可移动的文物，且与中国文物保护法下的可移动文物的含义基本相同，虽然其所列举的表现形式更为详细。

第四，以上法律规定中的文物的均包含了艺术品这一主要表现形式。关于文物与艺术品的关系，本书认为，文物与艺术品系同义词，两者具有高度的交叉从属关系，均是一个国家、民族或群体的具有独特历史与文化价值的物质载体。一般而言，文物的概念要大于艺术品概念。文物涵盖的表现形式多于艺术品，如文物中的历史建筑、历史手稿等均不是艺术品，后者只是文物的一种主要形式。此外，并非所有的艺术品都应被视为文物，因为只有经过一定历史年限的艺术品才被视为文物。

此外，艺术品亦为版权的载体，往往具有版权，主要体现为美术、雕塑、工艺作品，是文物的主要表现形式之一。应当注意艺术品与工业制品的区别，它不属于文化产品，绘画与雕塑都是手工制作，不具有可复制的特点，艺术品一旦被复制就成为赝品。此外，艺术品不是实用性物品，一般不为商业用途而制作，因此具有新颖性与艺术的魅力。

一般情况下，文化财产的范围要小于文化遗产，后者不仅包括有形的文化物质还包括无形的文化资料。但上述国际条约与我国法律中所界定的文化遗产，基于立法目的并未将无形的文化财产包括在内。最后，基于本课题的研究目的，文化财产、文物、文化遗产、艺术品等术语在本文中的表述是互用的。

二、文化财产的价值与特征

(一)文化财产的价值

相关国际公约对文化财产的定义表明，某物品被称为文化财产或文化遗产，不仅仅意味着是作为物质存在的财产，其所代表的民族精神和文化历史内涵才是其价值所在。文化财产往往表征着某一群体的共同经历，所以它通常与民族本体、传统和实践紧密联系在一起，在国家与社会生活中起着重要作用。基于历史延续性和社会认同感的驱使，人们会感到与某些文化财产之间的联系，这种联系是形成群体身份认同感和归属感的基础。因此不难理解一些国家为何经常借助象征性的事物激励国家的统一与团结。这便是学者们所说的文化财产的"联想和象征意义"，文化财产具有的象征意义使人们感受到了与该文化财产之间的情感联系。[1]

可以认为，文化财产是某个具有特定文化特征的民族未来传承给将来一代的想要保留的有价值的资源，[2]它是一项集体权利。文化财产反映的是一个民族群体对该民族强烈的归属感，只要群体中的成员重视其身份，都会珍惜该民族所有的文化财产。他们会尽

---

〔1〕 参见高升：《文化财产返还国际争议的理论之争》，载《山东科技大学学报》(社会科学版)2008年第4期。

〔2〕 参见靳婷：《文化财产所有权问题研究》，中国政法大学出版社2013年版，第20页。

最大努力保护这些文化财产，将其留传给自己的后人，并将保护民族文化遗产视为自己的义务。同时，对这些文化财产进行有效的集体控制及对该群体成员的重要性也成为主张文化财产权利的法理依据。

此外，文化财产还具有独特的科学、历史与教育价值。一个民族的历史需要通过先人的创造得以传承，这些往往都由其创作的艺术、史学、雕塑、文物、古迹等文化财产加以逼真再现。每一处文化财产都代表了创造其民族的传统、历史和价值，都传递着其所在时代的重要信息，是其后代认识一个自身身份团体的最佳途径，也是全人类观测历史并了解其他民族的重要来源。

（二）文化财产的特征

文化财产作为一种资源，与一般法律意义上的财产有一定的共同性，即可为所有人占有、使用、收益和处分，具有财产价值和使用价值。世界范围内文化财产作为一种可流转物品，其具有不可再生性与稀缺性的特征，因而导致交易价值的不断上升，有增无减的文化财产非法出口与易手转让，反映文化财产在市场（包括合法市场与“文化灰市”）上具有潜在的巨大经济利益。文物收藏与艺术品投资热，其实是由文化财产的更深层的属性所决定——文化价值性。

文物的市场价值主要体现于其投资回报水平。有关的研究表明，艺术品的投资具有极高的市场回报水平。纽约大学经济学教授莫斯（Michael Moses）通过跟踪1875～1995年纽约拍卖市场出售的艺术品价格，发现艺术品正常的回报水平远高于同期的任何债券的回报水平，几乎与标准普尔指数的回报水平相当。[1] 此外，年代久远的货币（尤其是古钱币）也是一种重要的文物载体，因为其本身可以体现历史的文化与艺术价值。当然，对高额回报的追求也导致了文物市场上

〔1〕 参见马健：《艺术品市场的经济学》，中国时代经济出版社2008年版，第10～12页。

出现越来越多的赝品。

从现有的国际公约对文化财产的定义中，可以归纳出几个共同的特征要素：

(1)在法律领域对文化财产的定义角度，必须依靠历史、文化、艺术等学科领域的专业知识，才能对其进行准确界定。

(2)文化财产对于民族与群体来说是集体价值和进行自身价值认定的文化身份的象征，不同于其他简单的物理存在，对一个民族或群体的宗教、文化、政治生活有着重要影响。

(3)文化财产具有不可复制性，其物理有形体的财产必须是原件，而不包括任何工业设计图及手工装饰的工业产品。以艺术品为例：作为文物的绘画或版画，必须全部是手工完成的原件；作为文物的雕塑，必须是雕塑艺术和雕刻的原作；作为文物的合成艺术品，必须是用任何材料组集或拼集的艺术品原件。

相对于普通财产，文化以其独特的文化价值承载了社会公共利益。这种公共利益在法律上体现为因文物而产生的利益为所有的社会成员所共有，而非个人独享；同时为防止文物所有权人对文物的滥用和文物流失，使文物体现的公共利益得以最大限度的维护，大多数国家都通过法律对文物所有权加以限制，主要体现为对文物的使用、收益和处分权的限制。[1] 因此，也不难理解，为什么国家在文物的购买方面具有优先权。[2] 文物除了具有物权属性外，还具有体现公共利益的特殊属性。因此，物权法的法律安排是对文物的私法规制；文物法的法律安排涉及公共利益，是对文物的特殊规范。

---

〔1〕 参见张函：《国际艺术品贸易中的法律问题》，武汉大学2009年博士学位论文，第184页。

〔2〕 对此，《文物保护法》第58条规定："文物行政部门在审核拟拍卖的文物时，可以指定国有文物收藏单位优先购买其中的珍贵文物。购买价格由文物收藏单位的代表与文物的委托人协商确定。"

第二节　文化财产保护的国际主义和民族主义

一、文化财产保护的历史背景

文化财产的跨国非法流转并非仅局限于某些国家或地区，而是世界范围内迅速蔓延的一个国际化问题。自古以来，战争和武装冲突不断给人类社会带来痛苦灾难，同时伴随着的抢劫和掠夺也给文化财产和艺术宝藏带来了巨大损失。

追溯到埃及的法老时代，当时劫掠的主要对象就是价值连城的墓葬品。1687 年，威尼斯人进攻雅典，雅典人在被围困中把帕特农神庙改造成了军火库，围城中威尼斯人的炮弹击中了存放在帕特农神庙的炸药，炸毁了神庙的中部。1803 年，英国贵族埃尔金勋爵将神庙内残留的大部分雕刻运走，给神庙造成前所未有的损失。[1] 1982 年，希腊政府以保护世界文化遗产的名义要求英国归还帕特农大理石雕塑，这是人们在战争结束之后，尽力弥补已经造成的损失的行动。1991 年 1 月，欧盟的立法机关欧洲议会做出决定，支持希腊政府要求归还帕特农大神庙雕塑的要求。

2001 年，阿富汗塔利班领导人奥马尔以反对偶像崇拜为由，下令摧毁阿富汗境内的所有佛像，其中包括位于巴米扬省的两座巨型石雕佛像。尽管中国、美国、日本和巴基斯坦等国家都呼吁挽救这些珍贵的文化财产，塔利班却置若罔闻，仍然展开了大规模的毁坏行动，并动用了坦克和迫击炮等重型武器，把两座古老巨佛变为一堆炮灰。[2] 科学技术的发展使得现代的战争变得空前残酷，不仅带给人们无法消

---

〔1〕 资料来源：http://www.cctv.com/science/special/C14009/20061215/101583.shtml，最后访问日期：2016 年 6 月 30 日。

〔2〕 参见"阿富汗千年古佛旦夕被毁"，资料来源：http://www.pladaily.com.cn/gb/pladaily/2001/03/19/20010319001051.html，最后访问日期：2016 年 6 月 30 日。

除的伤痛,也给世界上的文物古迹带来了前所未有的巨大摧残。

第二次世界大战结束以后,为了减少战争破坏,保护古迹遗址和其他文化遗产,联合国教科文组织于1954年在海牙通过了《关于发生武装冲突情况下保护文化财产的公约》(1954年海牙公约)。所有签约国庄严承诺,在发生战争的时候,要积极保护所有文化财产,不论它们在本国领土还是在敌国领土上。1999年,联合国又通过1954年海牙公约公约第二议定书,该议定书强化了对文化财产在战争和敌对方占领时的保护,规定文化财产在战争和敌对方占领时享受豁免,制定了对破坏文化财产的肇事者追究刑事责任的原则,并要求各国在和平期间采取防范措施,以确保文化财产不在战争中被损毁。

联合国教科文组织于1970年11月14日通过了UNESCO公约,专门针对平时文化财产的保护,将国际社会对文化财产的保护从武装冲突的领域扩展到和平时期。面对日益发展的文化财产市场,国际统一私法协会于1995年6月24日在罗马通过了UNIDROIT公约,专门规定了"被盗文物"和"非法出口文物"的返还机制。

2003年4月美军攻占巴格达后,曾使伊拉克人民引以为自豪的国家博物馆遭到公开抢劫。一年后,据伊拉克国家博物馆的统计,伊拉克共有14,000件文物被盗抢,已追回的不到4000件,其余大部分已散落在外。[1]

近20年来,世界范围内文化财产的非法流转(包括出口、盗窃、偷运等)的情形越发严重。中国是世界文化大国之一,但百余年来,西方列强的不断入侵导致不计其数的文物损毁或破坏,大量珍贵的文物流失境外。中国当前的文物保护机制尚不健全,难以有效监管拍卖市场和文物黑市,珍贵的文物仍在不断的流失。因此,中国目前面临着

---

〔1〕 参见"战火中的噩梦——世界遗产之秘密档案(四)",资料来源:http://www.cctv.com/program/tsfx/topic/geography/C12496/20040625/101835.shtml.,最后访问日期:2016年7月1日。

既要加大打击文物犯罪，又要积极追索流失文物的重任。

二、文化国际主义与文化民族主义之争

文化财产的保护问题涉及民族主义和国际主义两种不同视角，以及文化财产的不同国家与主体的利益之争。有关文化财产的价值之争也涉及国内法和国际法的不同规定。美国学者约翰·亨利·梅里曼(John Henry Merryman)曾在20世纪80年代明确提出文化民族主义和文化国际主义的概念。他认为：每一方“在保护和处置帕特农大理石雕时都存有自身利益，这不仅仅涉及英国和希腊的利益，而且是全人类的利益”，并引用1954年海牙公约的序言指出，文化财产的损失就是“全人类文化遗产所遭受的损失”，因为“文化遗产的保存对世界各国人民都是非常重要，因此文化遗产必须获得国际性的保护”。梅里曼先生据此认为该公约强调文化财产是全人类的财产，是基于国际性利益而保护文化财产。与此相对应，1970年UNESCO公约在其序言和整个文本中强调国家对“民族文化遗产”的利益所在，其序言中认为“各国必须日益认识到其尊重本国及其他所有国家的文化遗产的道义责任”。

由此可见，1954年海牙公约着眼于保护“全人类的文化遗产”，以实现文化遗产的国际性保护，而1970年UNESCO公约则强调文化财产的“国家所有”。此即文化财产保护与返还所涉及的两个理论方向，分别称为“文化国际主义”(cultural internationalism)和“文化民族主义”(cultural nationalism)。[1]

就文化财产的贸易、归属和返还等问题，理论上历来存在国际主义与民族主义之争。在讨论文化财产到底归属于国际社会还是某个国家时，文化财产来源国与市场国之间事实上存在民族主义与国际主

---

〔1〕 See John Henry Merryman, “Two Ways of Thinking about Culture Property”, *American Journal of International Law* 80(4), 1986.

义之争。但在文化保护问题上,可以发现大多数权威人士观点都一致:无论是国家还是国际社会都对文化遗产有合法保护权利,并在不同领域扮演不同的角色。[1] 实际上,国际主义与民族主义均强调应对文化财产实施保护,但在保护的目的和方法方面存在较大差异。在国际主义看来,保护的目的在于传播和共享人类文化遗产,因此,保护的方法应有利于该文化财产的利用,而不以其是否保留在来源地为基础。与之不同,在民族主义看来,保护的目的是维护本国或本民族文化传统,因此,保护的方法应有利于本国或本民族保留这些文化财产。

(一)文化国际主义

1. 文化国际主义的含义

文化国际主义认为文化财产是人类共同文化的一部分,即"文化财产独立于某一个国家对特定文化财产享有的财产权利和控制权",文化财产的利益应由所有国家和民族共同分享。

1954 年海牙公约序言指出:"确信对任何民族文化财产的损害即对全人类文化遗产的损害,因为每一民族对世界文化皆有其贡献;考虑到文化遗产的保存对于世界各民族具有重大意义,该遗产获得国际保护至关重要"。

按照梅里曼(Merryman)的观点,文化国际主义所考虑的是"人类共同的文化",其主要包含三个要素,即文化财产的保存(preservation)、完整性(integrity)和分布(distribution),其中"保存"处于最应优先考虑的地位。就帕特农大理石雕而言,他认为石雕应存放在能受到"最好保护"的地方。文化财产的"完整性"是指使文化财产本身脱离或散落的部分回复原处,但是完整性远没有"保护"来的重要。Merryman 认为 1954 年海牙公约对国际法上文化财产的保护问

---

〔1〕 See Markus M. Muller, "Cultural Heritage Protection: Legitimacy, Property, and Functionalism", *International Journal of Cultural Property* 7(2), 1998.

题,主要提出了四点主张或观点:第一,文化财产对于世界和国际社会的一般利益,而不是单纯的国家利益;第二,文化财产具有独特的重要性,需要以特别的措施保证其受到妥善"保存";第三,个人在保护文化财产时的个人责任;第四,对危害文化财产行为的管辖权不仅局限于违法者所在国政府。[1]

文化国际主义认为,不管文化财产源于何处、位于何处,也不管相关所有权和管辖权的具体情况如何,文化财产均为人类的共同遗产,所有国家均有义务来保护文化财产。这一理论的成果之一体现为1954年海牙公约及其议定书。

因此,文化国际主义的实质就是将文化财产界定为全人类共同的财产,并强调对文化财产完整性的保护,而不要求文化财产要返还至文化财产来源国。只要文化财产所在地国可以提供更有利于保护文化财产的条件,则不存在返还的问题。

2. 文化财产国际主义的"财产性"

事实上,文化国际主义主要关注的是对文化财产的物理属性的保护,是以财产法上的原则为出发点的。其主张的财产法原则包括所有权、占有、定分止争以及善意取得。[2] 因此,Merryman主张的文化国际主义的三个要素从本质上讲是财产法上的概念。[3] 换言之,文化国际主义中的"保存、完整性和分布"对应的是财产法上的所有权、占有、定分止争以及善意取得制度。事实上,如此将文化财产和财产法

---

〔1〕 See John Henrry Merryman, "Two Ways of Thinking about Culture Property", *American Journal of International Law* 80(4), 1986.

〔2〕 See Danial Shaprio, "Repatriation: A Modest Proposal", 31 *N. Y. U. J. Int' l L. & Pol.* 31(95), 1998.

〔3〕 See Roger W. Mastalir, "A Proposal for Protecting the 'Cultural' and 'Property' Aspects of Cultural Property under International Law", 16 *Fordham Int' l L. J.* 16(1033), 1993.

原则这样生硬的联系起来是对保护文化财产的本质的误解。[1] 如果不能意识到文化财产的产生背景,不能理解文化财产的本质特性是与独特的国家和民族紧密联系的,并且不能发现文化财产与生俱来的民族性与文化财产的存在性之间的关系,文化国际主义固然就无法理解文化民族主义。因此,文化国际主义从"保护财产"的角度,仅考虑到保护文化财产的完整性和存续性,却忽略了文化财产内在的"文化性"和"民族性",从而无视文化财产来源国的返还请求,并将其指责为一种纯粹的情感诉求。

(二)文化民族主义

1. 文化民族主义的含义

文化民族主义以国家主权原则为基础,主张一国有权控制和支配其领域范围内的一切人、事物和行为,文化财产也不例外。文化民族主义认为文化财产是民族财产的一部分,这些财产是同特定人群的民族财产密切联系,因而应该得到保护。[2] 因此,文化财产被视为其来源国国家财产的一部分,文化民族主义强调文化财产的出口管制,并且要求返还非法流转至境外的文化财产。

1970 年 UNESCO 公约的序言指出:鉴于文化财产实际上是构成"文明和民族文化的一大基本要素",因此,只有充分掌握文化财产的"起源、历史和传统背景的知识,才能够理解其真正价值"。为此,各国"有责任保护本国领土内的文化财产免受偷盗、秘密发掘和非法出口的危险"。"为避免这些危险,各国必须日益认识到其尊重本国及其他所有国家的文化遗产的道义责任"。同时,该公约第 2 条、第 4 条进一步明确了文化财产对其来源国的重要意义,以及保护文化财产的基本原则,并强调文化财产是"原主国文化遗产"的一部分。具体规

---

〔1〕 参见高升:《文化财产返还国际正义的多元化机制研究》,中国政法大学出版社 2010 年版,第 7 页。

〔2〕 参见张函:《美国文化财产保护法律制度研究——兼论 1970 年 UNESCO 公约中保护方案之弊》,载《武大国际法评论》(第 12 卷)2009 年。

定如下：

第2条

1. 本公约缔约国承认文化财产非法进出口和所有权非法转让是造成这类财产的原主国文化遗产枯竭的主要原因之一，并承认国际合作是保护各国文化财产免遭由此产生的各种危险的最有效方法之一。

2. 为此目的，缔约国承担利用现有手段，特别是通过消除其根源、制止现有做法和帮助给予必要的补偿来反对这种做法。

第4条本公约缔约国承认，为了本公约的宗旨，凡属以下各类财产均为每个缔约国的文化遗产的一部分：

1. 有关国家的国民的个人或集体天才所创造的文化财产和居住在该国领土境内的外国国民或无国籍人在该国领土内创造的对有关国家具有重要意义的文化财产；

2. 在国家领土内发现的文化财产；

3. 经此类财产原主国主管当局的同意，由考古学、人种学或自然科学团体所获得的文化财产；

4. 经由自由达成协议实行交流的文化财产；

5. 经此类财产原主国主管当局的同意，作为赠送品而接收的或合法购置的文化财产。

综上，民族主义认为，文化财产首先是一国的文化遗产，与某一国家或地区存在密切联系，不管其位于何处，也不管谁拥有该文化财产，文化财产所属国有权限制文化财产的出口或者要求返还文化财产。在这一思路下，世界被分为两类国家：资源国家和市场国家。前者有权独占属于本国的文化财产并限制文化财产的出口。联合国教科文组织于1970年通过的UNESCO公约是民族主义理论的集大成者。

文化国际主义对此持有不同的观点，认为：在来源国对文化财产的供应超过了其国内的需求，如墨西哥、埃及、希腊和印度，他们拥有的丰富文物远远超出了国内使用需求。在市场国，文化财产求大于供，法国、德国、日本、瑞士和美国均是市场国的例子。市场国的需求极大地鼓励了来源国的出口。通常情况下,在来源国相对比较贫穷而市场国较为富裕的情形下,不受限制的文物市场将会促进文化财产的净出口。[1]

但是,文化财产的所有权源于来源国,如文化财产经非法途径出口流失,法理上就应物归原主。因此,文化民族主义主张建立完整的文化财产返还的法律机制,以追索回所流失文化财产的所有权。相比而言,将文化遗产视为全人类共同所有的文化国际主义观点的实质并不像其所主张的那么理想化。事实上,文化国际主义者提出的将文化财产作为"全人类的共同财产"来保护这个观点,正在被世界各国更为"现实"的文化财产跨国流转与返还的观点所取代。

2. 文化民族主义的"文化性"

与文化国际主义不同,文化民族主义更多地关注文化财产的"文化"内涵,强调一国对来源于其境内的文化财产的所有权,以及该文化财产所承载的一国及其民族所特有的精神和价值。相对于文化国际主义的"财产性"诉求,文化民族主义更多地强调文化财产的文化内涵和民族精神。虽然在主张文化财产保护诉求时,文化民族主义容易被误认为只注重"情感诉求"与忽视文化财产对国际社会的财产价值,但应看到文化财产的实质是一个国家或民族的历史积淀和精神载体,而不能轻易地以保护其"财产性"和"存在"为由而拒绝将其返还给来源地国家。

由于文化财产是一个国家、一个民族永久的记忆,它以物质的形式,记载与传承着不同时代国家与民族的历史档案与人文信息,因而是独立存在的历史文物,具有不可复制、不可再生的特征。因此,文物的价值不能仅以市场价格为衡量依据,因为市场的价值无法决定文化财产的全部价值。文物的历史文化价值是第一位的,应高于市场价

---

〔1〕 See John Henrry Merryman, "Two Ways of Thinking about Culture Property", 80 *American Journal of International Law* 80, 1986.

值,而市场价值主要取决于非理性的供求关系。

如果将文化国际主义的理论应用于实践,可以发现,其合理性均有待论证。具体而言,依国际主义理论,文化财产应由最珍视其价值的一方所拥有。在个人对文化财产拥有所有权以及实施契约自由的前提下,判断一方珍视文化财产的客观标准似乎只能依赖于交易价格。如果市场是决定文化财产归属的最终标准,则必然会限制乃至否定文化财产的文化性,而突出其财产性。如果不存在出口控制,在价高者优先获得所有权的市场规律下,文化财产将主要由富人和富国所持有。尽管文化财产可能会因此而得到更为充分的保护,但很难认为这是一种人类共享文化财产的最佳方式。

从另一角度,文化国际主义在一定程度上成为掩盖占有文化财产之私利的面纱,"保护全人类共同文化遗产"往往成为一些国家占有他国文化财产的"合法"基础。一些文化国际主义者提出,为了各国民众对文化的广泛需求,馆藏丰富的大型博物馆应该发挥其普世的教育作用,拒绝将博物馆的馆藏品归还原主国的要求。但是这种普世的博物馆无论是在道德上,还是在法律上均难以得到支持。因为普世博物馆实际上只看到了其收藏的文化财产对于参观者的价值,但却忽略了文物或艺术品对于其创造者的团体或民族具有特殊的文化价值。文化财产一旦离开原始文化环境,便失去了存在的历史背景与文化氛围。

为此,联合国教科文组织总干事曾经呼吁"将无法取代的珍贵文化遗产归还给原创造者,为文物归还工作奠定了一系列的道德准则基础",并指出:最能代表一国文化的艺术财富,在本国人民心中占据着极其重要的位置,它们的长期缺失会给本国人民带来巨大的伤痛;应将这些艺术品或历史资料归还给原创国家以使其重拾记忆和身份;尊重艺术品有利于促进它们回归故土。[1]

---

〔1〕 参见[澳]林德尔·普罗特:《文物归还的道德与法律》,王维东译,载《国际博物馆》2009年第2期。

第三节　文化财产的国际流转问题

一、WTO 下的文化财产国际流转

文化财产的跨国流转涉及国际贸易法的适用问题，在国际法层面，亦涉及 WTO 贸易规则的适用问题。但由于 WTO 下关税及贸易总协定(以下简称 GATT)第 20(f)条将文化财产列入“一般例外”，因此文化财产的跨国流转与一般财产的跨国流转存在本质区别。适用于后者的贸易自由原则显然难以适用于前者。可以认为：文化财产的国际流转以限制为原则、以自由为例外。问题在于：限制的权力必须符合一定的国际规则。

因此，应当明确一国实施文化财产出口限制的权力限度问题。对文化财产进行出口控制意味着对贸易自由原则的背离。在文化财产的出口国为贸易协定的成员方时，有必要确定这一出口控制行为是否符合贸易协定的要求。

禁止数量限制是贸易体系的基石之一。GATT 第 11.1 条规定，成员对出口施加数量限制或一切具有同等效果的措施，均应予以禁止。在“印度—数量限制”(India-Quantitative Restrictions)案中，专家组认为，自由裁量或非自动许可要求属于第 11.1 条项下的数量限制。[1] 鉴于文化财产的出口要受到相关机构的审查，可以认为，对文化财产实施出口控制的行为属于数量限制，原则上为第 11.1 条所禁止。

但是，文化财产毕竟不同于一般的工业化产品，有其不可替代的价值。对此，GATT 第 11.2(b)条为一国限制文化财产出口提供了一个法律依据。根据该条，为实施国际贸易中的商品归类、分级和销售标准或

---

〔1〕 See Panel Report on India — Quantitative Restrictions, paras. 5.129 - 5.130.

法规而必须采取进出口禁止或限制的可以豁免于第11.1条的要求。当前,为保护本国文化财产和管理相关交易行为,很多国家采取了分级管理体制,不同等级文化财产的出口受到不同程度的控制,这显然符合上述第11.2(b)条的要求。问题在于,当一国寻求第11.2(b)条项下的豁免时,应证明:(1)相关国际贸易中的商品归类、分级和销售标准或法规本身符合国际贸易协定;(2)采取出口控制措施是实施上述标准或法规所必需的。对于实施出口控制的国家而言,这远不如直接援引GATT项下的“一般例外”来的简便。

GATT第20(f)条规定,为保护具有艺术、历史或考古价值的国宝(national treasures),成员方可以采取数量限制措施,只要此类措施的实施不在情形相同的国家之间构成任意或不合理歧视的手段或构成对国际贸易的变相限制。这说明,只要实施方式得当,一国可以对文化财产采取出口控制措施。相比于其他例外,对于一成员所采取的措施与所要达成的目标之间是否需要存在特定强度的关系,GATT第20(f)条未作特别要求。这意味着,为保护国宝,一国所采取的出口控制措施无须是“必需”的,只要该措施的实施符合最低比例性要求即可。然而,需要说明的是,并不能因为存在诸如GATT第20(f)条规定就使GATT第11.2(b)条归于无用。由于上述“一般例外”条款针对的是“保护国宝”而非保护文化财产,这意味着必然有一部分保护文化财产的措施不符合“一般例外”。对于那些非属于“保护国宝”的文化财产出口控制措施,成员方仍可求助于第11.2(b)条项下的豁免。因此,对于WTO成员方来说,其对文化财产的出口控制权限可分为两类:

其一,如果相关文化财产构成WTO项下的国宝,则出口国可以为保护国宝而采取出口控制,但此类出口措施的实施不应构成武断或任意的歧视或构成对国际贸易的变相限制。

其二,如果相关文化财产不构成WTO项下的国宝,则出口国可以为实施贸易归类、分级和销售标准和法规而对文化财产采取出口控制,但此类出口控制应当符合“必需”要件。

二、文化财产的出口限制措施

在全球文物黑市交易中,违反文物原产国国内法律,非法出口的文物价值已达数十亿美元。许多古物被非法挖掘、非法出口,并在瑞士、美国等地方交易,最终流入博物馆或被私人收藏。原产国抱怨他们的文化遗产被偷盗后交易,考古学家担心这些古物在缺乏考古学家专业指导下而破坏了古物应有的价值,非连续的存放记录和保护,失去古物本身的学问和价值。[1] 非法交易古物的害处很多,不仅使文物经常遭到破坏,而且因违反考古规范导致学术信息丢失。此外,原产国的文物流失到国外也使文化财产爱好者失去欣赏的机会。

作为文物来源国,严格限制文物出口甚至限制文物所有权的主要作用或原因:一是阻止非法发掘文物与非法出口;二是出于民族主义和政治上的原因在本土保留文化财产。其中保护遗址不受劫掠是更为主要的理由。因此许多文化财产来源国和考古学家都将出口和进口限制作为保护文物的有利手段。

目前,世界上绝大多数国家均对文化财产的国际流转采取一定的限制或管制措施。各国对文化财产实行贸易限制的最广泛形式是出口控制,但各国关于限制文化财产出口的法律制度发展状况不一,在具体的内容方面也存在不同。随着联合国教科文组织 1970 年 UNESCO 公约影响力的不断扩大,各国的相关立法有趋同趋势。而欧盟组织也通过硬法或软法等方式来统一相关规则或设定同一标准,从而加速了限制措施的标准化进程。

对于艺术品和具有历史与文化价值的文物,大多数国家都设定了

---

〔1〕 See Eric A. Posner, “The International Protection of Culture Property: Some Skeptical Observation” (November 2006), Public Law and Legal Theory Working Paper Series: http://www. law. uchicago. edu/academics/publiclaw/index. html. ,最后访问日期:2016 年 7 月 17 日。

限制出口的规则，包括禁止出口和出口许可措施。例如，法国法律规定凡价值超过 15 万欧元的绘画或价值超过 5 万欧元的雕塑的出口均需要申请出口证明；如果该艺术品被宣告为国家财产，其再次提出的申请将被拒绝。设立欧共体的《罗马条约》虽然规定了货物自由流通的原则，但同时又在其第 29 条中规定了自由流通的例外原则，即允许各成员国为了保护具有历史、艺术和考古价值的文化财产而建立自己的出口限制规则。如意大利法律主要根据文化财产已存在的年限决定是否可以出口，规定了凡超过 150 年历史的艺术品出口均需经过出口许可程序，未被许可则不得离开意大利。[1]

对于文物的出境限制，我国《文物保护法》分别规定了“禁止出境”与“审核出境”两项规则。[2] 根据禁止出境规则，凡国有文物、非国有文物中的珍贵文物和国家规定禁止出境的其他文物，一律不得出境；但是依照《文物保护法》规定出境展览或者因特殊需要经国务院批准出境的除外。按照审核出境规则，凡文物出境，均应当经国务院文物行政部门指定的文物进出境审核机构审核；经审核允许出境的文物，由国务院文物行政部门发给文物出境许可证，从国务院文物行政部门指定的口岸出境。此外，任何单位或者个人运送、邮寄、携带文物出境，应当向海关申报；海关凭文物出境许可证放行。

为具体实施以上规则，国家文物管理局又于 2007 年 6 月颁布了新的《文物出境审核标准》，对以上文物出境限制原则的执行，作出以下明确规定：

1. 以 1949 年为主要标准线。凡在 1949 年以前（含 1949 年）生产、制作的具有一定历史、艺术、科学价值的文物，原则上禁止出境。

2. 其中，1911 年以前（含 1911 年）生产、制作的文物一律禁止出境。

---

〔1〕 See John Merryman, “The Retention of Cultural Property”, 21 *U. C. Davis L. aw Review* 21, 1988.

〔2〕《中华人民共和国文物保护法》第 60 条、第 61 条。

3. 少数民族文物以 1966 年为主要标准线。凡在 1966 年以前（含 1966 年）生产、制作的有代表性的少数民族文物禁止出境。

4. 凡有损国家、民族利益或者有可能引起不良社会影响的文物，不论年限，一律禁止出境。

5. 未列入本标准范围之内的文物，如经文物进出境审核机构审核，确有重大历史、艺术、科学价值的，应禁止出境。

三、文化财产的进口限制义务

虽然各国对文物的出境加以限制或禁止，但一般并不限制文物的进口。多数发达国家并未针对文物的进口予以专门的立法。例如，美国是艺术品的进口国，所以对艺术品出口没有限制，除了 1979 年考古资源保护法案，该法限制对超过 100 年历史的印第安艺术品贸易。〔1〕中国对文物的进口也未进行专项立法。

各国对于文物的进口虽无限制，但入境时均需进行申报，以征收相应的进口关税。对未予申报逃避关税的，亦视为非法进口或走私。一国如对文物实行进口限制，也主要是为了履行相关的国际条约义务。有关国家根据双边协定的要求，会对特定的文物进口采取限制措施。如中美两国签订的关于限制进口中国文物的谅解备忘录，〔2〕该备忘录于 2009 年签署生效，期满后双方又进行了修订及顺延，新文本已于 2014 年 1 月 14 日生效，有效期也是 5 年。美国是世界上最大的文物艺术品进口国，且一贯奉行贸易自由原则，但在双边协定安排下，已采取了相应的限制艺术品进口的措施。

对于文化财产的进口，发达国家通常要求在海关进行申报。因

〔1〕 参见张函：《国际艺术品贸易中的法律问题》，武汉大学 2009 年博士学位论文，第 30 ~ 31 页。

〔2〕 即《中华人民共和国政府和美利坚合众国政府对旧石器时代到唐末的归类考古材料以及至少 250 年以上的古迹雕塑和壁上艺术实施进口限制的谅解备忘录》，该备忘录于 2009 年 1 月 14 日签署，有效期 5 年。

此,对文物进口限制的措施一般表现为艺术品进口的申报义务规则,尤其是根据文物来源国法律和相应条约规定对出口限制涵盖的物品必须申报。对未予申报或低估价值的物品则予以没收。通常,根据法律被确定为非法进口的物品,将被进口国没收而成为国家财产。如来源国要求返还,则需要根据两国共同参加的公约规定的程序进行。可见,文物入境被认定违反进口规则与进口国尊重来源国出口规则有关。如在一起美国海关没收文物进口案中,一位收藏者将其从瑞士艺术商处买到的一个古代金盆子带入美国,但在海关申报时未能具体说明其价值与来源,该收藏者也不知道有关海关申报的条款。美国海关在收到意大利政府的投诉后,就从该收藏者家中带走了该金盘子,美国联邦地区法院最后判决将盘子归还给意大利。[1]

艺术品或文物的国内贸易与国际贸易有时难以区分,交易在进口国内履行往往被视为有效,关键看在其来源国的出口环节是否合法,因为各国往往对文物限制出口而对进口并不加以限制。为防止文物流出境外,各国在海关出口环节的限制或禁止的主要形式就是如实申报义务,如通过藏匿方式规避该义务的就构成文物走私。从法律角度,对艺术品贸易需要区分现代艺术品与古代艺术品,只有构成文物的后者才予以限制或禁止出口。

在艺术品贸易中,一国的出口对另一国则构成进口。如果文物贸易违反来源国出口管制流入进口国,就会出现同一文物的跨境移动在“出口国违法而在进口国合法”的法律冲突。为解决这一法律冲突,有效遏制文物跨境走私,就需要各国的合作。为此,1970 年 UNESCO 公约第 3 条规定了“缔约国违反本公约所列的规定而造成的文化财产之进出口或所有权转让均属非法”的原则。这一原则中的“非法”系指“违反本公约所列的规定”,尤其是公约赋予各缔约国创设的出

---

〔1〕 United States v. An Antique Platter of Gold as Phiale Mesomphalos, c. 400 B. C., 95 Civ. 10537(BSJ). 1997 U. S. Dist. LEXIS 18899.

口授权及禁止出口的体制，即公约第 6 条所规定的要求各缔约国承担的以下条约义务：

1. 发放适当证件，出口国将在该证件中说明有关文化财产的出口已经过批准。根据规定出口的各种文化财产，均须附有此种证件；

2. 除非附有上述出口证件，禁止文化财产从本国领土出口；

3. 通过适当方法宣传这种禁止，特别要在可能出口或进口文化财产的人们中间进行宣传。

公约所创设的以上国际义务的意义在于：将各缔约国的文化财产的出口限制与进口限制建立了密切的联系。换言之，各缔约国应在公约体制下设定文化财产的进口限制，作为对文物来源国出口限制的协助义务。为此，公约第 13 条对这一进口限制义务进一步作出如下的明确规定：

本公约缔约国还应在符合其本国法律的情况下承担：

1. 通过一切适当手段防止可能引起文化财产的非法进出口的这一类财产的所有权转让；

2. 保证本国的主管机关进行合作，使非法出口的文化财产尽早归还其合法所有者；

3. 受理合法所有者或其代表提出的关于找回失落的或失窃的文化财产的诉讼；

4. 承认本公约缔约国有不可取消的权利规定，并宣布某些文化财产是不能让与的，因而据此也不能出口，若此类财产已经出口务须促使这类财产归还给有关国家。

第四节　文化财产的跨国返还问题

一、跨国返还之必要性

文化财产的主要价值在于其所体现的民族历史与文化属性中的

诸多要素,包括历史记载、原始用途、社会意义及人文精神等,因此,对文物认定的过程亦是价值评估的过程,借以把握其文化历史与流传经历,鉴定其在历史、艺术、科学等方面对社会发展的影响。文化财产的内在价值决定了其代表着一个民族的文明,并构成这一文明蕴含的民族的历史、文化、精神、尊严的重要组成部分。换言之,文物的历史延续性深刻地影响着其所代表民族的现在与将来,对于一个文明从来未中断过的中华民族来说尤其如此。

各国法律有关文物文化财产的认定几乎都是以其内在历史、文化与社会价值为其基本标准。如中国《文物保护法》所规定的历史、艺术、科学价值;意大利《关于保护艺术品和历史文化财产的法律》所规定的艺术、考古或民族学价值;西班牙《历史遗产法》规定的艺术性、历史性、人种学、古生物学和科学价值的标准等。因此,文化财产的珍贵性与重要意义在于:其作为一种历史实物的证据是不能更改的,而历史文献是可以根据政治需要改变的,因为文献是一种主观的记录,而文物是一种客观的物证。这就是文化财产原主国为什么不遗余力追索返还历史文物的基本原因。

在现行的文化财产法律体系下,文化财产的跨国返还主要发生在以下三种情况:一是战时被掠夺文化财产的返还问题;二是盗窃文化财产的返还问题;三是非法贸易下文化财产的返还问题。在现有的法律语境下,战时被掠文化财产和盗窃文化财产的返还主要是一个国内法问题,基本上由文化财产所在地的法律确定,但亦涉及国际法问题,即在有关国家之间生效的相关国际条约的适用问题。

二、跨国返还之法律依据

(一)国内法依据

作为文化财产返还的法律依据,其来源国均通过国内立法并以列举的方式界定所保护的文物范围。如前所述,我国《文物保护法》以列举的方式对受保护文物的范围作出了明确规定。采用类似方式的国家还有日本、印度、俄罗斯等国，通过这种方式界定文物保护范围的优点是具有可操作性和便于实施。也有一些国家在国内立法中通过概括性规定的方式来界定所保护的文物范围，这种方式的特点是对文物内涵和外延作出明确界定，以在客观上有利于认识的统一。如埃及的《文物保护法》规定：(1) 凡史前、历史上各时代直至 100 年前的与各种文化、艺术、科学、文物和宗教有关的一切具有考古价值或历史意义的动产和不动产均属文物；(2) 这些文物都是在埃及领土上出现的或与历史有联系的各种文物的标志；(3) 人类遗骸的同时期的生物遗骸也属文物；(4) 任何具有历史、科学、宗教、艺术和文物价值的动产或不动产，当予以保护和维修，对国家有利时，可根据主管文化事务的部长建议，经总理批准，将其视为文物，不受前条有关时代规定的限制，并根据本法规定予以登记注册。[1] 除了埃及外，采取这种界定方式的国家还有法国、希腊、意大利、西班牙、美国等国。

(二) 国际法依据

在现有国际公约框架下，一些国家通过国际合作追索非法流失的文物，取得了一定的实质性的发展。不过，关于文化财产非法流转追索的国际公约，受条约不溯既往原则的限制，其有关规则尚难以适用于其生效前发生的文化财产流失的返还问题。即使对公约生效后发生的文物流失的追索，也因一些主要文物市场国的抵制，使相关公约的实施范围受到限制。

联合国教科文组织 1954 年海牙公约开创了文化财产国际保护机制中的先河。迄今为止，已有 100 多个国家签署与加入该公约，中国亦于 2000 年加入。公约明确禁止一国在武装冲突情况下对另一缔约国文化财产的盗窃、盗用、掠夺和任何形式的破坏行为，如有违反则予制裁，同时要求每一缔约国应在武装冲突终止时，向先前被占领的主管当局归还处于其领土内的文化财产。

---

〔1〕《埃及文物保护法》(1938 年) 第 1 条、第 2 条。

但该公约所保护的文物范围有限，仅针对在战时占领国或者第三国为了妥善保护文物的需要而移出的并由其监管、保管的文物，而未包括那些在战时被掠夺或者以其他不法手段转移出去的文物。易言之，公约并不适用于那些在战争中因被抢夺、偷盗以及其他非法手段流失至国外的文物。中国流失至海外的文物，多数是以非法手段流失到境外的。除了适用范围的局限，另一个不利因素是该公约对生效之前发生的盗窃、抢夺文物的行为并不具有追溯力。

联合国教科文组织1970年UNESCO公约，旨在限制文化财产的非法国际贸易，保护文物来源国对于其本国文化财产的权利，确立了文化财产来源国保护的国家主义立场。在此基础上，1970年UNESCO公约允许各缔约国制定其自身的文化财产保护政策，同时承认缔约国“有权利规定并宣布某些文化财产是不能让与的”。[1]公约不仅适用于在和平状态下由于偷盗等犯罪手段非法，出口至其他国家的文物，也适用于在战争状态下一国由于被他国占领而被迫出口的文化财产或转让其所有权的文物，并明确这一部分文物的进出口行为也属非法，这两类文物均应适用本公约的返还程序。公约因此要求各缔约国应对每一件从他国进口的文物进行审查，确定其是否具有来源国签发的合法性文件，以确保本国领土内的博物馆不得获取来源于另一缔约国非法出口的文化财产。

鉴于非法转让问题是导致国际社会中文物无法返还的重要原因。1970年UNESCO公约对文物非法进出口、所有权非法转让问题作出明确规定，即缔约国“承认文化财产非法进出口和所有权非法转让，是造成这类财产的原主国文化遗产枯竭的主要原因之一，并承认国际合作是保护各国文化财产免遭由此产生的各种危险的最有效方法之一”。[2]

---

〔1〕 1970年《关于禁止和防止非法进出口文化财产和非法转让其所有权的公约》第5条、第6条、第13条。

〔2〕 1970年《关于禁止和防止非法进出口文化财产和非法转让其所有权的公约》第2条。

1970 年 UNESCO 公约的另一重要意义在于:要求缔约国应承担帮助文物流失国收回并归还非法出口文化财产的义务。但公约在确定此返还义务的同时,亦作出了关于善意第三人的规定,即要求请求返还国必须向不知情的买主或对该财产具有合法权利的人给予公平的赔偿,该流程需通过双方的外交部进行,并由请求国承担期间发生的一切费用。

虽然 1970 年 UNESCO 公约对各国文化财产的保护起了很大的促进作用,但难以解决那些已经流失至海外并被私人所占有或已成"既成事实"的文物的返还问题。因为不论是战争时期被掠夺的文物还是和平时期被盗窃或非法出口的文物,当其被进口国允许进口或逃避进口国海关管制而流失至另一国境内时,经过市场行为如买卖、交换或赠与等方式为各国的博物馆、宗教机构、研究机构等公共机构或个人以所有的意思占有,文物最终可能以国家、组织或个人的私人财产的形式而存在,文物返还问题就不能援引公约加以解决。[1]

国际统一私法协会 1995 年 UNIDROIT 公约不同于 1970 年 UNESCO 公约之处在于:一方面其将使用范围扩展到被盗文物,其中凡非法发掘或者合法发掘但非法持有的文物也视为被盗文物;另一方面允许政府及其所属博物馆之外的其他私人主体,在其他缔约国境内提起追索被盗或被非法出口文物。

中国已于 1997 年加入 1995 年 UNIDROIT 公约,但该公约也明确了条约不溯及既往原则,即关于文物返还的规定仅适用于公约对一国家生效后、在该国提出归还请求的被盗文物,且文物必须是公约对缔约国生效后,从该国领土内被盗的或者是在本公约对缔约国生效后位于该国。对中国而言,这意味着只有 1997 年以后从我国境外流出的文物才可以适用该公约进行追索。这就是 1985 年《维也纳条约法公

[1] 参见李玉雪:《文物返还问题的法律思考》,载《中国法学》2005 年第 6 期。

约》第28条所规定的:“除条约表示不同意思,或另经确定外,关于条约对一当事国生效之日以前所发生的任何行为或事实或已不存在之任何情势,条约之规定不对该当事国发生拘束力。”

综上所述,三部公约为文化财产的保护和返还提供了国际法依据。由于世界文物市场国基本为发达国家,在相当程度上主导着该领域的国际话语权。虽然法不溯及既往原则限制了三部公约对过去流失文物的适用,但对于已发现在公约生效后的近年来流失出境外的文物,来源国则应充分依公约主张实现文物回归的权利。

三、跨国返还涉及的法律问题

(一)不同的流失方式与所有权归属问题

就文化财产的返还而言,首先应区分文化财产流失国外的不同方式:对于因违反流失地国贸易管制法而流失国外的文化财产,文化财产所在地国一般主张无义务返还,其主要的法理依据是外国公法在本国并无法律效力,此时返还的法律依据主要依靠1970年UNESCO公约。而对于在战时被掠夺的文化财产或被盗窃的文化财产,文化财产所在地国原则上应承认原文化财产所有权人的合法利益,其主要的法律依据是,在不违反本国公共政策的前提下,他国私法在本国应具有域外效力。

问题在于,对于那些被盗窃、战时被掠夺的文化财产的返还而言,在法律上仍需面临两种障碍:一是“财产”方面的障碍,如善意第三人保护、诉讼时效等;二是“文化”方面的障碍,即文化内涵的实质性限制问题,涉及文化民族主义与国际主义之争。因此,对于中国文化财产的返还问题,除了通过文化财产所在地国内法途径之外,借助国际公约下的外交途径与协助途径不可或缺。

文物的所有权归属涉及跨国追索主体的合法性问题,在国际私法理论上应适用文物来源国法律,也是各国立法均采纳的国际惯例。作为主要的文物来源国之一,除了法律另有明确规定外,中国文物应为国家所有。中国《文物保护法》中有关于文物为国家所有的基本规定为:第一,中华人民共和国境内地下、内水和领海中遗存的一切文物,属于国家所有;第二,下列可移动文物,属于国家所有:(1)中国境内出土的文物,国家另有规定的除外;(2)国有文物收藏单位以及其他国家机关、部队和国有企业、事业组织等收藏、保管的文物;(3)国家征集、购买的文物;(4)公民、法人和其他组织捐赠给国家的文物;(5)法律规定属于国家所有的其他文物。[1]

不过,我国《文物保护法》并未禁止私人在一定情况下亦可成为文物所有人,而是具体规定了私人取得文物的合法来源,即文物收藏单位以外的公民、法人和其他组织可以收藏通过下列方式取得的文物:(1)依法继承或者接受赠与;(2)从文物商店购买;(3)从经营文物拍卖的拍卖企业购买;(4)公民个人合法所有的文物相互交换或者依法转让;(5)国家规定的其他合法方式。[2] 该法同时规定:文物收藏单位以外的公民、法人和其他组织收藏的前款文物可以依法流通。[3]

根据以上规定,凡1949年后在中华人民共和国境内出土的文物均为国有文物,1949年前在境内出土的文物,除已经作为传世文物属私人所有外,其他无论是权属不明还是属于前政府遗留下来的财产,基于国际法的政府继承原则和《文物保护法》的法定原则均属国家所有。

(二)返还的基本渠道与问题

从多年来的国际实践看,文化财产跨国追索与返还的路径大致有三种形式:外交途径,跨境诉讼、购买回流。前两种为法律途径,第三种为市场途径。

---

〔1〕《中华人民共和国文物保护法》第5条。
〔2〕《中华人民共和国文物保护法》第50条。
〔3〕《中华人民共和国文物保护法》第7条。

1.外交途径

相关国际实践表明,通过外交途径,即在以国际条约为基础的国际法层面,由文物来源国的政府主管部门与文物所在国的政府相关部门进行沟通与交涉,并在后者的干预与帮助下,追索历史上被掠或非法流失海外的文物,不失为一种直接有效的方法。

埃塞俄比亚多年来锲而不舍地向意大利追索返还历史上被掠走的文物,是较典型的外交途径事例之一。早在1946年巴黎和会时,埃塞俄比亚政府代表就极力主张,被意大利侵略者掠走的文物必须返还,在此情况下,意大利政府被迫在1947年与埃塞俄比亚签订的和平条约中同意归还自1935年从埃塞掠走的文物—国宝方尖碑塔。此后多年虽有内战的纷扰,但历届埃塞政府都为国宝的回归而作不懈的努力与奔波,并于1996年举行了专门的听证会。但因种种原因,方尖塔依然未能回归。在2002年于罗马举行的世界粮食问题首脑会议上,埃塞俄比亚总理梅莱斯再次借机强烈要求意大利政府返还阿克苏姆方尖碑,这种出乎意料的举动让意大利政府异常尴尬,会议结束后不久,意大利政府正式决定返还方尖碑。2008年9月4日,有着1700余年历史的方尖碑在漂泊海外70余年后终于荣归故里。[1]

其他国家亦不乏通过外交途径追索文物的事例,如埃及文化部部长法鲁克·胡斯尼宣布,约2.5万件古埃及文物从英国回到埃及。英国能够归还这批古埃及文物,是埃及方面与英国伦敦大学艰苦谈判的结果,整个谈判过程持续了一年多时间,埃及终于成功从英国追讨回2.5万件文物。[2] 又如2006年4月韩国国会议员金元雄会见东京大学图书馆事务部长时,要求日方归还藏于东京大学的图书馆的韩国被劫国宝《朝鲜王朝实录》五台山史库本。经过交涉,东京大学最后以

---

〔1〕 See Richard Pankhurst, "Ethiopia, the Aksum Obelisk, and the Return of Africa's Cultural Heritage", *African Affairs* 98(391), 2009.

〔2〕 参见余中:《埃及从英国追讨2.5万件文物回家》,载《文汇读书周报》2010年10月22日版。

"捐赠"史籍,庆祝首尔大学建校60周年和奎章阁成立230周年的名义,归还了流失日本近100年的韩国国宝。

对于战时流失的珍贵历史档案,外交途径亦为有效的返回方式。例如2001年,经过反复的磋商谈判,比利时和俄罗斯两国政府就"二战"期间被纳粹掠走的后被苏军带至莫斯科的一批军事档案的返还达成了协议。协议规定,只要比利时支付档案保存费用,俄罗斯就返还这批档案。[1]

除了国际公约机制外,还可在双边条约基础上通过外交途径追索文物。中国政府就先后与秘鲁、印度、意大利、菲律宾、希腊、智利、塞浦路斯、委内瑞拉、美国等国签署了防止盗窃、盗掘和非法进出境文物的双边协定。近年来亦多次在国际合作机制下成功追索了非法流失境外的中国文物。如2005年,一件汉朝的陶马被卖到瑞典博物馆,但瑞典政府很快就发现这件文物系走私而来,就立即通知中国国家文物局,表示将依据国际公约返还中国,仅半年后这个陶马就被归还,现藏于国家博物馆。又如2001年,经过友好协商,加拿大国家博物馆将一件龙门石窟石雕佛像归还给了中国。2008年,日本美秀博物馆向中国无偿归还了被盗的山东博兴北朝石刻菩萨造像。因此,按照国际公约的原则,通过外交与法律手段,无疑是解决非法流失海外文物返还问题的有效方法。

2. 跨国诉讼

跨国诉讼是在国际私法框架下,通过在文物所在地提起民事诉讼方式进行返还追索。如能清晰确认文物权属且流失历史不长,在证据充足情况下,则可以诉讼形式实现文物回归。问题在于,历史上流失的文物由于年代久远,往往几经周转早已漂白。因此,国际私法层面的文物追索亦面临各国法院对善意取得的认定和诉讼时效的争议,存

---

〔1〕 参见[比]让·马里·亨克茨、[英]路易丝·多斯瓦尔德·贝克主编:《习惯国际人道法规则》,红十字国际委员会组织编译,法律出版社2007年版,第507页。

在一定的障碍。

跨国诉讼追索文物还涉及国家作为文化财产所有人的主体问题。2009 年 2 月发生的法国佳士得公司拍卖圆明园兔首和鼠首铜像的事件,典型地说明了文物主体问题会直接影响到法院的审理与判决。为阻止佳士得在巴黎拍卖 100 多年前被八国联军掠夺的青铜鼠首和兔首,高度关注此事件的律师代表团请“欧洲保护中华艺术协会”(APACE)作为申请人出面,向法国巴黎大审法院提出对该文物拍卖品进行财产保全的“禁拍令”申请,以禁止拍卖会的进行。但巴黎大审法院经过紧急审理后以 APACE 无权代表中国政府、不具备诉讼主体资格,因而不能作为本案直接请求人为由,而裁定驳回对该文物“禁拍令”的申请。本案如由“中国文物保护基金会”出面提出申请,则可能会是另一种结果,因为法理上该基金会经授权亦可代表政府行使权利。[1]

跨境文物追诉中涉及争议最大的法律问题莫过于善意第三人问题。其实,文物所有权的归属应为文物追索过程中的首要法律问题。在法理上,只要文物是被以非法手段流出境外的,其物权关系在法律上就应视为始终未发生转移。但被追索的文物占有人通常主张其所持文物此前已经过数次转手与交易,根据善意取得原则就可以合法取得文物所有权,即便当初取得文物之前是以非法手段流出的。从法律形式上看,由于善意取得制度的存在,非法流失海外的文物经过数易其手或拍卖,已在文物市场“过滤”为合法交易的文物。从法律实质看,善意与否应取决于其来源是否合法,追索后也存在依法对善意取得者的补偿问题。实践中,虽然苏富比和佳士德这两大文物、艺术品拍卖行在每次拍卖会前均声称已请律师确认拍卖物品的合法权属,但在明知拍品来源不合法的情况下,拍卖的本身并不能当然取得行为产

〔1〕 中国文物保护基金会创立于 1992 年,是经中华人民共和国民政部批准并由国家文物局主管的社团法人、公募性基金组织。

生的“合法”效果。

大陆法系国家较为注重保护交易的安全稳定，认为善意取得制度是法律上承认占有公信力的逻辑结果，因此偏于保护善意购买人的利益。不过，法律所规定的善意购买人取得原则，亦存在“公开市场”规则的例外（该规则将在后面章节讨论）。这项例外体现了“盗赃物”阻却动产善意取得的精神，而“公开市场”的规定也与 1995 年 UNIDROIT 公约规定的“合理补偿”原则相符。

反观英美法系，则不允许被盗物品的善意购买人取得所有权，除非物之所有权人同意或导致第三人相信会取得所有权。因此，不论是否从文物窃贼手中或是其他非所有权人那里购买被盗文物，都不会取得或是移转有效的所有权。在英国法律制度下，善意购买人对被盗物的所有权无效，原所有权人依然保留对被盗物的所有权。不仅如此，如果原所有权人在追回原物之诉中胜诉，善意购买人也得不到任何补偿。不过，英美法系关于善意购买人的所有权无效理论也存在“公开市场”规则的例外，如果善意购买人是在一个公开市场上按市场习惯购买被盗物且不知情，则所有权有效。[1] 而美国法律制度则更加倾向于原物主：无论是普通法还是统一商法典中都规定，窃贼不能向善意购买人转让合法的所有权。[2] 但是，时效规则、否定占有以及怠于起诉原则也构成例外，允许善意购买人获得被盗物的所有权。

3. 购买回流

通过文物市场回购流失海外的中国文物，已成为近年来中国流失文物回流的途径之一，其包括国家购买与民间购买两种形式。2002 年，中央政府开始启动了国家重点文物征集专项资金，每年专项拨款 5000 万元用于征集流失至海外和民间的珍贵文物。中国《文物保护

---

〔1〕《英国货物买卖法》（1973 年修订）第 22 条第 1 款。

〔2〕 Menzel v. List, 267 N. Y. S. 2d 804, 819 (N. Y. Sup. Ct. 1966); U. C. C. § 2—403, 1998.

法》允许民间通过购买、拍卖等多重方式获得文物并依法流通，则在一定程度上促进了文物回流的进程。

国内著名文物收藏机构——中国保利集团曾在回购文物方面发挥过重要作用。如2000年5月，在佳士德和苏富比两家拍卖公司于香港举行的拍卖会上，圆明园牛首、猴首和虎首铜像现身，为了阻止国宝再次流出国门，中国央企保利集团公司毅然参拍，并分别以774.5万港元、818.5万港元、1544.5万港元的价格将牛首、猴首与虎首购回。此外，一些民间收藏家和爱国人士亦加入回购的行列，如2007年8月初，当得知香港苏富比拍卖公司将要于9月拍卖圆明园马首铜像的消息后，爱国企业家、澳门巨子何鸿燊先生迅速与拍卖行进行协商和沟通，终于在拍卖会举行之前以6910万港元的创纪录天价购得马首铜像，随后将其捐赠给了国家。[1]

如今，中国文物艺术品拍卖已走过近20年，共有近10万件流散海外的中国文物通过拍卖市场回流。其中，回流文物中有很多属于珍品，包括故宫旧藏，圆明园，清东陵等流失的文物。

由于海外中国艺术品中不少精品已经进入当地博物馆或永久收藏，所以某些可供回流的艺术品中充斥着不少普通艺术品甚至赝品。例如，2004年上海某拍卖公司曾推出一件"海外回流"拍品，其仿自江苏淮安市博物馆潘天寿真迹，最终该拍品以112.2万元成交，并成为当年在国内以"海外回流"名义拍出的假画案例。[2]

虽然文物回购在现实中已成为海外文物回流的一种方式，但并非明智选择。中国政府作为所有人，对于非法流出境外的文物拥有毋庸置疑的所有权，如一味采用高价回购方式实现文物的回归，其效果无异于客观上承认了流失至海外文物来源的合法性，而在法律上授人以

〔1〕 参见杨时旸：《圆明园兽首回流困局》，载《中国新闻周刊》2009年第2期。

〔2〕 参见王蓓蓓：《拍卖市场促进海外中国艺术品回流》，载《参考消息》2010年8月4日版。

柄,不利于政府通过法律途径跨国追索流失文物。而且,随着回购文物的不断增多,客观上又刺激了文物市场的回购价格的飙升,这无疑会对文物的顺利回归造成巨大障碍。

国内学界近年来已对回购方式提出质疑与反对。他们认为:回购方式会诱使越来越多的人对文物市场的倒卖活动趋之若骛,进一步刺激那些利欲熏心的盗墓集团和走私团伙,使走私、盗墓、倒卖文物的非法活动更加猖獗并难以遏制;以回购的方式追回文物,特别是那些由于战争被非法掠夺的文物,对中国人民的自尊心无疑是一种伤害,明明是自己国家的东西,明明是被非法掠夺的东西却还要我们买回来,难怪有学者称这是"再次被掠,二次被盗"。[1]

显然,从这种"回购"中得益最大的,往往是参与其中的文物掮客、收藏投资客和拍卖行。拍卖的文物价格不断飙升甚至炒作到"天价",又会进一步刺激走私与盗掘更多的文物,故应防止升温的文物回购被人利用来进行经济讹诈。对于因战争原因被掠至海外的中国文物,应首先考虑通过外交或法律途径进行交涉与追索,而非用中国人的资金购回,否则无异于二次被掠。从国际实践来看,通过重金赎回流失文物的做法实属罕见。因此,回购不应成为追索流失文物的主要方式。

第五节 中国文化财产的现状与问题

一、文化财产流失的历史与现状

(一)文化财产流失的历史

中国文物自 1840 年以来,遭受了几次大的劫难:第一次是 1860

---

〔1〕 参见王云霞:《二战被掠文物返还的法律基础及相关问题》,载中国人民大学书报资料复印报刊:《国际法学》2008 年第 1 期。

年英法联军火烧圆明园，接着是八国联军在北京纵兵3日，所抢文物无数；第二次是19世纪末20世纪初，俄、英、法、日、美等国的“考古学家”、“汉学家”等，以考察探险为名到中国西部，掠走了大量文物；第三次是“二战”期间，国内军阀、奸商勾结外国商人大肆倒卖文物，中国文物流失严重；第四次是改革开放以后走私严重，30年来走私出去的文物不计其数。[1]

以上中国文物第一次大规模流失中，“英法联军”与“八国联军”的野蛮掠夺，不仅使圆明园遭到毁灭性的破坏和掠夺，而且皇宫禁苑、官署部衙，王公府第、民居商宅，也均遭地毯式洗劫。在第二次的西方人“文化考察”掠夺中，中国西北地区是文化财产流失的“重灾区”，各国探险队、测量队和考察队纷至沓来。未经中国政府许可，径入西北地区肆意盗窃文物，非法发掘古文化遗址，造成中国文物的严重流失。第三次的“二战”期间，日本侵华战争更是给中国的历史文化遗产带来了一场浩劫。日本侵略者除将中国沦陷区的大量馆藏文物运回日本外，还在中国东北、华北地区非法进行了长时间有计划的“考古”调查和发掘，出土的大量精美文物也被全部运往日本。

（二）文化财产被盗与非法流转的现状

近30年来，中国面临了因盗掘地下文物、非法转让、文物走私而造成的大量文化财产流失。尤其是文物走私已成为仅次于毒品交易的第二大非法交易，且有愈演愈烈之势。其原因与风险与利益有关：相比非法毒品与军火交易，文物买卖交易显得“安全雅致”，且回报率更高。20世纪末所发生的文物走私的情况就已相当严重。据统计，在1990～1995年，我国海关即查获各类走私文物11万件；1997年1～12月，海关查获非法走私出境文物案件600余起，缉获文物1万余件。某些个案令人触目惊心：1997年5月，天津海关缉查3起公司用货运集装箱走私文物的案件，走私文物5675件，内有国家禁止出境的

---

〔1〕参见子泉：《中国流失文物的忧思》，载《人民公安》2005年第3期。

文物4478件;1996年11月在河南巩义宋陵失盗的田野石刻造像,6个月后就出现在美国旧金山的文物拍卖图录上。[1]

由于国际上对文物和珍贵艺术品需求的不断增加,在生活贫穷与经济落后的地区,对文化遗迹的发掘和掠夺经常发生,文化遗产保护的现状更为严重。一旦这里的文化物品被非法运出国境,并在国际市场中被卖给"善意"的买家,由于法律的冲突,解决流失文物追索问题将面临更多的困难。

近20年来,据有关部门统计,全国各地所发生的盗窃古墓案件接近百万起,其中有考古价值的古墓被毁掉近40余万座;据不完全统计,我国王侯级墓葬的被盗率达90%以上;大量国宝级文物被一些不法之徒辗转卖出国门。[2] 不少来华的境外文物收藏者本身就是文物掮客,其目的就是买到中国文物,并想方设法运回本国倒卖赚钱。由于交易本身就不合法,出境时往往不会如实报关,因而都是非法出口。他们会采用掺水的方法,就是买一大堆假货,中间夹带几件真东西,然后照着现代工艺品填表报关,轻松出境。[3] 实为通过"瞒天过海"与"以假乱真"的各种文物非法过境的方法,如邮件快递、板货夹带等。

如今,香港已成为中国文物非法出境的主要渠道。香港是亚洲最大的中国古玩集散地。在香港,不仅每年都有国际拍卖公司苏富比、佳士得定期举办的中国文物拍卖会,还聚集了来自世界各地的古董商。他们经营着几百家大大小小的拍卖公司、古玩商店、文物公司,其经营项目均为中国文物,比例最大的则是出土文物。其中一半以上继续流向纽约、巴黎、伦敦等全球艺术品市场。大量内地走私文物在香港上市,一是会进一步刺激盗墓、走私等非法现象的蔓延;二是香港市场的古董交易大多采用现金付款,会给国际洗钱者打开方便之门;三

---

〔1〕 参见黄风、马曼:《从丹麦返还文物案谈境外追索文物的法律问题》,载《法学》2008年第8期。

〔2〕 参见吴树:《谁在收藏中国》,山西人民出版社2008年版,第74页。

〔3〕 同上书,第41页。

是一些文物有了香港古董商提供的真品证书,就可以合法买到纽约、巴黎或伦敦的国际市场,造成中国文物大量外流。[1]

随着我国对外贸易的日益发展,海关每日的进出口数量巨大,一般只能采取抽查方式查验过关物品,抽检比例一般在5%左右,即便如此,海关每年查出的走私文物仍然数量可观。相比中国历史上被侵略者掠夺的文物数量而言,近20年来内地被盗文物走私出境后流失的比例越来越高,美欧各大博物馆收藏的中国文物中,多数为近20年通过境外走私与非法流转所得。

二、文化财产流转与返还面临的法律问题

对于中国文化财产流失的历史与现状,中国正面临如何防止文物的进一步流失,以及如何解决文化财产返还与流转中一系列的法律问题,具体涉及以下各方面。

(一)文化财产返还方面

1. 国家作为所有人时的返还问题

相关的争议主要体现在,仅以文物来源国的法律规定,国家作为文化财产所有人的法律地位能否得到文化财产所在国的承认?关于提出返还请求的主体,在采用外交途径进行追索时,提出请求的主体当然是国家。但在采用诉讼手段进行追索时,提出请求的主体应为合法的所有者,追索被盗文物的主体究竟是国家、组织还是个人,如为国家,应如何解决主权豁免问题。

2. 提出返还请求诉讼时效问题

从文化财产的流失到追诉通常已经过较长的时间,在时效的起算方面,各国法律规范存在较大的冲突。有的采用"发现规则",也有的采用"要求和拒绝规则"。1970年UNESCO公约没有关于请求时效方面的规定,时效问题主要依据被请求国的国内法加以解决。而

---

[1] 参见吴树:《谁在收藏中国》,山西人民出版社2008年版,第216~220页。

1995 年 UNIDROIT 公约则作出了相应规定。这不仅涉及香港公约效力范围问题，也涉及国内规则与国际规则的适用关系问题。

3. 善意第三人问题

该问题涉及文物转移中的买受人是否属于善意取得，即被掠夺或被盗文化财产的善意购买人能否拥有免受原所有人追偿的特权？对此，英美法系和大陆法系存在明显冲突。就文化财产流转而言，英美法系国家法律制度倾向于保护原始所有人，而非购买被盗文物的善意买受人；大陆法系国家的法律制度基于保护交易的安全性，则倾向于保护善意第三人的利益。

4. 文化财产返还公约的实施机制

公约是我国追讨文物的重要法律依据，为首选途径，因而在缔约国之间有约束力。只有文物所在地国家为非缔约国，才以所在地法为依据。在国际公约的框架下，各国追索文物中积累的法律实践经验反映了公约的实施机制，应予充分总结和借鉴，包括 1970 年 UNESCO 公约与 1995 年 UNIDROIT 公约的主要区别与适用等问题。在处理文物跨国交易与返还问题上，相关的国际公约落实与执行仍要通过缔约国的国内措施来执行。在国内法层面上，低水平的支持则意味着对文物的非法掠夺和交易会频繁发生。

5. 通过刑事程序返还走私物品问题

文物追索中，在进口国提出的诉求可能涉及依据海关法被罚没的物品，这些争议的解决非常重要，在许多非因盗窃或者所有权已经转移给外国人的案件中，都会涉及这类问题。如果进口国已经执行 1970 年 UNESCO 条约，就更可能运用法律手段促进归还走私的外国文化财产。在文物走私案件中，进口国能否启动刑事程序以履行公约的义务，同样是值得关注与研究的问题。

（二）文化财产流转方面

关于文化财产的流转或交易方式，无论是公开拍卖还是私下交易，只要文物或艺术品最终涉及出口或出境，均属跨境流转的范畴，只是文物交易与进出口并不具连贯性，通常为彼此独立的两个阶段。

1. 限制文化财产流转的强行法适用问题

为防止本国文化财产的非法转让与流失，各国通常通过直接适用本国强行规则来排除外国准据法的适用。在何种情况下，本国限制文物出口的强行法能得到外国法院的直接适用，其适用的条件是什么？该问题不仅涉及文化财产原属国禁止非法转让的效力，也涉及相关国际公约在缔约国之间的履行问题，例如1995年UNIDROIT公约对非法进出口的救济。

2. 文物出口管制的域外承认与执行问题

文化财产来源国出口管制中的一个特定法律问题，就是其他国家法院对文物出口限制是否承认与执行。文物被非法流转到其他国家后，很多国家的法院可能以各种理由拒绝承认或执行来源国文物出口的禁令。在1970年UNESCO公约为相互承认缔约国的出口管制提供了法律基础情况下，理论上所有的缔约国家应当将该条约义务纳入到国内法之中。

3. 非法出口文物与被盗文物的区别

在非法出口文物构成请求国的文化遗产部分时，能否在国外得到执行，涉及到财产所有人为国家的证明以及国家文物不可让渡问题。如文物并未被盗而仅是被非法出口，是否在被请求国认定为犯罪行为？这涉及能否以对待被盗文物的方式对待非法出口文物的善意买受人问题。

非法出口文物仅在构成请求国文化遗产一部分时，才有可能在国外得到执行，主要指所有人为国家的文物。如文物并未被盗而仅是被非法出口，人们很少联想到犯罪行为发生。以对待被盗文物的方式去对待非法出口文物的善意买受人则会显得不太公平。对多数文化财产进口国而言，非法出口文物中法律适用的基本规则是不直接适用外国公法。在归还非法出口文物问题上，1970年UNESCO公约的适用值得注意。而在私法层面，1995年UNIDROIT公约似乎有更广泛的适用空间。

4. 文物与艺术品流转中的拍卖问题

艺术品文物往往具有独特性、单一性，瓷器与古币等文物也因存世不多而具有稀缺性，因此其流转或交易方式不同于一般的商品买卖，主要为私下交易与公开拍卖两种形式。以艺术品为例，私下交易的主要场所为画廊，公开拍卖的场所则为拍卖行。私下交易的信息透明度低、交易的安全性差，因而公开拍卖成为文物交易的主流形式。

作为艺术品交易的中介平台，拍卖公司（如佳士得、苏富比等）收入丰厚，根据拍卖行业惯例，可按每笔文物交易价格的一定比例收取佣金。由于拍卖是公开交易而非地下交易，因而形式上是合法的。在所拍文物系被盗或非法流转文物的情况下，原属国能否阻止拍卖以及如何追索，亦是文化财产流转与返还中待解决的法律问题。

第二章　文化财产返还的国际条约机制

由于非法流转至境外的文化财产所涉及的不只是文化财产来源国和文化财产所在地国之间“你来我往”的问题，而是可能涉及善意第三人、拍卖行、文化财产市场国在内的多个国家和个人的复杂问题。因此，保护和返还文化财产不是几个国家所能独立解决的问题，而是需要国际社会的通力合作。国际社会应联合防止和打击所有贩卖文化财产活动，包括通过拍卖等手段对非法流失的文化财产进行转移的行为。与此同时，各国应认真遵守处理文化财产返还问题的国际法律框架和基本原则，与相关的联合国机构和国际组织合作，共同打击文化财产的走私和贩卖，并加强双边和多边合作，推动流失文化财产的返还。

第一节　文化财产返还的基本理论

一、文化财产返还的理论依据

保护文化财产的一个重要途径就是返还，即将那些非法流转至来源国以外的其他国家或地区的文化财产，通过合法的方式返还来源国。以下三种情况都有可能涉及文化财产的返还问题：一是战时或武装冲突情况下被掠夺的文化财产，涉及侵略国将劫掠的文化财产返还至战争受害国的问题；二是盗窃文化财产，涉及窃贼将非法盗窃的文化财产返还给合法所有人或合法占有人的问题；三是非法贸易下的文化财产，涉及将文化财产返还至非法贸易流转之前的合法所有人或合法占有人的问题。

在当前的法律语境下，国家作为文化财产所有人时，以所有权的权能（即占有、使用、收益和处分）为基础请求占有人返还，关键的问题是"国家作为文化财产所有人"的法律地位的理论依据是什么以及能否得国际社会的承认。

从人类社会的发展历史看，我们无法忽视来源国作为文化财产合法的根据地的地位，因为来源国的那些社会组群（各个"社团"）应被视作文化物品的合法生产者与定义者。所以由国家制定政策保护该国所产出的或被视为该国文化一部分的文化遗产是完全合法的。从这一角度看，文物艺术品也有类似"国籍"这样的属性。因此几方面因素可能成为文化财产国籍的决定因素，包括艺术家的国籍、涉及的物品的地理位置、对某个组群的宗教意义或其被纳入某一收藏系列的属性。换言之，文化财产应被视为国家历史发展的重要标志，它本身具有作为文化遗产一部分的特定意义。总的来说，来源国认为文化遗产应受国家法律保护确实是合理的，毕竟一些文化遗产与本国的联系要大于其他国家。

由此可知，文化财产来源国作为文化财产所有人的法律地位，应该最大限度地得到国际社会的承认，因此，为最大限度地追讨和索回流失境外的文化财产，除了通过文化财产所在国的国内法救济外，借助国际公约的保护机制也显得尤为重要。即有必要建构一个统一的国际实体法体系来处理文化财产的返还问题。

二、文化财产返还的国际法渊源

人类历史上掠夺文化财产及文化财产之非法贸易可以回溯到世界文化繁荣发展初期，而国际社会当时并没有约束此类非法行为的普遍法律。直到欧洲文艺复兴时期，一些国际法学者的著作中才开始出现关于保护文化财产的讨论。当时，著名国际法学者 Hugo Grotius（格劳秀斯）主张"依据万国法，在公共战争中，任何人都不受限制地成为取自敌人财物的所有者"。[1] 换言之，当时的主流观点认为战争中对敌人财产的掠夺和伤害是正当的。直到 1899 年和 1907 年两次海牙国际和平会议制定人道主义法惯例《海牙公约》时，国际社会才首次对战争期间如何处理和对待文化财产作出了规定。该公约一方面认为夺取战利品为战争法所认可；另一方面又对公有财产、军用设施和私人财产进行了区分，各缔约国不得破坏私人财产。尤其是 1907 年海牙公约第 56 条明确规定，除非由于战争必须而不得不采取行动外，禁止占领方在占领时对文化财产采取任何不法行为，进而确认了"军事必要"的例外原则。第二次世界大战结束后，经历了战争创伤和打击的国际社会痛定思痛，开始考虑如何使各国的文化财产免受未来战争带来的灾难，从而保护人类文化遗产。自此，国际社会对文化财产的保护与返还正式拉开了帷幕。

（一）1954 年海牙公约及其议定书

联合国教科文组织于 1954 年通过的海牙公约，是国际社会通过

---

〔1〕 See Hugo Grotius, *The Law of War and Peace*, *Book* Ⅲ, trans. by W. Kelse, Oxford, Clarence Press, 1925, pp. 643 - 644.

的第一个武装冲突情况下全面保护文化财产的国际性公约,对文化财产的国际保护有着重要的意义。1954 年海牙公约是在 1899 年《陆战法和惯例公约》《以下简称 1899 年海牙第二公约》,1933 年《罗里奇公约》的基础上发展而来的。其中 1899 年海牙第二公约确立了禁止战时掠夺,不能没收、掠夺和摧毁文化遗产等保护原则。1933 年《罗里奇公约》规定了尊重和保护艺术、科学机构及历史纪念物的原则。

当时第二次世界大战对于文化遗产的严重掠夺和毁坏,在战后引起国际社会对于加强文化遗产国际法律保护的强烈关注。1954 年 5 月 14 日,37 个国家的代表在最后文本上签字,1954 年海牙公约及其议定书和实施条例得以通过。截至 2011 年,1954 年海牙公约共有 123 个缔约国,其中作为文化财产主要来源国和市场国的美国、德国、意大利、日本、瑞士和法国等也都分别加入或批准了该公约,中国也于 2000 年 5 月 1 日加入。1954 年海牙第一议定书于 1956 年 8 月 8 日生效,截至 2011 年,其缔约国共 100 个,中国于 2000 年 1 月 5 日交存加入书加入 1954 年海牙公约的同时,加入了该第一议定书。但美国至今为止仍未加入或批准第一议定书。1954 年海牙公约第二议定书 1999 年 10 月 26 日在海牙生效,截至目前共有 59 个缔约国,但中国和美国均未加入或批准。[1]

(二)1970 年 UNESCO 公约

1970 年 UNESCO 公约,要求各缔约国采取措施,有效防止文化财产非法进出口和非法转让。该公约明确规定了非法出口的文化财产应当返还,并明确了缔约国的返还责任,要求缔约国要保证本国的主管机关进行合作,使非法出口的文化财产归还其合法所有者。这些内容集中体现为 1970 年 UNESCO 公约的以下三大原则:

---

〔1〕 "Convention for the Protection of Cultural Property in the Event of Armed Conflict with Regulations for the Execution of the Convention",参见联合国教科文网站:http://portal.unesco.org/la/convention.asp? KO = 13637&language = E.,最后访问日期:2011 年 4 月 1 日。

1. 禁止非法转让原则,即"本公约缔约国违反本公约所列的规定而造成的文化财产之进出口或所有权转让均属非法"(第3条)。针对的是公约规定范围内的文化财产。

2. 对善意占有者的合理补偿原则,即"本公约对有关两个国家生效后,根据两国中的原属缔约国的要求,采取适当措施收回并归还进口的此类文化财产,但要求国须向不知情的买主或对该财产具有合法权利者给予公平的赔偿。要求收回和归还失物必须通过外交部门进行,提出要求一方应提供使确定其收回或归还失物的要求的必要文件及其他证据,费用自理。各方不得对遵照本条规定而归还文化财产的征收关税或其他费用。归还和运送文化财产过程中所需的一切费用均由提出要求一方负担"(第7条第2款第2项)。

3. 不可流转性,即"承认本公约缔约国有不可取消的权利规定并宣布某些文化财产是不能让与的,因而据此也不能出口,若此类财产已经出口务须促使这类财产归还给有关国家"(第13条第4款)。针对的是原属缔约国所有文物不可让渡的强制性规定。

截至2012年12月,1970年UNESCO公约的缔约国共有122个,并包括了美国、瑞士、日本、德国、法国、英国、俄罗斯等涉及文化财产保护和返还的主要国家。[1] 鉴于其在世界范围内的广泛接受程度,遭受文物流失之痛的许多国家可以充分借助公约的返还机制,并在公约框架下积极寻求文物市场国的协助,尽早促进非法流失文物的返还。

(三)1995年UNIDROIT公约

为弥补1970年UNESCO公约的问题和漏洞,经联合国教科文组

[1] "Convention for the Protection of Cultural Property in the Event of Armed Conflict with Regulationsfor the Execution of the Convention", http://portal.unesco.org/la/convention.asp? KO = 13637&language = E, 参见联合国教科文网站:http://portal.unesco.org/la/convention.asp? KO = 13637&language = E,最后访问日期:2013年7月15日。

织委托,国际统一私法协会组织专家组研究并于1995年6月通过了UNIDROIT公约。1995年UNIDROIT公约分别规定了被盗文物和非法出口文物的保护和返还制度。与前两个公约相比,该公约不同于规定缔约国负有诸多行政性义务的1954年海牙公约和1970年UNESCO公约,其内容主要限定于私法框架,而非公法领域。1995年UNIDROIT公约是首个直接规定追索被盗文物返还的公约,截至2011年,该公约的缔约国共42个,[1]其中,瑞士、意大利、法国、希腊等国均已加入或批准了该公约,中国也于1998年加入此公约。该公约缔约国中以文化财产来源国居多,典型的文化财产市场国较少。后者不加入的主要原因是认为公约内容会对其文化财产的进口和交易造成不利影响。迄今为止,美国、英国和日本等几个主要的文化财产市场国却一直未加入该公约。原本作为1970年UNESCO公约重要补充的1995年UNIDROIT公约,至今尚能发挥其最大的作用。

尽管1954年海牙公约在国际社会得到了广泛的认可,但40年来,1954年海牙公约及其议定书未能有效约束武装冲突中破坏文物的行为,尤其是近20年来,阿富汗、前南斯拉夫、柬埔寨等地区性武装冲突,以及1990年的海湾战争。这些情况都暴露出1954年海牙公约及其议定书与生俱来的局限性和实施过程中所面临的问题。值得说明的是,1954年海牙公约及其议定书主要适用于战争和武装冲突发生时,而1970年UNESCO公约和1995年UNIDROIT公约则更多的适用于平时,对于今时今日的文化财产之保护和返还更具有普适性,因此,本章将重点研究1970年UNESCO公约和1995年UNIDROIT公约的主要内容。

---

〔1〕 参见国际统一私法协会网站:http://www.unidroit.org/english/implement/i-95.pdf,最后访问日期:2011年4月1日。

三、文化财产返还的法律关系

在确定追索流失文物时，首先应当厘清文化财产返还的法律关系，主要针对作为返还客体的文化财产及其范围，追索与返还过程中所涉及的各方当事人主体，以及各方主体之间的一系列权利义务关系，包括请求权利、救济途径、返还义务、补偿权利等。

（一）文化财产返还关系的主体

文化财产返还关系中的基本主体为返还请求人（追索方）与返还被请求人（被追索方）双方。追索方应为文物的原所有人、合法占有人，而被追索方则是对该文物的占有人。在返还实践中，对于被追索方的认定一般比较清楚，但对追索方的认定容易产生争议，体现为是否有资格以文物合法所有人身份提出返还的请求。

1. 文化财产来源国

文化财产来源国一般指该文化财产历史上所属国。一般意义上，文化财产的来源国是容易确定的。每个民族、国家或地区都有着独特的发展历史，结合相关的历史地理知识，并不难判断该文化财产的最初来源国。但从法律角度，还应有其他相关证据对文物的来源地加以佐证。实践中的争议问题在于，经过转让途径流转的文化财产，其最初的来源证据可能无法追溯，尤其是多次获非法流转过程中的有关凭证更难以查询。其争议点并非来源国的确定问题，而是来源国是否为文化财产所有人的问题。一般而言，文化财产来源国作为该文化财产的原始所有者，以及该文化财产所承载的民族或国家精神的拥有者，是文化财产保护和返还的重要角色，其正努力通过各种国际法或外交途径追回本国流失的文化财产。

在文物来源国已确定的情况下，对来源国是否为文化财产所有人的争议，来源国的法律规定无疑是一项有力的证据。作为典型的文化财产来源国，中国《文物保护法》就规定了国家作为文物所有人的情况，主要包括：(1)中国境内地下、内水和领海中遗存的一切文物；(2)中国境内出土的文物;(3)国有文物收藏单位以及其他国家机关、部队和国有企业、事业组织等收藏、保管的文物;(4)国家征集、购买的文物。[1]

从国际法角度,来源国为文化财产所有人的基本法律依据来自1970年UNESCO公约,该公约第4条具体表述了文化财产的来源范围,并将其确定为属于来源国的文化遗产,[2]其具体规定内容如下:

本公约缔约国承认,为了本公约的宗旨,凡属以下各类财产均为每个缔约国的文化遗产的一部分:(1)有关国家的国民的个人或集体天才所创造的文化财产和居住在该国领土境内的外国国民或无国籍人在该国领土内创造的对有关国家具有重要意义的文化财产;(2)在国家领土内发现的文化财产;(3)经此类财产原主国主管当局的同意,由考古学、人种学或自然科学团体所获得的文化财产;(4)经由自由达成协议实行交流的文化财产;(5)经此类财产原主国主管当局的同意,作为赠送品而接收的或合法购置的文化财产。

2. 文化财产所在国

文化财产所在国就是文化财产从来源国流失后所处的国家或地区,无论该文化财产是经合法还是非法途径流转出来源国的。如前所述,战乱、掠夺、侵占是文化财产流失的主要途径。因此,不难想象,那些战胜国是最初流失的文化财产所在国,例如,美国、英国、法国等。当然,位于最初所在国的文化财产也可能通过各种途径流转至其他国家或地区,形成新的文化财产所在国。相对文化财产来源国而言,文化财产所在国对文化财产的保护缺少了国家主权的因素。他们对文化财产的保护侧重于保护其完整性,而并非是返还其所有权。

---

〔1〕《中华人民共和国文物保护法》第5条。

〔2〕此处表述为"缔约国的文化遗产"是出于强调文化财产的"民族文化与历史内涵"的立法目的。

3. 文化财产返还请求人

一般情况下，文化财产返还请求人就是该财产所有人，包括国家、法人和个人。有些情况下，文化财产请求人不一定就是文化财产的所有人，也可能是合法占有人。就国家而言，通常是以文化财产来源国作为请求返还文化财产的主体，请求的权利基础是文化财产的原始所有权。就个人而言，返还请求人一般是指通过合法途径（包括拍卖、买卖、继承、赠与等）而获得文化财产的所有权人，其请求权的基础在于合法所有权人对物的占有、使用、收益和处分的权利。此外，经过来源国的授权的法人组织（如文物保护民间组织）也可以成为文化财产返还请求人。

4. 善意第三人

文化财产返还中涉及的善意第三人，一般指通过合法途径取得文化财产所有权的人。从所有权获得途径角度，善意强调的是取得方式的合法，并不追溯善意取得之前文物出让人所有权的瑕疵。实际上，善意第三人往往是文化财产的当前的持有人。目前有关文化财产追索与返还的制度，对善意第三人的关注点主要集中在取得方式和赔偿问题上。由于文化财产来源国往往拥有文化财产的原始所有权，并基于文化财产原始所有权或国家财产不可让渡性而请求返还文化财产。其结果势必会给善意第三人的财产造成损失。因此，如何对善意第三人的损失给予补偿是文化财产返还中的必须予以处理的法律问题。

（二）文化财产返还的客体

一般意义下，法律关系中的客体是指一定利益的法律形式，主要包括物、给付行为、智力成果和人格利益。客体所承载的利益是联系法律权利和法律义务的纽带，是法律关系主体所作用的对象。

在文化财产返还的法律关系下，其客体就是有形的文化财产。当然，文化财产相对于一般财产的客体，并不是传统意义上的物，而强调文化财产上所包含的历史和民族特质和内涵，重点在于文化财产所承载的精神利益。从文化财产保护和返还法律关系的主体角度而言，其不仅要追求文化财产这一客体的“存在性”，更注重其“完整性”。可见，文化财产作为特殊的“有形物”是特定的，并且是不可复制、不可替代的。因此，文化财产的内在属性，体现了构成其含义的各种要素，包括民族、历史、用途、社会意义及文化精神。同时，这也是文化财产来源国为什么对所流失文物一直主张应予追索和返还的主要原因。

关于文化财产的范围，即在文化财产返还法律关系中的客体范围，有关国际条约与各国法律均有相应法律界定。有关文化财产返还的国际条约，其中影响力最大与适用范围最广的当属 1970 年 UNESCO 公约。该公约以宽泛的列举方式对文化财产的范围予以了界定，其具体内容已在本文第一章中进行了阐述，此处不赘。此外，各国有关立法对文化财产或文物的范围界定，将在本文第三章中予以介绍与分析。

（三）文化财产返还的基本内容

一般而言，法律关系的内容就是法律关系的主体作用于客体之上的法律权利和法律义务。在文化财产返还的法律关系中，因涉及法律主体较复杂，其法律关系的内容体现为各主体的特定权利和义务，其核心内容为有关文物所有权的归属问题。

1. 文化财产来源国的权利义务

如前所述，文化财产来源国就是文化财产的所属国。作为文化财产所属国，文化财产来源国的权利反映为其对文化财产的所有权，包括占有、使用、收益和处分的权利。一是占有，即占据和拥有文化财产的权利，主要是保有文化财产或者在文化财产流失情况下，追回所流失的文化财产的权利。二是使用和收益，即通过使用文化财产而使之效益最大化的权利。从文化财产角度，这两个权能是密切相关的。三是处分，就是处置文化财产的权利。例如，国家作为所有人可以通过赠与等方式行使其对文化财产的权利。当然，在文化财产返还的法律关系下，来源国更强调的是对文化财产本身“占有”的权利。

就文化财产来源国的义务而言，在于保护本国文化财产的“完整性”。这与文化财产所在国之保护义务是不同的。作为文化财产的所有人,文化财产来源国在大多数情况下,也是文化财产当前的持有人,其义务就在于保护该文化财产的完整性。在跨国返还关系中,保护本国文化财产的完整性的义务,同时也可视为文化财产来源国的一项权利。

2. 文化财产所在国的权利义务

一般而言,文化财产所在国就是文化财产流失后所处的国家或地区。有关其权利义务应从以下两个角度阐述:

第一,文化财产经合法途径流转至文化财产所在国境内,这种情况下,如果文化财产所在国是文化财产的占有人,其对文化财产的权利是以“合法性”流转为基础的,因而具有法律上的正当性,因为权利的基础是合法的所有权。当然,这一权利应以不违反其参加的相关国际条约义务为基础。如果此时文化财产所在国并非文化财产的占有人,那么其也有义务保护其本国受让人对文化财产的所有权。同时,这也应以不违反其参加的国际条约义务为基础。

第二,文化财产经非法流转至文化财产所在国境内,这种情况下,如果文化财产所在国是文化财产的占有人,其对文化财产的权利就没有合法、正当的法律基础,那么在文化财产来源国提出返还请求时,其就有义务返还该文化财产。如果此时文化财产的占有人并非文化财产所在国而是其他主体,那么其就有义务对文化财产来源国的返还请求提供法律救济。换言之,文化财产所在国负有保护义务,尤其是在文化财产国际条约机制下,保护文化财产合法所有人的财产权。

3. 善意第三人的权利和义务

文化财产返还中,如实际占有人为善意第三人,在其返还所占文物情况下,将涉及对其是否予以补偿或赔偿的问题。善意第三人的权利在于,当文化财产返还请求人向其追偿返还占有的文化财产时,要求给予赔偿或补偿的权利。对善意第三人是否赔偿及具体的赔偿或补偿金额,是一个颇为复杂且有争议的问题。对此,各国对这一问题的规定有很大差异，相关国际公约的规定也不尽相同。对此，本书将在本章第四节进行讨论。

与善意第三人的权利相对，其义务主要有以下两点：第一，保证其所占有的文化财产的完整性，确保文化财产不受他人和外力的毁损，因为文化财产作为特殊的物，具有特别的不可替代性；第二，也是更为重要的，就是在文化财产返还请求人进行追索之时，履行返还文化财产的义务。

第二节　文化财产返还国际公约基本内容

一、文化财产的界定

从文化财产的保护到返还的国际公约，距今已有一个多世纪的历史。1899 年和 1907 年的两次海牙会议首次将保护文化财产的问题纳入国际公约的范畴。1954 年 5 月 14 日，联合国教科文组织在海牙通过了海牙公约及其议定书。该公约强调各缔约国在发生武装冲突时应该对文化财产加以保护和尊重，禁止大肆盗窃、抢劫或侵占文化财产，造成文化财产的严重毁坏。

1970 年 11 月 14 日，联合国教科文组织的主持通过了 UNESCO 公约，该公约要求缔约国在其领土内建立国家机构专门保护文化财产，并采取相应的措施禁止进口被盗文化财产并返还非法进口的此类文化财产。此外，该公约对文化财产非法进出口和所有权转让也规定了基本的预防和返还措施。

1995 年 6 月 24 日，各国在罗马召开了“国际范围内归还被盗或非法出口文物公约外交大会”，并通过了《国际统一私法协会关于被盗或者非法出口文物返还的公约》。该公约分别规定了“被盗文物”和“非法出口文物”的返还机制。

就文化财产的确切含义而言，以上三个公约对法律意义上的文化财产的先后界定,经历了逐步明确与发展的历程。

(一)1954 年海牙公约的界定

1954 年 5 月 14 日,国际社会在海牙签署了 1954 年海牙公约。该公约首次从国际法层面界定了“文化财产”的含义,并在第 1 条将文化财产分为三类:(1)对各国人民的文化遗产具有重大意义的动产或不动产;(2)用来保存或展览上述动产或不动产的建筑物以及发生武装冲突时用来掩护上述可移动的文化财产的保藏所;(3)用来存放上述文化财产的“纪念物中心站”。该定义将文化财产分为动产和不动产两个领域,并将博物馆和档案库等建筑物也包含在文化财产的范围内。

(二)1970 年 UNESCO 公约

1970 年 UNESCO 公约第 1 条采用概括和列举的方式界定了“文化财产”的含义,规定“文化财产系指每个国家,根据宗教的或世俗的理由,明确指定为具有重要考古、史前史、历史、文学、艺术或科学价值的财产”,主要包括动植物群落、矿物、古生物的稀有收集品和标本;有关历史和国家重大事件的财产;考古发掘或考古发现;艺术或历史古迹或考古遗址;古物(如铭文、钱币和印章);具有人种学意义的文物;有艺术价值的各种财产(不包括工业产品);雕塑艺术和雕刻,版画、印片、平版画的原件;艺术品原件;稀有手稿和古版书籍;邮票等票证;各类档案;古家具物品和古乐器等。1970 年 UNESCO 公约所界定与列举的以上文化财产的具体内容,已在本书第一章中作过更详细的介绍,此处不再重复。

由此,国际社会对“文化财产”的界定逐步细化,在 1954 年海牙公约的基础上扩展了其含义,将动植物群落、历史人物的生平等均纳入文化财产的范畴。显然,1970 年 UNESCO 公约比 1954 年海牙公约更加明确地界定了文化财产,并提供了一个更具有实际操作意义的标准。不过,与 1954 年海牙公约相比,1970 年 UNESCO 公约以确定性的语言严格界定了文化财产,而未包含任何描述性的兜底条款。

（三）1995 年 UNIDROIT 公约

1995 年 UNIDROIT 公约以“文物”（cultural object）的概念取代了“文化财产”（cultural property），公约第 2 条从总体上界定了文物的基本含义，规定文物是“因宗教或者世俗的原因，具有考古、史前史、历史、文学、艺术或者科学方面重要性，并属于本公约附件所列分类之一的物品”。与此同时，公约附件中列举了文物的具体的范围和界定，其内容与 1970 年 UNESCO 公约界定的文化财产的范围相同。

由此可见，1995 年 UNIDROIT 公约沿袭了 1970 年 UNESCO 公约中关于文化财产的列举式定义，并沿用了 1970 年 UNESCO 公约中对文化财产的分类。尽管 1970 年 UNESCO 公约中的文化财产的界定，因其过于确定和限定而可能导致实际应用中的遗漏或不确定，但其中广泛的列举也被认为是囊括了文化财产的可能的形态，也是目前最权威的文化财产之定义。

二、公约的适用范围

（一）1954 年海牙公约

1. 适用的基本范围

1954 年海牙公约开篇第 1 条就界定了该公约保护的文化财产之范围，该公约所保护的文化财产并不限于合法所有或占有的范围，出于对依附于文化财产上的文化的尊重，要求缔约国不论文化财产的来源或所有权如何，都应给予该文化财产以 1954 年海牙公约下的保护。

关于适用的地理范围，公约第 4 条要求缔约各方不得为任何目的对“在其自己领土内的以及在其他缔约各方领土内的文化财产”的文化财产及其直接周围或用以保护此项财产的设备上作任何使用，且“如果使用的目的可能在发生武装冲突时使此项财产遭受到毁灭或损失，并不得采取针对此项财产的任何敌对行为”。此外，公约第五条还要求“缔约任何一方占领缔约另一方领土的全部或一部时，应尽可能支持被占领国国家主管当局保障并保全其文化财产”。

1954年海牙公约对公约本身的适用范围也作了明确的规定,即公约应适用于“缔约国两方或两方以上之间可能发生经宣告的战争或任何其他武装冲突,即使一方或一方以上不承认有战争状态”,及“对缔约一方领土的一部或全部占领,即使对于上述占领不发生武装抵抗”。

同时,1954年海牙公约第18条又对非缔约方的效力做了规定,但是该效力仅及于公约的缔约国。当然,依该公约第18条规定,“如果非缔约一方的国家声明接受公约的规定并且实施此项规定时,缔约各国在其与非缔约一方的关系中应更进一步受公约的约束”。在此,公约将其适用的地域范围进行了扩展,缔约任何一方可以在批准或加入之时,均可声明本公约应扩大适用于国际关系由该方负责的一切或任何领土。[1]

2. 溯及力问题

1954年海牙公约本身并未规定有关公约溯及力的条款,但该公约的第一议定书述及了公约适用中的时间问题。该议定书第10条丙项规定,1954年海牙公约所涉及的公约适用范围“应于敌对行为或占领开始以前或以后,使冲突各方所交存批准书或加入书立即生效”。因此,公约在上述特殊情况下立即生效,而无须经过加入公约后三个月的时间。该议定书第12条又规定,缔约国在声明将公约的适用扩大到其所“负责的所有或任何领土”时,其向联合国教科文组织提交的声明将在三个月后生效。换言之,在该三个月内,1954年海牙公约及其议定书并不对缔约国所“负责的所有或任何领土”生效。由此可知,该公约及其议定书并不具有溯及既往的效力。

(二)1970年UNESCO公约

1. 适用的基本范围

1970年UNESCO公约第9条规定,“本公约的任何一个缔约国在其文化遗产由于考古或人种学的材料遭受掠夺而处境危殆时得向蒙

[1] 1954年《武装冲突情况下保护文化财产公约》第35条。

受影响的其他缔约国发出呼吁"。该规定表明,该公约首先是对任何一个缔约国领土范围内的文化财产给予公约项下的保护。

其次,公约第12条要求"本公约缔约国应尊重由其负责国际关系的领土内的文化财产,并应采取一切适当措施禁止并防止在这些领土内非法进出口文化财产和非法转让其所有权"。这一规定将公约的适用范围扩大到由缔约国"负责国际关系的领土内"的文化财产。因此,如何解释"负责国际关系的领土"成为适用本条的关键。为此,公约第22条进一步规定,"本公约不仅适用于其本国领土,而且也适用于在国际关系上由其负责的一切领土;如有必要,缔约国须在批准、接受或加入之时或以前与这些领土的政府或其他主管当局进行磋商,以便保证本公约在这些领土的适用"。由此可知,1970年UNESCO公约将公约的适用范围限制于缔约国范围内,扩大的部分也仅限于缔约国"负责的国际关系的领土内"。当然,这是由国际条约的效力范围决定的,条约仅是缔约各方权利义务的协议,而不能对第三方任意设定义务。

除了公约第1条对文化财产的范围做了界定外,公约还在第4条以说明性的列举方式,进一步明确了公约所适用的对象范围,规定如下:

本公约缔约国承认,为了本公约的宗旨,凡属以下各类财产均为每个缔约国的文化遗产的一部分:

(1)有关国家的国民的个人或集体天才所创造的文化财产和居住在该国领土境内的外国国民或无国籍人在该国领土内创造地对有关国家具有重要意义的文化财产;

(2)在国家领土内发现的文化财产;

(3)经此类财产原主国主管当局的同意,由考古学、人种学或自然科学团体所获得的文化财产;

(4)经由自由达成协议实行交流的文化财产;

(5)经此类财产原主国主管当局的同意,作为赠送品而接收的或合法购置的文化财产。

2. 溯及力问题

一般认为,1970 年 UNESCO 公约中也未规定公约的溯及力条款。该公约第 15 条明确规定在该公约对相关国家生效之前,公约的任何规定都不得“妨碍缔约国之间自行缔结有关归还从其原主国领土上不论以何种理由搬走之文化财产的特别协定,或制止它们继续执行业已缔结的有关协定”。由此可见,1970 年 UNESCO 公约并不影响、约束或改变缔约国在加入或批准公约之前所订立的任何协议或协定。可以认为,该公约也没有溯及既往的效力。

(三)1995 年 UNIDROIT 公约

1. 适用的基本范围

1995 年 UNIDROIT 公约将文化财产分为两种,即“被盗文物“和”非法出口文物”,并分别规定了不同的返还机制。尽管该公约将文化财产表述为“文物”,但仍沿用了 1970 年 UNESCO 公约中有关“文化财产”的含义。作为国际统一私法协会牵头制定的公约,1995 年 UNIDROIT 公约具有一定的国际私法特征,公约在调整文化财产保护的实体法律关系之外,也对相关的国际私法程序问题作了相应的规定。公约第 1 条明确地规定了其适用的事项范围,即“本公约适用于如下国际性请求:(1)返归被盗文物;(2)归还非法出口文物”。[1]因此,公约的适用范围包括被盗物品的返还与非法出口物品的返还两个方面。其中,公约第二章适用于被盗文化财产的返还,但只要求公约在被请求国生效;[2]公约第三章适用于非法出口文物的返还,但要

[1] 该第 1 条第(2)款的全句为:归还因违反缔约国为保护其文化遗产之目的制定的文物出口法律而被移出该国领土的文物(以下简称“非法出口文物”)。

[2] 这是考虑到能够适用于私人主体提起文物返还请求。该公约第 10 条第 1 款规定:第二章的规定应仅适用于本公约对一国家生效后在该国提出索还请求的被盗文物,只要(1)该物品是在本公约对缔约国生效后从该国领士内被盗的;或者(2)该物品在本公约对缔约国生效后位于该国。

求公约在被请求国与请求国均已生效。[1] 如果文物被盗后又非法出口,作为要求返还的诉因,公约的第二章、第三章理论上应均可适用,这取决于提出返还请求的主体与诉因。

关于公约适用的地理范围,公约在其序言中已明确为适用于缔约国之间的领土范围,即"决定为了在有效地打击文物的非法交易方面做出贡献,应在缔约国之间采取重要措施,即在文物的返还和归还方面建立共同的、最低限度的法律规范,以期促进为所有各方的利益而保存和保护文物"。

如果缔约国拥有两个以上领土单位,则"无论这些领土单位对本公约所处理的事项是否适用不同的法律体系,该国可以在签署或者交存其批准、接受、核准或加入的文件时,声明本公约扩展适用于其所有领土单位,或者仅适用于其中的一个或多个领土单位"。[2]

2. 溯及力问题

1995 年 UNIDROIT 公约在制定过程中,文化财产来源国和文化财产所在国对公约溯及力问题存在过激烈争论。来源国认为,历史上文化财产的转移是在来源国无法控制、无从知晓的情况下发生的,因而主张公约的规定具有溯及既往的效力,进而认为公约之前非法转移的文物应当返还。相反,文化财产所在地国则持相反立场,认为赋予公约溯及力将违背"法不溯及既往"的一般原则。

对此争议问题,公约第 10 条作出了如下规定:

1. 第二章[3] 的规定应仅适用于本公约对一国家生效后在该国提出索还请求的被盗文物,只要

(1)该物品是在本公约对缔约国生效后从该国领士内被盗的,或者(2)该物品在本公约对缔约国生效后位于该国。

---

〔1〕 该公约第 10 条第 2 款规定:第三章的规定应仅适用于本公约对请求国生效后以及对某一国生效后在其境内提出索还请求的非法出口的文物。

〔2〕 1995 年 UNIDROIT 公约第 14 条。

〔3〕 第二章规定了"被盗文物的返还"。

2. 第三章[1]的规定应仅适用于本公约对请求国生效后以及对某一国生效后在其境内提出索还请求的非法出口的文物。

3. 本公约不以任何方式证明发生在本公约生效以前的或者根据本条第1款、第2款而被排除在外的任何性质的非法移交是合法的，也不限制国家或者其他人根据本公约框架外可援用的救济措施，对于本公约生效前被盗或者非法出口的文物提出返还或者归还请求的权利。

对以上规定涉及的公约溯及力问题，具体分析如下：

第一，从第1款的规定来看，公约并不适用于在其对文物所在国生效前被盗文物的返还请求，但如该被盗文物在提出索还请求时仍在文物所在国境内，则可以适用于公约的返还规定。

第二，从第2款的规定来看，公约也不适用于其对文物所在国生效前的非法出口文物的返还请求，无论该非法出口文物是否仍在文物所在国境内，其仅适用于公约已对请求国和被请求国均生效后的非法出口文物的返还。

第三，第3款的规定对溯及力问题采取了折衷原则，仅规定了不使公约生效前的文物盗运合法化，也不影响各国对此前流失文物追索权利的原则，但该规定从内容看仍是宣示性，并未赋予公约溯及既往的效力。

中国于1996年签署加入该公约时作出了相应的保留，声明保留对历史上被非法掠夺的文化财产进行追索的权利。联合国教科文组织也曾于1995年提出一项原则，即"任何因战争原因而被抢夺或丢失的文物都应归还，没有任何时间限制"。对此，国家文物局的有关专家也指出，"没有任何时间限制"包括两个含义：一是不论战争何时发

---

[1] 第三章规定了"非法出口文物的归还"。

生；二是可以在任何时候提出归还要求。[1]

三、公约的文化财产返还制度

（一）文化财产返还的请求人

1.1954 年海牙公约

1954 年海牙公约及其议定书重在保护武装冲突下的文化财产，并对战时被占领国文化财产的保管与返还问题作了相应规定。但除了战时外，并未规定缔约国对流失文化财产的返还责任，因此也未就文化财产返还的请求权及请求人作出相应规定。但该公约及其议定书赋予了各缔约国特别保护文化财产的义务，同时给予各缔约国对违反公约的任何人予以刑事处罚的权利。

公约第 8 条要求各缔约国建立特别保护制度，“在特别保护之下可以有少数的保藏所”用来保护文化财产不受损坏。此外，公约的实施条例第二条规定了发生武装冲突时保护文化财产的专员制度，要求任何一个缔约国在陷入武装冲突时，应当立即任命其领土或被占领领土内的文化财产代表。

1954 年海牙公约第二议定书特别规定了侵犯文化财产行为的刑事责任问题。该第二议定书第 15 条规定，若任何人故意“将受重点保护的文化财产作为进攻目标”或“大量地破坏或攫取受《公约》和本《议定书》保护的文化财产”或“偷盗、掠夺或侵占受《公约》保护的文化财产，以及对它们进行破坏”，均构成对 1954 年海牙公约和该议定书的违反，各缔约国将对此种行为依照国内法加以指控，并“通过适当刑罚制止此类行为”。

2.1970 年 UNESCO 公约

相比 1954 年海牙公约及其议定书，1970 年 UNESCO 公约不仅规

---

〔1〕 参见《文物局致函两拍卖行提出严正要求，停止拍卖被掠圆明园文物》，载《中国文物报》2005 年 5 月 7 日版。

定了文化财产的保护机制,同时也就文化财产的返还作出了相应规定。首先,该公约第7条第1款要求各缔约国"采取与本国立法相一致的必要措施防止本国领土内的博物馆及类似机构获取来源于另一缔约国并于本公约在有关国家生效后非法出口的文化财产。本公约对两国均已生效后,尽可能随时把自两国中的原主缔约国非法运出文化财产的建议通知该原主缔约国"。

其次,公约在第7条第2款中要求"根据两国中的原主缔约国的要求,采取适当措施收回并归还进口的此类文化财产",并且要求"收回和归还失物必须通过外交部门进行,提出要求一方应提供使确定其收回或归还失物的要求的必要文件及其他证据"。虽然公约对以上"原主缔约国"的含义未予定义,但从规定的内容看,指的应是文化财产来源国。这表明,返还请求人是指作为文化财产来源国的原主缔约国,以上"必须通过外交部门进行"的表述也说明了这一点。这也表明个人提出的权利请求是无法直接得到公约的保护和救济的。

尽管如此,公约第13条第3款规定各缔约国还应在符合其本国法律的情况下"受理合法所有者或其代表提出的关于找回失落的或失窃的文化财产的诉讼",表明该公约要求各缔约国应通过司法部门接受和审理个人对文化财产的权利要求。

3.1995年UNIDROIT公约

与1970年UNESCO公约主要强调和规制缔约国的政府行为不同,1995年UNIDROIT公约第一次在国际公约的框架下就被盗文化财产的返还创设了私人诉权。公约将应返还的文物分为"被盗文物的返还"和"非法出口文物返还"。对于被盗文物的返还,根据公约第3条、第4条的规定,请求返还的主体为"请求者"和"请求人"。从其规定的文义看,应当主要指私人,但也可以包括作为来源国的缔约国。对于非法出口文物的返还,根据公约第5条的规定,请求返还的主体为"缔约国"和"请求国",而不包括个人。具体规定如下:

第2章 被盗文物的返还

第3条

……

(3)任何关于返还被盗文物的请求,应自请求者知道该文物的所在地及该文物拥有者的身份之时起,在三年期限内提出;并在任何情况下自被盗时起五十年以内提出。

(4)但是,关于返还某一特定纪念地或者考古遗址组成部分的文物,或者属于公共收藏的文物的请求,则不受请求者应自知道该文物的所在地及该文物的拥有者身份之时起三年以内提出请求的时效限制。

第4条

……

(3)在要求补偿时,请求人向拥有者支付补偿不应损害该请求人向任何其他人重新获得此种补偿的权利。

第3章 非法出口文物的归还

第5条

(1)缔约国可以请求另一缔约国法院或者其他主管机关命令归还从请求国领土上非法出口的文物。

……

(3)如果请求国证实从其境内移出的文物严重地损害了下列各项或者其中一项利益,或者证实该文物对于请求国具有特殊的文化方面的重要性,被请求国的法院或者其他主管机关应当命令归还非法出口的这一物品。

由此可见,在该公约的框架下,除了缔约国以外,私人也可以对被盗文化财产的返还提出权利主张和请求。

(二)文化财产返还的措施

1.1954年海牙公约

如前所述,1954年海牙公约及其议定书主要规定的是武装冲突下文化财产的保护机制。该公约第 2 条要求缔约国给予文化财产以保障和尊重,第 3 条进一步要求缔约国"必须承诺采用它们所认为适当的措施,在平时准备保障在其自己领土内的文化财产"。值得注意的是,该公约还要求各缔约国通过国际合作保护文化财产,并在必要情况下通过在联合国教科文组织的协助下返还非法流转的文化财产,并分别从三个方面就联合国教科文组织的协助事项作了具体的规定。

首先,该公约第 22 条详细地规定了联合国教科文组织进行协助的具体方式和程序,要求与文化财产有关的国家在联合国教科文组织总干事的邀请下,由有关国家的代表,特别是负责文化财产的国家政府举行一个会议协商处理文化财产国际合作保护事宜。其次,公约第 23 条进一步要求联合国教科文组织应当积极协助各缔约国对文化财产实施国际保护。"缔约各方可以请求联合国教育、科学及文化组织在保护其文化财产的组织方面,或者在适用本公约或其实施办法时所发生的任何其他问题上给予技术上的协助。上述组织应在其计划和资力范围的限度内给予此项协助"。最后,该公约第 24 条规定各缔约国可"就其认为适合于单独规定的一切事项缔结特别协议"。

此外,1954 年海牙公约第一议定书第 1 条第 2 项规定了缔约国对文化财产予以接管的制度,这似乎与文化财产返还问题相关。通过该等接管,武装冲突时被占领土之上的文化财产才能得到应有的保护。该第 1 条第 2 项规定各缔约国应当接管"直接或间接从任何被占领土输入其自己领土内的文化财产",该等接管可以是缔约国自行实行,也可以在"被占领土主管当局的请求"而实行。

2. 1970 年 UNESCO 公约

公约第 7 条所规定的缔约国应承担的特定义务,其内容实为公约实施文化财产返还的主要措施,主要包括三项:一是防止各缔约国的博物馆获取来源于另一缔约国非法出口的文化财产的措施;二是禁止进口来自任何缔约国博物馆被盗文化财产的措施;三是缔约国之间收回并归还非法进口的文化财产的措施与实施程序,具体规则内容如下：

（1）采取与本国立法相一致的必要措施，防止本国领土内的博物馆及类似机构获取来源于另一缔约国，并于本公约在有关国家生效后非法出口的文化财产。本公约对两国均已生效后，尽可能随时把自两国中的原主缔约国非法运出文化财产的建议通知该原主缔约国。（第7条第1款）

（2）本公约对有关国家生效后，禁止进口从本公约另一缔约国的博物馆或宗教的或世俗的公共纪念馆或类似机构中窃取的文化财产，如果该项财产业已用文件形式列入该机构的财产清册。（第7条第2款第1项）

（3）本公约对有关两个国家生效后，根据两国中的原主缔约国的要求，采取适当措施收回并归还进口的此类文化财产，但要求国须向不知情的买主或对该财产具有合法权利者给予公平的赔偿。要求收回和归还失物必须通过外交部门进行，提出要求一方应提供使确定其收回或归还失物的要求的必要文件及其他证据，费用自理。（第7条第2款第2项）

此外，为有效预防文化财产的非法出口与所有权转让，并将其返还合法所有人，公约还规定了以下各项实施措施：

（1）公约第9条鼓励缔约国在其文化财产遭受掠夺而“处境危殆时得向蒙受影响的其他缔约国发出呼吁”，在此情况下，公约其他缔约国将采取包括“对有关的特定物资的进出口及国际贸易实行管制在内的各项措施，协助该缔约国保护其文化财产”。

（2）公约第10条要求各缔约国应通过教育等手段，限制非法从该国运出文化财产，并且各缔约国政府应当要求其国内的古董商对于每一项文化财产的来源、名称、提供者的信息和出售价格进行详细记录。对于不予按规定记录的古董商做出行政或刑事制裁。

（3）公约第13条要求缔约国尽可能通过一切措施制止非法出口的文化财产的所有权转让，并在文化财产非法流转的情况下，责成其主管机关积极合作,将该文化财产返还合法所有人。

(4)公约第16条还规定了缔约国的定期报告制度,要求缔约国定期向联合国教科文组织大会提交报告,并在报告中详细说明该国已通过的各项实施本公约的法律法规,以及在保护文化财产的相关详细资料。

3.1995年UNIDROIT公约

1995年UNIDROIT公约就“被盗文物“和“非法出口的文物”分别规定了返还制度。就被盗文物的返还而言,该公约主要从两个方面来保护被盗文物的合法利益:一是遏制文化财产的非法出口和贩运;二是建立统一的文化财产返还机制。

对于非法出口文物的返还,公约第5条第1、2款首先为来源国规定了救济的依据如下:

(1)缔约国可以请求另一缔约国法院或者其他主管机关命令归还从请求国领土内非法出口的文物。

(2)为展览、研究或者修复等目的,根据请求国为保护其文化遗产之目的制定的文物出口法律而颁布的许可证,从请求国暂时出口却没有依照许可证条件予以归还的文物,应认定为已经非法出口。

同时,公约第5条第3款还规定了来源国行使救济权的条件如下:

(3)如果请求国证实从其境内移出的文物严重地损害了下列各项或者其中一项利益,或者证实该文物对于请求国具有特殊的文化方面的重要性,被请求国的法院或者其他主管机关应当命令归还非法出口的这一物品。上述利益系指:

①有关该物品或者其内容的物质保存;

②有关组合物品的完整性;

③有关诸如科学性或者历史性资料的保存;

④有关一部落或者土著人社区对传统或者宗教物品的使用。

以上作为救济条件的内容应由请求国举证,并由被请求国依职权查明。关于被盗文物和非法出口的文物的返还途径，公约第 8 条第 1 款规定"对文物的返还请求可以向文物所在地的缔约国法院或者其他主管机关提出，也可以由拥有管辖权的缔约国法院或者其他主管机关提出"。该第 8 条第 2 款还进一步规定当事人既可以向上述有关法院提起诉讼，也可以提交仲裁。而且，当事人的上述诉讼或仲裁请求不影响其向该缔约国的有关机关针对文化财产提出，包括保护性措施在内的临时性措施。[1]

此外，公约第 9 条指出：公约的任何返还或保护制度，并不妨碍各缔约国自身所规定的对文化财产的保护和返还更为有利的制度。但不得解释为创设了承认或者执行另一缔约国法院或者其他主管机关作出的违反本公约规定的裁决的义务。

（三）文化财产返还的补偿制度

1.1954 年海牙公约

1954 年海牙公约及其议定书未就文化财产返还时的补偿制度作详细规定，而仅是在其第一议定书第一条第四项指出缔约国有义务防止文化财产从其占领领土输出的缔约各方应返还的文化财产，并向此项财产的"善意持有人给付赔偿金"。此外，1954 年海牙公约第二议定书在提及个人刑事责任和国家责任的同时，认为该议定书中有关个人刑事责任的条款，并不影响国家在国际法上赔偿义务，但对赔偿的标准并未有明确规定。

2.1970 年 UNESCO 公约

根据 1970 年 UNESCO 公约第 7 条第 2 款第 2 项的规定，文化财产归还后，请求国须向"不知情的买主"或"对该财产具有合法权利者"给予公平的赔偿，且该等请求和归还必须通过外交部门，提出要求一方自行负担与其返还请求相关的证据和文件所产生的费用，而且归还和运送文化财产过程中所需的一切费用也均由提出要求的

〔1〕 1995 年 UNIDROIT 公约第 8 条第 3 款。

一方负担。

上述规定实际上是要求给予“善意买受人”以公平赔偿，善意买受人是指“不知情的买主”或者“对该财产具有合法权利者”。但公约未进一步明确“不知情”和“拥有合法权利”的具体含义。从所规定的文义看，两者应有所区别。“不知情的买主”应指不知道所买物品是非法出口的，而“对该财产具有合法权利者”应指法律上已有效取得所有权，但对非法出口的事实可能是知晓的。尽管该规定对此未予详细的说明，但1970年UNESCO公约明确了文化财产返还时的一项基本原则，即对“善意持有人”或“合法权利者”的合理赔偿，从实施层面增强了文化财产返还的国际机制的基础。

3. 1995年UNIDROIT公约

在1970年UNESCO公约的基础上，1995年UNIDROIT公约对文化财产返还后的赔偿制度作了更为明确的规定。在被盗文物返还的赔偿问题上，公约更注重保护文化财产原所有人的利益。公约第4条第1款规定占有人只有在不知道或理应不知道其所占有的文物是被盗的，并同时证明其获得该文物时是善意和慎重的，才应当获得“公正合理的补偿”。对于如何确定占有人的善意和慎重，公约第4条第4款进一步规定在确定占有人是否慎重时，应当从获得文化财产的各种具体情况来判断。同时，第4条第3款还规定占有人在要求文物返还的补偿时，不应损害请求人向其他任何人要求补偿的权利。该第4条的具体规定如下：

（1）被要求归还被盗文物的拥有者只要不知道，也理应不知道该物品是被盗的，并且能证明自己在获得该物品时是慎重的，则在返还该文物时有权得到公正合理的补偿。（第4条第1款）

（2）在不损害前款所述拥有者的补偿权利的情况下，只要符合提起请求的所在国法律，应当做出合理的努力，促使向拥有者移交文物的人或者任何此前的移交人支付此种补偿。（第4条第2款）

（3）在要求补偿时，请求人向拥有者支付补偿不应损害该请求人

向任何其他人重新获得此种补偿的权利。(第4条第3款)

(4)在确定拥有者是否慎重时,应当注意到获得物品的所有情况,包括当事各方的性质、支付的价格、拥有者是否向通常可以接触到的被盗文物的登记机关进行咨询、他通常可以获得的其他有关信息和文件、拥有者是否向可以接触到机关进行咨询,或者采取一个正常人在此情况下应当采取的其他措施。(第4条第4款)

对于被盗文物的返还,在以上规定的善意占有人(拥有者)有权获得补偿的原则中,第1款是关于善意占有人的含义与获得补偿的权利的;第2款是承担向善意占有人支付补偿的义务;第3款是关于请求人支付补偿后的代位求偿权问题;第4款是判断善意占有人是否"审慎"的具体标准。

与被盗文物返还的补偿要求不同,关于非法出口文物返还的补偿,公约并未规定占有人取得文物时的善意和慎重义务,而只是在第6条规定占有人获得该文物之时,只要"不知道或者理应不知道这一物品是非法出口物"的,就有权在归还该物时获得公正合理的补偿,并具体列举了判断占有人不知道或理应不知道的标准,此外还规定了对非法出口文物的各种补偿方式。该第6条具体内容如下:

(1)在文物非法出口后获得该物品的拥有者,如果在获得该物品时不知道或者理应不知道这一物品是非法出口的,有权在归还该物时得到请求国公正、合理的补偿。(第6条第1款)

(2)在确定拥有者是否已知道或者通常理应知道其文物属非法出口时,应考虑到获得物品的情况,包括缺少请求国法律所要求的出口许可证的情况。(第6条第2款)

(3)被要求归还文物的拥有者经与请求国协商一致,可决定以下列方式之一代替补偿:(第6条第3款)

①保留对该物品的所有权;

②有偿或者无偿地将所有权转让给他所选择的居住在请求国境内并提供了必要担保的人。

(4)根据本条归还文物的费用应由请求国承担,但不妨碍该国向其他人重新获取此种费用的权利。(第6条第4款)

以上公约第6条关于非法出口文物返还的补偿问题的规定中,第1款是确定善意占有者的"不知情原则"及其获得补偿的权利;第2款是判断占有人是否知情的标准;第3款是关于替代补偿权的方法与条件;第4款是关于归还文物的费用承担及请求国的代位求偿权。

(四)文化财产返还的追索时效

1.1954年海牙公约

1954年海牙公约及其议定书均未对公约的追索时效作出任何规定。仅在1999年第二议定书第44条指出,如发生武装冲突,则冲突各方在敌对行动开始或国家被占领之前或之后递交的对本议定书的加入或批准将立即生效。严格来讲,这并非对公约追索时效的规定,根据该议定书第43条的规定,本该在缔约国提交加入书或批准书之后三个月生效,而立即生效只是理论上将公约的追索期限增加了三个月。

2.1970年UNESCO公约

1970年UNESCO公约也未规定文化财产的追索时效问题,而仅就公约的适用范围从地理空间上进行了界定。该公约第21条和第22条规定了公约对交存批准书或加入书的缔约国将于交存三个月之后生效。因此,与1954年海牙公约及其议定书一样,该公约并未设定任何的文化财产追索时效条款。公约也未作出任何追索文物的时效限制规定,而是将此问题留给被请求国或所在国,依其本国法律规定来处理。

3.1995年UNIDROIT公约

与1970年UNESCO公约不同,1995年UNIDROIT公约对文物追索的时效问题特别作出了规定。对于被盗文物的追索时效,公约第3条第3款分别规定了"3年期限内提出"和"最长50年以内提出"的时效限制,即"任何关于返还被盗文物的请求,应自请求者知道该文物的所在地及该文物拥有者的身份之时起，在3年期限内提出；并在任何情况下自被盗时起50年以内提出”。

但公约第3条第4款又规定，“关于返还某一特定纪念地或者考古遗址组成部分的文物，或者属于公共收藏的文物的请求，则不受请求者应自知道该文物的所在地及该文物的拥有者身份之时起3年以内提出请求的时效限制”。

考虑到该“不受3年时效限制”的规定可能会让其他文化财产所在国难以接受，公约又在第3条第5款对此作出了“75年时效限制”的保留规定，即“尽管有前款的规定，任何缔约国可以声明一项请求应受75年的时效限制，或者受到该国法律所规定的更长时效的限制”。

对于非法出口文物的追索时效，该公约第5条第5款采用了与第3条第3款相同的时效期限，即“归还请求应当在请求国知道文物所在地和拥有者身份时起的3年之内提出；任何情况下，应自出口之日或者自根据本条第2款所述许可证规定该物品应被归还之日起50年以内提出”。

四、文化财产返还的争议解决

文化财产跨国返还的争议具有相当的复杂性，通过跨国诉讼追索非法流失的文化财产是解决文化财产争议的一种主要方式。有关文化财产返还的国际公约在其所生效的缔约国领土范围内，为来源国及相关主体追索流失文化财产提供了法律依据，对其的适用无疑有利于文化财产的跨国返还。在文化财产跨国追索返还过程中，因为文化财产法适用的复杂性、冲突性，所以成功追索的难度是显而易见的。为通过司法途径成功追索流失文物，请求人需要面临巨大经济压力和司法判决的不确定性。多数失窃的文化财产都不易追回，且必须耗费巨大的财力和人力才可能成功。

（一）1954 年海牙公约及其议定书

1954 年海牙公约的第一个议定书要求缔约国在发生武装冲突时禁止从被占领土上进口文化财产，该议定书第 2 条第 5 款规定，“来自缔约一方领土并由该方为保护文化财产使免受武装冲突危害而交存于缔约另一方领土内的文化财产，应于敌对行为终止时由后者返还给此项财产来源地的主管当局”。

但对于文化财产保护和返还所涉及的争议如何解决，该议定书并没有作出明确的规定，只是要求缔约国对文化财产的善意持有人给付赔偿金。依照国际私法的原理来理解，若就该等赔偿金的金额、标准和计算等发生争议，应当适用文化财产所在地的法律，那么有关争议也应当按照当地的法律进行判断。再者，由于涉及赔偿诉讼关键在于判决的承认和执行，适用当地法律也就更为方便。

1999 年第二个议定书于 2004 年 3 月 9 日生效。该议定书第 10 条要求缔约国对符合下列条件的文化财产进行重点保护：(1)属于对全人类具有最重大意义的文化遗产；(2)系国内有关法律和行政措施视为具有特殊的文化与历史价值并给予最高级别保护的文化财产；(3)未被用于军事目的或用以保护军事设施，并且控制它的缔约国已声明确保它不会用于此类目的的文化财产。

此外，1999 年第二议定书还建立了追溯刑事责任的原则，并要求各缔约国采取必要的行政和刑罚措施。议定书第 19 条规定，缔约方应在根据公约规定的罪行提起调查、刑事诉讼或引渡程序中相互给予最大限度的司法协助，包括程序中所必需的证据的收集。

虽然 1954 年海牙公约及其议定书较之 1899 年和 1907 年公约在发生武装冲突时保护文化财产方面迈进了一大步，但它并没有为文化财产的返还提供一个全面的国际解决机制。由于 1954 年海牙公约还不承认私人诉权，因而寻求追讨文化财产的个人或组织无法依照该公约及其议定书提出任何权利请求。

（二）1970 年 UNESCO 公约

总体来看，1970 年 UNESCO 公约在 1954 年海牙公约及其议定书的基础上有了很大的发展。公约第 7 条要求缔约国收回和归还文化财产必须通过外交部门进行，要求一方应提供必要的文件及其他证据，费用自理。并且要求各方不得对归还的文化财产征收关税或其他费用，而且归还和运送文化财产过程中所需的一切费用均由提出要求的一方负担。

另外，根据公约第 13 条，缔约国有义务确保将非法出口的文化财产尽可能早的返还其合法所有权人，并有义务受理合法所有者或其代表提出的关于追回丢失的或失窃的文化财产的诉讼。因此，1970 年 UNESCO 公约的签署对相关争议的解决进行了初步的构建，不仅规定了返还文化财产必须通过外交途径进行，还明确规定了文化财产所有人的诉讼权利。这是文化财产保护和返还的国际公约机制最为重要的进步。

虽然该公约本身对文物返还的规定不多，但却是文化财产来源国要求返还的法律依据。由于一般只有国家才能在 1970 年 UNESCO 公约项下作为原属缔约国行使追索权，1970 年 UNESCO 其他缔约国就有义务向原属国归还文化财产。不过，该公约只涉及非法出口或转让的文物返还，而非针对被盗物品。因此，被盗文物的返还应以 1995 年 UNIDROIT 公约为依据。因为后者既处理被盗文物的返还，也处理非法出口文物的返还。

（三）1995 年 UNIDROIT 公约

1995 年 UNIDROIT 公约被认为是在“强制返还和对善意取得人的补偿之间达成了平衡”。[1] 较 1970 年 UNESCO 公约相比，该公约

---

〔1〕 See Ian M. Goldrich, “Balancing the Need for Repatriation of Illegally Removed Cultural Property with the Interestsof Bona Fide Purchasers: Applying the UNIDROIT Convention to the Case of the Gold Phiale”, 23 *Fordham Int'l L. J.* 23(118), 1999.

更加详细地规定了涉及文化财产返还的争议解决方式。公约第 8 条从以下三方面规定了文物返还的争议解决方式：首先，文物的返还请求可以向文物所在地的缔约国法院或者其他主管机关提出，也可向根据其现行法律拥有管辖权的缔约国法院或者其他主管机关提出。其次，当事人可以同意将争议提交任何法院或者其他主管机关，或者提交仲裁。换言之，文化财产请求权人不仅可以向法院提出诉讼，而且也可提交有关机关仲裁。最后，即使当返还的要求或者归还的请求是向另一个缔约国法院或者其他主管机关提出的，物品所在地缔约国法律许可的，包括保护性措施在内的任何临时性措施仍可付诸实施。

五、公约的特别规定

（一）文化财产的特别保护制度

1954 年海牙公约及其议定书规定了文化财产的特别保护制度。该公约第 8 条规定：为了防止在发生武装冲突时转移文化财产，可以设置文化财产保藏所或贮藏纪念物的中心站，但是，此类保藏所或中心站不得用于军事目的。非军事目的的保藏所和纪念物中心站理应受到特别保护，不应在武装冲突中被打击或损坏。更重要的是文化财产一经载入“受特别保护的文化财产国际登记册”后，即给予特别保护。公约第 9 条进一步规定了受特别保护的文化财产的豁免权，要求缔约国保证受特别保护的文化财产从载入国际登记册之时即享有豁免权。但是，该项豁免权可以被撤回。

（二）文化财产进出口许可制度

为了有效防止文化财产非法出口，1970 年 UNESCO 公约规定了文化财产的进出口许可制度。公约第 6 条要求缔约国在其境内建立文化财产进出口许可制度，即对出口的文化财产发放适当的证件，并在该这证件中说明该文化财产的出口是否已经批准。如果文化财产尚未获得此项出口许可，则禁止该文化财产从缔约国领土出口。

该进出口许可制度要求缔约国从行政制度的层面严格控制文化财产的进出口，这不仅保证了文化财产来源国对其本国文化财产的控制权，也满足了文化财产所在地对其境内文化财产的追踪，使其更易于保护和保存其境内的文化财产。

（三）公约的退出机制

关于公约的退出机制，1954 年海牙公约第 37 条规定，缔约国可以用其自己的名义或者国际关系由其负责的任何领土的名义，并以书面文件退出本公约。该退出应于收到退出书一年后生效。

1970 年 UNESCO 公约第 23 条也规定了公约的退出机制，缔约国可以代表本国或代表由其负责国际关系的任何领土退出本公约，并且须以书面文件通知，该退约书交存联合国教科文组织总干事处。退约在收到退约通知书 12 个月后生效。

同样，缔约国可以随时向保存过提交退出文件而退出 1995 年 UNIDROIT 公约。公约第 19 条规定，退出应自向保存国交存退出文件之日后第六个月的第一天起发生效力。当退出文件中对退出的生效规定了更长的时间时，则应自向保存国交存后至这一更长时间结束时发生效力。即使已经退出本公约，本公约仍应适用于在退出发生效力之日前提出的，将文物返还的请求或者是归还文物的请求。

第三节　公约的国内实施与问题

一、公约在缔约国的实施

有关文化财产保护公约的规则无疑是文化财产贸易合法与否的有效法律依据，因为文物来源国禁止出口的法律难以被进口国承认与适用。非法出口文物在进口国被视为违反外国公法，但该行为一般不构成返还非法出口物品的私法理由。因为公法本身不具有域外效力，除非根据条约规定进口国有义务遵守公约的规定判决或执行返还非法出口文物。

从私法和国际私法角度看,1970 年 UNESCO 公约相当有创新,因为其为文化财产专门制定了一个新的法律体制。相比较 20 世纪 60 年代后期针对非法转让文化财产案件中可以适用的传统国际私法解决方式来说,该公约是一个“先锋文件”。在它被采用后 25 年里,1995 年 UNIDROIT 公约主要填补了 1970 年公约在艺术品返还私法层面上的问题。[1]

近年来,随着非法走私文物与艺术品交易量的增加,通过国内法实施解决文化财产的归还问题日显重要。艺术品贸易的频繁流动,使很多国家越来越难以独立有效地解决文化财产问题。在已存在多边层面的国际条约情况下,国际公约的落实与实施仍要通过单边的国内措施来加以执行。

1970 年 UNESCO 公约关于在缔约国实施的法律依据来自其第 9 条的规定,该规定建立了缔约国可以通过签订双边协议来保护该国受威胁的文化财产的制度。即“本公约的任一缔约国在其文化遗产由于考古或人种学的材料遭受掠夺而处境危殆时得向蒙受影响的其他缔约国发出呼吁。在此情况下,本公约缔约国承担参与协调一致的国际努力,以确定并实施必要的具体措施,包括对有关的特定物资的进出口及国际贸易实行管制。在尚未达成协议之前,有关各国应在可能范围内采取临时性措施,以便制止对提出要求的国家的文化遗产造成不可弥补的损失”。

(一)国际公约与国内措施的关系

现实中,各领域的跨国交流活动导致各国对既有法律规范的相互承认,与文化财产相关的法律也处于相互承认这一进程中。国际法的明显缺陷是不具有国内法那样的执行力,但是两者的相互影响日益加

---

〔1〕 参见张函:《国际艺术品贸易中的法律问题》,武汉大学 2009 年博士学位论文,第 73 ~74 页。

深。这种互相依赖使得国内措施能够更积极地实施国际规则的要求。虽然存在1970年UNESCO公约和1995年UNIDROIT公约的一套国际规则,但是文化财产进口国当地政府和司法审判倾向与水平,将决定归还走私文物的个案结果。

20世纪90年代以来,世界贸易组织建立后所达成的多边贸易协定极大地推动全球贸易自由化,国际货物的有形障碍已经基本消失。但贸易自由化也使国际艺术品市场上具有巨大价值的文物的跨界流动变得更为容易,而货物贸易量的急剧增加,又导致海关不可能对所有装载的货物进行检查。部分国家与地区的政局不稳定或武装冲突以及非法挖掘活动变得更加猖獗,都会使文化财产受损或被破坏的风险大为增加。

在处理文物跨国交易与返还问题上,尽管存在多边层面的国际条约与合作,其中最有名的为1970年UNESCO公约和1995年UNIDROIT公约,已经形成了统一的原则与方法,但其落实与执行仍要通过单边的国内措施来执行。不过国内措施的成功与否取决于多种地方因素,尤其是法律制度的有效执行。在国内法层面上,对流失文化财产返还的低水平实施与支持,则意味着对文物的非法掠夺和交易的频繁发生。

如果一个国家已经执行1970年UNESCO条约,就更可能运用法律手段促进归还走私的外国文化财产。加拿大是世界上第一个履行该公约义务与归还走私艺术品的国家。加拿大的执法经验表明,在这些案件处理中依然会产生法律问题。在一起文物走私案件中,加拿大启动了刑法程序以履行公约的义务。在该案件中,被告被控非法进口文化财产,将传统的克洛玛纺织艺术品走私进入加拿大,构成了对玻利维亚出口管制法的违反。由于诉讼程序常因被告提出的各种宪法性争议而延期,本案被告被起诉后6年,才被认定有罪并处罚金10,000加元。虽然在本案中,玻利维亚政府并没有要求加拿大总检察长启动诉讼程序以归还该纺织艺术品。[1]

(二)公约在发达国家的实施

鉴于1970年UNESCO公约的普遍性,且文物市场国主要为发达国家,以下重点介绍各主要发达国家对该公约的国内实施问题。1970年UNESCO公约通过之时,很多文物市场国认为公约对其施加了过多的义务,认为如果加入该公约会对本国利益带来不利,因此拒绝加入公约。但随着文化财产非法流转问题的日益严重和国际社会合作的进一步推进,一些文物市场国也逐步改变了原来的立场,开始陆续加入公约,并制定了相应的国内立法,采取各种措施限制被盗文物的进口,积极参与到了遏制文物非法流转的国际努力中来。[2] 这其中就包括在国际艺术品及文物交易中占据着重要地位的美国、英国、瑞士及日本等国。

1. 美国及其《文化财产公约实施法》

美国是1970年UNESCO公约的原始缔约国,但直到1983年美国才在其国内执行该公约,并制定并通过了《文化财产公约实施法》(以下简称CPIA),[3]以执行1970年UNESCO公约下的义务。CPIA的内容基本上是直接采纳1970年UNESCO公约的规定。例如,文化财产的定义,CPIA关于文化财产的定义与UNESCO保持一致,但CPIA的适用范围仅限于被盗的公共文化财产、非法出口的具有考古学和人类学意义的物品以及从博物馆、教堂或类似机构中获取的物品。

尽管CPIA沿袭了1970年UNESCO公约的基本制度,但也根据美国的具体实践而予以具体化,即美国对进口具有考古学或人类学意

---

〔1〕 See R. K. Paterson, Bolivian Textiles in Canada, 2 *INT' L. J. CULT. PROP.* 359 (1993).

〔2〕 高升:《1970年UNESCO公约框架下的文化财产返还机制研究》,载《法治研究》2009年第7期。

〔3〕 Convention on Cultural Property Implementation Act, 19 U. S. C. § 2601 - 13.

义的物品施加了一系列的限制，这些限制仅适用于与美国签订双边或多边协议的国家。[1] 另外，任何盗窃物品，若已列入缔约国的博物馆、宗教或世俗的公共纪念馆或类似机构的财产清单，也禁止进口到美国。

因此，CPIA 本质上将 1970 年 UNESCO 公约变为一个美国同意的协定，并赋予美国总统在符合某些标准的情况下，根据公约缔约国的请求而签订双边协议(即备忘录)的权利。[2] 在备忘录签订前，美国总统必须确定：

(1)该缔约国的文化遗产因掠夺其考古文物或民族物品而岌岌可危；

(2)该缔约国采取与 1970 年 UNESCO 公约一致的措施保护其文化财产；

(3)该缔约国申请 CPIA 第 2606 条所规定的对该缔约国考古文物或民族特色物品的进口执行限制措施，这对于阻止严重的掠夺而言确实是有实质性益处的；

(4)申请第 2606 条规定的进口限制符合国际社会在不同国家为科学、文化和教育之目的而交换文化财产的一般利益。[3]

备忘录签订并实施后，各方应创设"一份协议所涵盖的、缔约国的考古文物或民族特色物品的清单"，该清单必须"足够具体和精确以确保(1)进口限制……仅适用于协议所涵盖的考古文物和民族物品……和(2)应适当通知进口商和其他人何种物品受制于该等限制。"[4]

一旦一个项目被列于该清单上，若没有缔约国证明该物品可以合法出口的证明书或其他文件，该物品不得被进口至美国，否则该物品

---

〔1〕 CPIA, Section 303(3): Agreement to Implement Article 9 of the Convention.

〔2〕 19 U. S. C. § 2602.

〔3〕 19 U. S. C § 2602(a)(1).

〔4〕 19 U. S. C. § 2604.

将被扣押和没收。若物品被没收,美国将会首先将该物品返还来源国。[1] 若权利人可以证明其是该物品的善意购买人,并拥有该物品的有效所有权,则美国会将该物品返还至该权利人。[2] 重要的一点在于,CPIA 仅允许民事执行措施,包括没收有关的文化财产。[3]

备忘录的最长有效期为 5 年。期满后若政府认为初始的协议可以继续有效,则可以续期 5 年。同时,CPIA 允许总统在某些情况下执行紧急进口限制措施。这一措施同样受限于 5 年的期限或者在总统认为紧急情况仍然存续的情况下续期 3 年。[4]

为了协助执行,CPIA 设立了一个咨询委员会(CPAC),以评估缔约国的请求。[5] 在评估过程中,CPAC 会公开征求公众对备忘录请求的意见,但 CPAC 向国务院提供的进口限制请求和建议均予以保密。在与中国签署限制文物进口协议以前,根据 CPIA 并在 CPAC 的建议和指导下,美国已经与 12 个国家达成了双边协议,对来自 7 个国家的特殊种类文物施加了紧急进口限制。[6]

2. 英国及其《文物交易犯罪法》

英国是国际文物和艺术品交易的第二大市场国,约占全球交易份额的 30%,同时也是文物走私的主要集散地之一。因此,英国政府是否积极参与到遏制文化财产非法流转的国际努力中,对于国际社会能否有效地与打击文化财产盗窃和走私息息相关。英国于 2003 年 10 月加入 1970 年 UNESCO 公约,并于 2003 年 10 月 30 日制定了《文物交易犯罪法》,以履行英国加入 1970 年 UNESCO 公约后的条约义务。该法于 2003 年 12 月 30 日在英国生效。

---

〔1〕 19 U.S.C. § 2606(a) - (b). § 2609(a). § 2609(b)(1).

〔2〕 19 U.S.C. § 2609(b)(2).

〔3〕 19 U.S.C. § 2609.

〔4〕 19 U.S.C. § 2602(b). § 2602(e). § 2603. § 2603(c).

〔5〕 19 U.S.C. § 2605.

〔6〕 "US Department of State, Import Restriction List & Chart", Accessed December 25, 2010. http://exchanges.state.gov/heritage/culprop/listactions.html.

根据《文物交易犯罪法》，若任何人在知道或相信某文物有“污点”的情况下仍然进行“不诚实”(dishonest)的交易，那么其应受到刑事制裁，其基本内容主要包括以下方面：[1]

(1)《文物交易犯罪法》所指“文物”是指具有“历史、建筑或考古意义”的物品。有“污点的文物”(tainted cultural objects)包括非法发掘物，从具有历史、建筑或考古意义的建筑物转移的物品或从具有此类意义的纪念地转移的物品。

(2)不论发掘或转移行为是否发生在英国，不论犯罪行为违反了英国的法律还是违反了其他国家的法律，行为人都会受到制裁。该法所指的“交易”(deals)是指本人同意他人或安排他人收购、处置、进口或出口文物。

(3)无论其是否知晓其所交易的物品为文物。若是通过提起诉讼，则刑事处罚为七年以下监禁或处以罚金，或者监禁和罚金并罚，而如果是通过建议程序(summary conviction)定罪处罚，则处以六个月以下监禁或罚金，或者监禁和罚金并罚。

英国《文物交易犯罪法》没有溯及力，仅适用于2003年12月30日以后有“污点”的文物进行交易的人，而且物品的发掘和非法转移也必须发生在该日期之后。[2]

3. 瑞士及其《文化财产国际转让法》

2005年6月1日，瑞士联邦《文化财产国际转让法》(以下简称CPTA)[3]正式生效，该法是瑞士实施1970年UNESCO公约的国内立法，也是作为世界艺术品和文化财产主要贸易国的瑞士首次以联

---

[1] 《英国文物交易犯罪法》(UK ST 2003 c 27 s 1, s 2, s 3).

[2] See Simon Mackenzie and Penny Green, Criminalizing the Market in Illicit Antiquities: An Evaluation of the Dealing in Cultural Objects (Offences) Act 2003, (July 2007) 2007, Available at SSRN.

[3] Federal Act on The International Trade of Cultural Property, CPTA Code civil Suisse, 20 Jun. 2003, R. S. 444. 1 (Switz.).

邦立法的形式对文化财产的进出口和转让作出规定。CPTA 实施了 1970 年 UNESCO 公约所规定的最低标准，主要有以下四个目的：(1)保护瑞士的文化财产免受盗窃和非法出口；(2)对返还非法进口的文化财产予以补偿；(3)返还从国外借来的艺术品；(4)艺术品贸易中的注意义务。此外，CPTA 还规定了资金援助、文化行政管理和刑事制裁等内容。[1]

根据 CPTA 第 2 条第 1 款，“文化财产”是指属于 1970 年 UNESCO 公约第 1 条所规定的，因考古、历史、文学、艺术或科学而对于一个宗教或世界性范围内有重大意义的财产，无论该文化财产是否在瑞士注册或处于出口控制下的该文化财产收到其他方式的特别保护。

CPTA 对文化财产的保护主要分成两个方面，包括私运物品和被盗物品。首先，就私运物品而言，外国政府可以在瑞士就非法出口的文化财产提出索赔(claim)，但是仅限于以下情形：第一，文化财产被移除(removal)上述请求国的领土是不合法的；第二，瑞士禁止对该类文化财产的进口；第三，该请求国是 1970 年 UNESCO 公约的缔约国；第四，该请求国根据 CPTA 第 7 条和第 9 条的规定，已经与瑞士就文化财产的进口和返还达成了双边协议。

CPTA 第 9 条第 4 款对上述提出的索赔规定了追索时效的限制，即要求该等索赔必须在索赔国的主管机关知道文化财产所在地之日起 1 年内提出，且无论如何不得超过文化财产被非法移动之日起的 30 年。

就被盗物品而言，根据 CPTA 第 9 条第 5 款的规定，请求返还文化财产的索赔国应当赔偿善意购买人的损失，该损失的计算应基于购买的价格和保存该文化财产所必要的努力。CPTA 对此种情况下的

---

[1] See Marc Weber, "New Swiss Law on Cultural Property", *International Journal of Cultural Property* Vol. 13, 2006.

善意补偿制度做了进一步的阐述：第一，CPTA 第 3 条第 2 款认为在联盟(confederation)已经登记的文化财产不得通过善意取得；第二，根据 CPTA 第 32 条，所有文化财产的时效(prescription)为 30 年；第三，CPTA 第 32 条还将文化财产返还的索赔扩展到对所有人的遗嘱，且该等索赔的时效为所有人发现文化财产的位置和所有权之时起 1 年。

尽管 CPTA 的颁布很大程度上限制了瑞士艺术品交易市场上的文化财产的自由流转，但并非完美无缺。主要是 CPTA 中规定的追索诉讼只能由与瑞士签订双边协议的国家提出，并不及于未与瑞士签订双边协议的国家，故适用范围非常有限。

4. 日本及其《文化财产非法出口和进口控制法》

日本在加入 1970 年 UNESCO 公约之后，于 2002 年制定了《文化财产非法出口和进口控制法》(以下简称《非法进出口控制法》)。该法内容只有简短的七条正文，但被视为是日本履行 1970 年 UNESCO 公约义务的重要举动。[1] 该法第 1 条首先规定了立法的主要目的，即提供与进口、出口和恢复被盗的文化财产有关的必要措施，以确保适当实施 1970 年 UNESCO 公约。

《非法进出口控制法》第 2 条规定，文化财产是指"国内文化财产"和作为 1970 年 UNESCO 的缔约国根据公约的第 1 条而指定的文化财产。具体来讲，国内文化财产是指属于 1970 年 UNESCO 公约第 1 条第 1 款至第 11 款所列范围内的财产，并且这些文化财产还必须是根据日本相关的法律法规进口的财产。

重要的内容为该法第 4 条规定的对文化财产的进口限制，要求任何"特定的外国文化财产"的进口均须获得日本的外汇和外国贸易法(1949 年 228 号令)第 52 条项下所规定的进口批准。需要注意的是，《非法进出口控制法》同时在其第 6 条规定了返还特定的外国文化财

---

〔1〕 Act No. 81 of 2002, See: http://www. bunka. go. jp/English/law. html. ,最后访问日期:2010 年 5 月 28 日。

产的限制：第一，尽管特定的外国文化财产的所有人完全符合《日本民法典》所规定的条件，被盗窃的文化财产的受害人的索赔时效是两年，且无论如何也不得超过文化财产被盗之日起10年。第二，若文化财产的获得属善意和无辜，则所有人应当对受害人给予相应的补偿。

从《非法进出口控制法》的以上规定可以看出，日本对1970年UNESCO公约的实施进行了严格的限制，范围仅限于禁止进口从缔约国有关机构被盗的文化财产，并不涉及非法出口的文化财产。1970年UNESCO公约要求缔约国采取与国内立法一致的措施防止博物馆和类似机构获取非法出口的文化财产。然而，日本现有的国内立法没有明确的条款禁止博物馆或类似机构获取非法出口的文化财产。

因此，为了阻止国内博物馆或其他机构获取非法出口自其他国家的文化财产，按照公约的要求，日本还需要制定相应的措施强制要求进口的文化财产必须附有来源国颁发的许可证。这不仅仅是对日本的要求，所有缔约国尤其是市场国都应该如此。

二、公约在非缔约国的适用

（一）适用的一般原理

作为一项古老的国际习惯法规则，"条约不拘束第三国"亦被称为"条约相对效力原则"。该原则起源于古代国内法中关于契约的相应原则，即"约定对第三者无损也无益"。奥本海指出："按照'约定对第三者无损益'的原则，条约只对缔约国有关，不是缔约一方的第三国，通常不能由该条约取得任何权利或义务"。[1] 菲德罗斯则认为："在国际法学中，'条约既不损害也不有利于第三国'的原则是得到一

〔1〕 参见奥本海：《国际法》（上卷，第二分册），王铁崖等译，商务印书馆1972年版，第344～345页。

般承认的，这个规则是条约信守原则的一个结果，后者只是使各缔约国相互间受其协定的拘束。所以，从这个出发点，一个条约对于第三国既不能发生权利，也不能发生义务"。[1] 中国学者梁西教授也认为，"任何国家在未经第三国同意情况下，都无权以一个双边条约或多边条约将权利和义务强加于该国"。[2] 因此，国际上一般认为，国际条约对非缔约国并无法律拘束力。

（二）在非缔约国适用的情况

鉴于条约对第三国效力的局限性，与文化财产保护和返还有关的国际公约无法直接约束第三国。但这并不代表在任何情况下，此类国际公约均不可能适用于第三国。根据国际法基本原理，一国批准或签署一个国际公约，就意味着该国接受国际条约所附加于其上的权利和义务。一般情况下，缔约国会通过转换、并入或制定国内法等途径履行其在国际条约下的义务。那么，在缔约国与第三国发生文化财产纠纷中，适用缔约国的国内法就可能导致文化财产国际公约对第三国的间接适用与约束。

在1970年UNESCO公约的影响下，世界上绝大多数国家，即使不是1970年UNESCO公约的缔约国，都会通过法律保护其本国的文化遗产。虽然有各自不同的法律形式，但保护的内容一般涉及文物、考古遗址、自然公园、历史景区和指定的古迹等相关的法律。此外，涉及博物馆、艺术馆、少数民族的固有权利、墓穴和宗教胜地的法律，同样不可避免地影响该国对文化遗产的保护。这些与文化遗产保护有关的国内立法通常是限制文化物品的交易，可能是通过特许经销商或者注册的收藏家来控制特定文化物品的出口。

对于流失的文化遗产返还的很多问题，还需要研究和寻找解决手

---

〔1〕 参见［奥］菲德罗斯等：《国际法》（上册），李浩培译，商务印书馆1981年版，第225页。

〔2〕 参见梁西：《国际法》，武汉大学出版社1993年版，第348页。

段。媒体对文化遗产问题给予了越来越多的关注,可以向这些非法进出口文物的严重行为施以压力。相关成功返还的案例将最终构成先例(包括法律的和非法律的),可以有助于未来解决文化财产的返还问题。

三、公约实施中面临的问题

(一)公约的溯及力问题

1. 公约不具溯及力

如前所述,1954 年海牙公约及其议定书和 1970 年 UNESCO 公约中没有溯及力条款的规定。1995 年 UNIDROIT 公约最终将溯及力条款写入文本第 10 条,其内容一方面表明公约原则上没有溯及力,另一方面又表明不限制各缔约国采取任何方式对公约生效之前的非法流转的文化财产予以保护,但总体上仍并未能赋予公约溯及既往的效力。可见,与文化财产保护与返还相关的三个国际公约均不具溯及力。尽管“战争期间掠夺的文化财产必须归还”早在 19 世纪就被确立为一项国际习惯法规则,但其溯及力从未有效落实。

发生于加拿大的加拿大皇家骑警诉海勒(R v. Heller)文物追索案[1]所反映的难题是:对于跨越 1970 年 UNESCO 公约生效前后的文物进出口案件应否适用公约原则处理?本案中,一件尼日利亚陶俑在 1970 年前从尼日利亚非法出口,而尼日利亚曾在 1929 年颁布过一道出口禁令。该文物后又于 1981 年从纽约进口到加拿大,此前加拿大已于 1978 年 6 月加入该公约。正当交易商欲将其以高价出手时,加拿大政府应尼日利亚政府的请求扣押了该陶俑,并依据加拿大的《文化财产进出口法》[2]对交易商的非法进口文物提出指控。该案的争议焦点问题是:在公约对加拿大生效后进口的文物,

---

〔1〕 R. v. Heller,27 Alta. L. R. 2d 346(1983).

〔2〕 该法系加拿大为执行 1970 年 UNESCO 公约制定的国内立法。

其在公约生效前从尼日利亚的出口是否也算非法出口？加拿大法院对此作出了否定性认定，认为加拿大的《文化财产进出口法》仅限于适用公约生效后进口到加拿大的文化财产，而陶俑最初出口时公约尚未对其生效，尼日利亚的出口禁令也无域外效力，因此驳回了对交易商的指控。

本案中，公约事实上没有得到适用，仅因为陶俑的最初非法出口发生在公约生效之前。在涉案文物是否构成非法出口问题上，加拿大法院未与加拿大政府保持一致的观点，其对公约的适用范围作了狭义的限制性理解，反映其充分行使自由裁量权保护文物交易者的立场。其实，从公约规定的适用范围看，也并未排除在公约对请求国（尼日利亚）生效前从请求国非法转移文物的案件，因为非法出口的文物是在加拿大成为公约成员国后才进口到该国的。

2. 文化财产对溯及力的特殊要求

“法律不溯及既往”是国内法上的一项基本原则，该项原则也被国际法所承认，成为国际法上的一项原则。其设置的最初目的是要避免公众对法律适用的不确定性，因为国家和政府不能要求公众预知法律的内容，遵守事后的法律。但涉及文化财产保护与返还的问题，因其本身的特殊性而对该原则提出了挑战。

如前所述，与文化财产有关的三个国际公约均已生效，并且主要的文化财产来源国和所在国大都加入或批准了上述公约，但所在国加入 1995 年 UNIDROIT 公约的文书不多。由于大量文化财产的流失发生在公约生效之前或一国加入该公约之前，使公约所制定的国际保护机制未能有效保护这些文化财产。例如，中国有大量珍贵的文化财产主要在“二战”期间至新中国成立初期，被通过各种非法的途径运至国外，而中国直至 20 世纪末和 21 世纪初才分别加入了上述三个国际公约，因此对这些文化财产的保护就显得十分无能为力。值得注意的是，中国多次声明，加入无溯及力的公约，并不意味着承认之前的转让行为是合法的，更不会放弃公约生效前已被掠夺和非法出口的文化财产进行追索的权利。[1]

1995 年 UNIDROIT 公约第 3 条的规定为原主缔约国追索文物提供了法律依据，是有利于文物返还的。该条第(1)款规定，"被盗文物的拥有者应当归还该被盗物"；第(2)款规定，"为本公约之目的，凡非法发掘或者合法发掘但非法持有的文物，应当视为被盗，只要符合发掘发生地国家的法律"。但公约第(3)款的规定又对此予以了时效的限制，即"任何关于返还被盗文物的请求，应自请求者知道该文物的所在地及该文物拥有者的身份之时起，在三年期限内提出；并在任何情况下自被盗时起五十年以内提出"。

对于该公约生效前被盗文物的情况，公约并未明确规定"不溯及既往原则"，而只是变通地在其第 10 条第(3)款规定了变通原则："本公约不以任何方式证明发生在本公约生效以前的或者根据本条第(1)款、第(2)款而被排除在外的任何性质的非法移交是合法的，也不限制国家或者其他人根据本公约框架外可援用的救济措施，对于本公约生效前被盗或者非法出口的文物提出返还或者归还请求的权利"。这一规定表明，对于公约生效前被盗文物仍可追索，但应援用文物所在地的国内法救济措施，而非公约规定的救济措施。

3. 公约缺乏溯及力带来的问题

基于公约溯及力的缺陷，无法根据文化财产保护和返还的三个国际公约来对历史上因殖民或战争侵略而流失的文化财产提出返还请求，使公约的适用概率大为降低。在广大文化财产来源国的努力下，联合国教科文组织于 1995 年确认了"战争期间掠夺文化财产必须归还"的原则，即任何因战争原因而被抢夺或丢失的文物都应当归还，没有任何时间限制。表面来看，该原则弥补了公约无溯及力的问题，解决了各缔约国历史上流失文化财产的返还问题。实际上，该原则的

---

〔1〕 高升：《1970 年 UNESCO 公约框架下的文化财产返还机制研究》，载《法治研究》2009 年第 7 期。

影响力十分有限，因为并未写入国际公约，仅仅是联合国教科文组织发出的一项呼吁，最多在道义上约束各国。因此，“该原则要被确立为现代国际法原则或发展为国际习惯法还需很长的时日”。[1]

4. 文物返还中的诉因问题

如果原属国的出口禁令在进口国（如英美法系国家）不能得到执行，又如何能追索其文化财产呢？这涉及英美法的一项基本原则：有法律救济就有权利。但在英美普通法体系下，法律救济需要诉因的支持。如果没有诉因，救济难以成立，也就没有权利。因此，发现这样的诉因至关重要。面临的难点是：对于上述公约的非缔约国而言，进出口的规章难以影响法院地财产法的基本原则；对于公约的缔约国而言，请求的诉因除了公约的规定外，还需要有文物所在国财产法上的支持。

（二）文化财产返还的请求权人

1. 个人作为返还请求权人问题

如前所述，1954 年海牙公约及其议定书重在保护武装冲突下的文化财产，而并未建立相应的文化财产返还制度，因此也并未就文化财产返还的请求权人作出规定。而 1970 年 UNESCO 公约规定各缔约国应受理合法所有者或其代表提出的关于找回失落的或失窃的文化财产的诉讼。这表明在该公约框架下，并未排除个人可以作为文化财产诉讼的请求人，但对于个人具体如何提起诉讼则未作详细规定。

1995 年 UNIDROIT 公约被认为是第一次在国际公约的框架下就文化财产的保护和返还创设了私人诉权，因为公约在有关归还请求的规定中，除了适用“缔约国”“请求国”的提法外，还使用了“请求者”“请求人”的表述。只是前者适用于非法出口文物的返还，后者则适用于被盗文物的返还。当然，由于该公约本身并未对此建议任何法律

---

〔1〕 参见龚柏华、阮振宇：《我国追索非法流转境外文化财产国际法律问题研究》，载《法学评论》2003 年第 3 期。

框架,也有学者认为 1995 年 UNIDROIT 公约并未规定私人诉权。[1] 虽然公约是否赋予私人诉权的问题尚有争议,但本书认为 1995 年 UNIDROIT 公约已对文化财产的返还创设了私人诉权,否则就无必要在“被盗文物的返还”和“非法出口文物的返还”中,分别采用了“请求人”或“请求者”及“缔约国”或“请求国”的不同主体表述。

由此可见,1970 年 UNESCO 公约和 1995 年 UNIDROIT 公约均承认个人作为文化财产返还之诉的请求权人。但是,个人实施其请求权的具体条件,如主体资格、委托代理等,还须遵守法院地法的规定。无论如何,个人作为文化财产返还之诉的主体是可行的。

2. 国家作为返还请求权人问题

(1)1954 年海牙公约及其议定书

相比个人诉权被纳入国际公约的难度而言,国家作为文化财产返还的请求人是被国际法和国际社会一直公认的。1954 年海牙公约及其议定书要求各缔约国应通过国际合作保护文化财产,包括和解与在联合国教科文组织的协助下返还非法流转的文化财产。该公约进一步要求国家出面来实施文化财产的国际保护机制,由“有关国家的代表”负责相关的政府会议或者由“被占领领土主管当局”请求接管文化财产。由此可见,1954 年海牙公约及其议定书所设立的武装冲突下的文化财产保护机制,均要求国家作为文化财产保护权的实施者或者要求国家指定或委托“有关代表”或“主管机关”。

(2)1970 年 UNESCO 公约

1970 年 UNESCO 公约要求缔约国设立保护文化财产的国家机构来负责制定保护文化财产的相关法律法规,并要求缔约国在其文化财产遭受掠夺而“处境危殆时得向蒙受影响的其他缔约国发出呼吁”,而且规定“公约对有关两个国家生效后,根据两国中的原主缔约国的

---

〔1〕 See Jennifer Sultan, “Combating the Illicit Art Trade in the European Union: Europe's Role in Recovering Stolen Artwork”, 18 *Nw. J. Int'l L. & Bus.*, 18, 1998.

要求,采取适当措施收回并归还进口的此类文化财产”。此外,公约还要求缔约国采取一切措施制止非法出口的文化财产的所有权转让,并在文化财产非法流转的情况下,责成其主管机关积极合作,将该文化财产返还给合法所有人。因此,1970 年 UNESCO 公约也是要求国家作为文化财产保护人和返还请求人,积极实施各项措施以促成文化财产的保护和返还。

(3)1995 年 UNIDROIT 公约

1995 年 UNIDROIT 公约就主要从两个方面来保护被盗文物的合法利益:一是遏制文化财产的非法出口和贩运,二是建立统一的文化财产返还机制。除了明确规定个人在该公约下的诉讼权利之外,该公约还规定了国家、法院和主管机关在涉及文化财产返还之诉中的作用。规定请求权人对文物的返还请求可以向文物所在地的缔约国法院或者其他主管机关提出,也可以向拥有管辖权的缔约国法院或者其他主管机关提出。

对于非法出口文物的归还,公约明确规定“缔约国可以请求另一缔约国法院或者其他主管机关命令归还从请求国领土上非法出口的文物”。同时规定,如果请求国证实从其境内移出的文物严重地损害了其有关文物的利益,被请求国的法院或者主管机关应当命令归还非法出口的有关文物。对此,公约已明确对非法出口文物提出返还请求的主体是文化财产来源国。

综上所述,上述三个国际公约均对国家在文化财产保护和返还机制下的作用作了明确的规定,国家既是文化财产保护与返还的权利实施者,也可作为文化财产保护和返还请求的主体。实践中,国家很少作为文化财产返还之诉的主体,因为国家在他国国内法院参与诉讼会涉及复杂的国家豁免问题。因此,国家也会通过委托或授权相应的组织机构在他国法院提起文化财产返还之诉,以绕过国家管辖豁免问题,实现对文化财产的保护。

(三)公约中善意取得人的补偿问题

1. 善意第三人应当得到补偿

1970 年 UNESCO 公约规定,请求返还财产的请求国应向“不知情的买主或对该财产具有合法权利者给予公平的赔偿”。1995 年 UNIDROIT 公约在 1970 年 UNESCO 公约的基础上,对文化财产返还的赔偿问题做了更详尽的规定。在被盗文物返还的问题上,更注重保护文化财产原所有人的利益。但是关于非法出口文物,该公约并没有规定占有人在取得文化财产之时的“善意和慎重义务”,而只是在其第 6 条第 1 款规定:“在文物非法出口后获得该物品的占有者,如果在获得该物品时不知道或者理应不知道这一物品是非法出口的,有权在归还该物时得到请求国公证、合理的补偿”。除此之外,该公约进一步规定了对非法出口文物的补偿方式。

2. 现有补偿机制面临的问题

如前所述,1970 年 UNESCO 公约未规定详细的补偿标准,因此需要在文化财产返还个案中根据案件的具体情况对此做出决定。由于各国法院在个案适用法律的差异,可能导致文化财产的善意第三人获得完全不同的补偿。此外,基于有些国家法律规定而需要的“高额”补偿,加之流失境外的文化财产的数目之多,许多文化财产来源国恐也无力负担,并有可能因此而放弃返还请求。我国文物保护的相关法律法规对此缺乏相应的民事赔偿的规定,与国际公约机制下对善意第三人的赔偿制度不符,“将可能导致外国司法机关或者相关部门依据互惠对等原则拒绝或者拖延中国的请求”。[1]

此外,1995 年 UNIDROIT 公约第 9 条允许缔约国文物返还方面适用比本公约中更为有利的规定。因此,公约只是规定了文化财产返还的最低标准,这并不妨碍相关国家对文化财产的保护和返还规定更

---

〔1〕 参见龚柏华、阮振宇:《我国追索非法流转境外文化财产国际法律问题研究》,载《法学评论》2003 年第 3 期。

高的要求和标准。

就非法出口文物而言,公约要求对善意第三人给予"公正合理的补偿",且该补偿必须是善意第三人"不知道或者理应不知道这一物品是非法出口物的,才有权在归还该物品时得到请求国公正合理的补偿"。但是公约对此并未明确举证责任的承担。尽管按照公约的规定,确定文化财产的持有人是否已知道或者通常理应知道某文物属非法出口时,应审查文化财产是否获得出口许可。但如该文物非法出口后几经转手,并不能单纯因许可证的缺乏就推定最后拥有人属"恶意占有",否则就对占有人加重了要求知晓有关国家文化财产进出口法律的负担。

(四)文化财产返还公约的发展趋势

2009 年 11 月 17 日,第 64 届联合国代表大会举行全体会议,讨论由潘基文秘书长和联合国教科文组织总干事在"文化财产返还或归还原主国"议题下提交的报告,以及由希腊、蒙古、黎巴嫩等 8 个国家代表团就此拟定的一份决议草案,呼吁国际社会加强合作,防止和打击文化财产的破坏、盗窃、掠夺以及贩运等相关问题,并特别注意通过拍卖等手段对非法流失的文化财产进行转移的行为。[1]

2010 年 4 月 7 日,以"追索流失文物和文物保护,建立合作追索流散文物的国际合作机制"为主题的文化遗产保护及追索国际会议在埃及首都开罗举行。在主办方埃及文化部和埃及最高文物委员会的倡议下,来自 22 个国家的代表签署了有关建立合作追索流散文物机制的意向性协议,而相关各国欲追回的文物遗产名录清单也将于未来 1 至 2 个月内陆续完成。[2]

---

〔1〕 资料来源:http://www.fmprc.gov.cn/chn/gxh/wzb/zwbd/627292htm. http://www.cnchl.com/2/ywdt/xinwenshishi/2010/0305/567html.,最后访问日期:2016 年 8 月 10 日。

〔2〕 资料来源:http://www.chinanews.com.cn/cul/news/2010/04 - 14/2224872.shtml.,最后访问日期:2016 年 8 月 10 日。

埃及最高文物委员会主席哈瓦斯在追索国际会议上反复强调了“文物理应回归故土”的民族主义立场。他认为,对于任何一个国家的民众而言,只有通过“花钱买票”的方式才能在别国的博物馆里看到原本属于自己国家的文物,是一件极不合理的事,任何一个有良知的人在感情上都无法接受。为此,哈瓦斯在会议中倡议,各国在追索被掠夺和盗卖流散文物的过程中,应进一步交流有益经验,加强合作,在法理和道义上相互支持,从而为文化财产的返还形成强大合力。

此次国际会议在文化财产返还方面的一项重要进展是:与会代表一致对联合国教科文组织1970年通过的UNESCO公约提出了修改建议,其中核心意见集中在禁止出口和拥有1970年以后的被盗文物。相关各国欲追回的文物遗产名录清单也将于会议结束后的1~2个月内陆续完成,列出从各国流失并在外国博物馆展出的古代文物,并进而向相关的外国博物馆提出归还要求。

第四节　公约在中国的实施及追索途径问题

一、文化财产返还公约的中国实施

(一)中国国内法的实施方式

由于我国宪法对国际条约与国内法的关系未作明确规定,并且在国际条约在国内的执行程序上,我国相关的法律也没有明确规定是采用纳入方式(直接适用)还是转化方式(间接适用)适用国际条约。因此,我国目前对国际法的实施主要采取的是个案处理的方式,对于不同类型的国际条约的适用问题分别作出具体规定与处理。

就中国已加入的文化财产国际公约而言,我国的做法是将公约的相关要求与义务规定在涉及文化财产保护与返还的国内立法中,并在国内法框架下处理文化财产保护与返还的法律关系。涉及文化财产的国内立法主要包括《文物保护法》以及相关的法规、规章等制度。

国际条约与国内立法关系的实质是国际条约如何在国内的适用问题。在处理国际条约与国内立法的关系上，为履行相应的国际条约义务，我国在立法与实践中均采取国际条约优先的立场，基本原则为：如我国国内立法相关内容与中国缔结或加入的国际条约相关内容不一致的，则适用国际条约的规定，但中国加入时作出保留的内容除外。

关于国际条约在中国的实施方式，中国法院与行政机关一般不会直接适用国际条约，而只适用相关国内立法，只有在两者相互抵触有不同规定的，才会直接适用国际条约。换言之，中国主要通过制定符合国际条约原则的国内立法或适用与国际条约不相冲突的国内立法的方式，来实施中国已缔结或加入的国际条约。

就文化财产保护与返还的国际公约在中国的实施而言，中国作为典型的文化财产来源国，其在公约框架下主要是追索流失文物的权利实施，而非返还义务问题，而履行公约下的所有义务对中国完全不是问题。可以认为，典型的文化财产保护与返还国际条约的内容基本代表了包括中国在内作为文化财产来源国的发展中国家的利益。而且，我国有关文物保护立法的内容完全符合以上国际条约的宗旨与原则，亦可视为其在中国实施的一种形式。

（二）中国国内相关立法

1. 文化财产的含义

中国《文物保护法》第 1 条中就“文物”的定义采取了清单式列举，具体包括：(1)具有历史、艺术、科学价值的古文化遗址、古墓葬、古建筑、石窟寺和石刻、壁画；(2)与重大历史事件、革命运动或者著名人物有关的以及具有重要纪念意义、教育意义或者史料价值的近代现代重要史迹、实物、代表性建筑；(3)历史上各时代珍贵的艺术品、工艺美术品；(4)历史上各时代重要的文献资料以及具有历史、艺术、科学价值的手稿和图书资料等；(5)反映历史上各时代、各民族社会制度、社会生产、社会生活的代表性实物；(6)具有科学价值的古脊椎动物化石和古人类化石同文物一样受国家保护。由此可见，中国作为

1970 年 UNESCO 公约的缔约国,在国内法中对"文物"使用了与 1970 年 UNESCO 公约中"文化财产"基本一致的定义。

2. 文化财产的范围和保护原则

《中华人民共和国宪法》第 22 条规定:"国家保护名胜古迹、珍贵文物和其他重要历史文化遗产"。该条确立了我国文化财产制度的基本原则,即以文物国家所有为主的文物保护制度。2007 年修订的《文物保护法》第 5 条又重申了这一原则,规定我国境内"地下、内水和领海中遗存的一切文物"均是国家所有,除此之外,"古文化遗址、古墓葬、石窟寺"也属于国家所有。而"国家指定保护的纪念建筑物、古建筑、石刻、壁画、近代现代代表性建筑等不可移动文物"同样属于国家所有。

《文物保护法》第 5 条还对可移动文物的国家所有作了规定,即以下文物属国家所有:(1)中国境内出土的文物,国家另有规定的除外;(2)国有文物收藏单位以及其他国家机关、部队和国有企业、事业组织等收藏、保管的文物;(3)国家征集、购买的文物;(4)公民、法人和其他组织捐赠给国家的文物;(5)法律规定属于国家所有的其他文物。

当然,《文物保护法》也未禁止私人作为文物所有人,并在第 7 条具体规定了个人、法人取得文物的合法来源,包括依法继承、合法购买、依法转让等方式。

通过文物保护立法明确文化财产的国家所有,并明确界定国家所有的文化财产范围是十分必要的。文化财产的国家所有是认定文化财产来源国并支持其返还请求的关键性的基础和证据,只要所有权立法是有效且明确的,即使在某些文化财产非法流转之前国家尚未意识到其现实存在的,国家对这些文化财产的所有权仍然是不容置疑的。

3. 文化财产的进出口管理制度

文化财产的出境管理是防止珍贵文化财产流失的最后关口。如前所述,1970 年 UNESCO 公约要求缔约国"发放适当证件",并在该证件中说明有关文化财产的出口已经过批准，除非附有上述证件，禁止文化财产从本国领土出口。[1]

中国政府早在20世纪50年代开始，就实行了文物进出口管理和许可制度。1950年5月，当时的政务院就发布了《禁止珍贵文物、图书出口暂行办法》，其中第2条规定："为保护我国文化遗产，防止有关革命的、历史的、文化的、艺术的珍贵文物及图书流出国外，有关各类文物、图书一律禁止出口。"1960年7月，文化部发布《关于文物出口鉴定标准的几点意见》，规定对于历史文物出口必须进行严格的管理，"坚决防止重要的文物流出国外"，并按照不同文物的具体情况或者"一律禁止出口"或者"原则上禁止出口"或者"暂不出口"。[2] 1979年7月31日，国务院批准《文物特许出口管理试行办法》，对特许出口文物制定了三项标准，严格限制出口。最终还要经国家文物局审查批准，签发《文物出口特许证》。[3]

现行的2007年《文物保护法》在1982年《文物保护法》的基础上，经过了三次修改，进一步完善了文物出境管理制度。此外，文化部在2007年，为实施《文物保护法》颁布了《文物进出境审核管理办法》，加强了对文物进出境的审核。2007年《文物保护法》第60条规定："国有文物、非国有文物中的珍贵文物和国家规定禁止出境的其他文物，不得出境；但是依照本法规定出境展览或者因特殊需要经国务院批准出境的除外。"

4. 文化财产归档与报告制度

1970年UNESCO公约要求缔约国"根据全国受保护财产清册，制定并不断更新一份其出口将造成文化遗产的严重枯竭的重要的公共及私有文化财产的清单"。[4] 这一规定的重要性在于，缔约国有义

[1] 1970年UNESCO公约第6条第1款、第2款。

[2] 《关于文物出口鉴定标准的几点意见》第1条、第6条。

[3] 《文物特许出口管理试行办法》第3项、第4项。

[4] 1970年UNESCO公约第5条第2款。

务"禁止进口从另一缔约国的博物馆或宗教的或世俗的公共纪念馆或类似机构中窃取的文化财产,如果该项财产业已用文件形式列入该机构的财产清册"[1]。

根据我国2007年《文物保护法》第36条的规定,博物馆、图书馆和其他文物收藏单位对收藏的文物,必须区分文物等级,设置藏品档案,建立严格的管理制度,并报主管的文物行政部门备案。县级以上地方人民政府文物行政部门应当分别建立本行政区域内的馆藏文物档案;国务院文物行政部门应当建立国家一级文物藏品档案和其主管的国有文物收藏单位馆藏文物档案。

除了文化财产的登记归档制度,1970年UNESCO公约还要求缔约国"注意对任何种类的文化财产的失踪进行适当宣传",[2]这一规定的实质是要求各缔约国博物馆、图书馆等单位及时报告文物丢失的情况,以引起相关部门的警惕,避免文物外流。

我国2003年《文物保护法实施条例》明确规定,馆藏文物被盗、被抢或者丢失的,文物收藏单位应当立即向公安机关报案,并同时向主管的文物行政主管部门报告;主管的文物行政主管部门应当在接到文物收藏单位的报告后24小时内,将有关情况报告国务院文物行政主管部门。[3]

此外,国家机关和国有的企业、事业组织等收藏、保管国有文物的,应当建立文物藏品档案制度,并将文物藏品档案报所在地省、自治区、直辖市人民政府文物行政主管部门备案。若文物藏品被盗、被抢或者丢失的,应当立即向公安机关报案,并同时向所在地省、自治区、直辖市人民政府文物行政主管部门报告。[4]

---

[1] 1970年UNESCO公约第7条。
[2] 1970年UNESCO公约第5条第7款。
[3] 《文物保护法实施条例》第36条。
[4] 《文物保护法实施条例》第37条。

二、跨境追索文化财产的途径探讨

（一）国际公约框架内追索

我国已加入了本书所述的以上三个国际公约，即 1954 年海牙公约及其议定书，1970 年 UNESCO 公约和 1995 年 UNIDROIT 公约。由于 1954 年海牙公约及其议定书均是适用于武装冲突发生时，本书在此不作讨论，而主要探讨在平时国际法框架下对文化财产的保护和返还问题。

如前所述，1970 年 UNESCO 公约在之前公约的基础上，将文化财产的保护和返还扩大至平时，并且规定了文化财产国际保护的基本内容。该公约要求相关缔约国采取"根据原主缔约国的要求，采取适当措施收回并归还进口的此类文化财产"和"对有关的特定物资的进出口及国际贸易实行管制"在内的各项措施，协助保护和返还该缔约国的文化财产。该公约的框架下，一些国家通过国际合作追索非法流失的文物，取得了实质性的进展。比如意大利政府从美国盖蒂斯博物馆、纽约大都会艺术博物馆成功追索被盗文物，德国向津巴布韦归还大津巴布韦遗址的皂石鸟，2007 年意大利从英国追讨回"一战"时期非法出境的文物，这些都在国际社会中引起强烈反响。[1]

1970 年 UNESCO 公约是至今为止国际上普适性较高的公约，这在很大程度上扩大了中国追索流失文化财产的地理范围。因此，在该公约框架下，通过外交途径要求所涉缔约国的协助，是我国追索流失文化财产返还时应予首选的法律途径。文化财产的跨境非法走私是极具国际性的问题，对这一问题的解决通常更依赖于文物市场国（进口国）所在地国内法院的态度。由于 1970 年的 UNESCO 公约为进口国规定了承认和执行外国有关文化财产出口管制法律的国际义务，许

---

〔1〕 参见李韵：《流失海外国宝回家路漫漫》，载新华网综合，最后访问日期：2008 年 11 月 4 日。

多缔约国通过国内立法充分履行了该义务。

在1970年UNESCO公约框架下,中国政府近年来与有关缔约国进行了国际合作,积极追索非法出境文物以实现文化财产的返还。比如,1998年从英国追索回经香港走私出境的中国文物3千余件;2001年从美国追索回被走私的河北曲阳五代王处直墓彩色石雕像;2002年与美国海关合作,收回被走私的93箱110件古生物化石;2003年从香港某拍卖公司依法索回河北承德避暑山庄博物馆被盗的49件珍贵文物;2008年又从丹麦追索回81组156件非法出境的文物。这些都是中国政府运用法律和外交手段,成功索回流失海外文物的例证。[1]

1995年UNIDROIT公约就“被盗文物”和“非法出口的文物”分别规定了两个返还机制,并对文化财产善意取得的赔偿制度做了详尽的规定。与1970年UNESCO公约相比,该公约更加具体地规定了涉及文化财产保护与返还的争议解决方式。上述两个公约互相补充,构成了文化财产国际保护的整体机制。因此,1995年UNIDROIT公约是我国进行境外文物追索可采用的另一项法律途径。

该公约特别注重被盗文物的返还问题,规定了比较明确和具体的法律甄别标准和返还责任,补充了1970年UNESCO公约在私法方面的不足,具有较强的可操作性。

(二)跨境诉讼

以上所述及的两个国际公约均提及了文化财产的诉讼制度。在文物追索活动中,如仅以外交途径不能解决问题时,就必须考虑采用司法途径的诉讼方式追索文化财产。如因文化财产所在国不是公约缔约国而不受条约义务约束,也可依据所在国文化财产法与国内司法途径进行追索,尤其在文化财产所有人为私人时就只能通过跨境诉讼解决。另一种情况是在需要进行司法途径时,来源国因国家豁免问题

---

〔1〕 参见李韵:《流失海外国宝回家路漫漫》,载新华网综合,最后访问日期:2008年11月4日。

不便出庭而授权其他组织或机构提起返还之诉。文化财产的保护和返还涉及私法的问题,国家作为所有权人,追讨的途径除外交途径之外,还有诉讼途径可以运用,而诉讼途径就必然会涉及法律适用的问题。

尽管公约将诉讼作为解决文化财产争议的一个途径,但却未就诉讼所涉及的具体问题展开论述。当诉讼在不同的国家进行时,由于各国国内立法不同,常常导致诉讼结果无法预测。因此,通过跨境诉讼来追索流失海外的文化财产,一方面要克服法律上的障碍,例如诉讼主体适格、证据的完整和充分性、法律适用、外国法承认、诉讼时效的确认和适用等,另一方面还会面临其他现实问题,如语言障碍和巨额的律师费用等。

文物追索的诉讼涉及许多有待判定的事实与法律问题,包括文物来源地、原所有权的证明、流失文物落脚处和持有人的确切证据、文物的相关图文资料与各方专家的认证报告、持有人是否履行审慎义务、善意的判定、诉讼时效的审查、请求国文物法、进出口法的审查、冲突规则的适用、准据法的选择与查明等。此外,文化财产的追索还涉及各种复杂的利益需求,"既要协调文化财产所有人与善意持有人之间的关系,又要充分考虑文化财产来源国和文化财产所在地国各自的法律和政策利益"。[1]

(三)双边合作磋商机制

在保护和返还文化财产方面,我国除了加入上述国际公约外,还与许多国家在文化财产返还上达成了双边协议。例如,我国已与秘鲁共和国签署了正式的文化财产返还和交流协议。近年来,中国政府为追索非法流失文物做了大量工作,并得到国际社会的理解和支持。已与秘鲁、印度、意大利、菲律宾、希腊、智利、塞浦路斯等国签署了防止

〔1〕 参见高升:《国际法视野下中国追索非法流失文物的策略研究》,载《湖南科技大学学报》2008 年 11 月。

盗窃、盗掘和非法进出境文物的双边协定，通过国际合作多次成功追索了非法流失境外的中国文物，并追索回流失文物数千件。[1]

2009 年 1 月，中国与美国签署了有关文物进口限制的《谅解备忘录》。[2] 根据这份《谅解备忘录》，美国限制以下考古材料进口美国："原产于中国和代表中国的文化遗产、从旧石器时代到唐代结束(907 年)的考古材料和至少 250 年以上的古迹雕塑和壁上艺术，包括将由美国政府公布的清单上所列的各类金属物、陶瓷、石材、纺织品、其他有机物质、玻璃和绘画，但中华人民共和国政府签发许可或其他证件证明这种出口不违反中国法律的除外"。同时，《谅解备忘录》第 10 条规定："中华人民共和国政府认识到，美国的博物馆依照本《谅解备忘录》将受到限制，不能获得某些考古物品，因而同意其博物馆也将同样不谋取原盗劫于中国大陆、后非法出口到国外的此类受限考古物品，除非卖方或捐助者提供从中国大陆合法出口的证据或可核查的文件，证明该物品是在美国实施进口限制之前离开中国大陆的"。目前我国与美国、法国等文物进口国签订双边协定的困难主要是：以美国为代表的国家要求所保护的文化财产对象仅限于具有考古学意义与人类学意义的物品，并至少有 250 年以上的历史，我国则主张文物的概念超越考古学与人类学的意义，1911 年辛亥革命以前的物品均属文物范畴。

虽然备忘录的签署与我国所要实现的目标尚有距离，但正如有关人士所论："中美两国谅解备忘录的签署，不仅是防止中国文物非法流入美国的重要举措，而且是推动国际社会在文化遗产领域交流与合作的具体行动"。与美国这样全世界最大的文物市场国尚且能够达

---

〔1〕 参见李韵：《流失海外国宝回家路漫漫》，载新华网综合，最后访问日期：2008 年 11 月 4 日。

〔2〕 全称为《中华人民共和国政府和美利坚合众国政府对旧石器时代到唐末的归类考古材料以及至少 250 年以上的古迹雕塑和壁上艺术实施进口限制的谅解备忘录》，该备忘录于 2009 年 1 月 14 日签署，有效期 5 年。

成协议，我们有理由相信，中国政府与欧盟诸国乃至日本在相关方面的突破也将为时不远。届时，中国人民面对包括圆明园文物在内的海外文化财产追索，在法律上或将不会再面临无法可依的窘境。[1]

双边合作磋商机制相对于国际公约的优势在于，双方可以就自身的利益充分考虑，并按照双方同意的方式返还文化财产。从执行力和拘束力上来讲，双边协议的执行效果也在国际公约之上。因此，应进一步开展双边合作，促成签署更多的文化财产保护的双边协议，以保护我国的文化财产利益。

〔1〕 参见谢新胜：《追索流失文物中国政府并非无所作为》，载《法制日报》2009年3月5日版。

第三章　文化财产返还中的法律问题

第一节　文化财产返还的法理探讨

近几十年来，文化财产来源国要求“文化财产”返还的呼声在越来越高。从早年希腊政府对著名的埃尔金（巴特农）石雕追索，到近年印度对英国在殖民时期从其境内掠夺的宗教雕像和其他宝物的返还诉求……关于“文化财产”的归属已经在世界范围内获得了广泛关注。

返还一般指在物品在被非法剥夺后将其归还给原合法所有者。在《牛津英语词典》中，“返还”或“归还”被定义为“将（文物或其他物品）还原给来源国或来源地”，进而承认归还是一个复原、重归完整的过程。长期以来，国际上对于“文化财产”是否应当返还的争议一直存在。实践中，一些反对返还的主张往往以请求者不是文化财产合法所有人为由进行反驳或者认为随着时间的流逝或者其他条件的变化，请求者对于财产的权利已经灭失，甚至认为即使这些返还请求是合法的也应让位于其他既得利益。

2002 年 12 月，欧洲和美国的一些著名博物馆联合发表《关于世界性博物馆的重要性和价值的声明》，称博物馆中“多样并丰富”的馆藏应服务各国人民而不应该为某一固定人群的利益让步。他们认为即使返还主张很能够得到文化财产所有权的合法支持，也应该让位于其他的价值。[1] 该声明发表后，遭到了国际社会和博物馆界的一片反对与批驳，甚至一些同样具有普世性收藏的欧美博物馆（如瑞典的东方博物馆）也表达了不同意见。[2]

虽然该声明只是普世性博物馆的自我辩解，但在一定程度上代表了国际博物馆界对此文化财产返还问题的一种认识。在讨论返还问题之前，应当明确文化财产的性质特征，文化财产包含着哪些权利，谁有权主张这些权利？更为重要的是，在理论上阐明文化财产返还请求的基础及返还请求的合法性，这涉及文化财产权利的归属问题，还涉及文化财产应否自由转移和应否保留给来源国的问题。这些问题均与文化财产的民族主义与国际主义有关。

一、文化财产返还的请求基础

（一）文化财产权利性质辨析

近年来，有关文化财产保护的法律在国际立法和国内立法的框架内得到快速发展，不仅因为文化财产是一种宝贵的不可再生的资源，更因为不同的文化财产权利主体对这种珍贵资源享有不同的权利和义务。在同一文化财产上往往存在不同的利益主体，相互间经常会因不同利益需求而在文化财产的占有、使用、处分过程中产生冲突和纠

---

〔1〕 “Declaration on The Importance and Value of Universal Museums”资料来源：http://www.clevelandart.org/whatsnew/news.asp? 131.，最后访问日期：2016 年 8 月 31 日。

〔2〕 参见《中国文物报》2003 年 2 月 14 日版。

纷。尤其在解决涉及文化财产的跨国转移的纠纷时，文化来源国与文化市场国之间的国家利益，收藏者、发现者的私人利益和国家利益之间常常发生冲突，且难以用统一的法律规则确定纠纷解决方式。文化财产权因涉及利益多元性而成为特殊的财产领域，对其权利性质的界定关系到有关返还纠纷解决时的法律关系定性和文化财产保护法律模式的确定。

文化财产权的不同法律形态会对文化财产的归还带来一定困难。从国内法角度，文化财产可以分为公共财产和私有财产。但从国家主权角度或国际条约的某些特别规定，也可将文化财产视为国家文化遗产，并将其服务于该国的社会公共利益。因而引发了文化财产权究竟是公权还是私权的问题。

在得出结论之前，必须对私权和公权的使用范畴予以确定。因为公权与私权分别代表着不同的利益。国外有学者认为："私权，主要是为保护作为权利主体的私人的利益（多半是经济性利益）而予以确认的，其发生、变更和消灭，根据私人自治的原则，一般委任给私人的自由意思。而私人公权，不仅是为保护权利主体自身的个人性利益而赋予的，而且是为了实现公共利益或者说主要是为了实现公共利益。因此，关于私人公权，一般认为，有必要予以不同于私法的特殊保护"。[1]

本书认为，这里的公共利益是为了限制个人追求私人利益、扩大社会的集体利益而存在，而私人为了公共利益不得不放弃一些自己的权利和自由，以满足社会成员共享的正当利益。因此，公共利益的实质就是"共同受益"。在满足私权公益概念内涵的基础上，应从以下几个方面来分析文化财产权的特征属性：

首先，由于文化财产是不可再生、不可替代的，其损毁、丧失也意味着文化、历史、知识的丧失。而其后代及以后的艺术家、科学家都无

---

〔1〕 转引自杨建顺：《日本行政法通论》，中国法制出版社1998年版，第190页。

法品味欣赏到丧失的文化财产中所蕴含的文化精神价值。因此,文化财产权不同于一般所有权,其价值无可估量,文化财产的所有者在绝大多数的法律框架内,都不能任意对其进行交易、收藏。与一般财产不同,对文化财产的损毁不仅给所有者造成损失,对与该文化财产相关的社会团体来说,这种损失是难以估量的。虽然文化财产的所有权可属于不同的主体,但一定程度上具有社会共享的特点。即使这些文化财产可以为私人所有,也不意味着所有权人可以随心所欲地处置这些财产,因为这些文化财产维系了更广泛的公共利益,应以保护公共利益为目的对文化财产权进行设定,防止某些特权者滥用其所有权。

其次,文化财产权利的构建以保护文化作为首要原则,通过制定合理的资源分配规则使社会价值得到满足。因此,文化保护的价值利益优于自由处分的价值利益。由于文化财产的特殊性及其复杂的利益关系,文化财产权的行使必须受到限制。文化财产所有权的行使不仅是文化财产权的使用、收益和处分,而且对整个社会与国家都有影响。

最后,文化财产权不同于一般财产权,不能仅以财产权的绝对性来强调个人在社会的独立自主地位,而忽视其在团体中的身份与归属感。仅从物质角度来定义人的社会身份,而忽略文化财产所有权后的社会公共利益显然有失偏颇。鉴于文化财产的特殊属性,不同的权利主体在行使权利的同时,更承担着对文化传承与保护的义务,因此权利主体的所有权必须因公共利益而受到限制。可以认为,文化财产权是需要公法加以保护和规范的公权,只有在有限的意义上具备私权的某些属性。[1]

因此,不难理解为什么文化财产资源丰富的来源国,通常会将国家公共利益置于首位,对本国文物采取严格的出口限制措施。如我国的《文物保护法》在第六章专门规定了文物的进出口,对文物出口的

---

〔1〕 参见王云霞:《论文化遗产权》,载《中国人民大学学报》2011年第2期。

限制主要体现在以下几个方面:(1)禁止国有文物、非国有文物中的珍贵文物的出口;(2)任何文物的出境均须申请文物出境许可证,并只能经国家文物局指定的口岸出境;(3)单位或个人运送文物出境的,必须向海关申报,并且也需事先取得出境许可证才能通行。

同时多数国家也会对文物或文化遗产的所有人的处分权进行限制。一些国家的法律对有重要意义的文化财产甚至规定了强制性征收或国有化措施,将文化财产统一列为国家财产进行管理,在文化财产的保存、展示及开发、利用等方面设立严格的法律规范。[1]

(二)返还请求权的持久性

1. 文化财产返还的悖论

有反对文化财产返还的人主张,文化财产的返还权利会随着时间的流逝而被替代或者灭失。例如,文化财产的原所有团体不再存在,那么从其手中掠夺的文化财产则不再存在归还的问题。而且即使该团体继续存在,其要求返还的权利也会随着时间的流逝而被削弱。

持以上观点的代表人物沃尔德伦(Waldron)认为:当某种财产在一个人的生存与生活中不再占有至关重要地位时,其对该财产的主张权利效力也应相应降低。因为原所有者失去该财产后已经习惯失去该财产的生活,因而从客观需要上说,他已无须要求财产返还,但这并非说要对过去发生的不公正的掠夺无动于衷,那些掠夺者至少应该道歉或者是赔偿,但没有必要要求他们一定将原财产原原本本地返还给其所有人。[2]

同时,Waldron 还指出:团体的文化财产权利不会消失的这么快,当提到原著居民的文化财产权利时她说道,"宗教和文化传统的生命力很顽强,影响深远,原著居民称失去的财产在他们现有的生活中占

〔1〕 关于各国有关文化遗产的法律制度,参见 H. Cleere(ed.),*Approaches to Archaeological Heritage:A Comparative Study*,Cambridge University Press,1984。

〔2〕 See Jeremy Waldron,"Superseding historical injustice",*Ethics* 103(1),1992.

有重要地位——并在失去后保持神圣的地位——也许在财产被侵占一百年以后这样的说法也是可信的”。[1]

2. 返还请求权的持久性

Waldron 没有继续讨论,宗教和文化财产的生命力及其深远影响是否使得一项返还请求在漫长的时间跨度内一直保持其效力,或者文物失去后多长时间内有效,一百年、五百年或者一千年,甚至只要文化财产原所有团体继续存在那么该主张便是有效的?

虽然持以上悖论观点的作者并没就这些问题给出回答与解释,但本文认为至少有两个原因可以支持主张文化财产归还的权利具有持久性。首先,文化财产的特殊性决定了其不仅仅是该团体内的成员在某一特定时间,为了满足物质生存需要而所追求的一般物质存在。文化财产往往是与集体社会的认同、传统和生活方式密切联系的,只要其成员保留了与文化财产相关的部分传统,失去的文物或文化遗产对该集体的未来生活仍有重大意义。其次,文化财产并不仅仅属于成员的某一个特定时代,而是作为集体的所有物代表着跨时代的历史和身份关系。文化财产从集体成员的一代又一代留传下来的,集体延续他们的传统和习俗的要求决定了该财产的意义。在这方面,一块文化财产就像一个传家宝,在作为家宝遗产的情况下,我们认为即使是在被剥夺发生的几个时代后,它仍可以成为合法主张归还的标的。由于许多集体,例如民族国家与宗教组织的身份比家庭更持久,我们有理由认为这一种集体组织的归还权利也就更具有持久性。

二、文化财产归属的理论依据

有关文化财产方面的国际规则在制定过程中,一直存在两个基本观念,并在相互关系上存在争论。从 19 世纪初文化财产法初创至今,这两个观念始终主导该领域的学术讨论和国家行为。一种观念视文

---

[1] See Jeremy Waldron, “Superseding historical injustice”, *Ethics* 103(1), 1992.

化财产为具体的国家遗产,另一种则视为全人类的共同遗产。这两种观念直接导致了对文化财产返还的两种截然不同的态度——坚持要求返还和拒绝返还。

(一)文化财产的国家主义与意义

文化财产体现了一个国家、民族或群体的成就、价值和信仰,并在形成共同的身份认同感和归属感进程中发挥着重要作用。国家对其文化财产的保护是出于民族自豪感以及传承和发扬民族文化、文明的需要。[1] 希腊文化部部长当年在要求大英博物馆归还“帕特农大理石雕”时饱含深情地说,大理石雕“是我们的历史见证,是我们的灵魂所在”。他同时又义正辞严地指出:“你们(英国)说是你们拯救了石雕,那么我们十分感激,但现在请你们将石雕送还”。这反映了来源国对文化财产回归的坚定态度和殷切期盼。一方面,文化财产与来源国的特殊联系决定了其来源国对保留文化财产拥有无可置疑的权利;另一方面,文化财产是一个国家文明不可或缺的组成部分,任何违背来源国意愿的文化财产转移,均应视为对来源国的国家财产权的侵犯。因此,文化财产的国家主义或民族主义的内涵构成了文化财产权利归属的理论基础。其实质就是文化财产应归属于其来源国,并在法律上将来源国确定为文化财产的所有权人。

对此,我们可以从 1970 年 UNESCO 公约的规定中发现这一归属性的法律依据。该公约第 4 条具体规定了文化财产的各项来源,并将其确定为属于来源国的文化遗产,具体内容为:“本公约缔约国承认,为了本公约的宗旨,凡属以下各类财产均为每个缔约国的文化遗产的一部分:(1)有关国家的国民的个人或集体天才所创造的文化财产和居住在该国领土境内的外国国民或无国籍人在该国领土内创造地对有关国家具有重要意义的文化财产;(2)在国家领土内发现的文化财

[1] 参见高升:《文化财产返还国际争议的多元化解决机制研究》,中国政法大学出版社 2010 年版,第 11 页。

产;(3)经此类财产原主国主管当局的同意,由考古学、人种学或自然科学团体所获得的文化财产;(4)经由自由达成协议实行交流的文化财产;(5)经此类财产原主国主管当局的同意,作为赠送品而接收的或合法购置的文化财产。”

当然,文化财产国家主义不等于一国可以对其领土内的文化财产为所欲为,而是应当考虑到文化财产对国内社会和国际社会的价值。首先,强调国家主义并非强调国家绝对的权力,由于文化财产涉及广泛的利益群体,国家也不能随意地处分这些文化财产。2001 年,阿富汗执政的塔利班下令摧毁全国所有的佛像,包括世界闻名的具有 2000 年历史的世界最高的石雕立式佛像巴米扬大佛。这个消息震惊了整个国际社会,并遭到了国际社会的强烈谴责。为了避免这种破坏文化遗产行为的再次发生,联合国教科文组织于 2003 年通过了措辞严厉的《关于蓄意破坏文化遗产问题的宣言》,在引言中便明确指出:“文化遗产是社会、群体和个人的文化特性和社会凝聚力的重要组成部分,因此蓄意破坏文化遗产会对人的尊严和人权造成不利影响……”同时明确了国家的保护责任,对“蓄意破坏对人类具有重要意义的文化遗产,或故意不采取适当措施禁止、防止、制止和惩罚一切蓄意破坏行为的国家,不论该遗产是否列入教科文组织或其他国际组织的保护名录,均应在国际法规定的范围内对该破坏行为承担责任”。

此外,文化财产国家主义的目的并不是阻止一切文化交流,实际上国家间流动的文化财产一直被称为“文化大使”。[1] 文化财产是一个国家的象征也是一个民族文化的浓缩体现,因此在各国各民族的文化交流中占据着重要地位。目前国际常见的交流形式便是文化财产的跨国借展,随着国家及其豁免制度在文化财产领域的新发展,国

〔1〕 参见陈荣传:《外国文化资产借展期间之司法豁免问题》,载程家瑞、杨桢主编:《第七届海峡两岸中国法制比较研究论文集》,新学林出版社 2001 年版,第 527 页。

际各类文化、艺术品、文物展览日渐增多，文化财产的文化使节作用得到越来越多的认同。因此坚持国家主义的目的“并不是阻止欣赏另一种文化表现形式所产生的富有成效的交流和理解”，而是要“确保各种文化保有作为其自己重要遗产的充足表现形式”。[1]

(二) 文化财产国际主义与缺陷

近年来，国际社会中支持文化财产国际主义的观点认为，文化财产本身含有一种可认知的国际利益，即文化财产的人文价值。世界上许多重要的博物馆都坚持文化财产的国际主义，认为文化财产蕴含的普世人文价值可以作为拒不返还文物的正当理由。由巴黎卢浮宫、纽约大都会艺术博物馆、柏林国家博物馆等欧美博物馆联合发表了《关于世界性博物馆的重要性和价值的声明》，并在该声明中称：“在这个世界上，要是没有那些主要的博物馆将各种文化的物品集中成列并广泛的展示于世人面前，那么全球公众对于古代文明的赞赏是不可能像今天这样如此之深地建立起来的……归还早已属于博物馆藏品的这些作品的呼声一直是这些年来博物馆要面对的重要问题。尽管需要一事一议，区别对待，但我们应该承认，博物馆不仅是为一个国家的人民服务的，更是为各国人民服务的。博物馆是文化发展的原动力，她的使命就是要在反复展示的持续进程中培育公众的文化素养。博物馆的每一样展品都在此进程中发挥着作用。限制博物馆对不同和多元作品的收藏，就是对所有参观者的不尊重”。

那些支持博物馆有权拒绝返还文物的国际主义者认为，文物是人类社会的价值体现，只要是为了提升并保护这些人文价值，博物馆完全有理由拒绝返还这些文物。如果这样的主张成立，主张文化财产回归的权利就将让位于保护人文价值的目的，但过分强调人文价值的意

---

〔1〕 参见佩尔尼尔·阿斯克鲁德、艾蒂安·克莱芒编写：《防止非法贩运文化财产：实施1970年教科文组织公约的资料手册》，联合国教科文组织文化遗产处1997年版，第55页。

义和影响则尚未明朗。国外有学者认为很多情况下都不能将文物认定为任何人的财产,任何人都不能以适当的理由主张文物的所有权。[1] 文化财产的拥有者仅仅是其托管人,他们对文化财产的处分权利仅限于在保护、保管文物的目的范围之内。将一件物品认定为"人类社会的财产"意味着保护、增加这些财产的对全人类的价值才是最重要的。[2]

以上文化财产国际主义的观点其实是有失偏颇的,文化财产权并不是简单狭隘的自利权利,而是基于广泛共享的价值之上:它关系到个人社会身份的形成和维系,同时影响到该集体社会中的成员共同追求社会集体利益以及维持宝贵的传统生活方式的能力。国内有学者指出:文化财产国际主义者所称的普世文化财产,仅仅考虑到了文化财产对其参观者的价值,却不说创造这些文物的人民要看到自己文化象征物的价值和情感。欧美的 18 家博物馆发表的上述声明,其实是在改变不平等现状的呼声越来越高的形势下,制造舆论维护其既得利益,以巩固不平等现实的举措。[3]

因此,文化财产应被视为其文化所有的归属。文化财产可以表现为艺术品、宗教遗稿、手工艺品、乐器、手稿等,此处的"文化"是特定的民族或团体通过创造、实践制作或重大意义的倾力投入而形成的。此处的"重大意义"是通过传统习俗生成的,而非个人化的,也鲜有普世性质,在此意义上的文化阐释需要对其社会和历史语境有所认识。另外,"文化遗产"就是一种赖以衍生出重大意义的传统习俗所产生的归属于某特定群体的物品或成果。一个民族或者群体璀璨的文化

---

〔1〕 See K. J. Warren, "A Philosophical Perspective on the Ethics and Resolution of Cultural Property Issues", *in P. M. Messenger*, 1989. *The Ethics of Collecting Cultural Property*, Albuquerque, University of New Mexico Press, 1989.

〔2〕 See Jaime Litvak King, "Cultural Property and National Sovereignty", *in P. M. Messenger*, 1989.

〔3〕 参见郭玉军:《国际法与比较法视野下的文化遗产保护问题研究》,武汉大学出版社 2011 年版,第 372 页。

财产，可以供全世界欣赏，是对全世界的贡献，但是该民族产出的艺术品归根结底还是属于该民族自身。

三、文化财产返还的国际法依据

文化财产的返还除了有道德准文化准则作为依据之外，同时还得到了国际法的认可。虽然在文化财产的归属问题上各国之间有着重大的利益分歧，随着“归还”“返还”文化财产的呼声日益高涨，国际社会还是围绕文化财产领域的返还问题作出了一系列努力，一些与之相关的国际规范文件相继制定。其中能够直接反映国际社会对于和平时期文化财产返还的原则立场的主要是1970年UNESCO公约和1995年UNIDROIT公约，而1954年海牙公约则反映了国际法上的另一项基本原则，即不能将应返还的文化财产作为战时赔偿而予以留置。

（一）1954年海牙公约

1954年国际社会在海牙召开了针对战时文化财产保护的国际会议，会后签署了1954年海牙公约和战时保护文化财产第一《议定书》。公约提出了“共同财产”的概念，使得对文化财产的保护不再是一个国家的责任，而变成人类社会的共同义务，但是公约本身并没有明确缔约国对流失文化财产的返还责任。[1]

公约仅仅在第5条至第8条中规定了，若因对文化财产实施特殊保护的目的将文化财产转移到另一国，文物监管国或保管国在武装冲突终止时应向被占领国返还其监管或保管的文化财产。但“此种返还的前提是合法的、有序的抢救性转移文化财产的行为。而在该公约生效以前的历次武装冲突中，文化财产多是因被抢夺、被盗和遗失而流失至国外的，这是一种非法的、无序的、掠夺性的转移，这些文化财

〔1〕 See Katja Lubina, “Contested Cultural Property: The Return of Nazi Spoliated Art and Human Remains from Public Collections”, *Maastricht University*, 2009.

产最终多成为私人收藏。对于这类因战争而流失的文化财产的收回，公约无适用的余地”。[1]

但是，公约的议定书对战时的文化财产的返还做出了比较明确的规定。在第一议定书中，第一章第一段规定武装冲突中的占领方应当防止在武装冲突期间文化财产从其所占领的领土内输出；第三段要求缔约国（占领国）应在敌对行为终止时，将在其领土内的文化财产返还给以前被占领土的主管当局，但此财产的输出是以违反第一段的规定为限。根据第三段的要求，这种返还的义务是绝对的：不管这种返还是否违反当地法律规定，同时在该文化财产输出后若被善意所有人取得，返还的义务也不应让步于该善意所有人的权利。

（二）1970 年 UNESCO 公约

1970 年在联合国科教文组织第 16 届大会上通过的 UNESCO 公约明确规定了非法出口的文化财产应当返还。该公约第 11 条规定，一个国家直接或间接地由于被他国占领而被迫出口文化财产或转让其所有权应被视为非法。同时在第 13 条明确了缔约国的返还责任，即：缔约国要保证本国的主管机关进行合作，使非法出口的文化财产尽早归还其合法所有者；受理合法所有者或其代表提出的关于找回失落的或失窃的文化财产的诉讼；承认本公约缔约国有不可取消的权利规定并宣布某些文化财产是不能让与的，因而据此也不能出口，若此类财产已经出口务须促使将这类财产归还给有关国家。

1970 年 UNESCO 公约属于公法性质的条约，重在规定各缔约国应采取防止文化财产非法进出口与非法转让的措施，尤其以行政措施为主，公约的执行主要是政府间行为，即主要通过外交途径进行追索与返还。这是由于在有公私法划分传统的国家看来，对文化财产的国家管制、出口交易限制等属于公法性质，应同文化财产的占有、取得、

---

〔1〕 参见李玉雪：《文化财产返还问题的法律思考》，载《中国法学》2005 年第 6 期。

流转以致追索归还等私法规则截然分开。[1]

(三)1995 年 UNIDROIT 公约

关于进一步完善文化财产返还的多边国际公约是 1995 年 UNIDROIT 公约。

公约在第 1 条规定了公约的适用范围：返归被盗文物和归还因违反缔约国为保护其文化遗产之目的制定的文物出口法律而被移出该国领土的文物。针对该条所适用的两种国际性请求，公约分别规定了不同的返还规则。

针对被盗的文物，公约规定其拥有者必须返还，同时拥有者只要不知道也理应不知道该物品是被盗的，并且能证明自己在获得该物品时是慎重的，则在返还该文物时有权得到公正合理的补偿。[2] 而对于非法出口的文物，公约则在第三章进行规定，缔约国可以请求另一缔约国法院或者其他主管机关命令归还从请求国领土上非法出口的文物。[3]

但不同于被盗文物，非法出口文物的归还并不是自动的，并需要国家之间的交涉，而且非法出口文物的追索权仅限于缔约国家而不包括私人。同时只有当请求国证实从其境内移出的文物严重地损害了下列各项或者一项利益，或者证实该文物对于请求国具有特殊的文化方面的重要性，被请求国的法院或者其他主管机关才应当命令归还非法出口的这一物品。上述利益系指：(1)有关该物品或者其内容的物质保存；(2)有关组合物品的完整性；(3)有关诸如科学性或者历史性资料的保存；(4)有关部落或者土著人社区对传统或者宗教物品的使用。[4]

---

〔1〕 参见阮振宇：《流失文物追索国际公约与中国追索海外流失文物困境评析》，载《文物世界》2001 年第 2 期。

〔2〕 1995 年 UNIDROIT 公约第 3 条第 1 款、第 4 条第 1 款。

〔3〕 1995 年 UNIDROIT 公约第 5 条第 1 款。

〔4〕 1995 年 UNIDROIT 公约第 5 条第 3 款。

1995 年 UNIDROIT 公约是首个同时规定追索被盗文物和非法出口文物的国际公约。目前,1995 年 UNIDROIT 公约共有 29 个缔约国。这些缔约国都是文化来源国或者至少不是典型的文化市场国,因此该公约的适用范围极为有限。

(四)三大公约比较评述

由于 1954 年海牙公约旨在限制国家在面临武装冲突时采取极端行为,保护文化财产在战时免受暴力威胁,所以公约在前言中声明“确信任何民族文化财产的损害亦即对全人类文化遗产的损害,因为每一民族对世界文化皆有其贡献,考虑到文化遗产的保护对世界各地民族具有重大意义,该遗产获得国际保护至关重要”。很明显,该公约比较倾向于文化国际主义的立场,但公约要求返还的主要是指那些在战争中受到保护和抢救而被合法转移的文化财产,而对于那些在武装冲突被掠夺而流失境外的文化财产并未作出相应的规定。

而 1970 年 UNESCO 公约和 1995 年 UNIDROIT 公约则着眼于非法出口文化财产的限制以及对流失文化财产的有效返还,这显然与文化国家主义或民族主义的原则不谋而合。从具体内容上看,多数学者认为 1970 年 UNESCO 公约并未规定私人请求权,[1] 而 1995 年 UNIDROIT 公约则考虑到了个人的诉求,在公约的第 3 条使用了“请求者”的表述,这不仅涵盖了缔约国,同时还包括了国家之外的个人的请求,可以认为,这是 1995 年 UNIDROIT 公约的一大进步。另外,在返还的赔偿制度上,两个公约都注意到了善意所有人的权利保护,均规定了请求者对善意所有人提供公平合理的补偿,与 1970 年 UNESCO 公约不同的是,1995 年 UNIDROIT 公约进一步明确了善意所有人应尽的审慎义务,并为此列举了一系列的判断因素。最后,在

---

〔1〕 See Jennifer Sultan, “Combating the Illicit Art Trade in the European Union: Europe's Role in Recovering Stolen Artwork”, 18 *Nw. J. Int LL. & Bus.* 18, 1998.

返还程序上,1995 年 UNIDROIT 公约出现了法定时效和仲裁条款,补充了 1970 年 UNESCO 公约的空缺。

相比较而言,1970 年 UNESCO 公约与 1995 年 UNIDROIT 公约的主要区别体现为:

1. 1970 年 UNESCO 公约对缔约国规定了行政措施义务,1995 年 UNIDROIT 公约下缔约国无这类义务;

2. 1970 年 UNESCO 公约下只有缔约国及其所属博物馆可行使请求权,1995 年 UNIDROIT 公约下允许缔约国以外的私人提起返还之诉;

3. 1970 年 UNESCO 公约重点是禁止非法进出口,也涉及返还问题;1995 年 UNIDROIT 公约既涉及被盗文化财产返还问题,也涉及非法出口返还问题,主要限定于私法框架,处理的是返还问题与私法权利。

4. 虽然两个公约均设定了返还非法来源文化财产的义务,但在返还的实施机制上有所不同:在 1970 年 UNESCO 公约下,原属国的要求主要通过外交途径进行,然后由被请求国政府直接采取行政措施或通过提起公诉程序返还,当然原属国也可直接提起请求返还之诉;在 1995 年 UNIDROIT 公约下,原属国与私人主要通过请求渠道进行追索返还。

综上,上述三个国际公约构建的文化财产返还的国际法律制度,对各国保护文化财产、追索海外流失文物、打击文化财产非法出口发挥了重要作用。埃及、希腊、中国等主要文物流失国曾先后依据公约,通过法律与外交手段,收回部分流落海外的珍贵文物。但与各国流失的文化财产总量相比,依据公约成功追索的文化财产其实只是凤毛麟角,数量极为有限。产生这样的结果,一方面是由于公约本身的限制,如公约不具溯及力问题,而其约束力也往往仅限于缔约国及其实施结果。因此,在国际公约取得一定成效的背后,我们仍应预见构建有效的文化财产国际法律制度的艰巨性与复杂性,看到来源国在追索海外流失文化财产时将面临的种种法律层面的问题。

第二节 文化财产返还的主体、客体与方式

一、文化财产返还的主体

在文物返还与追索法律关系中，主体毫无疑问就是追索方（请求方）与被追索方（被请求方），追索方通常就是文物的原所有人，而被追索方则是目前文物的占有人。一般而言，对于被追索方的认定比较清楚，可能有争议的主体是谁可代表文物的合法所有人提出返还或追索的请求。

对于涉及中国的文物而言，关于文物的所有权主体的构成，我国《文物保护法》第 5 条作了以下明确规定：(1)中华人民共和国境内地下、内水和领海中遗存的一切文物，属于国家所有；(2)古文化遗址、古墓葬、石窟寺属于国家所有。国家指定保护的纪念建筑物、古建筑、石刻、壁画、近代现代代表性建筑等不可移动文物，除国家另有规定的以外，属于国家所有；(3)国有不可移动文物的所有权不因其所依附的土地所有权或者使用权的改变而改变。

同时，又规定下列可移动文物属于国家所有：(1)中国境内出土的文物，国家另有规定的除外；(2)国有文物收藏单位以及其他国家机关、部队和国有企业、事业组织等收藏、保管的文物；(3)国家征集、购买的文物；(4)公民、法人和其他组织捐赠给国家的文物；(5)法律规定属于国家所有的其他文物。

除了以上属于国家所有的文物外，我国《文物保护法》第 6 条也对其他文物所有权主体作出了原则性规定，即属于集体所有和私人所有的纪念建筑物、古建筑和祖传文物以及依法取得的其他文物，其所有权受法律保护。文物的所有者必须遵守国家有关文物保护的法律、法规的规定。而第 50 条则是有关文物私人所有的具体规定，即文物

收藏单位以外的公民、法人和其他组织可以收藏通过下列方式取得的文物:(1)依法继承或者接受赠与;(2)从文物商店购买;(3)从经营文物拍卖的拍卖企业购买;(4)公民个人合法所有的文物相互交换或者依法转让;(5)国家规定的其他合法方式。同时规定,文物收藏单位以外的公民、法人和其他组织收藏的前款文物可以依法流通。

以上规定表明,在中国现行的文物保护法律制度下,不可移动文物基本上属于国家所有;可移动文物,根据法律规定的不同情况,分别为国家与私人所有,而以国家所有为主,私人所有为辅。因此,文物具有公共利益的属性是与其所有权归属密切相关,因为国家通常被视为公共利益的主要代表。在跨国追索流失海外的中国文物过程中,中国《文物保护法》的以上关于所有权归属的法律规定,是行使追索返还权时确定文物合法所有人的重要法律依据。

二、文化财产返还的客体

一般而言,文物是文化财产返还法律关系的客体,对其性质与范围应有大致的法律界定。文物不同于一般财产,文物本身的价值并不仅取决于其物理价值与使用价值。还源于其背后蕴含的文化与历史价值。

(一)文物范围的法律界定

中国《文物保护法》在第2条对受保护文物的范围作了列举式规定:(1)具有历史、艺术、科学价值的古文化遗址、古墓葬、古建筑、石窟寺和石刻、壁画;(2)与重大历史事件、革命运动或者著名人物有关的以及具有重要纪念意义、教育意义或者史料价值的近代现代重要史迹、实物、代表性建筑;(3)历史上各时代珍贵的艺术品、工艺美术品;(4)历史上各时代重要的文献资料以及具有历史、艺术、科学价值的手稿和图书资料等;(5)反映历史上各时代、各民族社会制度、社会生产、社会生活的代表性实物。

以上《文物保护法》通过列举的方式明确界定了文物的范围,便于实际工作中具体操作和贯彻实施。世界上,采用这种方式的还有日本、印度、俄罗斯等国。

此外,还有一些国家的法律法规对文物进行了概括性的规定。通过这种方法,法律对文物内涵和外延作出明确的界定,客观上有利于认识的统一。如埃及 1938 年的《文物保护法》规定:“凡史前、历史上各时代直至 100 年前的与各种文化、艺术、科学、文物和宗教有关的一切具有考古价值或历史意义的动产和不动产均属文物。这些文物都是在埃及领土上出现的或与历史有联系的各种文物的标志。人类遗憾的同时期的生物遗憾也属文物”。该法同时还规定:“任何具有历史、科学、宗教、艺术和文物价值的动产或不动产,当予以保护和维修、对国家有利时,可根据主管文化事务的部长的建议,经总理批准,将其视为文物,不受前条有关时代规定的限制,并根据本法规定予以登记注册。”[1] 国际上采取这种界定方式的还有法国、希腊、意大利、西班牙、美国等国。

1972 年《保护世界文化和自然遗产公约》第 1 条所规定的“文化遗产”范围包括:(1)文物:从历史、艺术或科学角度看具有突出的普遍价值的建筑物、碑雕和碑画、具有考古性质成分或结构、铭文、窟洞以及联合体;(2)建筑群:从历史、艺术或科学角度看,在建筑式样、分布均匀或与环境景色结合方面,具有突出的普遍价值的单立或连接的建筑群;(3)遗址:从历史、审美、人种学或人类学角度看具有突出的普遍价值的人类工程或自然与人联合工程以及考古地址等地方。由此可知,该公约所规定文化遗产大致包括可移动和不可移动实物遗存,和我国《文物保护法》规定的文物范围大体一致。为了充分涵盖各国丰富的文物资源,公约第 3 条规定各缔约国可自行确定和划分本公约中提及的、本国领土内的文化和自然财产。

关于 1970 年 UNESCO 公约及 1995 年 UNIDROIT 公约所规定与

---

〔1〕《埃及文物保护法》(1938 年)第 1 条、第 2 条。

适用的文化财产或文物的范围，在本文第一章中已有阐述，此处不再重复。通过仔细考察法律规定文物的范围后就不难发现，历史文化传统和社会法律背景的差异对文物范围有着很大的影响。从发展的角度看，文物的内涵也在不断深化，内容更加广泛，法律对文物保护的范围也有不断扩大的趋势。

（二）文物返还客体的性质

作为文物的内在属性，文物价值综合体现了构成文物含义的所有要素，包括流传经历、历史沿革、实际用途、社会意义及文化精神。对比分析上述有关国家法律和国际公约的规定，文物的认定几乎都是以其内在价值为其基本标准。如我国《文物保护法》规定的历史、艺术、科学价值；意大利《关于保护艺术品和历史文化财产的法律》规定的艺术、历史、考古或民族学价值；西班牙《历史遗产法》规定了艺术性、历史性、人种学、古生物学、科学和技术价值的标准。这也是为什么文物如此珍贵，尤其是文物流失后必须应予追索和返还的原因。文物的内在价值代表着民族过去的文明孕育的民族历史和文化精神，关乎这个民族的尊严与自豪，依然深刻地影响着现在与将来。

当然，也并非所有文物都是文物返还的客体，就文物返还的法律关系而言，只有被盗后非法流转的文物才会成为返还的客体。在文物追索的法律关系中，核心问题是文物所有权的归属问题。根据我国相关的法律规定，一般认为，凡在 1949 年以后在中华人民共和国境内出土的文物都是国有文物，而在中华人民共和国成立之前出土的文物，除已经作为传世文物归私人所有的外，其他无论是权属不明确还是属于之前政府遗留下来的财产，基于政府继承的原理和《文物保护法》规定都属于国有。因此，如果流失文物在 1949 年之前出土并有清晰的继承人，该继承人有法律资格作为追索人。除此之外，其他流失境外的文物均由中国政府作为所有人担任追索人。

三、流失文物的回归方式

从国际和国内的相关实践来看，近年来我国追索海外流失文物的主要方式包括：商业回购、捐赠方式、外交途径、依法追索。虽然这些方式都不乏成功的先例，但都存在较大局限性。

（一）商业回购

运用市场的手段，通过回购的方式实现海外文物的回归已经成为近年来中国追索海外流失文物的一个途径。对于被盗与流失海外文物，近年来大部分文物的回流主要通过民间回购和接受捐赠等商业渠道进行。[1] 早在2002年，中央政府开始启动了国家重点文物征集专项资金，每年拨款5000万元专用于征集流失海外和民间的珍品文物。截至2012年，共花费约2亿元征集回流了6万多件。我国国内几家大型的文物收藏机构，如中国保利集团也在回购文物方面发挥了重要作用。2000年4月底和5月初，佳士德和苏富比两家国际拍卖公司在香港举行的春季拍卖会上，牛首、猴首和虎首铜像现身。为了阻止国宝再次流出国门，中国保利集团公司毅然参拍，并以3137.5万港币的价格成功将牛首、猴首和虎首购回。除此之外，一些民间的收藏家和爱国人士也渐渐成为回购的主要力量。2007年8月初，当得知香港苏富比拍卖公司将要拍卖马首铜像的消息后，全国政协常委、爱国企业家何鸿燊先生迅速与拍卖行进行协商和沟通，终于在拍卖会举行之前以6910万港元购得马首铜像，并将其捐赠给了国家。[2]

虽然通过回购的方式可以实现为数不多的一定海外文物的回归，但该方式绝非可持续采用的选择。其一，对于历史上被以非法手段流出境外的文物，中国对其拥有不容置疑的所有权。如果一再采用回购的方式实现文物的回归，等于变相承认了流失文物的来源合法性，也

---

〔1〕 参见李玉雪：《文物返还的法律思考》，载《中国法学》2005年第6期。

〔2〕 参见杨时旸：《圆明园兽首回流困局》，载《中国新闻周刊》2009年第2期。

在客观上纵容盗窃和非法买卖文物的行为，并影响到运用法律手段追索文物的努力。其二，随着我国回购文物的增多，回购的价格呈现出极不正常的上扬趋势。动辄上千万元的价格势必会对文物的顺利回归构成巨大的障碍。其三，世界各国也罕见重金赎回流失文物的先例。因此，商业回购很难成为追索流失文物的主流方式。

商业回购方式也受到国内学界的诟病，较有代表性的观点认为：商业渠道回购文物虽然取得了一些效果，但存在明显弊端而不值得提倡，因为商业回购会助长文物拍卖价格的飙升，不仅会增加今后回购的成本，而且会对文物走私及非法交易产生推波助澜的作用，能够进入拍卖市场的文物在数量上只占流失文物的一小部分，不可能适用于大部分文物。〔1〕

近年来，国外拍卖公司所卖出的文物中，不乏早年被掠夺或偷盗的中国文物。出于爱国热情与民族感情，有国内企业、爱国华人不惜巨资将其购回捐献祖国。如2003年，澳门爱国人士何鸿燊先生斥资700万港元买回铜猪首捐献祖国；2007年，何鸿燊再以6910万港元的价格拍回铜马首捐献祖国。对此，国内新闻界的如下评论：何鸿桑先生破财护宝的精神值得国人赞赏，而那些蓄意夸大文物价值、煽动别人"高价爱国"，自己却趁机大发横财的人，是否应受到良心的谴责呢？……他们无耻地利用全世界华人的民族自尊心，将圈钱的主要目标锁定中国人的口袋。〔2〕

对此，国家文物局也曾表示：政府反对回购，既然是中国的东西，就没有必要用中国的钱买回来；这两件文物都是由于战争原因被掠夺到海外的文物，根据国际公约，要在道义上进行呼吁和追索，希望其返还，同时也尊重收藏家个人意愿。但不希望造成中国人二次被掠的局面。

---

〔1〕 参见霍政欣：《追索海外流失文物的法律问题研究》，载《武大国际法评论》（第12卷）2010年第1期。

〔2〕 参见吴树：《谁在收藏中国》，山西人民出版社2008年版，第204～205页。

（二）捐赠方式

近年来，以捐赠的方式实现海外文物回归也不乏先例。例如，1993 年美国国际集团友邦保险公司创办人斯达先生的基金会从法国收藏家手中购得颐和园万寿山佛香阁西侧铜亭宝云阁流失的 10 扇铜窗，将其无偿归回给中国。2001 年，加拿大国家艺术馆将馆藏的中国龙门石窟的唐代罗汉石雕无偿归还给中国。

2002 年，财政部、国家税务总局、海关总署三部委则联合下发通知，对国有文物收藏单位，接受境外捐赠、归还和从境外追索的中国文物进口免征关税、进口环节增值税和消费税。[1] 这一政策的出台，有助于鼓励中国流失文物以捐赠的方式实现回归。以捐赠的方式实现文物回归，无疑是大家都愿意看到的结果，但其难度也最大，需要捐赠人的自愿和认识上的高境界，也需要捐赠人的雄厚资金实力。因此，这种方式只能作为文物回归的补充，而不可能成为主流的回归方式。

在很多发达国家，税收立法为私人收藏家向公共机构捐献艺术品提供了动力。尽管各国税法所提供的优惠有所不同，但是，通常都给予向指定的机构进行捐赠文物的个人或者公司以收入或资本所得税的优惠。如果不收藏这些文物而将其出口或者售往海外的话，相关税法对于文物的持有也同样适用。这项政策也可成为或导致减少文物流失的重要渠道，前提是文物来源国愿意实行税收让利政策。从减少文物的进一步流失的角度，国外的这项导向性的税收政策是值得我国政府借鉴的。

（三）外交途径

1. 国际实践

在国际法层面通过外交途径，由文物来源国与文物所在国进行沟通与交涉，追索流失文物或达成文物返还协定是一种直接有效的方

---

〔1〕 财政部、国家税务总局、海关总署编著：《国有文物收藏单位接受境外捐赠、归还和从境外追索的中国文物进口免税暂行办法》（财税〔2002〕81 号，2002）。

法。从国际实践看,在此方面不乏一些可借鉴事例。

如前所述"二战"中,纳粹德国曾从被占领国的博物馆掠走了大量文物。1945 年苏联攻克柏林后,又将德国掠走他国的文物当作战利品运回本国。"二战"结束后,苏联陆续向东欧国家返还了大量被纳粹掠夺的文物。[1] 但仍然有许多被掠文物并未返还给受害国。随着冷战的开始,苏联基本上停止了文物的返还。1990 年苏联解体后,与文物返还有关的外交协商日渐增多。2001 年,经过反复磋商谈判,比利时和俄罗斯就被纳粹掠走的后被苏军带至莫斯科的一批军事档案的返还达成了协议,条件是比利时支付档案保存费用。[2]

埃塞俄比亚多年来向意大利追索返还历史上被掠走的文物,是较典型的外交途径运用。在 1946 年巴黎和会期间,埃塞俄比亚政府主张意大利必须向其返还掠走的文物,后意大利政府在 1947 年的和平条约中同意归还其 1935 年从埃塞掠走的方尖碑塔。然而此后多年内战纷扰,尽管历届埃塞政府都为国宝的回归而作不懈地外交上的努力,但因种种原因,方尖碑塔依未能回归。在 2002 年于罗马举行的世界粮食问题首脑会议上,埃塞俄比亚总理梅莱斯再次强烈要求意大利政府返还方尖碑塔,会议结束后不久,意大利政府正式决定返还方尖碑。2008 年 9 月 4 日,有着 1700 余年历史的方尖碑在漂泊海外 70 余年后终于荣归故里。[3] 其他国家亦有通过外交途径追索文物的事例,如埃及方面经过与英国伦敦大学一年多的艰苦谈判,终于成功从英国追讨回 2.5 万件文物。[4]

---

〔1〕 See Lynn H. Nicholas, *World War II and the Displacement of Art and Cultural Property*, [M]. HarryN. Abrams, Inc. , Publishers, 2001, p. 45.

〔2〕 参见[比]让·马里·亨克茨、[英]路易丝·多斯瓦尔德·贝克 主编:《习惯国际人道法规则》,红十字国际委员会组织编译,法律出版社 2007 年版,第 507 页。

〔3〕 See Richard Pankhurst, "Ethiopia, the Aksum Obelisk, and the Return of Africa's Cultural Heritage", *African Affairs* 98(391), 2009.

〔4〕 参见余中:《埃及从英国追讨 2.5 万件文物回家》,载《文汇读书周报》2010 年 10 月 22 日版。

1970 年 UNESCO 公约是至今为止国际上普适性较高的公约，这在很大程度上扩大了中国追索流失文化财产的地理范围。该公约规定了文化财产国际保护的基本内容，要求相关缔约国采取“根据原主缔约国的要求，采取适当措施收回并归还进口的此类文化财产”和“对有关的特定物资的进出口及国际贸易实行管制”在内的各项措施，协助保护和返还该缔约国的文化财产。因此，在该公约框架下，通过外交途径要求所涉缔约国的协助，是我国追索流失文化财产返还时应予首选的法律途径。由于 1970 年 UNESCO 公约为进口国规定了承认和执行外国有关文化财产出口管制法律的国际义务，许多缔约国通过国内立法充分履行了该义务。

2. 中国实践

对于国内被盗后走私出境的中国文物，尤其在国外入境时被扣押的文物，文物来源国最有可能通过外交途径，甚至民事诉讼方式追诉被盗文物。如 1994 年夏天，走私犯罪集团通过海运走私，将大量中国历史文物经香港偷运至英国，以图拍卖后牟取暴利，后被英国警方于 1995 年 2 月在英国港口截获，并向中国驻英使馆进行了通报。经查证，这些文物系在中国境内盗挖出土后走私出境。

此案追索中，至关重要的一步是中方对文物来源提供相应证据，要求英方将扣查文物归还中国。如中英两国同属 1970 年 UNESCO 公约成员国，则根据公约规定可通过外交途径返还。如警方未能扣留住走私文物，而是文物已被送到拍卖行后才发现，中国政府驻外使馆仍有机会出面阻止，依公约原则要求拍卖行停止拍卖，并请求所在国政府履行公约义务，通过行政措施返还文物。

由于英国当时未参加 1970 年 UNESCO 公约，所以文物的追索必须走英国的国内法律程序。换言之，中国政府必须以文化财产所有人身份通过民事诉讼追索文物。除非英国司法机关以刑事诉讼方式起诉文物走私集团，然后通过没收措施将文物返还中国。但英国法律对非法进口行为不予定罪，中国刑法对英国亦无域外效力，英国司法机关对发生在国外的犯罪行为不能提起刑事诉讼。

本案中,文物走私集团为保护自身利益,竟以非法扣压其财产为由,对警方提起诉讼。由于英国警方无法取得皇家检察院批准提起刑事诉讼,如中国不介入民事诉讼,则英国法院会将所扣文物退还走私嫌疑人。英国伦敦地方法院民事法院按照民事诉讼程序接受了走私嫌疑人的请求,分别于1996年9月26日和10月29日,在中方缺席的情况下两次开庭审理此案,并将一部分文物判决退还给走私嫌疑人。1997年1月,中国追索小组在有关法律专家的帮助下,以英国地方法院藐视中国国家豁免权为由,要求英方将此案移交英上诉法院审理,迫使英地方法院做出决定:冻结全部被扣文物,直到中方正式参与民事诉讼时为止。在中国政府的强大压力下,走私嫌疑人不得已提出和解,并表示愿意谈判。1998年1月,谈判正式开始,两天后双方达成协议,对方扣除了一部分其他国家的文物后,将所有中国文物归还给中国,共计3400余件(套)。至此,这起特大国际文物走私案以中方的全胜而终结。[1]

在1970年UNESCO公约框架下,中国政府近年来通过外交途径与有关缔约国进行了国际合作,追索非法出境文物以实现文化财产返还。如1998年从英国追索回经香港走私出境的中国文物3千余件,2002年与美国海关合作,收回被走私的93箱110件古生物化石;2008年又从丹麦追索回81组156件非法出境的文物等,均为中国政府运用法律和外交手段,成功索回流失海外文物的例证。[2]

除了国际公约机制外,还可在双边条约基础上通过外交途径追索文物。中国政府就先后与秘鲁、印度、意大利、菲律宾、希腊、智利、塞浦路斯、委内瑞拉、美国等国签署了防止盗窃,盗掘和非法进出境文物

---

〔1〕 参见吴树:《谁在收藏中国》,山西人民出版社2008年版,第208~209页。

〔2〕 参见李韵:《流失海外国宝回家路漫漫》,资料来源:新华网综合,最后访问日期:2008年11月4日。

的双边协定。近年来多次在国际合作机制下通过外交途径成功追索了非法流失境外的中国文物。因此，按照国际公约的原则，通过外交途径与法律手段，应是追索流失海外文物并使其返还的有效方法。

（四）法律途径

从国际发展趋势来看，随着国际文物保护制度的完善，通过跨境诉讼的法律途径依法追索流失文物将逐步成为主流方式。一般而言，通过法律手段实现文物返还的方式有两种：一种是以有关文化财产国际公约为依据进行跨境返还诉讼；另一种是在国际私法体系下依文化财产所在国法进行跨境追索诉讼。前者主要以缔约国为诉讼主体进行追索，后者主要以私人或其他组织为诉讼主体进行追索。

文化财产的返还涉及私法的问题，国家作为文物所有人，追索途径除外交方法之外，还有诉讼方法可运用。由于两个国际公约均提及或规定了文化财产的诉讼制度，在文物追索中无法以外交途径返还时，就应通过司法途径的诉讼方式追索文化财产。如文物所在国不是缔约国，则主要通过所在国文化财产法与国内司法途径进行追索诉讼。在文化财产所有人为私人时，就只有通过跨境诉讼来解决问题。跨境诉讼中由于各国立法不同，追索流失的文化财产将会面临一定的法律障碍，如诉讼主体是否适格、证据是否充分、法律如何适用、诉讼时效确认等。文物追索的诉讼中所涉及的法律问题还包括文物来源地的证明、文物资料的认证、善意第三人、准据法的适用等。

第三节　文化财产返还的法律途径

一、国际公法下的跨国追索

国际公法下的文化财产返还的法律途径，主要指根据相关国际公约的规则追索被掠夺、盗窃和非法出口的文化财产。相关的国际公约为 1954 年海牙公约、1970 年 UNESCO 公约和 1995 年 UNIDROIT 公约。从近年的国际实践来看，主要是通过 1970 年 UNESCO 公约和 1995 年 UNIDROIT 公约追索流失的文化财产，这两个公约为文化财产的跨国返还提供了充分的国际法依据。

（一）1954 年海牙公约

“二战”结束后，世界各国纷纷认识到战争对文物造成了巨大的破坏，一致认为需要制定一部国际公约来避免在未来的战争中再次对文物造成的破坏。1954 年在联合国教科文组织的引导下，各国于海牙通过了《关于在武装冲突情况下保护文化财产》及其议定书（1954 年海牙公约），开创了文化财产保护机制中归还流失文物的先河。目前已经有 100 多个国家签署并加入了该公约，我国于 2000 年加入该公约。该公约明确禁止在武装冲突情况下对另一缔约国文化财产的盗窃、盗用、掠夺和任何形式的破坏行为，如果有违反公约的行为，无论其国籍，都予以制裁。并要求每一缔约国在武装冲突终止时，向先前被占领的领土主管当局归还处于其领土内的文化财产。

但是，这部公约针对的应该返还的文物范围仅仅包括在战时占领国或者第三国为了妥善保护文物的需要而移出的，现由其监管保管的文物，而不包括那些在战时被掠夺或者以其他不法手段转移出去的文物。这部公约并不适用于那些在战争中因被抢夺、偷盗以及其他非法手段流失至国外的文物。而我国流失在境外的文物，大多是以非法手段流失到境外去的，因此，我国很难依据这部法律追索流失文物。除了适用范围的限制，该公约对生效之前发生的盗窃、抢夺文物的行为因不具有追溯力也不能适用。

（二）1970 年 UNESCO 公约

为了禁止和防止文化财产国际上的非法流转，联合国教科文组织大会于 1970 年 11 月 14 日在巴黎通过了 UNESCO 公约。这是国际社会第一次通过国际公约的形式限制文化财产的非法国际贸易，保护各国文化财产。

公约规定了文化财产的原属国保护的国家主义立场，并强调了文化财产对于原属国的重要意义。在此基础上,1970 年 UNESCO 公约允许各缔约国制定其自身的文化财产保护政策,同时承认缔约国"有不可取消的权利规定并宣布某些文化财产是不能让与的"。[1] 为了各缔约国之间相互保护文化财产的需要,原属国需拟定其全国受保护财产的清册,这也构成进口国禁止进口的要件之一。[2] 而且,该公约对"非法进出口文化财产、非法转让其所有权"作出定性,为跨境追索的法律途径提供了国际法依据,规定"缔约国承认文化财产非法进出口和所有权非法转让是造成这类财产的原主国文化遗产枯竭的主要原因之一,并承认国际合作是保护各国文化财产免遭由此产生的各种危险的最有效方法之一"。[3]

该公约得到国际社会的广泛认同。但也有一些批评者认为,公约过于注重原属国的利益维护,对于市场国而言,更多地保护他国文化财产会有损本国潜在的经济利益,因此市场国对该公约的态度最初多游移不定,只是在国家主义文化财产保护已经日渐主流时,市场国才开始加入该公约。[4]

这部公约中首次确立国家对文物所有权的基本条件,即在第 4 条规定:"凡属以下各类财产均为每个缔约国的文化遗产的一部分:(1)有关国家的国民的个人或集体天才所创造的文化财产和居住在该国领土境内的外国国民或无国籍人在该国领土内创造的对有关国家具有重要意义的文化财产;(2)在国家领土内发现的文化财产;(3)经此类财产原主国主管当局的同意,由考古学、人种学或自然科学团体所获得的文化财产;(4)经由自由达成协议实行交流的文化财产;(5)经此类财产原主国主管部门的同意,作为赠送品而接收的或合法购置的文化

[1] 1970 年 UNESCO 公约第 5 条、第 6 条、第 13 条。

[2] 1970 年 UNESCO 公约第 5 条、第 7 条。

[3] 1970 年 UNESCO 公约第 2 条。

[4] 参见罗国强:《中国追索流失海外文物的国际法困境与出路——以"鼠首兔首拍卖案"为例》,载《法商研究》2009 年第 3 期。

财产。”

该公约主要适用于两类文化财产的跨国追索：第一，在和平状态下由于偷盗、抢夺等非法手段出口至其他国家的文物，因此公约要求每个缔约国要对每一件出口的文物签发合法性文件，对每一件从他国进口的文物审查其是否具有来源国签发的合法性文件，并确保本国领土内的博物馆及类似机构不得获取来源于另一缔约国于本公约在有关国家生效后非法出口的文化财产。[1] 第二，在战争状态下，一个国家直接或间接地由于被他国占领而被迫出口文化财产或转让其所有权的文物，公约明确这一部分文物的进出口行为也属非法，[2]应适用本公约的返还程序。

公约第7条第2款还要求缔约国承担帮助文物流失国收回并归还非法出口文化财产的义务，但请求国必须向不知情的买主或对该财产具有合法权利的人给予公平的赔偿。这个流程需由双方的外交部进行，期间发生的一切费用由请求国承担。

公约还要求各国责成文物商人需要记录其每项文化财产的来源，提供者的姓名与住址以及每项售出的物品的名称与价格，并须把此类财产可能禁止出口的情况告知该项文化财产的购买人，违反者须受刑事或行政制裁。[3] 如果发生私人领域内的文物权属纠纷，公约要求缔约国承担保证缔约国司法机关必须受理合法所有者或其代表提出的关于找回流失落文物的诉讼的义务。[4]

有学者认为，虽然这部公约对世界各国文化财产的保护工作推进了一大步，但却无法解决那些已经流失至海外并被私人所占有或已成“既成事实”的文物的返还问题。因为无论是战争时期被掠夺的文物还是和平时期被盗窃或非法出口的文物，如被进口国允许进口或逃避

---

〔1〕 1970年UNESCO公约第6条第1款、第7条第1款。

〔2〕 1970年UNESCO公约第11条。

〔3〕 1970年UNESCO公约第10条第1款。

〔4〕 1970年UNESCO公约第13条第2款。

进口国海关管制而流失至另一国境内时，经过市场行为如买卖、交换或赠与等方式为各国的博物馆、宗教机构、研究机构等公共机构或个人以所有的意思占有，文物最终可能会以国家、组织或个人的私人财产的形式而存在，文物返还问题就不能援引公约加以解决。[1]

本书认为，以上观点客观上反映了公约在实施过程中所面临的难以解决的问题。跨境追索流失文物本身就是一场艰巨的司法诉讼活动，难度可想而知。但通过艰难的诉讼尚有追回的可能，一旦成功还有示范效应。鉴于近三十年来我国文物被偷盗、非法流转的现象严重，该公约所确定的国际义务规则对于公约缔约国的文化财产保护与返还具有重大现实意义，也会对我国追索近几年流失到海外的文物发挥重要的作用。

(三)1995 年 UNIDROIT 公约

针对 1970 年 UNESCO 公约存在的不足与未解决的漏洞，尤其是私法方面的问题将影响文物的系统保护，经联合国教科文组织委托，国际统一私法协会组织各国在罗马外交大会通过了 1995 年 UNIDROIT 公约。该公约一方面将使用范围扩展到被盗文物，另一方面允许政府及其所属博物馆之外的其他私人主体在其他缔约国境内提起追索被盗或被非法出口文物的诉讼。

该公约针对 1970 年 UNESCO 公约没有解决的文物追索中确权和赔偿的问题，确立了被盗文物返还的三个原则：第一，被盗文物的拥有者应该归还被盗文物。[2] 第二，凡非法发掘或者合法发掘但非法持有的文物也视为被盗文物。[3] 第三，被盗文物的善意取得人在归还文物时，有权获得公平合理的补偿。[4]

1995 年 UNIDROIT 公约限定于私法框架，没有公法领域的规定。

---

〔1〕 参见李玉雪：《文物返还问题的法律思考》，载《中国法学》2005 年第 6 期。

〔2〕 1995 年 UNIDROIT 公约第 3 条第 1 款。

〔3〕 1995 年 UNIDROIT 公约第 3 条第 2 款。

〔4〕 1995 年 UNIDROIT 公约第 4 条第 1 款。

这不同于规定缔约国负有诸多行政性义务的1970年UNESCO公约。但该公约出台后,依然受到西方国家的批评,主要观点认为,公约进一步偏向于指导文物资源国制定严格的文物保护法,使西方主要文物市场国处于更加劣势的地位,因此西方主要文物市场国拒绝签署该公约。[1]

另外,公约在条文中也明确了条约不溯及既往原则,仅适用于公约对一国家生效后在该国提出归还请求的被盗文物,该文物必须是公约对缔约国生效后从该国领土内被盗的,或者是在本公约对缔约国生效后位于该国。但公约同时又强调,其不以任何方式证明发生在本公约生效以前的或者其他非法移交是合法的,也不限制国家或者其他人根据本公约框架外可援用的救济措施,对于本公约生效前被盗或者非法出口的文物提出返还或者归还请求的权利。[2] 此外,中国在1997年加入该公约时声明,中华人民共和国保留具有追索被战争掠夺和被盗窃走私出境的文化遗产不受年限限制的权利。

值得一提的是,该公约进一步明确了在1970年UNESCO公约中提及的善意取得人的善意衡量标准。这对于受理机关在进行衡量是否符合善意标准时就方便得多,也影响各国法院在判定文物案件时衡量善意的标准。

二、国际私法下的跨国诉讼

一般而言,历史上流失海外的文物大部分经过数次拍卖、转让、赠与等,已经成为个人或者机构的"合法财产"。因此,通过跨国诉讼来追索流失的文物,就是文物原所有人或者其继承人通过跨国诉讼方式,并根据国际私法规则与所在国的相关规定,从法律上否定他人的

---

〔1〕 参见龚柏华:《追索圆明园流失海外兽首国际法律问题研究》,载《东方法学》2009年第2期。

〔2〕 1995年UNIDROIT公约第10条第3款。

善意取得行为，以确认原权属人对流失文物的所有权。在国际私法下的跨国诉讼中会涉及一系列的法律问题，但首先需要解决的是以下三个入门问题。

（一）有关先决问题

首先面临的先决问题是要确认文物原所有人或者其继承人。流失文物的所有人分为私人和国家，判定私人所有的文物一般来说比较简单，相对复杂的是确认国家对文物的所有权。从近年来国际诉讼发展趋势看，各国法院开始逐渐承认各国政府根据其文物保护法所享有的所有权。如英国法院曾在审判的“伊朗政府诉巴拉卡特案”中指出，一个国家在其他国家法院主张其财产的所有权，不属于主张主权权力，在这方面国家和私人的地位应是一样的。

（二）有关善意取得制度

不同国家有关善意（bona fide）取得制度存在较大差异。适用何国法律判定善意取得的效力，成为解决流失文物所有权归属纠纷的核心问题。英美法系国家法院通常以物之所在地法来判定文物所有权归属。但由于文物具有不可替代性，并包含一定的公共利益，如一概以物之所在地法解决纠纷，并不能很好地解决原所有权人与善意购买人之间的利益冲突，甚至会引发国家间的外交纷争。

实践中，已有一些国家的法院开始更多关注原所有权人与善意购买人之间的利益平衡问题，适度考虑国家利益与公共政策，以实现法律适用的正当性、稳定性和对当事人正当期望的保护。[1] 如1990年的“塞浦路斯诉戈登堡案”[2]中主审法官运用最密切联系原则确定案件的准据法，但这也会产生冲突规则的不确定性，并未被各国普遍接受。

---

〔1〕 参见郭玉军、靳婷：《被盗艺术品跨国所有权争议解决的若干问题研究》，载《河北法学》2009年第4期。

〔2〕 Autocephalous Greek-Orthodox Church of Cyprus v. Goldberg & Feldman Fine Arts, Inc. ,917 F. 2d 278(7th Cir. 1990).

具体到善意取得制度本身，普通法系与大陆法系制度中均存在动产善意取得的规定，但在“取得”要求与所保护的利益重点上有着不小的差异。一般而言，大陆法系较为注重保护交易的安全稳定，偏向于保护善意购买人的利益。在法国，对于动产的占有具有相当于权利根源的效力。善意购买人从占有人或表面所有权人处即可取得所有权。[1] 但存在两个例外：一是如果占有物是遗失物或窃盗物，其遗失人或被害人自遗失或被盗之日起3年内，得向占有人请求回复其物。3年时效届满则消灭原物主的所有权；[2] 二是公开市场规则，即如果现实占有人占有的窃盗物或遗失物系由市场、公卖或贩卖同类物品的商人处买得，其原所有权人仅在偿还占有所支付的价金时，始得请求回复其物。[3] 《德国民法典》中亦肯定了善意取得制度，规定出让人虽无权处分物，但受让人为善意时，可取得所转让的所有权。虽然盗窃物不适用善意取得，[4] 但是根据取得时效的规定，自主占有动产满10年者，取得其所有权。[5] 换言之，只要自主占有人在其占有权方面是善意的，对被盗之物也可以通过时效取得被盗物的所有权。

反观英美普通法系，则不允许被盗物品的善意购买人取得所有权。除非物之所有权人同意或导致第三人相信会取得所有权。就被盗文物而言，很明显所有权人没有同意该文物被盗后的交易，也不会去误导第三人取得被盗文物所有权。因此，无论是从文物窃贼手中还是其他非所有权人那里购买被盗文物，都不会取得或是移转有效的所有权。根据英国相关法律的规定，善意购买人对被盗物的所有权无效，原所有权人依然保留对被盗物的所有权。不仅如此，如果原所有权人在追回原物之诉中胜诉，善意购买人也得不到任何补偿。

---

〔1〕《法国民法典》第2279条第1款。

〔2〕《法国民法典》第2279条第2款。

〔3〕《法国民法典》第2280条。

〔4〕《德国民法典》第935条第1款。

〔5〕《德国民法典》第937条。

但英美法系主张的“善意购买人所有权无效”理论也存在两个例外：一是根据公开市场规则，如果是在一个公开市场上购买被盗物，则所有权有效，但如购买人对所买之物哪怕有丝毫的赃物嫌疑，则不能称之为善意。除非购买人完全确信其协商之对象是真正的所有权人，否则他需要作合理调查以确定何者为真正的所有权人。购买人不能闭上眼睛就宣称自己是“善意的”，任何的怀疑都要求某种程度的调查。[1] 二是所谓的“可撤销所有权”规则，即如果出卖人是通过欺诈或误导从原物主处获得动产，则善意购买人可取得所有权。换句话说，如果原物主有意出让动产，即便该意思表示出于欺诈也不会影响所有权的移转。因此，无效所有权与可撤销所有权之间的区别在于：从骗子处可取得所有权，但从盗贼处则不能取得所有权。[2]

美国法对善意取得问题则更加倾向于原物主：无论是普通法还是统一商法典中都规定，窃贼不能向善意购买人转让合法的所有权。[3] 但是，时效规则、否定占有以及怠于起诉原则也构成例外，允许善意购买人获得被盗物的所有权。不过，英美法中的时效规则例外针对的是诉讼时效，而非返还争议审理中涉及的占有人对诉讼标的文物的取得时效问题。

法、德、意等大陆法系国家规定有取得时效制度，如果占有者公开占有财产满足了一定的时间要求（3 年左右），那么诚实、善意的占有人就可以在时限届满后获得该物的所有权，不管原所有权人是否在事实上知道或者推定知道该财产位于何处。反之，普通法国家则以“消灭时效”（诉讼时效）的方式，判定原所有权人的请求权能否存在。如

---

〔1〕 See Richard Crewdson, "Some Aspects of the Law As It Affects Dealers in England", *International Sales of Works of Art*, 47, 1988.

〔2〕 See Lyndel V. Prott and P. J. O'Keefe, *Law and the Cultural Heritage. Volume 3: : Movement*, Butterworths, 1989, p. 402.

〔3〕 Menzel v. List, 267 N. Y. S. 2d 804, 819 (N. Y. Sup. Ct. 1966); U. C. C. § 2—403, 1998.

果原所有权人消极懈怠，不去追回无权占有人手中的物品，不在消灭时效规定的时间范围内提起诉讼，那么在时效届满之后，就会禁止原所有权人就此物提出返还诉讼。〔1〕

就文化财产流转而言，因为奉行“自己无所有权之物，不得转让他人”，以及“非法交易不受法律保护，也不能产生所有权”的原则，英美法系国家法律制度更倾向于保护原始所有人，而非购买被盗文物的善意买受人。

大陆法系国家的法律制度基于保护交易的安全性，则更倾向于保护善意第三人的利益。如《德国民法典》第929条规定：“转让动产所有权需由所有权人将物交付于受让人，并就所有权的转移由双方成立合意，受让人已经占有该物的，仅需转移所有权的合意即可。”可见，该规定有以下两个特征：第一，无论是原所有人还是买受人的转移，只要达成合意即为成立；第二，并不考虑“转让行为”与“处分行为”之间的关联，两者是分开的两个法律行为，因而彼此是独立的。如果出卖人与买受人订立的合同因其所有权瑕疵而无效，但因双方已达成合意，故买受人获得该文物的所有权。《德国民法典》第932条则进一步明确了无权利人善意取得的规定，但在第935条也规定了善意取得的两个例外，即盗窃物和遗失物不能通过善意取得获得所有权。〔2〕

法国立法对动产所有权的转让采取的基本也是债权合意主义原则。如《法国民法典》第1138条规定：“只需合同当事方的同意即完成了交付某物的义务，该义务使物自本该交付之时就令债权人成为物的所有人并承受风险”。第1583条规定：“一旦买受人和出卖人就物和价格达成一致，即便物还没有交付或支付价格，买卖就完成了，买受人相对于出卖人取得了所有权”。根据该法第2268条规定，在任何情

〔1〕 参见郭玉军、靳婷：《被盗艺术品跨国所有权争议解决的若干问题研究》，载《河北法学》2009年第4期。

〔2〕 参见[德]M.沃尔夫：《物权法》，吴越译，法律出版社2004年版，第262页。

形均应推定占有人为善意,主张恶意者,应负举证的责任。

如上所述,《法国民法典》所规定的善意取得也有例外,即第2279条规定:对动产而言,占有即等同于所有权,但是物之丢失或被盗之人,自物丢失或被盗之日起3年内可以向该物持有人主张所有权。不过,根据该法第2280条所规定的"公开市场"规则,如持有人占有的盗窃物或遗失物系由市场公开出售物品的商人处购得,其原所有人仅在偿还占有人所支付价金时才能请求返还其物。《德国民法典》中亦有与此内容类似的规定,即善意购买人可从无权利人处取得物的所有权,如果物是被盗、遗失的,则应排除动产的善意取得,但如善意购买人系通过公开拍卖方式购得有关物,则不排除其善意取得该物的所有权。[1] 《瑞士民法典》第934条也规定:"如在公开市场出售物品则可以对抗基于被盗物品而提出的请求权"。但根据《意大利民法典》,即使动产为被盗物品,善意第三人自购买之时起,即获得该动产的所有权。[2] 意大利承认善意买受,一直对其持自由开放态度。可见,通过跨境诉讼的私法途径,是不大可能从该国获得被盗的流失文物的。

(三)有关诉讼时效冲突

对于行使流失文物的所有权的请求,还会面临诉讼时效冲突的问题,就是诉讼时效起算规则确定方面的冲突。在国际私法框架下追索文物的前提条件,必须是返还请求权尚未超过文物所在国法院的诉讼时效。在此问题上,英美法系与大陆法系的相关制度存在法律冲突。因此,诉讼时效的法律适用规则及其适用结果,决定了法院对返还请求是否进行实质性的审理。

1. 传统的时效规则

传统的诉讼时效规则一般规定期限的计算应该从诉因的产生之时起算。在早期的普通法体系下的返还被盗动产诉讼中,诉因是产生

[1] 《德国民法典》第935条第1款、第2款。

[2] 《意大利民法典》第1153条、第1154条。

于侵权行为发生之时，而不是发现侵权行为或占有方的身份之时。[1] 换言之，文物所有人如不知文物被盗，或不知文物被盗后所在地的事实并不能造成对时效计算的中止。这与我国《民法通则》第137条关于“诉讼时效期间从知道或者应当知道权利被侵害时起计算”的规定大相径庭。

依据英格兰《时效法》(Limitation Act)规定，对被侵占财产提起的返还之诉，权利人应当在诉因产生之日起6年内提起返还请求，逾期将丧失对该财产的所有权。[2] 但对于被盗财产，原所有人向盗贼提出返还的权利并无时间限制。[3]

美国时效法在传统上因循英格兰时效的规定，认为财产原所有人要求善意购买人返还财产的诉因，其时效应当从购买之期开始计算。[4]

在文物追索诉讼中，绝大部分被告是自称为善意购买人的文物买家，国际文物贸易的高度保密性不仅使其能够轻易获得善意购买人的法律地位，而且使文物原所有人很难获知买家的具体信息，因此返还诉因的时效从购买之日起开始计算的规定，会使很多文物原所有人在能够提起返还诉讼之前，时效期限即已经过。[5]

2. 替代性时效规则

由于传统的时效规则导致文物被盗后的受害者难以有效行使返还原物的权利，且文物被盗及转让后又经长期藏匿，为避免武断剥夺原告的诉权，权衡原被告间的救济与抗辩权益，美国法院通过司法实践在传统的时效规则上发展出了有关诉因产生的替代性规则，其基本

---

〔1〕 See Adams v. Coon, 36 Okla, 644, 646, 129 P. 581, 582(1931).

〔2〕 Limitation Act 1950 c. 58, s3(1)(2).

〔3〕 See Stephen M. Gerlis Paula Loughlin, *Civil Procedure*, Cavendish, 2004, p. 27.

〔4〕 See Patricia Youngblood, "A Chaotic Palette: Conflict of laws in Litigation between Original Owner and Good Faith Purchasers of Stolen Art", *Duke L. R.*, 50, 2001.

〔5〕 参见霍政欣：《追索海外流失文物的法律问题研究》，载《武大国际法评论》(第12卷)2010年第1期。

的作用是提高时效起算的门槛。具体救济途径有以下两种：

(1)要求与拒绝条件(Demand and Refusal Requirement)

改变"以侵权诉因发生时间作为时效起算点"传统规则的首个案例是门泽尔诉里斯泽(Menzel v. List)案。该案的判决开创了以"要求与拒绝条件"确定诉因的先例,[1]其规则要点包括以下三个方面：首先,原告(文物被盗受害人)在诉前先要求被告(善意买受人)返还被盗物品,在被告拒绝了返还该物的要求之后,原告提起了请求返还原物之诉。其次,法院认为,"要求与拒绝"是原告提起返还之诉诉因的前提条件。[2] 因为请求返还之诉是对他人留置并拒绝归还物品而要求归还的诉讼。在返还之诉中,原告寻求的是返还原物本身,而侵权之诉寻求的是因被告留置财产而得到金钱赔偿。最后,Menzel v. List 案判决诉因的产生从原告的要求实际提出并被拒绝时开始计算。显然,原告在诉前的要求是明智与必要的,虽然法院并不要求有诉前的"要求和拒绝"的存在,但时效则从原告要求被拒绝之后开始计算。

(2)发现规则(Rule of Discovery)

这是美国法院在原告请求返还被盗艺术品诉讼中,为了避免机械适用传统时效规则带来不公平结果,综合考虑案件各因素后起算诉因的方法。与其坚持呆板而武断的传统诉因产生规则,许多法院转而采纳司法创立的发现理论。在美国有些州已颁布的艺术品立法建议中都将发现规则纳入作为决定诉因发生的主要方法。[3] 该规则的基本内容体现于以下三点：第一,主要是基于发现来起算诉因的产生,如加利福尼亚民事诉讼程序法典中关于"基于欺诈或错误的救济诉讼"的规定："在这些案件中的诉因被认为直到受害方发现构成欺诈或错误的事实才可以开始发生。"[4]第二,充分考虑到由于时间经过太久而

---

[1] Menzel v. List, 267 N. Y. S. 2d 804 at 807 (Sup. Ct. 1966).

[2] Cohen V. M. Keier. Inc., 246 A. D. 277, 285, N. Y. S. 488 (1936).

[3] Cal. Civ. Code § 986 (a) (3) (West Supp. 1980).

[4] Cal. Ver. Proc. Code § 338 (4) (West Supp. 1979).

导致的举证困难,法院允许原告在他知道或应当知道诉权存在之时起算时效。但并非所有此类案件都适用发现规则而自动延迟诉因产生,是否允许适用发现规则由法官根据公平原则和案件的相关因素做出决定,包括损害性质、证据可会的性、最初侵权行为发生的时间、延误是否对被告造成损害等。[1] 第三,根据发现规则,法院可以自由考量案件中所有与决定诉因产生的相关方面,法院通常只在原告对整个诉因不知情的案件中才适用该规则,而非仅是不知晓被告的身份就予以适用。

以上两种时效规则在实践中也并未完全取代传统的时效规则,只是在涉及被盗艺术品的返还案件中得到更经常的适用,主要依据法官的自由裁量权决定,且适用原则较严格。相比较而言,"要求与拒绝"仅以原告提出返还要求被拒绝为依据,虽方便易行而合理性不够,缺少对案件实际因素的综合考虑。而发现规则的基本原理与我国《民法通则》规定的诉讼时效含义比较接近。

国内有学者认为,根据 Menzel v. List 案中的建议规则,法院只需对要求何时被拒绝作出事实确定就可以了,因为那时也是诉因产生的时间。武断地认为只是在该时点确定诉因的产生却未意识到该权利实际是不是能执行的,因为占有的当事方的身份仍然未知。发现规则不偏好当事人,而是在每个案件中寻求平衡,并对所有相关因素充分的综合调查,保护了艺术品被盗受害者的权利。[2]

由此可知,国际私法框架下的跨国追索流失文物,不仅需要确定所适用的准据法,还要解决时效起算的法律冲突。虽然境外的诉讼成本昂贵,诉讼程序与法律规则复杂,但对于那些能够清晰确认权属且流失境外历史并不长的文物,在有充足证据的情况下,能尽快以跨境

---

〔1〕 Lopze v. Swyer, 62 N. J. 267, 276, 300A. 2d 563, 586(1973).

〔2〕 参见张函:《国际艺术品贸易中的法律问题》,武汉大学 2009 年博士学位论文,第 73 ~ 74 页。

诉讼方式追索文物回归。对于流失文物历史久远或几经周转早已漂白的文物，原则上不大适合以跨境诉讼的方式进行追索。

第四节　文化财产返还诉讼的管辖权

在依据国际公法追索流失海外文物难以成行的情况下，按照国际私法与国外法院地法的民事诉讼途径，进行跨国文物追索也成为一种可行的选择。对于文化财产返还诉讼管辖权的确定主要取决于两点因素：一是原告当事人选择到哪一国法院提起返还之诉，因为各国对民事诉讼案件的受理与管辖均奉行“不告不理”的原则；二是法院的管辖权行使必须要有法律依据，即符合法院地国诉讼法中的管辖权规定，否则被告当事人就会提出管辖权异议。

一、财产所在地法院管辖

在外流文物纠纷领域，以物之所在地法院管辖是指跨国文物追索诉讼由提起诉讼时文物所在地的法院管辖。该规则得到了国际社会立法的普遍认可，已经成为跨国文物返还诉讼的主要管辖规则。[1]在文物返还的跨国诉讼中一般以文物占有人为被告，而文物所在地通常位于被告所在国家境内。在文物所在地国家提起诉讼，一般也能得到大陆法系国家民事诉讼法的支持。[2]

在大陆法系国家，奥地利 1895 年《管辖权规则》规定其法院可以受理被告为外国人的在奥地利有财产的诉讼或诉讼标的物在奥地利的诉讼；德国《民事诉讼法》第 23 条规定：被告的任何财产，即使是毫无价值或不是可供扣押的，如业务上使用的工具等，只要位于德国境

---

〔1〕 参见霍政欣：《追索海外流失文物的法律问题探究》，载《武大国际法评论》（第 12 卷）2010 年第 1 期。

〔2〕 参见黄进主编：《国际私法》，法律出版社 2004 年版，第 643 页。

内,德国法院就有管辖权。《瑞士联邦国际私法》第 98 条规定,关于动产物权的诉讼,得由被告住所地或无住所时的习惯居所地的瑞士法院管辖;如果被告于瑞士无住所地与习惯居所地,由动产所在地的瑞士法院管辖。

在英美法系国家,法院将民事诉讼分为"对人诉讼"和"对物诉讼",并根据"有效控制原则"分别确定内国法院对这两类诉讼的管辖权。对涉及文物所有权归属纠纷的诉讼管辖通常属于"对物诉讼",是以诉讼标的物处于法院地所在国境内作为法院行使管辖的依据。因此在文物所在地国提起文物返还之诉,也能获得英美法系国家民事诉讼法律制度的认可。[1]

从实际层面考虑,国际文物案件由起诉时文物所在地的法院管辖通常最为合适,因为只有文物所在地的司法机关才能对该文物行使有效控制,其作出的判决才能得到有效执行;而且,文物所在地国对该文物的归属通常具有较大的利益与较密切的联系,故其法院通常不愿意对涉及文物所有权的纠纷放弃管辖权。[2]

在 1995 年 UNIDROIT 公约中,也针对跨国追索文化财产的诉讼管辖权作出了相应规定,指出"对被盗文物和非法出口的文物的请求可以向文物所在地的缔约国法院提出,也可向根据其现行法律拥有管辖权的缔约国法院提出"。[3] 一般而言,文物所在地国的法院行使管辖权可以使受案法院有效控制该标的物,方便采集证据,同时有利于最后判决的执行。但是文物所在国对该文物的归属往往具有较大的利益或较为密切的联系,因此法院在纠纷解决中也可能会作出倾向于被告或有利于自己国家的判决。

---

〔1〕 See David D. Silegel, *Conflict in Nutshell*, West Publishing Co. ,2003, p. 95.

〔2〕 参见霍政欣:《追索海外流失文物的法律问题研究》,载《武大国际法评论》(第 12 卷)2010 年第 1 期。

〔3〕 1995 年 UNIDROIT 公约第 8 条第 1 款。

二、最低限度接触原则

在文化财产返还纠纷中，原告一般会选择对自己有利的法院提起返还之诉，如该管辖法院地并非文物所在地亦非被告住所地，而仅符合"最低限度接触原则"时，法院仍可以此原则作为行使管辖权的依据。

"最低限度接触"也称为"最低限度联系"，当前美国司法实践普遍承认，只要不违反基本的正当程序原则，如果被告于某州法院地有着最低限度的联系，则该州法院对其有对人诉讼的管辖权。[1] 该管辖原则最初确立于"国际鞋业公司诉华盛顿州的公司"一案，该案中联邦最高法院认为若被告没有出现在法院的辖区，法院要想使其服从属人诉讼的判决，则被告和法院之间应有某种最低联系。[2] 同时联邦最高法院认为，符合法律的最低联系的数量和种类取决于诉讼的起因是否产生于该联系。如果诉讼的起因产生于该联系，即便是单一的联系也足以使被告隶属于该州法院的属人管辖。对何为最低限度的联系，美国最高法院并未给出明确的定义，但在1958年的一个判决中指出，最低限度联系是被告人以某种行为有目的地在法院地州从事活动并接受该州法律赋予的利益和保护。[3]

作为行使民事纠纷管辖权的依据之一，该原则早在美国法院的司法实践中被普遍接受，并适用于有关艺术品返还纠纷的管辖依据。在奥特曼诉奥地利共和国(Altmann v. Republic of Austria)一案中，法院就运用"最低联系原则"建立了对奥地利政府和奥地利画廊的管辖权。[4] 本案背景事实、争议要点与法院意见大致如下：

---

〔1〕 参见杜新丽主编：《国际民事诉讼与商事仲裁》，中国政法大学出版社2009年版，第62页。

〔2〕 International Shoe Co. v. Washington, 326 U. S. 310(1945).

〔3〕 Hanson v. Denckla, 357 U. S. 235(1958).

〔4〕 See Sue Choi, "The Legal Landscape of the International Art Market After Altmann v. Republic of Austria", *Northwestern International Journal of Law and Business*, Vol. 26.

案件当事人奥特曼是费迪南德的侄女和继承人，而费迪南德则是20世纪初奥地利的糖业巨头，也是一位艺术赞助商。“二战”开始后，身为犹太人的费迪南德逃离奥地利到瑞士避难，而将所有的财产及艺术收藏都留在了维也纳。此后，其财产，包括本案中争议的收藏均被纳粹征收。1945年费迪南德在瑞士离世并留下遗嘱，将其所有财产遗赠给包括奥特曼在内的三人，而奥特曼也因避难逃至美国加州，并在1945年成为美国加州公民。而费迪南德的所有艺术藏品仍留在奥地利。

1999年，奥特曼向奥地利法院起诉，试图索回自己应当继承的文化财产，由于奥地利高昂的诉讼费用，她不得不放弃在奥地利的诉讼而在美国加利福尼亚州法院提起对奥地利政府和奥地利画廊的诉讼。奥地利基于国家管辖豁免原则申请驳回诉讼，同时称加州法院缺乏对被告的属人管辖权。但加州法院驳回了奥地利的申请，认为基于正当程序条款，如法院能够对奥地利政府享有对人的管辖权，那么奥地利政府与法院地之间必须有最低程度的联系，案件的受理并不与传统的公平正义观念相抵触。

加州法院认为：画廊在美国出版多本出版物，并以本案中的争议文物油画为宣传对象，奥地利政府与奥地利画廊都从出售的出版物中收益，画廊的出版物发行是为了吸引美国民众到奥地利画廊参观旅游，尤其是参观克林特的作品。除此之外，奥地利政府为宣传奥地利画廊的克林特画展还采取其他措施，如出版旅游宣传手册，并将阿黛尔布洛赫（费迪南德夫人）肖像作为宣传手册封面。这些手册在全美的奥地利的领事馆都可以获得，在网上也可以轻易获取。据此，被告与美国建立了“持续而系统的联系”，这些基于画廊出版的书籍以及对克林特画作的宣传而建立的联系足够支持法院对本案的特殊管辖权。

从该案可以看出，“最低联系原则”的采纳和运用，主要是对被告的行为与法院地之间相关联系因素的分析。这些因素主要包括被告的行为，被告行为的结果，被告行为与诉讼请求之间的关系，被告通过其行为已获得的利益。而在奥特曼诉奥地利政府一案中,加州法院主要考虑了被告的行为、行为的结果以及被告行为与诉讼请求之间的关系。对此,也有学者认为这样的做法没有考虑到联邦政府的利益以及对国际文物市场的影响。

但从文物追索人的角度来看,这样的规则肯定是对其有利的,在向美国法院起诉之前,奥特曼已经多次向奥地利有关当局请求返还油画,但都没有满意的结果。后因奥地利法院案件受理费用过高而被迫放弃在奥地利法院的诉讼,如果美国法院仍不受理此案,奥特曼的正当利益就无法得到保障。

三、文化财产管辖的国家豁免问题

(一)国家主权豁免原则

在以国家为被告的文化财产返还争议案件中,国家通常以享有主权豁免权为由,主张外国法院对其不具有管辖权。1945 年《联合国宪章》与 1970 年《国际法原则宣言》明确规定"各会员国主权平等之原则",而"平等者之间无管辖权"一直是公认的法律原则。基于主权的原因,国家享有免予被他国管辖的特权。[1]

由于文化财产承载的价值涉及整个社会群体的公共利益,而不仅仅关乎某一个体,很多国家都制定了针对文化财产所有权及出口管制的法律规范,将国内大部分文化财产宣布为国家所有。因此,许多文化财产组织与机构中的文化财产也具有国家财产的地位。在不少以文化财产组织或机构为被告的返还纠纷案件中,被告也会依据国家财产豁免原则主张争议的文化财产享有豁免权。

但随着限制豁免论主张的出现与发展,越来越多的国家关于国家豁免的立法都转向采取了限制豁免的立场。联合国国家及其财产的

〔1〕 参见黄进:《国家及其财产豁免问题研究》,中国政法大学出版社 1987 年版,第 19 页。

管辖豁免问题特设委员会在2005年修订的《联合国国家及其财产管辖豁免公约》草案也采纳了限制豁免原则，该公约草案第10条特别强调商业交易引起的诉讼不得援引国家豁免的原则，作为国家管辖豁免的例外。

（二）美国的限制豁免立法

美国是世界上最早采取限制豁免原则的国家，其《外国主权豁免法》第1605条第1款第(2)、(3)项分别规定了国家管辖豁免的例外。第(2)项规定的是商业例外，即若诉讼是基于外国国家在美国进行的商业活动而提出的，或者基于与该外国在别处的商业活动有关而在美国完成的行为提出的，或者基于与该外国在别处的商业活动有关，而且在美国领土以外进行但在美国引起直接影响的行为提出的；第(3)项规定的是关于违反国际法取得的财产的豁免例外，即若财产是违反国际法取得的，且其财产权利尚有争议并且该项财产或者用该项财产换得的任何财产现在美国境内且与该外国在美国进行的商业活动有关的，或者该项财产或者用该项财产换得的任何财产是属于该外国在美国从事商业活动的某一机构所有或者属于该机构的经营者所有的，则该外国不能免予联邦或各州法院的管辖[1]。

以上规定不仅限制了外国国家在美国法院的豁免权，同时为美国法院在涉及外国国家主权豁免的案件中建立了“长臂管辖”。该规定的关键是如何界定外国国家是否在美国境内从事了“商业活动”，以及该活动与案件争议的财产的实质联系，以下通过两个案例来分析在司法实践中美国法院是如何解释该豁免例外的规定。

（三）美国限制豁免案例

1. 马勒维奇诉阿姆斯特丹案[2]

“马勒维奇诉阿姆斯特丹案”中的原告是俄罗斯艺术家卡西米

---

〔1〕 28 U. S. C. § 1605.

〔2〕 Malewicz v. Amsterdam, 362 F. Supp. 2d 298, at 303.

尔·马勒维奇(Kazimir Malewicz)的后代。2004年,卡西米尔·马勒维奇的画作在美国纽约借展期间,原告以荷兰阿姆斯特丹市为被告提起诉讼,诉称阿姆斯特丹市征收了马勒维奇的84幅作品。被告阿姆斯特丹市以美国哥伦比亚特区的法院无管辖权为理由请求驳回诉讼。而原告认为法院可以根据《外国主权豁免法》第1605条(a)款第(3)项的征收豁免例外的规定享有管辖权。

涉及本案对该项规定的适用,必须满足三个条件,首先争议的财产必须是被征收而且征收违反国际法;其次,财产必须在美国出现;最后,该财产与外国政府在美国从事的商业活动相关。此案中的关键问题是阿姆斯特丹市在美国将画作借展的行为是否构成商业活动。法院强调判断"商业活动"应该根据活动的性质而不是活动的目的。在解释行为的性质时,法院将行为分为只能由主权国家作出的行为和私人能够从事的行为,因为商业活动可以通过私人的行为来实施,它们就不能够得到管辖豁免。鉴于此点,法院判定阿姆斯特丹市借展的行为构成"商业活动",因为借展是私人或私人机构都能从事的,因此不能够享受豁免。[1] 法院因此驳回了被告请求驳回诉讼的申请。

2. 查巴德诉俄罗斯联邦案[2]

"查巴德诉俄罗斯联邦案"(Chabad v. Russian Federation)中的原告查巴德是成立在美国纽约的非营利宗教实体,并且是一个世界性犹太教团体组织的后继者。2004年查巴德组织在美国法院对俄罗斯和其国家机构,包括俄罗斯文化部、俄罗斯国立图书馆(Russian State Library, RSL)、俄罗斯国家军事档案馆(Russian State Millitary Archives, RSMA)提起诉讼,要求俄罗斯联邦返还查巴德前领袖收集

---

〔1〕 Malewicz v. Amsterdam, 362 F. Supp. 2d 298, at 312.

〔2〕 Agudas Chasidei Chabad v. Russian Fed, 528 F. 3d 934 (D. C. Cir. 2008), pp. 947 - 948.

的宗教书籍、文献和手稿等宗教著作。[1] 因为一方诉讼主体为国家，因此是否存在国家主权豁免的情形是联邦法院管辖权的最终确立必须考虑的因素。

一般来说，国家主权豁免的主体限于主权国家及其财产或行为，因此本案问题的关键在于俄罗斯的国家行为是否满足美国《外国主权豁免法》第 1605 条中的"征收"豁免例外条款，以及第 1603 条中的外国拥有或者管理争议项下财产的机构或者部门在美国是否从事"商业活动"。

美国是坚持主权行为说的国家，根据《外国主权豁免法》第 1603 条，"商业活动，是指某种正常做法的商业行为，或是指某种特殊的商业交易或行动。是否为商业性的活动，应当根据行为的做法的性质，或特殊的交易和行动的性质决定，而不是根据其目的"，而根据第 1603 条第(5)款，"外国在美国进行的商业活动是指该国所进行的与美国有实质交往的商业活动"。但美国哥伦比亚巡回法院认为拥有或者管理争议项下财产的机构或者部门在美国从事"商业活动"并不要求与美国有"实质"的联系。更关键的是，法院认为该法第 1603 条并不要求争议中与在美国从事的商业活动相关的财产存在于美国。原告只要有充分证据证明外国政府的部门或机构（本案中的 RSL 和 RSMA）在美国商业活动涉及某种在美国的商业交易或者行为。

（四）借展的国家文化财产豁免

除以上提及案件外，在一系列的文化财产返还诉讼中，美国的法院都对《外国主权豁免法》的豁免例外条款做出了扩大解释，美国《外国主权豁免法》的"长臂管辖"规则，已在众多案件中为联邦法院以及州法院取得对外国政府的管辖权提供了法律依据，尤其是在近年出现

---

[1] Chabad 主张的宗教著作包括两部分，分别为"library"和"archive"，前者现在位于俄罗斯国家图书馆（RSL）；后者现为俄罗斯国家军事档案馆（RSMA）所有。

的文化财产返还诉讼案件中。[1]

理论上,《外国主权豁免法》应为外国政府在美国的诉讼提供国家豁免权的“保护盾”。所以美国法院对外国主权的管辖豁免实行例外的做法也受到学界的质疑:以上对豁免例外条款进行扩大解释的趋势是否违背了《外国主权豁免法》初衷呢?[2]本书认为,虽然美国法院的做法有利于对文化财产追索,但首先应当明确涉案文化财产的权属关系。对于文化财产的征收问题,按国际法原则区分“合法征收”与“违法征收”的界限,而不能随意将国家基于社会公共利益对文化财产的征收定性为“征收豁免例外”。

值得关注的是,以上案例中涉及的借展的文化财产是否应予豁免的问题。其实早在 1965 年,美国就对“借展的文化财产”(cultural objects on loan)制定了豁免扣押的特别立法,主要是针对借展的国家文化财产给予不予扣押(seizure)的豁免。此后,加拿大、法国、德国、澳大利亚、比利时、瑞士、英国、芬兰等国也仿效美国出台了对借展的文化财产予以豁免的法律。不过,以上各国对国家文化财产的豁免仅适用于非商业性的文化财产借展,而非交易性的国际会展或商业画廊。

对借展的国家文化财产豁免的规则在《联合国国家及其财产豁免公约》草案中也有所体现。该公约草案被联合国大会于 2004 年 12 月 2 日采纳通过,[3]但至今并未生效。根据该公约第 21 条规定,借

---

〔1〕 Republic of Austria v. Altmann, 541 U. S. 677(2004); Cassirer v. Kingdom of Spain, 461 F. Supp. 2d 1157(2006); Agudas Chasidei Chabad v. Russian Federation 466 F. Supp. 2d 6(2006), etc.

〔2〕 See LF Redman, “The Foreign Sovereign Immunities Act: Using a ‘Shield’ Statute as a ‘Sword’ for Obtaining Federal Jurisdiction in Art and Antiquities Cases”. 31 *Fordham ILJ*, 31, 2008.

〔3〕 On 2December 2004, the UN General Assembly adopted without a vote resolution A/Res/59/38 regarding the 2004 UN Convention on Jurisdictional Immunities of States and Their Property.

展的属于外国国家的文化财产享有免受扣押的豁免权。实际上,这一规定反映的是一项业已存在的国际习惯法规则。

对借展文化财产扣押豁免的法律意义在于:由于被告可供扣押财产在许多国家可作为诉讼管辖的依据,因此对文化财产的扣押豁免权不仅可以排除为了执行目的而没收文化财产,还可禁止以扣押财产作为管辖的依据,因为对物的扣押也是美国法院行使"对物诉讼"(action in rem)管辖权的法律依据。

此外,基于国家礼让原则以及促进国际文化财产交流的目的,法院在行使管辖权时应充分考虑到两种利益之间的平衡:为文化财产的原所有人或继承人提供适当的救济,同时又不能对国际文化财产交流产生直接的阻碍作用。

第五节 跨国返还诉讼的法律适用问题

据统计,在1933~1945年,纳粹从欧洲人(主要是犹太人)手中掠夺了60多万件文物。[1] 尽管"二战"后经过多番努力寻找,这批文化财产还有很多至今下落不明。这些被掠夺的艺术品有可能通过走私、盗窃等非法手段跨国移转,再经过拍卖、赠与、持有等形式合法"漂白",最终处于善意的公共机构或私人占有下。因此,理论上这些文物的善意占有人也有可能面临追索文物的诉讼。一旦发生此类的诉讼,受理纠纷的管辖法院则面临这些文物归谁所有的难题。适用不同的准据法导致的归属结果往往大相径庭:是保护文化财产原所有人,还是保护其后的善意占有人?不同的准据法之间存在法律冲突,而必须通过国际私法中的法律适用原则加以解决。

---

〔1〕 See Arabella Yip, "Stolen Art: Who Owns It Often Depends on Whose Law Applies", *Spencer's Art Law Journal*, 1(1), 2010.

一、物之所在地法原则

(一)适用物之所在地法的理由

就目前趋势来看,世界各国通常将文物原所有人与善意购买人之间关于文物归属的纠纷识别为动产的所有权纠纷,[1]而各国处理涉外的动产转移所有权纠纷,其冲突规则往往指向“物之所在地法”。

物之所在地法原则可以追溯到14世纪法则区别说时代,巴托鲁斯曾将法则区分为人的法则和物的法则,而后来学者则发展出了三个基本的国际私法的系属公式:属人法、属物法和行为地法。其中物权关系适用属物法,不动产适用不动产所在地法。而对于动产,14世纪法则区别说学者萨利塞托最早提出了“动产随人”的规则,即与动产有关的法则属于人的法则,应当适用属人法,[2]亦即动产物权应随人之所至,用当事人的住所地法来解决。[3]

19世纪末期,随着资本主义的发展,跨国民商事交流频率和规模的增加,跨国性的动产交易致使动产所有者住所地与动产所在地经常出现不一致的现象,动产随人规则遭到当时学者的批判,学者从不同方面指出这一原则的缺陷。影响最大的是德国学者萨维尼,他指出,如果动产适用人的住所地法,那么这里的人是不确定的,尤其是当多个人对动产所有权发生争议时,到底谁才是新的所有人呢? 因此适用所有人的住所地法在实践中模糊不清而难以取得效果。[4] 19世纪下半叶以来,一些国家在其国际私法立法中规定将动产物权和不动产

---

〔1〕 See Patricia Youngblood Reyhan, “A Choice Palette, Conflict of Laws in Litigation between Original Owners: A Comparative Study”, *Tex. L. R.* 70, 1992.

〔2〕 参见杜涛:《涉外民事关系法律适用法释评》,中国法制出版社2011年版,第242页。

〔3〕 动产适用所有人住所地法的观点在现代少数国家中仍然被采用,例如阿根廷《民法典》第11条第2款、巴西《民法典》第8条第1款。美国一些州也仍然坚持“动产随人”的传统主张,适用财产所有人的住所地法。

〔4〕 参见余先予主编:《国际法律大辞典》,湖南出版社1995年版,第310页。

物权统一置于物之所在地法支配，[1]且语境中的物之所在地通常指交易时物之所在地。[2]

如今大部分国家的法院在处理文化财产所有权争议时，都将适用物之所在地法作为法律选择的原则。在一般案件中，由于物之所在地能够对动产进行有效控制，适用该原则能够使财产所在地国决定其领土内的文化财产适用的法律，同时由于该原则的可预测性也能维护市场交易的便利和稳定。对于交易人来说，很难确定原所有权人本国以及财产来源国的法律，但适用物之所在地法，交易者只需确定交易所在地的法律即可，无须担心财产来源国的法律规定。

不过，物之所在地法的争议至今仍然存在。虽然对文物所有权归属的争议适用物之所在地法，但物之所在地法的适用，既可以理解为适用物的交易地法律，也可以理解为适用被盗文物的原属地法律。对于善意当事人而言，适用后者显然具有偶然性，因为原属地法律不为其所知；但对于文物原所有人而言，适用前者更具有偶然性，因为交易地法律更无从知晓。以上争议涉及定性问题，关键在于管辖法院对此类争议的识别，争议的是物权归属问题，还是交易效力问题。如果原告基于侵权法提出主张，案件也可能适用侵权行为地法，但侵权赔偿问题，一般难以涉及善意第三人的责任。

动产文物与其他动产一样没有固定所在地，涉及物权归属纠纷时适用物之所在地法，往往会适用交易时的物之所在地有关动产利益的法律规则。文物的所在地为什么是其交易所在地，而非是其来源地？这恐怕与处理文物追索诉讼的管辖权有关，文物交易地通常在受理纠

---

〔1〕 如1989年《日本法例》第10条规定："关于动产和不动产的物权及其他登记的权利，依其标的物所在地法。"现代各国立法，如1979年《奥地利联邦国际私法法规》、1986年《德国关于对国际私法进行重新规定的法律》、1989年《瑞士关于国际私法的联邦法》、1995年《意大利国际私改革法》等对此也作出了类似的规定。

〔2〕 See Derek Fincham, "How Adopting the Lex Origin Rule Can Impede the Flow of Illicit Cultural Property", *Colum. J. L. & Arts* 111, 32, 2008.

纷法院的地域管辖范围内,或者就是管辖法院所在地。动产具有无固定所在地的特点,因而一般将其物之所在地识别为文物交易地,然后通过适用文物交易所在地有关动产归属问题的准据法解决法律冲突。

(二)适用物之所在地法的缺陷

尽管“物之所在地法”原则有其优势,但这一传统冲突规则并未考虑到法律选择的后果,实践中该原则的适用引起不少文化财产来源国的批评。首先,文化财产不同于其他民商事财产,它与来源国的文化身份与文化权利有紧密的关系,具有“财产性”与“文化性”的双重属性,将其视为财产机械地适用“物之所在地法”只看到了其“财产性”而忽略了其“文化价值”。其次,在文化财产所有权争议中,文化市场国由于政策选择的关系更倾向于保护善意购买人的利益,尤其在支持善意取得的大陆法系国家更是如此。因此,文化财产偷盗者往往选择法律对其有利的国家与购买人进行交易,使善意购买人在短期内即可获得文化财产的所有权,使来源国或所有人的权利难以得到保护。

由于世界各国关于动产所有权法律的差异,才适用物之所在地法解决跨国物权纠纷。而这又导致文物偷盗者和精明的文物商与卖家选择到法律对其有利的国家进行文物交易,以便得到相关法律的认可,此即所谓“文物漂洗”现象。近些年来,从埃及、希腊、中国、墨西哥、土耳其等国非法出境的大量珍贵文物流失到对善意购买人有利的欧洲大陆国家(尤其是瑞士、法国、意大利等国)进行交易,就是挑选交易地以漂洗文物的典型例证。[1]

早年发生在英国较有影响的温克沃斯诉克里斯蒂有限公司(Winkworth v. Christie' Ltd.)案,[2]是这方面较为典型的案例,该案

---

〔1〕 See Gibert & Sullivan, "The Need for Civil-law Nations to Adopt Discovery Rules in An Replevin Actons: A Comparative Study", *Tex. L. R.* ,70,1992.

〔2〕 Winkworth v. Christie, Manson & Woods Ltd. , {1950} I ALL ER 1121, {1950} 2 WLR 937(CH. D).

涉及一件被盗艺术品的返还问题。艺术品先是在英国被盗,后被带至意大利出售给他人。交易后买受人又将该艺术品带至伦敦,并将其转让给克里斯蒂拍卖行。本案特点在于文物在英国被盗后又重新进口到英国拍卖,而该物原始所有人发现后则在当地法院提起被盗文物的返还之诉。本案涉及英国法与意大利法的适用问题,其法律冲突在于:适用英国法,原则上应保护原始所有人权益,因为英国不允许善意购买赃物,故返还艺术品的诉因成立;而适用意大利法,由于意大利承认善意买受人,因此买受人作为该物所有人可将此转让。本案中,法官适用了法院地有关动产上的利益问题的冲突规范来解决这一法律冲突,即交易时的物之所在地支配动产上的利益,因此意大利法律得到适用,从而使原所有人实际被剥夺了所有权。

本案中,英国法院只是按照国际私法领域通常适用的准据法规则给予占有人所有权,而未考虑文化财产跨国返还这一特定领域。如果今天英国是有关这一特定领域的 1995 年 UNIDROIT 公约成员国,则类似案件的处理可能会是另一种结果。因为该公约规定了被盗文化财产的占有人必须返还的义务,即使按成员国的法律适用规则可以给与占有人所有权,这一义务依然存在。

二、文化财产来源国法

关于适用文化财产来源国法来解决文化财产权属纠纷,目前主要是国际私法理论层面的探讨,除少数判例外,尚未成为一项法律适用原则。其主要观点反映为以下方面:首先,适用物之所在地法是为了维护商事交易的安全和稳定,保护善意购买人的利益,但是文化财产具有独一无二的特殊历史和人文价值,不能将其与家具、电器、衣服等一般商品等同对待。从历史、身份、集体归属等角度考察,文化财产来源国则与流失的文化财产有着更为紧密的关系,因此文化财产的来源国法来确定文化财产的所有权成为国际流失文化财产返还争议领域法律适用的新探索。其次,来源国法规则试图克服在国际流失财产领域机械适用物之所在地法规则所产生的弊端，通过适用文化财产来源国的法律来保护追索国和其他原所有权人的合法利益和文化财产的完整性，同时打击日益猖獗的黑市交易。[1]

来源国法在国外已得到了理论和立法的支持。如西蒙尼德斯所述："当发生法律冲突时最符合逻辑的法律选择应该是重大事件，如盗窃或其他非法流转发生时，文物所在国家的法律"。[2] 同时1995年国际统一私法协会制定的 UNIDROIT 公约，认为来源国可以根据自己的法律决定文物是"被盗"或"非法出口"的文物，因此可以推定1995年 UNIDROIT 公约将来源国的法律作为判定文物是"被盗"或"非法出口"的准据法。[3]

在通过进口国的国内私法救济途径返还的实践中，来源国的物权法在普通法系国家有可能得到适用。如果进口国并非是1970年 UNESCO 公约的缔约国，来源国希望收回非法出口的文化财产，通常会导致进口国私法上财产法的适用。如果能够证明这些财产是被偷盗的，并且所有权尚未转移给现在的占有人，通过诉讼，该财产通常会被判决返还给原来的主人。尤其是涉及文化的归属性问题时，这类诉求常会得到更多的支持。在英国一个著名案例中，[4] 一件青铜雕塑被从印度寺庙盗走，并在伦敦被转卖给善意的加拿大人，后印度成功地收回了该青铜雕塑。法院在此案中并没有分析印度的出口管制法律，而只是适用了印度泰米尔纳德邦有关物权的法律，由于该文物是

---

〔1〕 参见迟君辉：《国际流失文化财产返还法律问题研究》，华东政法大学国际法专业2010年博士学位论文。

〔2〕 See Symeon Symeonides, "A Choice-of-Law Rule for Conflicts Involving Stolen Cultural Property", *Vand. J. Transnat'l L.*, 38, 2005.

〔3〕《关于被盗或非法出口文物返还的公约》第3条第2款规定：为本公约之目的，凡非法发掘或者合法发掘但非法持有的文物，应当视为被盗，只要符合发掘发生地国家的法律。

〔4〕 Bumper Development Corp. v. Commissioner of Police, [1991] 4 All E. R. 638 (C. A.).

被偷盗的,买方并没有取得有效的所有权,该雕塑被命令归还给了印度政府在伦敦的代表。影响印度胜诉的唯一因素可能是时效,但在此案中并不存在。

不过,上述适用来源国物权法的方法并不能适用于所有的国家。大部分的大陆法系国家的法律往往含有保护善意买受人的规定,在特定的情况下,善意的买家可以对取得偷盗物的所有权不予返还。唯一的例外是从偷盗发生时起算,尚处于时效期间,或者法院根据公序良俗或公共利益原则,认为涉诉的物品不应该适用一般的财产法规则。

在国内立法中,比利时是唯一以来源国法代替物之所在地法来处理文化财产所有权纠纷的国家。对此,2004 年在比利时修订的《国际私法法典》第 90 条有如下的规定:"如果被一国列入其文化遗产的财产,在出境时根据该国法律系以非法方式离开该国国境,则该国要求返还该财产的权利由此时在该国施行的法律支配,或者根据该国的选择由要求返还时该财产所在地国家的法律支配"。

适用该原则的关键在于确定究竟哪个国家才是规则所指的来源国。西蒙尼德斯在其论文中较为系统地阐述了对来源国法规则的构建,将来源国确定为:"如果财产从一国流转至另一国,根据流转发生时财产所在地的法律,某人是该争议财产的所有权人,该原所有权人应当受到前一所在国法律的保护,该国也就是文化财产来源国"。[1]

这是一项比较合理的判断方法,如果单纯地从文化意义上考虑文化财产与来源国的关系,那么一方面由于流失时间过长,该文化财产可能无法确定其来源国;另一方面即使可以找到其来源国,而因为在境外存在的时间过于久远,该连接点与案件已无实质的联系,因此适用该来源国的法律并不能保护文物原所有人的权利。

虽然来源国规则本身的设置有利于促进文化财产的返还,能够遏

[1] See Symeon Symeonides, "A Choice-of-Law Rule for Conflicts Involving Stolen Cultural Property", 38 *Vand. J. Transnat' l L.*, 38, 2005.

制文化财产在黑市的交易，使文化财产市场更加透明、合法化和持续发展，但目前为止该方法只停留在理论探讨的层面，在国内法实践中也只有比利时将其纳入了国际私法的立法。

三、最密切联系与利益分析法原则

在分析冲突法问题时，美国学者柯里曾提出“政府利益分析说”，认为现实社会中存在两种不同类型的冲突，“真实冲突”和“虚假冲突”。在“虚假冲突”的双方中只有一方有合法政府利益，法官应该按照有关利益情况去选择实体法。与此相关，西蒙尼德斯教授提出以冲突规则与实体规则相结合的方式解决文化财产所有权争议，其实这与柯里政府利益分析的方法相类似。西蒙尼德斯指出在确定文化财产所有权时，应该确定当事人是否存在真实的利益冲突，即确定按照不同国家的法律规定是否会有不同的当事人得益。[1]

在存在真实利益冲突时，来源国的法律规定将支持原所有权人的权利主张，而按照物之所在地国的规定，善意购买人的所有权将得到保护。在这种情况下，就要结合案件的事实，考虑各种连接因素，即地点、人物以及其他与案件有密切联系关系的连接因素。同时要考虑到实体法的因素，如确定购买人或者第三人在进行交易时的善意程度，以及原所有权人是否尽到了谨慎调查的义务，原所有人是否知道或者应当知道财产的下落。如果双方都能够证明自己符合得到法律保护的标准，那么应该尽量保障原所有权人的所有权，以达到实体公正的目标。

在“塞浦路斯诉戈登堡案”中，[2]美国印第安纳州南区法院运用了最密切联系原则确定了案件的准据法。本案的基本案情为：1980

---

〔1〕 See Symeon Symeonides, “A Choice-of-Law Rule for Conflicts Involving Stolen Cultural Property”, 38 *Vand. J. Transnat' l L.*, 38, 2005.

〔2〕 Autocephalous Greek-Orthodox Church of Cyprus v. Goldberg & Feldman Fine Arts, Inc., 917 F. 2d 278 (7th Cir. 1990).

年一幅5世纪的拜占庭时期镶嵌画被土耳其人从塞浦路斯共和国的教堂掠走并带到了瑞士。本案被告是一名印第安纳州的艺术品交易商。1988年7月,被告于瑞士善意地购买了案件争议的文化财产,不久被告又将这些镶嵌画带回印地安纳州并试图将这批画卖给盖蒂博物馆。但该馆馆长了解这些镶嵌画的真正来源,在拒绝购买的同时向塞浦路斯共和国通告了这一情况。在了解了这批镶嵌画的所在地后,塞浦路斯共和国教堂随即提出了归还请求,在遭到被告拒绝后于1989年向印第安纳州地区法院提起诉讼。

在决定法律适用问题上,本案涉及三个国家的法律,被告所在地和法院所在地美国印第安纳州的法律、文化财产交易行为发生地瑞士的法律以及文化财产来源国塞浦路斯的法律。而且适用不同的法律会产生不同的案件结果。法院认为由于在印第安纳州的法律中没有关于动产返还问题的冲突法规则,因而通过类推参考侵占性侵权案件的法律适用规则。如果侵权行为发生地与本案有密切联系,那么便适用侵权行为地法,若侵权行为地与本案没有密切的联系,应该适用与本案有最重要联系的法律。法院经分析认为侵权行为地瑞士与本案关系微弱,争议的文化财产只是由于偶然的因素才出现在瑞士,而本案的被告、贷款给被告购买镶嵌画的银行,以及争议的镶嵌画都在印第安纳州,案件主要的金钱利益相关人都为印第安纳公民,因此印第安纳州才是与本案有最密切联系的地点。因此本案应该适用印第安纳州的法律,支持原告塞浦路斯的请求。

虽然案件的处理结果是令人满意的,但是也有学者批评法院"用错误的方法得到了正确的结果",[1]因为法院没有考虑到原告塞浦路斯与本案的联系。好在该案中适用塞浦路斯法(来源国法)与适用印第安纳州法(与本案有最密切联系地的法律)从实体结果上讲没有太

---

〔1〕 See Symeon Symeonides,"A Choice-of-Law Rule for Conflicts Involving Stolen Cultural Property",38 *Vand. J. Transnat'l L.*,38,2005.

大的区别,但如果只有塞浦路斯的法律保护原所有人的所有权,而印第安纳州的法律不能为其提供有效保护的话,那么此时就存在"真实的利益冲突",冲突不仅影响了案件涉及的双方私人利益,还影响到了重要的社会和文化价值,因此在发生"真实冲突"时必须用价值判断和实体正义的考察方法。正如西蒙尼德斯所说:这不是一种纯粹的法律选择规则,也不是一种纯粹的实体法规则,是两者的综合,即"一种带有实质色彩的冲突规则"。[1]

本书认为,这种带有实质色彩的冲突规则的背后其实是一种利益分析方法。运用这种分析方法来确定该适用何国法律来决定财产的所有权显然更为合理。只要国家间对善意购买人能否获得非法流失文物的所有权仍存在有争议,法律选择问题就仍会是跨国文化财产所有权诉讼中的一个关键问题。采用利益分析的方式能够同时平衡法院地国与财产来源国的利益,因为最终实施的是与文化财产利益更为密切的国家的政策。

四、返还诉讼中的外国公法适用问题

(一)外国公法适用的一般原则

一般而言,各国在文物返还诉讼中通过冲突规范适用的准据法并不包括外国强行法在内。各国通常会通过直接适用本国强行规则来排除外国准据法的适用,但不会直接适用外国强行法。因为对本国法院而言,外国公法一般不具有域外效力。

但为了履行国际条约义务,或在其他特定情况下,外国公法也可以被包含在冲突规则指向适用的准据法以内,或者直接予以适用。有关国内与国际立法体现了这种适用外国强制法的特定情况:一是外国公法的适用满足案件当事方更大的合法利益需要;二是案件的情况与

---

〔1〕 See Symeon Symeonides, "A Choice-of-Law Rule for Conflicts Involving Stolen Cultural Property", 38 *Vand. J. Transnat'l L.*, 38, 2005.

外国公法有更密切的联系。

在特定情况下,外国强行法有可能得到内国法院的直接适用。主要指作为已加入的国际条约义务而适用,例如1970年UNESCO公约涉及文化财产原属国禁止非法转让的规定。对于外国公法的适用,《瑞士联邦国际私法典》第13条第2款的规定为:"本法指引的外国法也包含了所有根据该外国法可以适用于案件事实的所有条款。外国条款的适用不因为其外国公法的属性而不予适用"。该法典第19条进一步规定:"根据瑞士的法律观念,当事方有合法而明显占优势的利益的需要,本法指定之外的法律的强制性条款,如果与案件有密切的关系,应该得到适用"。

对此,1980年《关于适用合同义务准据法的罗马公约》第7条亦有类似的规定,即"根据本公约适用某一国的法律时,如依情况与另一国有密切联系,则该另一国法律的强制性规定得认为有效,但必须依该另一国法律,亦不论何种法律适用于该合同,均必须适用此种强制性规定为限。在考虑是否认为此种强制性为有效时,应注意此种规定的性质与目的,以及适用与否的后果"。1985年《海牙关于信托的法律适用及其承认的公约》第16条第2款也规定:"如果另一国与案件有足够的密切联系,那么在例外情况下,可以给予该国具有前款述及的性质的规则以效力(即必须适用的法律条款)。但是,以上情况下适用外国公法的结果也不能违反法院地法的目的与公共利益"。

对于被进口国海关罚没的违法进口物品返还中,外国公法能否被直接适用问题尚有较大争议。这是指来源国在进口国国内法下提出的诉求,涉及依据海关法被罚没的物品的返还。在"新西兰总检察长诉奥尔蒂斯(Ortiz)"一案中,[1]新西兰政府向英国的法院提出,他们应该有权获得被从新西兰走私的毛利雕刻艺术品,因为新西兰海关法将非法出口文物的所有权赋予了新西兰政府。但英国法院根据法律

[1] 15 [1983] 3 W. L. R. 809(H. L.).

上的原因认为，具有公法性质的新西兰法律不能适用，海关罚没案件与偷盗财产案件一样，并不要求国内法院适用外国出口管制法。但在所有的案件中，法院都会适用外国财产法判断谁拥有财产的所有权，因为只有这些法律才是解决此类问题的适当的法律。

奥尔蒂斯（Ortiz）案涉及外国有关文化财产出口管制法的适用问题。该案中依照传统的英国国际私法规则，外国出口管制法不应该在英国法院适用，因为其属于"刑罚或者没收"，性质类似于税法。这些争议的解决非常重要，因为在所有因文化财产非法进出口或者所有权已经转移给外国人的案件中，都会涉及这类问题。如今，英美法的传统法律适用方法可能逐渐失去其固有立场的唯一标志，是一些学者证明国际公共政策倾向于适用并执行外国文化财产出口管制法。然而，尚没有明显的迹象表明国内法院会毫不含糊地支持这种观点。

不过，外国公法对非法出口文物案件的法律适用仍有一定影响。德国法院的一项判决涉及非法出口艺术品的保险合同，认定为违反尼日利亚法是不道德的因而自始无效，该案在国际文化财产法中被誉为一个里程碑式的判决。[1] 该案的基本案情为：德国保险公司对从尼日利亚某港口运送到汉堡港的一批文物进行了保险。因6尊铜像在航程中丢失，保单持有人诉该保险公司寻求赔偿，被告主张保险合同无效，理由是保险标的（文物）违反尼日利亚文化产品保护法。本案中，法院认为因出口未取得许可而构成走私，因而原告没有诉因。本案特点是保险合同违反外国公法而非法院地法而无效。

与此相关，对于相关来源国与文化财产之间的密切联系，1970年UNESCO公约第4条第1、2款的规定也表明了这种天然的联系，将其识别为原属国的文化财产，具体内容如下：

---

〔1〕 该案为德国联邦民事与刑事最高法院于1972年审理的尼日利亚案，参见张函：《国际艺术品贸易中的法律问题》，武汉大学2009年博士学位论文，第134页、第160页。

本公约缔约国承认，为了本公约的宗旨，凡属以下各类财产的均为每个缔约国的文化遗产的一部分：(1)有关国家的国民的个人或集体天才所创造的文化财产和居住在该国领土境内的外国国民或无国籍人在该国领土内创造的对有关国家具有重要意义的文化财产；(2)在国家领土内发现的文化财产。

(二)关于“不可流转物”的强制适用问题

挖掘财富与考古物品属于所在地的公共领域，具有不可流转性，无法通过私法交易予以转让，故这类物品不适用于善意买受人原则。在文化财产的跨国流转中，善意买受人原则在一些国家可能适用于被盗物品。因此，国际贸易中的文物是否不可流转，主要取决于文物原属地与交易地对文化财产是否予以特别的保护。

不可流转物一般为国家所有，当国家以其所有人身份提出返还要求，通常更容易得到文物进口国的尊重。此外，原属国禁止出口的文物也不一定都是国家财产，它们也可以是受到国家限制的文化财产。

在厄瓜多尔文化领事诉丹努索(Casa dela cultura ecuadoriana v. Danusso)案中，[1]意大利的 Danusso 先生持有一批来源于厄瓜多尔的考古物品，是其在厄瓜多尔从当地居民手中购买而来。在米兰的厄瓜多尔文化领事通过当地杂志得知此事，因此在当地法院提起返还这批文物之诉。根据厄瓜多尔法律，这些考古品构成该国的文化财产，虽然当地居民可以拥有这些文物，但未经厄瓜多尔政府许可，不得将其转让。鉴于丹努索(Danusso)占有的艺术品是厄瓜多尔财产的组成部分，系在厄瓜多尔购买，又未经主管当局许可，法院判决厄瓜多尔文化领事胜诉。法院认定 Danusso 未能有效获得所有权，判决与意大利公共政策并不相抵触，并与 1970 年 UNESCO 公约原则一致。

在荷兰的巴茨叙尔梅尔圣母玛利亚(Madonna of Batz-sur-Mer)

---

〔1〕 Tribunale di Torino 25 March 1982, 18 Rivista di diritto internazionale Private e processuale, p. 625(1982).

案中,[1]也出现了与以上案件相似的问题,不同点在于:不可流转之物在上述 Danusso 一案中是在原属国转让,而本案是在文物原属国之外转让。本案中,一件圣母木雕刻于 1978 年 2 月在法国的罗马天主教堂被盗。该雕像后在布鲁塞尔被出售给一个艺术商,后者又于 1979 年 6 月将其转售给一个在荷兰的古董商。雕像后被荷兰警察扣押,公诉人提出将该木雕归还给法国教堂。被告主张依荷兰法自该件被盗之日起已经过 3 年,因此他已成为该件的所有人,且他也是善意购买人。公诉人以“法国法律规定公共机构财产未经公共当局许可不能取得”为抗辩意见。初审法院判决本案所有合同未经公共当局许可无效。但荷兰最高法院推翻了该判决,理由是:本案木雕艺术品不是由被告在有文化特别保护体制支配国家法国,而是在荷兰取得的。

不可转让之物能否在其他国家得到承认,还取决于该文物是否进行了公共等级划分或知名度。在跨国纠纷中,其准据法的适用首先取决于识别,然后确定相应的冲突规范,最后才考虑外国公法的强制性,前提是法院地国受相关文化财产公约的约束。因此,文化财产的返还问题,尚难以确定的均以原属国法律作为准据法适用。将文物识别为不可流转之物,是分别由各自的物之所在地法决定的,涉及文物的原属国法与交易地法。

(三)跨国诉讼中外国公法适用的限制

跨国返还文物的障碍之一是交易地法院不愿在涉及所有权归属的司法案件中适用外国的公法禁令。作为文物所有人的原属国政府,可将阻止文物拍卖的行为变为请求返还国家财产的诉讼。但这意味着该国政府愿意接受外国法院的管辖,似与其主张的主权豁免原则相悖。如果政府是以原告身份提起诉讼,则表明其自愿接受外国法院管

〔1〕 Hoge Raad 18 January 1983, Nederlandse Jurisprudentie, 1983, No. 445, p. 1402.

辖权。

在法国诉文化和遗产部(Stato francese v. Ministero perI beni culturali)案中,[1]为法国政府所有的一件文物被盗后非法出口到意大利销售给不知情的买受人,法国政府为此在意大利法院提起返还文物的诉讼,其诉因基于以下主张:第一,该挂毯系被盗且非法出口;第二,根据法国法律,该物为国家所有,不可流转。

对于本案中艺术品是否可流转的问题,按意大利的冲突规则应由转让时的物之所在地法决定。虽然意大利法律规定凡属意大利国有的财产不可流转,但法院并不承认本案中的文物具有相同的法律地位。对于按法国法不可流转的艺术品,在意大利是否应该执行,由于法国当时不是1970年UNESCO公约的缔约方,意大利法院遵循不直接使用外国公法的原则,作出了不利于法国的判决。

第六节　文化财产返还的法律困境与合作机制

追索流失文化财产的国际实践由来已久,其主要途径之一是通过诉讼。通常的诉讼途径为文化财产来源国在文化市场国对个人或团体提起诉讼,而在查巴德(Chabad)案中,俄罗斯作为文化财产的来源国却被迫参与到诉讼中,而其所依据的国有化法案却成为文化财产返还的障碍。该案诉讼结束后,俄罗斯拒绝对法院的判决予以执行,直接导致了两国在文化和外交上的冷战。查巴德案的特殊性反映了跨国追索流失文物案件面临的法律困境与难题,其中最突出的两个问题是国家管辖豁免例外与判决的执行。走出这一困境的可能途径是诉讼以外的国际合作机制。

---

〔1〕 Tribunale di Roma 27 June 1987, 71 Rivista di diritto internazionale, p. 920 (1988).

一、国家及其财产豁免例外适用问题

(一)查巴德案的案情背景分析

在涉及文化财产返还与国家及其财产豁免方面,美国法院审理的“查巴德案”所反映的法律问题具有特殊的研究价值。该案的原告查巴德(Agudas Chasidei Chabad)是成立在美国纽约的非营利宗教实体,并且是一个世界性犹太教团体组织的后继者。这些团体是哈希德运动的一部分,并且追随哈希德派。自1773年起该组织的精神领袖拉比开始搜集“包括了稀有并无可替代的关于查巴德哈希德哲学、犹太宗教法律和传统的犹太书籍、文献和手稿的宗教著作”。“藏书”包含了12,000本书和381份手稿,“档案”是一套25,000多页的手写教义,此收藏被拉比用作宗教教义的来源。

在动荡的第一次世界大战和第二次世界大战时期,哈希德派丢失了两套历史和宗教的记录文献。这些文献包括了由哈希德运动的精神领袖保存的藏书和手稿的“藏书”(library)——它在苏联的布尔什维克革命时期被“苏联科学图书馆”占有,而由精神领袖拉比手写的25,000多页的“档案”(archive),则在1939年精神领袖拉比逃亡至美国时被留在了波兰,苏联战胜后从德军手中将其占有。

“二战”结束后,查巴德针对这两套藏书的返还进行了一系列努力,其中包括求助于苏联的法院。尽管在20世纪中藏书多数时间在苏联的占有下,但是在20世纪90年代初,苏联法庭却作出一系列判决,认定“藏书”和“档案”不是苏联的国家财产,并且要求将这些收藏归还原告。1991年,苏联法院要求俄罗斯列宁国家图书馆将“藏书”在一个月内归还查巴德,然而俄罗斯国家图书馆拒绝遵循国家法院的判决。没有等到返还能够实现,苏联解体,新的俄罗斯联邦废除了之前的判决,因此这两份文化遗产仍处于俄罗斯的占领下。

原告在2004年向美国法院寻求救济,在加州中央区法院对俄罗斯和其国家机构,包括俄罗斯文化部、RSL以及RSMA提起诉讼。2005年原告的诉讼被移交到加州联邦地区法院，而被告俄罗斯则基于主权豁免、不方便法院原则和国家主权行为原则要求法院驳回诉讼。2006年加州联邦地区法院就被告基于管辖权和非方便法院提出的驳回动议部分批准，部分否决。法院驳回了原告就“藏书”部分提起的所有诉讼请求，认为其是国家主权行为，对与此部分相关的诉讼俄罗斯应享有豁免，但法院否决了俄罗斯就“档案”部分的驳回动议。[1] 其后双方同时向哥伦比亚特区巡回上诉法院提起上诉。

在双方其后四年的诉讼过程中，所有的被告都从此案中退出了，并解释为“俄罗斯联邦认为在该法院面前的任何继续辩护，或对此诉讼的继续参与都与其作为一个主权国家的权利不符”。[2] 法院在此一年后，即2010年，确定“原告已经履行了表面举证责任并且提出令法院信服的证据证明其有权得到救济”[3]后对原告作出了缺席判决。哥伦比亚特区法院查明申请人查巴德的宗教书籍和档案材料是被俄罗斯征收的，并同时命令被告RSL和RSMA持有所有宗教藏书、手稿、文件以及‘藏书’和‘档案’所含的所有文物交还于莫斯科的美国使馆或者是由原告正式授权的代表。[4]

尽管法院已经作出了判决，但俄罗斯政府拒绝归还这批收藏。俄罗斯外交部认为此判决为“非法判决”并且规定声明相关文献从未属于查巴德。最重要的是，外交部声明“俄罗斯和美国之间没有互相承

〔1〕 Agudas Chasidei Chabad of U. S. v. Russian Fed'n, 466F. Supp. 2d 6, at 955 (D. D. C. 2006).

〔2〕 Statement of Defendants with Respect to Further Participation 2, Jun. 26, 2009 [71] ("Ds' Stmt").

〔3〕 Agudas Chasidei Chabad v. Russian Fed'n, 729 F. Supp. 2d 141, 148 (D. D. C. 2010).

〔4〕 Agudas Chasidei Chabad v. Russian Federation, Order and Judgment (DDC 30 July 2010, per Lamberth CJ).

认与执行民事判决的协议”。[1]

(二)查巴德案的文化及政治影响分析

作为对俄罗斯政府不履行判决的回应,查巴德的律师考虑请求法院扣押美国从俄罗斯暂借的艺术品(arts on loan)“作为一种法律质押”。但美国的法律保护暂借的艺术品免受丢失和损坏,最终查巴德的律师介入并声明不会通过扣押任何受保护的文化作品来寻求执行判决。

尽管有这样的保证,俄罗斯的文化官员还是告诫本国的博物馆出借到美国的艺术品可能被扣押。2011 年年初,俄罗斯博物馆取消了现有的对美国的文物出借并且决定冻结出借。受此影响,美国的多家博物馆的长久展览计划都将落空,并且损失严重。俄罗斯的国际文化合作特使则宣称拟展出的艺术品收藏不会离开莫斯科,而且与查巴德的冲突解决之前俄罗斯的文化财产将不再在美国展出。

当美国的博物馆和机构对俄罗斯的取消行为回应时,似乎出现了一种“文化冷战”。在 2011 年 5 月,大都市艺术博物馆(Metropolitan Museum of Art)警告俄罗斯的博物馆除非而且直到俄罗斯解除禁令,大都市艺术博物馆不会为计划中的巡回展览送展品。在大都市的带领下其他的出借机构也纷纷表示考虑暂停向俄罗斯的博物馆和其他文化机构出借自己的文化财产。

为化解僵局,双方又回到法庭,查巴德指责俄罗斯的行为是“对该法庭的蔑视,是对国际法和美国法的公然违背,更不用说道德问题”。然而,在花费一年多试图执行判决的法律努力失败后,查巴德临时放弃诉讼并又一次与俄罗斯在法庭外进行谈判。[2]

---

〔1〕 INTERFAX,“Russia Won't Give Schneerson Library to American Hasids”, Accessed October 10,2016. http://www.interfax-religion com/? act = news&div = 7580.

〔2〕 Plaintiff's Second Request To Temporarily Hold in Abeyance Contempt Sanctions and Enforcement of the Judgment, Agudas Chasidei Chabad of United States v. Russ. Fed'n, No. 1:05 - CV - 01548 - RCL(D. D. C. Dec. 16,2011).

不难看出,查巴德试图执行美国判决的努力从一场法律纠纷升级到了两国之间的政治和文化公共关系的"战争",造成了美国与俄罗斯之间外交关系的紧张,艺术品借贷市场的瘫痪,也因此减少了公众接触文化财产的机会。此案判决后的冲突也揭示了文化财产法的一个不足:缺少针对执行的明确指导准则,现有的针对国际文化财产争议的执行机制亟待完善。

如查巴德案件所揭示,文化财产并不超越法律——它与其他种类的财产一样,受到很多相关法律法规的制约。然而文化财产的特殊性质使其执行变得尤为困难。所有的文化财产案件从其固有属性而言需要实际履行的救济。实际履行是英美法中的衡平法救济手段。法院具有很大自由裁量权,如果法院认为金钱救济不足以补救损失,实际履行则会被采用。在任何案件中通过实际履行进行执行都是很困难的,文化财产案件的实际履行尤为困难。争议中的文化财产负载着情感、历史、文化的价值,而这些附随价值恰恰是执行的障碍。文化财产争议的证明方式,无论是通过双边协议、仲裁或者诉讼,都将决定未来案件执行的难度。

尽管文化财产法或许确实应该着眼于争议的预防,但它同时必须为国际"文化冲突"的诉讼提供执行机制。只有这样,文化财产纠纷的当事双方才能在诉讼提起前依赖于公平的、非强制性的建议。

(三)查巴德案所涉主要法律问题:国家及其财产豁免例外

查巴德案中的一方诉讼主体为国家,因此是否存在国家主权豁免的情形是联邦法院管辖权的最终确立必须考虑的因素。一般来说,国家主权豁免的主体限于主权国家及其财产或行为,因此本案问题的核心在于俄罗斯的国家行为是否满足美国《外国主权豁免法》(Foreign Sovereign Immunities Act,FSIA)第1605条中的"征收"豁免例外条款。[1] 根据此豁免例外,一外国主权国家不能享受在美国联邦法院

〔1〕 28 U. S. C. §1605(a)(3).

的诉讼豁免，如果：(a)违反国际法取得的财产，其财产权利尚有争议；并且(b)(1)该项财产或者用该项财产换得的任何财产现在美国境内且与该外国在美国进行的商业活动有关的；或者(2)该项财产或者用该项财产换得的任何财产是属于该外国在美国从事商业活动的某一机构所有或者属于该机构的经营者所有的。[1]

1. 商业活动的界定

哥伦比亚特区巡回上诉法院紧接着讨论的问题是：如果要使案件深入到适用《外国主权豁免法》的征收例外条款阶段，在诉讼的管辖权确立阶段查巴德需要提供多少证据。上诉法院否认查巴德在管辖权阶段必须提供充分的证据，以证明存在适用征收例外条款的每一个要素。法院认为，原告只要证明其主张——被告(或者其前身)违反国际法侵犯了原告的财产权即可。然而，为了满足征收例外的(b)款中的"商业活动"的联系，原告必须用"充分的证据"[2]证明，拥有或者管理争议项下财产的机构或者部门——此案中的RSL RSMA——在美国从事商业活动。上诉法院认为，查巴德在此诉讼阶段提供了充分的证据证明了RSL和RSMA都在美国从事了大量的商业活动，从而满足了征收例外条款所规定的条件。

根据《外国主权豁免法》"征收"例外条款的(b)项规定，即拥有或者管理争议项下财产的机构或者部门在美国从事"商业活动"。而对于商业活动的定义，学理上存在"行为目的说"与"行为性质说"两种观点。目的说认为，考察外国活动是否具有商业性的关键在于外国国家的行为是不是出于履行其政府职能的目的。如果行为的目的在于实现国家对外职能而非商业盈利，那么该行为就不具有商业性，而属于主权行为，享有国家主权豁免。性质说则只关注国家行为的性

[1] 28 U. S. C. §1605(a)(3)(2006).

[2] Agudas Chasidei Chabad v. Russian Fed, 528 F. 3d 934(D. C. Cir. 2008), pp. 955 - 957.

质,而不论其目的为何。如果国家行为采取商业手段,则构成商业活动,不享受国家主权豁免。[1]

美国是坚持主权行为说的国家,根据《外国主权豁免法》的第1603条规定,"商业活动,是指某种正常做法的商业行为,或是指某种特殊的商业交易或行动。是否是商业性的活动,应当根据行为的做法的性质,或特殊的交易和行动的性质决定,而不是根据其目的";"外国在美国进行的商业活动是指该国所进行的与美国有实质交往的商业活动"。但哥伦比亚巡回上诉法院认为,拥有或者管理争议项下财产的机构或者部门在美国从事商业活动并不要求与美国有"实质"的联系。更为关键的是,法院认为该例外条款并不要求争议中与在美国从事的商业活动相关的财产存在于美国。原告只要有充分证据证明外国政府的部门或机构(本案中的RSL和RSMA)在美国商业活动涉及某种在美国的商业交易或者行为即可。[2]

2.穷尽当地救济

上诉法院认为,查巴德的主张,即"藏书"在1917~1925年被苏联征收,后又在1992年被俄罗斯联邦再次征收,是实质性的和有根据的。巡回上诉法院注意到在查巴德于1991年从苏联法院获得了有利判决之后,其种种努力在苏联解体之后遭到俄罗斯官方的实际阻挠,而且后来的政府法令和国家副首席仲裁的裁决都推翻了原来的国家首席仲裁的裁决。法院认为原告可以主张,继任的政府通过法外无法律根据的行为"重新"夺取财产构成对国际法的违背。

哥伦比亚特区巡回上诉法院否决了俄罗斯的主张,即查巴德对索回"档案"的主张应该被驳回是因为查巴德没有穷尽在俄罗斯可得到的救济。巡回上诉法院认为,从第1605条(a)款第(3)项分析,不能

---

[1] 参见黄进、宋晓等:《国家及其财产管辖豁免的几个悬而未决的问题》,载《中国法学》2001年第4期。

[2] Agudas Chasidei Chabad v. Russian Fed, 528 F. 3d 934 (D. C. Cir. 2008), pp. 947–948.

得出原告在美国的法院起诉之前必须穷尽当地救济的结论。法院认为根据国际法原则，只有一国代表其公民起诉另一国时，才需要满足穷尽当地救济的要求。同时法院还指出，即使查巴德对“档案”的主张应该满足穷尽当地救济的要求，1998 年俄罗斯的《文化贵重物品保护法》所能提供的救济并不充分。根据该法第 19 条第 2 款的规定，受争议的文化财产只有在原告“支付其价值，加上对其鉴定、专家调查、保护、修复以及运输费用的补偿”后才能返还，同时没有提供计算价值的具体规定。巡回上诉法院认为，“俄罗斯将原告的财产出售给原告的打算不能够补救本案中的侵权行为”。[1]

巡回上诉法院同时考察了国家行为原则是否能够阻止美国法院受理查巴德对俄罗斯的诉讼，并认为国家行为原则并不能阻止查巴德在美国的法院索回“档案”和“藏书”。国家行为原则要求外国主权国家的行为是在其自己的领土范围内完成的。上诉法院注意到，尽管纳粹德国在波兰的奥特沃茨克将“档案”抢走，苏联的军队又将其从下西里西亚（Lower Silesia）的城堡中抢走，而 Lower Silesia 当时已经通过《波斯坦会议公告》变成了波兰的一部分。因此法院认为，国家行为原则不能适用于对“档案”的主张。这是因为，征收的行为并不是发生在苏联境内。对于查巴德的另一部分主张，即“藏书”在 1992 年被“重新征收”，上诉法院依据另一部美国联邦法律《希肯卢伯第二修正案》（Second Hickenlooper Amendment）进行了裁判，这部法律禁止对发生在 1959 年 1 月以后的征收行为适用国家行为原则。

最终，哥伦比亚特区巡回上诉法院驳回了俄罗斯的主张，该主张认为，地区法院可能无法向查巴德提供其想要的救济，即对档案和藏书的占有。而地区法院则认为此观点是对其的“冒犯”。根据《外国主权豁免法》第 1609 条：“基于在本法制定时美国为其缔约国之一的

---

〔1〕 Agudas Chasidei Chabad v. Russian Fed, 528 F. 3d 934 (D. C. Cir. 2008), pp. 947 – 948.

某些现行国际协定，某一外国在美国的财产应当免于扣押和执行，但本章第1610条和第1611条所规定的除外”，查巴德援引了《外国主权豁免法》第1610条(a)款(3)项的规定，即……外国在美国的财产用来在美国进行商业活动的，不得就本法生效以后联邦法院或者州法院所作的判决而在辅助执行的扣押问题上或者在执行问题上，在下列情况下，享受豁免……此项执行是关于某项确认下述财产权的判决的：此项财产权是违反国际法取得，或者已经同违反国际法而取得的财产进行了交换的。

查巴德认为《外国主权豁免法》允许扣押俄罗斯政府在美国的部分财产，并认为这样能对被告施加部分影响，增加俄罗斯和其法院尊重美国法院判决的可能性。而根据《外国主权豁免法》第1610条(b)款(2)项，外国机构或部门“任何”在美国境内的财产都可以被扣押，只要该机构或者部门“在美国从事商业活动”。基于此法律规定，哥伦比亚特区巡回上诉法院同意在作出最终判决后，为促使被告归还查巴德的“藏书”和“档案”，地区法院可以行使权力扣押被告位于美国境内的财产。

但上诉法院的判决对管辖权豁免例外的扩大解释显然并未达到理想的效果，俄罗斯政府在上诉败诉后便拒绝与其美国的律师沟通并要求撤回诉讼。虽然《外国主权豁免法》将国际法作为其建立管辖权的基础，“按照国际法，各国就其商业活动而言，是不能在外国法院里取得管辖豁免的，而且为执行与它们的商业活动有关的判决，可以扣押外国的财产”。[1] 但由于缺乏强制力，美国法院对外国主权国家判决的执行力显然无法得到保障。

二、文化财产判决的承认与执行问题

关于境外文化财产判决的承认与执行，是查巴德案面临的另一个

---

〔1〕 FSIA, U. S. C. §1602.

法律问题。尽管本案上诉法院根据《外国主权豁免法》确立了对俄罗斯政府的管辖权,但在诉讼结束后,俄罗斯却拒绝对法院的判决予以执行。虽然该案判决本身并不能证明其在国际法下的合法与公正性,但无疑反映了文化财产争议的判决在执行过程中所面临的障碍与困境。

首先,由于文化财产的特殊性,所有关于文化财产的诉讼实质上都是在寻求"特定履行"的判令。在普通法系下,当事人不遵守特定履行令的,即构成蔑视法庭,可能被判监禁和罚金。由于特定履行的救济是在衡平法院发展起来的,是一种衡平法的救济,所以特定履行令是一种自由裁量的救济。法院会根据争议财产的"特殊性"来决定"特定履行"是不是合适的救济办法。而文化财产不仅满足了财产"特殊性"的要求,更重要的是文化财产的存在正是由其本身"特殊性"构成的。尽管法院可以采取强制措施促使此类特定履行令的执行,但是在执行特定履行令时,法院往往会遇到种种障碍,而外国当事方,尤其案件的当事方为一主权国家时,法院可以采取的措施将变得十分有限。

如特定履行令已经给判决的执行造成了不便,那么针对文化财产的特定履行又为判决的执行蒙上了一层阴影:文化财产作为一种特殊形式的财产具有特殊的属性。联合国教科文组织 1970 年 UNESCO 公约将其定义为"每个国家,根据宗教的或世俗的理由,明确指定为具有重要考古、史前史、历史、文学、艺术或科学价值的财产"。[1] 争议双方往往基于深层的文化、种族和历史认同感赋予其较高的主观价值,履行本身将对败诉的一方产生重大的文化影响,同时对胜诉方也具有相同的影响。在此案中,对查巴德来说,胜诉意味着对其有重要精神指导意义的文化财产的回归,而对俄罗斯来说,这部分文化财产则是其十月革命的纪念和在"二战"中的获得的战利品。

---

〔1〕 1970 年 UNESCO 公约第 1 条。

上述的执行障碍在查巴德案诉讼结束后暴露无遗,且该案面临的执行难度明显高于一般特定履行的文化财产诉讼。首先,它不适用于一般的文化财产争议模式。美国学者约翰·亨利·梅里曼(John Henry Merryman)在讨论"帕特农大理石雕案"时,将国际文化财产争议定义为两个阵营之间的较量,即普世主义与国家主义之间的较量,前者将文化财产视为"人类共同文化的组成部分",而后者则将其视为"国家文化遗产的一部分"。[1]

近年来,随着文化来源国不断提出文物返还主张,同时加强国内有关文物所有权和出口限制的立法,以及文物进口国对此类法律在其国内法庭的承认和适用,大部分来源国对文物所有权的主张都能够得到实现,尤其是在针对因走私、盗窃等非法出口的文化财产的返还主张中体现地更为明显,文化财产的保护趋势似乎开始转向国家主义。[2] 通常的案例是文化财产来源国在文化财产所在国提起文化财产的返还诉讼请求,而文化财产所在国则适用来源国严格的文化财产所有权法,最终将文化财产返还给来源国。

但在查巴德案中"国家主义"则不能适用,因为俄罗斯在此案中作为文化财产的来源国却被迫参与到诉讼中,而其所依据的1919年和1920年《国有化法案》成为文化财产返还的障碍。其次,对一主权国家的财产实行强制措施本身便是困难的。尽管根据《外国主权豁免法》的第1610条的规定,诉讼请求所根据的财产为外国在美国的财产用来在美国进行商业活动的,不得享受执行豁免。也就是说,美国法院根据该条规定在某些情况下可以对主权国家在美国境内的财产实行扣押。扣押财产对于商业争议来说或许为一种有效的执行方案,但对于查巴德案中所争议的财产的特殊性,以罚款或扣押财产的方式

---

〔1〕 See John Henry Merrymen, "Two Ways of Thinking About Cultural Property", 80 *AM. J. INT'L L.*, 80(4), (4), 1986.

〔2〕 See Jordana Hughes, "The Trend Toward Liberal Enforcement of Repatriation Claims in Cultural Property Disputes", 33 *Geo. Was. Int'l L. Rev.* 131, 2000.

来促进履行则显得武断与不妥。

哥伦比亚特区法院于2013年因被告未执行之前的判决而裁决其蔑视法庭，并对被告课以每日50,000美元的罚款，直到其执行法院2010年的判令。[1] 但这绝非直接有效的强制措施，若当事方对文化财产的珍视程度远超过所损失罚金或被扣押的财产，此强制措施的效果将依然落空。

而查巴德曾于2011年向法院申请对判决的扣押和执行令，查巴德的律师甚至威胁其要扣押的财产为俄罗斯在美国借展的艺术品。当然此威胁并无任何法律基础，因为根据《联邦扣押豁免法》，为临时性展览或者展示而进口的文化财产享有因司法程序而扣押的豁免资格，[2]但此举仍产生了一系列重大反响。首先是使俄罗斯决定保留原计划向美国博物馆借展的所有艺术品，并且宣布撤回已在美国展出的所有艺术品，其次随着美国法院对俄罗斯政府不履行判决的不断累积，两国的外交关系也变得越来越紧张，最终使美国的政府也成为诉讼的利益相关人。

查巴德案面临的困境与难题表明，盲目地按商业争议的强制执行方式来处理文化财产争议是无法确保判决执行的。在保护文化财产的法律体系内，需要有直接针对文化财产执行的国际体系。在无此执行机制的情形下，未来凡涉及外国主权国家文化财产的争议必须寻求诉讼外的其他解决方式。

三、诉讼以外的国际合作机制

（一）国际组织的协助——UNESCO政府间委员会的磋商合作机制

联合国科教文组织是在促进归还被掠夺的艺术品方面进行国际

---

〔1〕 Agudas Chasidei Chabad v. Russian Federation, Order and Judgment (DDC January 16, 2013, per Lamberth CJ).

〔2〕 22 U.S.C. §2459(a)(1994).

合作的最重要的国际组织。该组织倡导制定了多个关于文化财产保护的公约,如1954年海牙公约和1970年UNESCO公约。鉴于现行国际法机制难以解决文物返还问题,1978年,UNESCO还成立了"促进文化财产归还原属国或返还非法占有文化财产政府间委员会"(以下简称UNESCO委员会),以进一步探讨解决问题的途径和方法。该委员会是具有咨询职能的政府间机构,为协商及谈判相关事务提供框架。委员会的成立旨在通过双边磋商或达成协议,促进在精神价值和文化遗产方面具有重要意义的文化财产,尤其是因为殖民或非法占有而流失的文化财产返回原属国。[1] UNESCO委员会没有对争议进行裁定的权利,主要提供协助解决文物返还或归还的谈判场所,通过会议机制向有关国家提出建议或居中进行调解,促进关于文物归还或返还的双边和多边合作。

在文化财产领域涉及财产返还的三个国际公约均无追溯力的情况下,UNESCO委员会努力克服公约溯及力的问题,将殖民以及第二次世界大战期间被转移文物等问题纳入视野。该委员会在探讨通过协商、第三方调解、仲裁或判决等方法促进文物返还的同时,不断强调道德、道义、职业道德和责任等人类普世价值的重要性。国际博物馆协会等国际组织也颁布有关道德规范,使之成为促进文物返还的重要因素。

从实践情况来看,自委员会成立以来,已有许多争议在其推动和协助下得以顺利解决。其会议机制的监督作用也可以从以下成功返还文物的先例得到印证:美国将几百件物品返还给希腊;加拿大将非法进口的古代丝织品返还玻利维亚;德国向土耳其归还7000余件碑石;意大利向厄瓜多尔归还前哥伦布时代的文物等。在近期引人关注的希腊要求大英博物馆向其归还"帕特农大理石雕"(parthenon marbles)的个案中,它正发挥着相当重要的作用。

---

〔1〕 联合国教科文组织《政府间委员会章程》第3条第2款。

从上述的“查巴德案”可看出,文化财产的返还问题是对国际关系的重大考验。在以法律手段解决文化财产返还争议遇到困难时,UNESCO委员会可以作为一个交流平台,在其斡旋和帮助下,相关国家能够通过善意合作增进了解,在相互理解尊重的氛围下促进文化财产的返还,而不是走向文化交流的僵局。

(二)双边条约与地区性多边条约

这类条约措施将与全球性公约相配合,在不同层面和范围解决国家之间关于返还艺术品的法律争议。其中典型的包括美国与玻利维亚等拉美国家签订的双边协议,美国与墨西哥间的《收回与归还被盗的有关考古、历史及文化财产合作条约》,以及美国与秘鲁间的《关于收复和归还被窃的考古、历史文物的协定》等。

荷兰和印度尼西亚是一对原有殖民关系的国家,荷兰曾在殖民期间将印尼一部分重要艺术品运往本国。就返还殖民时期掠夺的文化财产,荷兰和印尼实施了详细的返还计划,主要包括以下几个方面的内容:[1]直接返还具有重要历史和文化意义的属国家所有的物品;荷兰政府协助与持有重要文化财产的私人所有人建立必要的联系;一旦发现持有对印尼而言具有重要意义的文化财产的私人所有人,就进一步安排返还事宜;共同对考古学和人种学材料进行登记和记录;共同调查所有权不明的有重要价值的文化财产;达成谅解,由一方保有文化财产档案时须向对方提供复印件等。

具有代表性的文物保护与流转的区域性条约是美洲国家组织制定的《关于保护美洲国家出土文物、历史及艺术遗产的圣萨尔瓦多公约》。考虑到拉丁美洲各国所遭受的本国文化遗产被持续不断地掠夺和侵吞,该公约第3条规定,除为促进民族文化交流而批准出口的

---

〔1〕 See James A. R. Nafzige, "The New International Legal framework for the Return, Restitution of Forfeiture of Culture Property", 15 *New York University Journal of International Law and Politics*, 789, 1982.

物品允许出口之外，缔约国任何进口文化财产的行为均为非法。公约第7条规定有关文物所有权的问题由各国国内法决定，进而承认了各国所宣布的文物均归资源国所有。根据该公约，被宣告为国家财产的艺术品一旦被窃都可通过被发现国的法院追回。

由此可见，通过区域协定、双边协定与国际公约相互配合，可在不同层面、不同范围内构建控制文物非法流转、促进流失文物返还的法律机制。

（三）收藏机构在文化财产返还中的作用

在文物的国际流转中，大部分文化财产最终被藏在博物馆中。作为主要的文化财产收藏机构，无论是公立博物馆还是私立博物馆在保护文化财产方面都有着非常重要的作用。在本节的查巴德案中，为防止在美国境内的文化财产遭受扣押，俄罗斯博物馆取消了现有的对美国的文物出借并且决定冻结出借，美国的多家博物馆的长久展览计划都受此影响而落空，这也从侧面反映了博物馆在两国文化财产交流中的重要地位和影响力。

但实践中，由于没有一个权威的国际机构能够支配所有国家的博物馆的行为，因此，在追索文化财产中博物馆能发挥的作用在很大程度上取决于其自律。在联合国教科文组织的影响下，国际博物馆协会于1986年在阿根廷布宜诺斯艾利斯召开的第十五届全体大会上一致通过了《国际博物馆协会职业道德准则》，对博物馆返还非法文化财产作出了规定。例如，一博物馆如果占有了可被证明为违反联合国教科文组织1970年UNESCO公约的原则而被出口或转让的一件物品，或者如果来源国要求返还并证明它属该国文化财产一部分，该博物馆应该，如果法律允许的话，以负责的态度采取步骤，协助将该物品返还原有国。在来源国要求文化财产返还的情况下，博物馆应本着开诚布公的态度，以科学与专业原则为依据（在政治或政府一级参与之前）准备展开对话，探讨拟订双边或多边合作计划的可能性，以协助那些被认为正在发展足够的博物馆并在开发博物馆资源过程中遗失了大量文化财产的国家。

实践还表明，博物馆可在文化财产返还的互惠合作中起到重要作用。2006 年 2 月，意大利与美国大都会博物馆就返还意大利一件古文物达成返还协议。在该返还协议中，大都会博物馆同意放弃对该文物的所有权，作为交换，意大利同意长期租借给对方具有同等价值的文物。[1] 同年 4 月，波士顿美术博物馆也与意大利签署了返还协议，将 13 件古希腊和罗马文物返还后者，而作为回报，意大利同意将文物租借给波士顿美术博物馆，同时波士顿美术馆还同意在未来就其获得的意大利文物与意大利交换信息。[2]

互惠协议的达成，表明在现有的法律框架之外，通过文化来源国与博物馆等收藏机构的合作，可以成功解决文化财产返还国际争议。但互惠协议的达成在很大程度上取决于双方的合作意愿，需要博物馆与来源国的沟通与妥协，从本质上来说，就是要在磋商达成文化财产返还协议时兼顾文化国家主义与文化国际主义的利益需要。

第七节　文化财产返还的国内对策措施

通过上述对两种通过法律途径追索的方式的分析，并且总结近几年来我国以及世界其他国家追索海外流失文物的经验，本书认为海外文物成功追索的回归不仅需要加强双边与多边的国际合作机制，更需要加大国内对文物保护法律制度的执行力度与完善改进，并对遏制文物的流失和促进文物的返还采取相应有效的对策措施。

---

〔1〕 See Suzan Mazur, " The Italy-Met Euphronios Accord?, Scoop Independent News " Accessed October 20, 2016. (Feb 22, 2006), http://www. scoop. co. nz/stories/HL0602/S00265. html.

〔2〕 Giulia Soldan, Raphael Contel, Alessandro Chechi, Case 13 Antiquities-Boston Museum of Fine Arts, Platform ArThemis (http://unige. ch/art-adr), Art-Law Centre, University of Geneva.

一、完善国内文物保护法律制度

目前国际条约存在缺陷的情况下，我国应首先立足国内，修订现行《文物保护法》，增加有关流失文物的权属规定，明确中国政府对流失文物拥有永久的所有权及追索权，并通过国内立法的形式将国际公约的义务具体落实。根据1970年UNESCO公约中，缔约国必须受理合法所有者或其代表提出的关于找回失落的或失窃的文化财产的诉讼的规定，国内立法中对此除了已有的原则性规定外，还应有明确具体的体现，以使相关法院受理文物追索案件时有法可依，也使文物管理机关、文物经营机构、合法收藏者及其他追索流失文物的个人、公益性组织依法提起文物返还之诉时找到法源性依据。

虽然中国《文物保护法》允许私人依法取得文化财产并可依法转让，[1]但大多数文物是不允许跨国流转的，依该法第52条第3款的规定，"国家禁止出境的文物，不得转让、出租、质押给外国人"。对此关键还是要有完善的执法措施跟上。对于国家所有的文物，在宣示文物属于国家财产的同时，允许依法追回流失文物的机构组织可以通过接受委托方式代为起诉非法占有人。在获得的流失文物回归后，国家应给予奖励及费用补偿。完善有关文物出入境的海关管理制度，以有效地遏制非法文物交易。加强对文物拍卖以及交易主体的监管。此外，鉴于越来越多的文物交易行为在香港进行，建议中央政府与香港特区积极安排对文物交易及拍卖予以监管和控制。

最后，为防止我国文物资源的流失和遏制文物非法流转，应当采取以下一系列有效措施：一是严厉打击与遏制疯狂的盗墓犯罪行为，

---

[1] 《文物保护法》第50条规定："文物收藏单位以外的公民、法人和其他组织可以收藏通过下列方式取得的文物：(一)依法继承或者接受赠与；(二)从文物商店购买；(三)从经营文物拍卖的拍卖企业购买；(四)公民个人合法所有的文物相互交换或者依法转让；(五)国家规定的其他合法方式"。并规定"文物收藏单位以外的公民、法人和其他组织收藏的前款文物可以依法流通"。

并对地下文物资源采取有效的技术保护措施;二是适当放宽文物现行流转政策,并加强对文物市场的监管力度,改变文物市场的无序状态;三是规范文物拍卖企业的交易行为,严禁拍卖中的假冒行为,并通过立法明确拍卖企业对此相应的民事责任。

二、建立流失文物档案制度

为此,应尽快建立详尽的文物数据库,成立由各专业专家组成的文物档案整理机构,全面、细致地对国内现存的文物以及流失在海外的文物进行备案、清理和调查,建立文物名录,明确所有权归属。并将此向国际刑警组织,以及世界上各大文化组织、博物馆备案。其意义在于不但使追索工作有了明确的目标,也加强了对国内现存文物的保护。随着有关文物保护和归还的国际公约及国内法律的日益完善,司法途径将成为追索文物和保护的主要方式。因此,强有力的权属证据将是诉讼成功的必要保障。同时,还应健全流失文物的通报和公示制度。

中国与许多国家法律均规定,有待发掘的文物属国家财产,挖掘后出口为非法。一旦发现文物被盗,所有人应通过相关研究或管理机构对被盗文物进行遗失登记并及时对外公布被盗物品,其法律意义在于可作为日后追索的重要证据。对此不予重视或怠于取证登记无异于放纵了被盗艺术品的非法流转。

自 2001 年开始,国家文物局已立项重点建设文物案件信息库,该库不仅能查阅丢失文物照片,还含有对其外形与历史的介绍,特别是数据库与国际刑警组织的网站相连接,以加速中国流失海外文物的追回。

在 2000 年 3 月"王处直墓被盗文物的追索案"中,美方就曾要求提供相关证据证明拍卖文物来自被盗王处直墓。本案涉及 1994 年 6 月,我国河北省曲阳县一座古墓被盗,其墓主是唐末五代的义武军节度使王处直。被盗物品中有两件镶嵌在甬道两壁的浮雕守门武士像。2000 年 3 月 21 日,嘉士德拍卖行将于纽约举行中国陶瓷、绘画、艺术品拍卖会，其中209号拍品为河北曲阳王处直墓被盗的浮雕武士石像。国家文物局就嘉士德拍卖行在纽约拍卖中国被盗文物一事照会美国驻华使馆，希望根据国际公约，阻止拍卖活动，并将文物返还中国。美国海关纽约中心局致函国家文物局，要求中方提供必要的法律文件和证据，包括：失窃现场勘察报告、照片、警方立案报告、中国有关法律、曲阳县政府将王墓公布为保护单位的时间等13项。此后，河北省的公安与文物部门将所要物证和文字材料送达北京。面对无可辩驳的事实，美国纽约州地方检察院决定依法起诉香港货主，国家文物局将代表中国政府参与诉讼。美国司法部门于2001年5月根据UNESCO公约做出裁决，将浮雕武士像无偿归还中国政府。〔1〕

当前，致力于被盗文物与艺术品登记与协助文物追索的国际机构主要有设在纽约与伦敦的“遗失艺术品登记处”（ALR）和“艺术品追索国际基金会”（IFAR）。这两个机构已建成规模庞大、信息丰富的被盗文物与艺术品全球数据库，包含了近100万条被盗文物与艺术品的信息，并得到嘉士德、苏富比等世界主要文物及艺术品拍卖公司的支持，与各大拍卖公司实现了网上数据共享，对遏制被盗文物的非法交易起到了重要作用。〔2〕

三、建立负责文物追索的专门机构

我国为典型的文物来源国且历年来的文物流失严重，因此有必要建立专门的机构负责流失在海外的文物的追索及国际联络工作，并给予相应的财政预算上的资金保障。以意大利为例，有很多类似的专业机构，其工作对意大利追索罗马时期的文物起到了相当大的作用。再

---

〔1〕 参见李宝才：《跨国追索彩绘汉白玉武士大浮雕》，载《法制日报》2001年5月19日版。

〔2〕 See Charles A. Palmer, “Stolen Art, Avoiding the Pitfall”, *Mich. Bar. J*, June 2003；霍政欣：《追索海外流失文物的法律问题研究》，载《武大国际法评论》（第12卷）2010年第1期。

以埃及为例,埃及最高文物委员会专门成立了文物归还管理局,负责失踪文物的追缴工作。该机构平时对世界约40家主要经营文物的网站进行追踪,一旦发现有埃及文物参与拍卖、展览等,便会立即联系拥有该文物的机构或个人,要求其出示拥有该文物的合法文件。与此同时,埃及分布在世界各国的使馆也是追查流失文物的前哨站,密切关注驻在国涉及埃及文物的拍卖和转让等活动。这些有益的做法与经验,都是非常值得我国借鉴的。

同时,还应注重与国际刑警组织的配合。具体而言,可与国际刑警组织建立长期有效的合作机制,向其提供有关我国珍贵流失文物的详细资料,充分发挥其在打击国际犯罪和进行司法鉴定方面的优势,以实现我国海外流失文物的顺利回归。

四、加大保护本国文物的执法力度

我国面临的文物流失严重的问题具有多重原因,如非法流转与国际文物走私的泛滥,盗墓者的破坏与文物造假的猖獗等。此外,近年来出现的以投资回报为目的的全民性文物收藏运动也是诱发这一问题的间接原因。

为此,必须加大保护我国文化财产的执法力度,严厉打击盗窃、走私、倒卖文物的行为。为有效防止文物的非法出口,还应加大海关的出入境的检查力度与频率,改进监测与检测技术,尤其要增强执法人员文物专业知识与保护责任意识,彻底堵住进出口环节的国门漏洞。据早年的海关总署统计,仅2002年到2007年,全国4个海关口岸共查扣走私文物15,512件,但其中海关抽检率只是进出口总流量的区区5%。可以说,单从文物数量上看,疯狂的文物走私,使中国文物损失严重,几乎每年都要失去一座故宫。在一些文物保护专家看来,国内面临的问题事实上比国外的要严重得多。[1] 从文物保护角度来

---

〔1〕 参见岳瑞芳:《追索流失文物更要打击走私文物》,载《瞭望》2009年第3期。

看，追索境外流失的文物固然重要，但从源头上遏制新的文物的流失，加强力度打击文物犯罪则更迫切、更具现实意义。

以上的措施表明，中国政府不仅要融入文物保护的国际体系和参与游戏规则的制定，更应看到真正决定一个国家在海外维护国家利益的还是强盛的国力。这种例子并不遥远，沙俄年代，俄罗斯曾有大批国宝级文物被劫掠和盗抢至多个国家。“二战”后，当时苏联强大的国力外加当时特定的国际冷战环境，相当数量的流失国宝一经苏联交涉，相关国家随即送还。原因何在？这固然离不开外交努力，以及国际游戏规则所起的作用，但仅仅如此是远远不够的。

所以必须以强盛国力为依托，通过外交途径及现有的国际文物保护合作机制，从文化财产市场国追索流失境外的文物。只有继续致力于改革开放，推进经济、政治、文化、社会建设的全面发展，才是我国有效遏制文物非法流失和追索过去大量流失文物的根本保证。

第四章　水下文化遗产保护与返还问题

据联合国教科文组织统计，全世界海洋中约有300万艘未被发现的沉船，这些沉船较为集中的地区大多是历史上海上交通较为发达的区域，比如地中海海域，欧洲到北美的航线、中国到东南亚的航线以及中国到日本航线的海域等。[1] 我国古代海上贸易领先于世界，早在汉代就开辟了经南海前往印度洋的“海上丝绸之路”。宋元时，海上贸易更是盛极一时，海上航线四通八达。由于当时的航海技术还无法实现亚欧之间长距离远航，印尼爪哇岛便成为欧洲和东南亚贸易的主要集散地，因此南海也就成为世界上沉船最为集中的海域之一。据国家博物馆水下考古学研究中心

---

〔1〕 资料来源：联合国教科文组织官网，全球水下文化遗产（http://whc.unesco.org/ about world underwater heritage）；王兴栋：“全球约有300万艘沉船”，载中国经济网，最后访问日期：2016年9月1日。

主任张威先生估计，在中国沿海有不少于3000艘的古代沉船。[1] 但是由于60余年来我国与南海周边国家在南海地区一直存在划界争议的问题，导致我国无法对南海水下文物开展有效保护，使中国南海地区正成为全世界非法打捞最严重的地区之一。[2] 由此可见，南海水下文化遗产的保护刻不容缓。

第一节 水下文化遗产保护的国际法理念

一、加强水下文化遗产保护的必要性

从"二战"期间法国海军军官杰克·艾佛·古斯塔发明水肺之后，人们可以潜入更深的水下，进入水底沉船变得更加容易，由此也产生了一门新的学科——海洋考古学。但是与此同时，"财宝猎人"(treasure hunters)也因此可以在海洋中大肆搜刮海底的财富。事实上，财宝猎人对水下文化遗产的掠夺所面临的法律风险远远小于对地下文化遗产的掠夺。

中国南海由于其密集的沉船数量，导致财宝猎人们蜂拥而至，韩国新安元代沉船，日本鹰岛的元军战舰，菲律宾"皇家船长"，泰国湾至越南湾的元明清沉船……一处处由中国驶出的古代沉船相继被打捞出水，大批中国古代瓷器、铜铁金银等文物流入国外的文物拍卖市场，而我国在应对此类情况时却处于非常被动的境地。

英国盗宝商米歇尔·哈彻1985年从中国南海海域发现的由中国广州港出发的东印度公司"歌德马尔森"号沉船中打捞出超过15万件优质瓷器，125块金锭和两门青铜铸炮，并在位于阿姆斯特丹的嘉

---

〔1〕 参见鲁娜：《探索蓝色文明——水下考古》，载《中国国家地理杂志》1999年第2期。

〔2〕 参见苏杰、康淼：《海底文物保护任重道远》，载《今晚报》2006年11月12日。

士德拍卖行拍卖。而中国政府却找不到任何合理的要求哈砌返还瓷器的法律依据。这次拍卖最终成交额超过2000万美元,震惊考古界。[1]

1987年,由国家文物局牵头,原中国历史博物馆(现国家博物馆)设立了专业水下考古机构——水下考古学研究中心。它与中国国家水下考古协调小组自1987年经国务院批准成立以来,已开展了11个沿海省市的近海海域、西沙群岛水下文物普查,对西沙群岛华光礁海域、福建平潭海域、浙江宁波小渔山海域、山东青岛海域进行了重点调查,发现大量水下文物线索,确认70余处沉船遗址,为摸清我国水下文化遗产的分布规律和保存现状提供了不少第一手资料。[2]

但由于种种原因,我国目前水下文化遗产资源的现状仍然是处于遗产普查、摸清家底阶段。而且相关的文献(比如航海记录)十分稀少,沉船信息不多,主动调查有限,而国外的航海档案相对充分,但国际合作工作没有做到位,使大部分信息都处在保密状态。[3]

二、水下文化遗产的界定

联合国科教文组织对"水下文化遗产"的界定为"包括所有现在和过去位于水下的具有文化或历史价值的人类生存遗迹。"[4]同时在《水下文化遗产保护公约》中指出"水下文化遗产"系指至少100年来,周期性地或连续地,部分或全部位于水下的具有文化、历史或考古价值的所有人类生存的遗迹,其中包括遗址、建筑、房屋、工艺品和人的遗骸,以及具有考古价值的环境和自然环境、船只、飞行器、其他运输工具或

---

〔1〕 参见吴春明:《环中国海沉船》,江西高校出版社2003年版,第2页。

〔2〕 参见《中国文物报》2011年5月27日版。

〔3〕 参见赵亚娟:《联合国教科文组织〈保护水下遗产公约〉研究》,厦门大学出版社2004年版,第167页。

〔4〕 联合国科教文组织:"保护水下文化遗产",资料来源:http://www.unesco.org/new/zh/culture/themes/underwater-cultural-heritage/,最后访问日期:2016年9月12日。

者任何非完整部分，所载物品等，以及具有史前意义的物品。[1]

联合国科教文组织对水下遗产的界定，实际上为保护水下文化遗产提供了一个范围参考，使水下文化遗产的保护对象能够更加明确。

三、水下文化遗产保护的国际法框架

目前国际上已经存在一些保护水下文化遗产的双边和多边协定。例如 1972 年《荷兰与澳大利亚关于荷兰古代沉船的协议》、1989 年《法国与美国关于 CSS Alabama 号沉船的协议》、1989 年《南非与英国关于 HMS Brikenhead 号沉船的换文》、1997 年《加拿大与英国关于 HMS Erebus 号和 HMS Terror 号勘探、发掘和处置的谅解备忘录》、2001 年《法国与美国关于 La Belle 号沉船的协定》、2004 年美国、英国、法国和加拿大《关于"RMS 泰坦尼克号"沉船的协定》，以及 1992 年修订的《保护遗产欧洲公约》等。[2] 然而就效力和影响力而言，对水下文化遗产保护的国际法框架主要由 1982 年《联合国海洋法公约》、1989 年《国际救助打捞公约》以及 2001 年《水下文化遗产保护公约》组成，绝大多数保护水下文化遗产的双边和多边协定都是参照这三个公约来进行修订的。

（一）《联合国海洋法公约》

在筹备第三次联合国海洋法会议时，希腊和土耳其就提出对国际海底区域内发现的水下遗产的保护问题。[3] 同时在会议中，希腊、佛得角、美国等国又提出提案要求对专属经济区、大陆架上的水下文化

〔1〕 参见《水下文化遗产保护公约》第 1 条。

〔2〕 See Tullio Scovazzi. "The entry into force of the 2001 UNESCO Convention on the Protection of the Underwater Cultural Heritage", *Aegean Rev Law Sea*, 1, 2010.

〔3〕 Anastasia Strati, *The Protection of the Underwater Cultural Heritage: an Emerging Objective of the Contemporary Law of the Sea*, Springer, 1995, pp. 296 - 299. 转引自赵亚娟：《水下文化遗产保护的国际法制》，载《武大国际法评论》2007 年第 1 期。

遗产进行保护。[1] 但是，由于一些海洋大国之间的角逐，最终《联合国海洋法公约》只有第 149 条[2] 和第 303 条[3] 涉及了该问题。[4] 尽管如此，《联合国海洋法公约》仍然为水下文化遗产的保护提供了相当多的参考和思路：

1. 该公约第 1、8、17、49、52、53 条规定了沿海国所享有的主权包括内水、群岛水域以及领海以及这些水域的上空、海床和底土。这实际上等同于这些水域内的水下文化遗产的管辖权应当归沿海国。

2. 该公约第 149 条规定了"区域"内的水下文化遗产的管辖权以及优先权。

3. 该公约第 303 条第 2 款规定：为了控制这种文物的贩运，沿海国可在适用第 33 条[5] 时推定，未经沿海国许可将这些文物移出该条所指海域的海床，将造成在其领土或领海内对该条所指法律和规章的违反。这一款则可推断为是对在毗连区的水下文化遗产管辖权的问题的规定。

---

〔1〕 Anastasia Strati, *The Protection of the Underwater Cultural Heritage: an Emerging Objective of the Contemporary Law of the Sea*, Springer, 1995, pp. 162 - 167. 转引自赵亚娟：《水下文化遗产保护的国际法制》，载《武大国际法评论》2007 年第 1 期。

〔2〕 《国际海洋法公约》第 149 条：考古和历史文物在"区域"内发现的一切考古和历史文物，应为全人类的利益予以保存或处置，但应特别顾及来源国，或文化上的发源国，或历史和考古上的来源国的优先权利。

〔3〕 《海洋法公约》第 303 条：在海洋发现的考古和历史文物 1. 各国有义务保护在海洋发现的考古和历史性文物，并应为此目的进行合作。2. 为了控制这种文物的贩运，沿海国可在适用第 33 条时推定，未经沿海国许可将这些文物移出该条所指海域的海床，将造成在其领土或领海内对该条所指法律和规章的违反。3. 本条的任何规定不影响可辨认的物主的权利、打捞法或其他海事法规则，也不影响关于文化交流的法律和惯例。4. 本条不妨害关于保护考古和历史性文物的其他国际协定和国际法规则。

〔4〕 这里值得注意的是，《海洋法公约》并未明确指出何为"考古和历史文物"。

〔5〕 《海洋法公约》第 33 条：1. 沿海国可在毗连其领海称为毗连区的区域内，行使为下列事项所必要的管制：(a) 防止在其领土或领海内违犯其海关、财政、移民或卫生的法律和规章；(b) 惩治在其领土或领海内违犯上述法律和规章的行为。2. 毗连区从测算领海宽度的基线量起，不得超过二十四海里。

本书认为,《联合国海洋法公约》由于种种原因,并未能明确规定对水下文化遗产保护的具体范围,具体保护方式,但是毕竟为水下文化遗产的保护提供了一个开端,其中该公约第 303 条第 2 款特别规定了对水下文物贩运的处理方法。

(二)《国际救助打捞公约》

《国际救助打捞公约》中反复强调了对处于危险中的财产的救助,如开头部分的"认识到及时有效的救助作业,对处于危险中的船舶和其他财产的安全以及对环境保护能起重大的作用。"[1] 以及"相信有必要确保对处于危险中的船舶和其他财产进行救助作业的人员能得到足够的鼓励。"[2]

同时,我们必须注意的是,《国际救助打捞公约》中所指的海难救助的本质并不是为了保护水下文化遗产,而是为了保全货物或者尽可能地挽回利益。[3] 因而许多"财宝猎人"以海难救助的名义大肆对水下文化遗产进行破坏性开发,以从中获取利益。

该公约第 1 条规定了本公约适用的对象,"可航水域或其他任何水域中处于危险中的船舶或任何其他财产"。这一条往往被"财宝猎人"(treasure hunters)利用,理由是这一条并未规定船舶或其他财产的年份。所以,理论上,不管船舶或其他财产的历史价值、文化价值仰或考古价值如何,都可以适用该公约。

但是,该公约第 30 条(d)项同时又指出,如果"有关财产为位于海床上的具有史前的、考古的或历史价值的海上文化财产",任何国

---

[1] 原文为:"Conscious of the major contribution which efficient and timely salvage operations can make to the safety of vessels and other property in danger and to the protection of the environment."

[2] 原文为:"Convinced of the need to ensure that adequate incentives are available to persons who undertake salvage operations in respect of vessels and other property in danger."

[3] 参见黄隆丰:《海难救助之法律问题》,台北,联经出版事业公司 1986 年版,第 12~14 页;参见司玉琢:《海商法》,法律出版社 2003 年版,第 260 页。

家都可以在签字、批准、接受、核准或加入时做出保留。包括中国在内的许多国家已经根据该项规定提出了保留。[1]

本书认为,《国际救助打捞公约》制定的初衷是为了对航行中的船舶提供救助,以便尽可能的挽救生命财产安全,其根本目的在于通过提供救助报酬,鼓励发现人将遇险船舶带回海岸。但是由于其制定时的局限,导致许多财宝猎人将海底沉船也当作"救助对象"。同时,因为"救助"所带来的经济收益与救助物相挂钩,导致财宝猎人们为追求最大经济利益而对海底文物进行破坏性挖掘的情况愈演愈烈。

(三)《水下文化遗产保护公约》

《水下文化遗产保护公约》是第一个关于水下文化遗产的多边协定,由联合国教科文组织第31届全体大会在2001年11月2日通过,2009年1月2日正式生效。在《水下文化遗产保护公约》出现之前,保护水下文化遗产的重要国际公约主要是《联合国海洋法公约》,但水下文化遗产保护并不是《联合国海洋法公约》起草者重点关注的问题。《水下文化遗产保护公约》着眼于保护和保存水下文化遗产,避免水下文化遗产受到未经批准的开发活动的威胁和日益频繁的商业开发的侵扰,促进国家之间的合作和信息交流,为水下文化遗产的保护提供了新的思路。与之前的国际公约相比,《水下文化遗产保护公约》具有以下特征:

1. 首先确立了"水下文化遗产"的概念,明确了所需要保护的对象的范围,并进行了举例,[2]相对《联合国海洋法公约》的"在海洋发现的考古和历史文物"而言,更加具体明确。

2. 具体明确了如何对"水下文化遗产"进行保护,及保护的内容

〔1〕 赵亚娟:《水下文化遗产保护的国际法制》,载《武大国际法评论》2007年第1期。目前公约有50个缔约国,其中包括澳大利亚、加拿大、中国、克罗地亚、爱沙尼亚、法国、德国、伊朗、墨西哥、荷兰、娜威、新西兰、俄罗斯、沙特阿拉伯、西班牙、瑞典、突尼斯和英国等在内的18个国家对第30条(d)项作了保留。

〔2〕 《水下文化遗产保护公约》第1条。

和方式。为处理水下文化遗产问题提供了行动指南。[1]

3. 为不同水域设计了不同的保护模式，包括：(1)内水、群岛水域和领海中的水下文化遗产；[2] (2)毗连区的水下文化遗产；[3] (3)专属经济区和大陆架范围内；[4]；(4)"区域"内。[5]

4. 明确了具体的制裁惩罚措施。[6]

5. 明确了具体的主管机构。[7]

由此可见，《水下文化遗产保护公约》和之前两个公约相比，更加明确了所需要保护的对象的范围以及处理方式，也为不同水域的不同情形进行了分类归纳，划分更为细致详尽。以这三个公约为主体，构建了水下文化遗产保护的国际法框架。

第二节 水下文化遗产国际法保护的一般原则

在对水下文化遗产保护的国际法框架中，"就地保护"(*in situ*)原

---

〔1〕《水下文化遗产保护公约》目标和总则部分。

〔2〕《水下文化遗产保护公约》第7条："内水、群岛水域和领海中的水下文化遗产 1. 缔约国在行使其主权时，拥有管理和批准开发其内水、群岛水域和领海中的水下文化遗产的活动的专属权利。2. 在不违背其他有关保护水下文化遗产的国际协定和国际法准则的情况下，缔约国应要求开发内水、群岛水域和领海中的水下文化遗产的活动遵守《规章》中的各项规定。3. 缔约国在其群岛水域和领海内行使其主权时，根据国与国之间的通行做法，为了在保护国家船只和飞行器的最佳办法方面进行合作，要向是本公约缔约国的船旗国，并根据情况，向与该水下文化遗产确有联系，尤其是文化、历史或考古方面的联系的其他国家通知发现可认出国籍的船只和飞行器的情况。"

〔3〕《水下文化遗产保护公约》第8条："毗连区的水下文化遗产在不违背第9、10两条的情况下，并在此两条之外，根据《联合国海洋法公约》第303条第2段的规定，缔约国可管理和批准在毗连区内开发水下文化遗产的活动。此时，缔约国应要求遵守《规章》的各项规定。"

〔4〕《水下文化遗产保护公约》第9条、第10条。

〔5〕《水下文化遗产保护公约》第11条、第12条。

〔6〕《水下文化遗产保护公约》第17条。

〔7〕《水下文化遗产保护公约》第22条、第23条、第24条。

则、“禁止商业开发”原则、“为全人类利益”原则这三个原则较之先前的法律制度，具有突破性的意义。

一、“就地保护”原则

所谓“就地保护”原则，就是指应将水下文化遗产留在原地进行保护。这个概念最早产生于陆地考古活动中，考古学界认为将遗产与原环境相结合，不仅能够更好地保存遗产的完整性，而且可以保留遗产与原环境的联系，从而保留遗产的潜在价值，这一观念后来逐渐形成了相应的国际法律制度。[1]

许多考古学家认为这点同样适用于水底文化遗产。他们认为水底文化遗产与水底环境形成一种平衡状态，任何打破这种平衡状态的活动都会给水底文化遗产造成不可估计的损失。[2] 因此，对水底文化遗产采取就地保护的方法，更加有利于人类文明的传承。[3]

同时，由于水下沉船的材料移出水底后，会与空气发生化学反应从而被腐蚀，因此，在付出高昂的打捞代价之后，还需要每年付出高昂的防腐维护费用。以英国的“玛丽·罗斯”号为例，自 1982 年打捞出水至今，除了船修复和保护耗资 3500 万英镑以外，每年仍然需要花费数百万英镑进行防腐维护。所以有英国考古学家认为，倘若再有机会做决定，就不会将其打捞出水。[4]

---

〔1〕 例如 1956 年《关于适用于考古发掘的国际原则的建议》建议成员国预留遗产等待未来的先进技术发掘，并提出了“见证区”的概念。而 1990 年《考古遗产保护与管理宪章》则认为考古的目标应是就地保存古迹和遗址。

〔2〕 See Patrick J. O' Keefe, "Shipwrecked Heritage: A Commentary on the UNESCO Convention on Underwater Cultural Heritage", *Leicester: Institute of Art and Law*, 2002, p. 49.

〔3〕 参见赵亚娟、张亮：《从“南海一号”事件看我国水下文化遗产保护制度的完善》，载《法学》2007 年第 1 期。

〔4〕 BBC World Service, "What Lies Beneath: The Future Of Underwater Cultural Heritage", http://www.archaeology.ws/what-lies-beneath.Html，最后访问日期：2010 年 10 月 11 日。

本书认为,无论从实践上还是理论上,经济上还是文化上,对沉船进行完整打捞并进行防腐保存都是不现实的。由于水下文化遗产的脆弱和易破坏性,且破坏具有不可逆性,所以使得“就地保护”成为公约的首选原则之一。

二、“禁止商业开发”原则

1978 年《关于水下文化遗产的第 848 号建议书》明确规定对水下文化遗产不适用救助法;《联合国海洋法公约》第 149 条规定了水底遗产归全人类共有,而第 303 条第 2 款则规定了如何控制文物的贩运过程;《国际救助打捞公约》在原则上承认缔约国可以对历史性沉船、沉物适用救助法,但第 30 条(d)项允许缔约国不适用救助法;而《水下文化遗产保护公约》则是最终确立了禁止商业开发的理念,禁止将水下文化遗产作为商品进行交易、买卖和以物换物,并禁止适用救助法或者发现物法。

《水下文化遗产保护公约》在序言中论述了目标和一般原则,并且在第 2 条中作出了详细地阐明,并贯彻在其他条款中。很明显,该公约的总体目标是“保护海底文化遗产”。而且其保护的受益者也很明确,即“全人类”。但为何需要这种保护?水下文化遗产的主要威胁来自打捞活动,尤其是寻宝者的私自非法打捞。由于科技的进步,98% 的海床已经成为可探索的领域,因此此类打捞活动持续增多并成为保护 UCH 最主要的威胁。

《水下文化遗产保护公约》第 2 条第(5)款规定了“就地保护”(preservation in situ)为“首选”。这是与已确立的考古原则相一致的,即只有在两种情况下才能进行挖掘:(1)水下文化遗产遭受危险需要进行抢救性挖掘;(2)合法的研究目的。公约允许在某些情况下对水下文化遗产进行挖掘开发,并具体指出了此类情形,即“批准开发水下文化遗产必须看它是否符合保护该遗产之要求,在符合这种要求的情况下,可以批准进行一些有助于保护、认识或改善水下文化遗产的活动”。附件的第4条则规定此类挖掘开发活动必须是为“科学研究或最终保护有关水下文化遗产而需要进行的挖掘或打捞”，而且“所使用的技术和方法尽可能不造成破坏，并有助于保存文物”。在这样的指导原则下其实存在着相当程度的自由，不同的国家可以对其采取不同的解释。但对经过批准的开发活动，《水下文化遗产保护公约》试图确保它们与附件规定的基本准则相一致，因此在附件中特别规定了有关项目资金和设计、项目的专业水平和资历、信息记录、文化保护与遗址管理，成果的汇报与宣传以及项目档案的保存。

《水下文化遗产保护公约》特别清楚地指出，对水下文化遗产的销售或者无法挽救的失散都是与这种保护相悖的。该公约第2条第7款规定了，“不得对水下文化遗产进行商业开发”，并且在附件的第2条中作出了详细地解释：“以交易或投机为目的而对水下文化遗产进行的商业性开发或造成的无法挽救的失散与保护和妥善管理这一遗产的精神是根本不相容的。水下文化遗产不得作为商品进行交易、买卖和以物换物。”

从附件第2条来看，通过买卖遗址的照片或影片、公众参观和展览遗物对遗址进行商业开发不会构成对公约的违反，但是对任何遗物的买卖则将是对公约的违反。而且，任何可能使文化遗产无法挽救地失散的行为都将是对公约的违反。这些规定主要是为了在公约的框架内，限制商业打捞者继续分享水下文化资源，或者像某些沉船打捞者建议的那样与考古学家合作开发水下文化遗址。[1]

文化遗产含有不可再生的历史、文化、艺术和科研价值，以及由这种极度稀缺甚至唯一的历史、文化、艺术、科研价值转化为的高额的商业价值，水下文化遗产也不例外。所以当涉及打捞物品的处置时，潜

---

〔1〕 美国一家打捞专业协会即ProSEA就认为，对沉船的勘探和开发行为可以通过职业道德规范进行约束。该协会为其会员制定了“职业道德规章”（Code of Ethics），该规章要求其会员在进行勘探和发掘作业时，要考虑沉船的考古价值。

在的不可调和的矛盾就暴露出来了。考古学家对有关物品承载的信息的关心远大于这些物品本身,但是,一些考古学家认为,即使对打捞的物品已经进行了研究分析,这些物品仍需要整体保存,而且永远允许研究人员研究和公众参观。而其他的考古学家则认为,并不是所有物品都要保存,要根据有关遗迹的重要性和有关物品的性质而定。商业打捞人希望以获得最大利益的方式进行开发,最明显的方式是将打捞的物品变卖,而且卖出得越多越好。沉船打捞专业协会(ProSEA)的董事长格雷戈·斯蒂姆(Greg Steam)认为,应当把"文物"和"货物"区别开来。"文物"应当保存在档案馆,而"货物"是可以出售的。[1] 通常是公开拍卖打捞的物品,而这种方式往往导致这些物品的散失。泰坦尼克公司(RMS Titanic Inc.,即"泰坦尼克"号沉船的打捞人)的经验表明,不允许出卖打捞物品的商业开发方式,不可能收回深海作业花费的巨额成本,更不用说盈利了。[2] 因此,一个商业打捞人,如果既想满足考古界的愿望,又想满足投资人的利益,就需要进行痛苦的平衡。

在对考古学家和商业打捞者的利益权衡的过程中,《水下文化遗产保护公约》和《联合国海洋法公约》《国际救助打捞公约》相比,对水下文化遗产商业开发的限制未免太过倾向考古学家,没有给商业开发留下任何的余地。对于那些具有商业价值但是仅有很小或者没有文化影响的遗产,完全限制对它们的开发对于商业开发者来说未免太过绝对。如果能够将商业打捞公司可观的财力和技术资源利用到受威胁的或者需要科学研究的文化遗址中,并加以适当的管理,最终将形成考古学家与打捞公司"双赢"的局面,这样不仅有利于考古甚至能

---

〔1〕 See Sarah Dromgoole, "UNESCO Convention on the Protection of the Underwater Cultural Heritage 2001: Implications for Commercial treasure salvors", *Lloy's Maritime and Commercial Law Quarterly*, Part 3, August 2003.

〔2〕 RMS Titanic Inc. v. The Wrecked and Abandoned Vessel etc. (2002) 286 F. 3d 194; 2002 AMC 1136 (US C. A, 4th Cir).

造福全人类。

三、"为全人类利益"原则

根据《联合国海洋法公约》第149条规定:在"区域"内发现的一切考古和历史文物,应为全人类的利益。而《水下文化遗产保护公约》则明确表示主要从水下文化遗产的保护对象、开发原则以及沿海国、船旗国和私人打捞者的权利义务关系等诸多方面构建水下文化遗产保护的控制机制,但是并没有明确界定文化遗产的所有权问题。事实上明晰所有权的归属是解决水下文化遗产纠纷的最佳方式,但是由于水下文化遗产的特殊性,使这种方式很难得以使用。其中主要存在如下几点问题:

1. 难以通过传统的所有权概念确定水下文化遗产的归属。成为水下文化遗产首先要有较长的历史[1],由于经历了长时间海底自然环境的影响,此时很难对其进行定位和鉴定,而且随着时空的更替,原有的主人也成为历史。

2. 有大部分水下遗产分布在不属于某个国家主权范围内的地方,或者是国家间领土易发生争端的共同开发区、公海、专属经济区和毗连区等水域。水下文化遗产的特殊地理位置使权利归属的问题随之变得难以确定。

3. 水下文化遗产的所有权问题往往涉及巨大的商业利益。经济利益向来是文化遗产纠纷产生的重要动因,而据专家估计,沉埋在海底的宝藏的加之在数百亿甚至数万亿美元之间,由此水下文化遗产的所有权问题涉及了巨大的经济利益,具有高度的社会敏感性。[2]

因此《水下文化遗产保护公约》回避了这个敏感的问题,虽然承

---

〔1〕《水下文化遗产保护公约》规定:"水下文化遗产"系指至少100年以来,周期性地或连续地,部分或全部位于水下的具有文化、历史或考古价值的所有人类生存的遗迹。

〔2〕参见王伟:《海底埋藏着大量财宝》,载《辽宁青年报》1995年7月16日版。

认了某些国家对遗产的特殊利益，但并没有进一步明确遗产的所有权。但是《水下文化遗产保护公约》序言部分和第2条第3款，同时又要求缔约国根据公约的各项规定为全人类的利益保护水下文化遗产。同时，该公约的第18条第4款规定：

扣押了水下文化遗产的缔约国应确保对该文化遗产的处理方式符合公众的利益，要考虑对该遗产的保护和研究，散落文物之复原，向公众开放、展览和进行教育等问题，以及与该文化遗产确有联系，尤其是文化、历史或考古方面的联系的缔约国的利益。

这一款就相关公众利益问题作出了规定，但是该规定的内容比较宽泛，只是在重申考古的原则，即文化遗产应向公众开放除非这样的开放与对遗产的保护相悖。《水下文化遗产保护公约》并没有规定要筹集公共资金或者创设、改建博物馆，也没有提及通过合法开发而出土的文物能否向博物馆出售，以及博物馆获得这些文物要通过何种程序。可见，何为"全人类的利益"，以及"全人类"将如何从公约提供的保护中受益都不清楚。

同时，为"全人类利益"保护水下文化遗产的原则也引发了对水下文化遗产性质的另外一个讨论，即水下文化遗产是不是人类共同继承遗产。有学者认为，人类共同遗产的特点在于其虽然处于某一国家的管辖之下，但国家仅仅是保存和保护者，而不是遗产的所有者。[1]《联合国海洋法公约》在其序言中规定："除其他外，国家管辖范围以外的海床和洋底区域及其底土以及该区域的资源为人类的共同继承遗产"，其第136条进一步明确规定："区域"及其资源是人类的共同继承遗产。但水下文化遗产是否就是人类共同继承遗产呢？《联合国海洋法公约》第149条同时也规定了"考古和历史文物在'区域'内发现的一切考古和历史文物，应为全人类的利益予以保存或处置，但

〔1〕 参见郭玉军：《国际法与比较法视野下的文化遗产保护问题研究》，武汉大学出版社2011年版，第274页。

应特别顾及来源国,或文化上的发源国,或历史和考古上的来源国的优先权利。"另外,其第303条第3款又规定:"本条任何规定不影响可辨认的物主的权利……"从第149条和第303条的规定来看,位于"区域"的文化遗产仅是应得到国际社会的共同保护,而此种保护只是保存或处置而并不影响其归属。

实际上,《水下文化遗产保护公约》确立"全人类利益原则"只是为了形成文物的"共同分享"和"共同保护"的观念,即文物不论地处何方,它不仅是所在国的财富也是人类共同的财富,它象征了人类共同体,其损失将损害和削弱人类的共同利益,因此每个国家都有责任对其提供保护。但这种立法意图并不具有法律上归属的意义,而是以全球性的视角来确立文物保护的共同准则。[1] 在确立水下文化遗产归属的时候,仍需考虑国家作为遗产基础的社会经济属性。

本书认为,《水下文化遗产保护公约》在规定上虽然仍然存在一定的不足,比如对一些问题处理的回避,但是,水下遗产对全人类来说都是一笔巨大的文化财富,对于全人类来说都具有不可估量的价值。因此,事实上无论管辖权属于谁,水下文化遗产的深层意义都远远超出其区域利益本身。

第三节　海底文化遗产返还典型案例法律问题分析

近年来,大量的西方商业打捞公司被巨额利润回报所吸引,在相关海域肆意打捞水下文物,引发诸多法律争端。海外文物流失和追索在国际上是一个比较普遍的问题,对于这一领域有关文化遗产的所有权归属、争议管辖权等问题,在来源国与所在国之间尚存在不少法律争议,也是造成海外文物跨国追讨困难的一个主要原因。

---

〔1〕 参见李玉雪:《对"人类共同文化遗产"的法律解读——以文物保护为视角》,载《社会科学研究》2009年第5期。

本节通过对美国联邦上诉法院2011年9月作出的对西班牙沉船案判决的典型案例评析,详细论述该案所引发的海底文化遗产返还法律问题,包括水下文化遗产的法律定性、法律归属、主权豁免、保护管辖等方面,归纳出西班牙政府跨国追回国家文化财富的法律依据,并在此基础上探讨此类案件的相关国际条约与国内立法的适用问题,以及对我国追索流失海外文化财产和水下遗产保护的借鉴意义。

一、西班牙沉船案件[1]背景分析

本案所涉奥德赛公司是一家专门从事深海打捞及沉船修复业务的美国专业公司。2006年,奥德赛公司启动了所谓的"阿姆斯特丹项目",对历史上海上交通发达的海域地区进行沉船搜索,包括直布罗陀海峡附近区域。奥德赛公司列出了需要重点搜索的沉船名单,其中包括一艘于1804年沉没的西班牙船舶——梅塞德斯号(Mercedes)。奥德赛公司认为,"我们承认西班牙可能对位于阿姆斯特丹地区的沉船拥有文化上的(如果不是法律的)利益,因此我们邀请西班牙参加阿姆斯特丹项目"。[2] 奥德赛公司的执行董事与西班牙文化部的代表为此曾进行了会晤。尽管会晤的内容有争议,但双方都认可西班牙并没有给予奥德赛以打捞任何西班牙沉船的许可。

2007年4月9日,奥德赛公司在佛罗里达中部地区的法院对这艘"身份不明的沉船,包括它的装饰、装备、附属物和货物"提起"对物诉讼"(action in rem)的确认之诉。诉讼包括根据《发现物法》(Law of Finds)得到占有权和所有权主张,以及根据《打捞法》(Law of Salvage)主张的打捞报酬。诉讼中,奥德赛公司还要求将一片从沉船中打捞的青铜块交给法院,作为象征性的扣押。其后该地区法院根据

[1] Odyssey Marine Exploration, Inc. v. Kingdom of Spain, U. S. Court of Appeals for Eleventh Circuit, Docket No. 10 - 10269J.

[2] Odyssey's Resp. to Spain's Motion to Dismiss, Dkt. 138 at 3.

奥德赛公司的请求发布了一项命令，任命奥德赛公司为沉船和任何打捞物品的替代保管人。

西班牙政府在得知有关沉船身份的信息后，认为“梅赛德斯号”是一艘西班牙皇家战舰，该战舰于1804年在战争中沉没，据此向美国法院提出下列主张：(1)战舰是西班牙的国家财产，西班牙并未放弃对其的主权豁免，因此地区法院对奥德赛公司的诉求没有管辖权；(2)根据《外国主权豁免法》(FSIA)沉船应豁免于司法扣押；(3)要求美国法院根据《联邦民事诉讼程序法》第56条a款作出有利于西班牙的速决判决；(4)驳回起诉，撤销扣押，撤回对奥德赛公司作为替代保管人的任命，并将对所涉海底打捞物品的监管权返还给西班牙。

该案被提交给奥德赛海洋勘探公司总部所在的佛罗里达州坦帕市的联邦地区法院审理。双方辩论的焦点在于此案是否应受美国国会1976年通过的《外国主权豁免法》保护。根据该法规定，美国法院对外国主权政府及其附属机构没有管辖权。如果本案的海底打捞文物受到《外国主权豁免法》保护，那么按照国际海事法与《国际打捞公约》等国际法的有关规定，当沉船属于某个主权国家所有时，船上的物品也归该船所属国政府所有，且无时效限制。

在法庭上，西班牙方面提出，“梅塞德斯号”是一艘军舰，当时正在执行军事任务，这是一种国家行为，因此受《外国主权豁免法》的保护。作为回应，奥德赛公司认为，并没有足够证据表明该沉船就是“梅赛德斯号”，《外国主权豁免法》在本案中并不是法院行使管辖权的一个障碍，主权豁免也不能禁止奥德赛公司提出打捞请求。奥德赛海洋勘探公司对此的主要抗辩理由有二：首先，并不能明确判定这艘船就是西班牙所称的“梅塞德斯号”军舰；其次，即便该船就是“梅塞德斯号”，但由于“它沉没时主要在进行一次商业航行”，所以“不应被认为是一艘军舰”，因此也不应受《外国主权豁免法》保护。此外，奥德赛公司还提出，如果正如西班牙所称，法院没有对物的管辖权，那么法院也没有权力要求将物品返还给西班牙。

"梅赛德斯号"的准身份问题也引出了更多额外的诉求。共有25名原告提出诉讼，主张他们对船上的货物享有利益。其中的24位声称他们是船上所载货物所有者的后代，还有一人声称其对西班牙在佛罗里达州的任何财产都有祖传的利益。除此之外，秘鲁政府亦提出申诉，声称船上的货物应是秘鲁继承的遗产，因为秘鲁对源于领土或由其人民创造的财产都应该享有主权。

2009年6月3日，本案的裁判官签发了一份报告及建议书，认定该沉船正是"梅赛达斯号"，它是西班牙的财产。治安法官提出，根据FSIA，法院对涉及"梅赛达斯号"及其货物提出的对物打捞和占有的请求没有管辖权，因此建议地区法官批准西班牙要求驳回起诉的动议，并指示奥德赛公司作为替代保管人将所涉物品归还西班牙。美国政府作为"法庭之友"，也发表了一份利益声明的材料支持西班牙政府。该声明提出，根据美国所承担的国际条约义务，沉没的西班牙战舰与沉没的美国战舰一样，享有美国法院同等的保护和主权豁免。

2009年12月22日，地区法院完全采纳了治安法官的报告及建议书，驳回奥德赛公司的起诉，撤销对物的扣押，并要求奥德赛公司将物品归还西班牙。对这一判决，奥德赛公司、秘鲁政府和25位私人原告均提出了上诉。但负责审理本案的上诉法院进一步确认了船舶是"梅赛德斯号"，因此判定其为西班牙的主权财产，维持了地区法院的判决。

由于西班牙方面提供了充分的可以证明"梅塞德斯号"是军舰和正在执行具有军事性质任务的证据材料，2009年6月，位于美国佛罗里达州坦帕市的联邦地区法院首判"梅塞德斯号"沉船享有主权豁免，船上的财富归西班牙政府所有，并于数月后再判奥德赛海洋勘探公司将保存的财富转交给西班牙。奥德赛海洋勘探公司随后向位于亚特兰大的联邦上诉法院和美国联邦最高法院提交了上诉状，但均被驳回。2012年2月17日，佛罗里达州坦帕市法院裁定这些财宝应归还给西班牙。

经过长达5年的法庭诉讼拉锯战，西班牙政府终于对外宣布已击败美国奥德赛海洋勘探公司，在美国法院获得赢回价值约5亿美元的金银币等文物的海底宝藏的胜诉判决。[1] 随后，两架西班牙空军运输机于2012年2月25日从美国佛罗里达州运回西班牙沉船中的金银钱币等大量物品。西班牙政府与美国公司之间的海底文物夺宝之战的落幕，不仅为西班牙成功索回了巨额文化财产，也为目前混乱纷呈的全球海底文物打捞纠纷提供了新的判例依据。

二、西班牙沉船案所涉法律问题

（一）关于"梅赛德斯号"的管辖权与主权豁免问题

由于该案涉及海底文化遗产的归属性质与管辖权，此案中法官首先要解决的问题就是沉船的身份，该船到底是不是西班牙的军舰"梅赛德斯号"？一方面，西班牙要主张沉船的所有权和主权豁免，就必须证明沉船的身份；另一方面，奥赛德公司认为，没有足够的证据使地区法院认定本案的物就是"梅赛德斯号"，因为在打捞地点未发现船骸。[2] 据奥德赛公司称，发现金币的地点位于一条历史航线上，包括梅赛德斯在内有30多艘沉船位于附近，因此无法判定金币是否就来自于"梅赛德斯号"。

但裁判官的建议报告则判定沉船就是"梅塞德斯号"，建议报告得到了地区法院的采纳。在上诉过程中，经过对相关资料广泛审查后，上诉法院认为地区法院掌握的证据支持了其作出的事实判断——本案标的物是"梅塞德斯号"的残骸，从而享有主权豁免。上诉法院

---

〔1〕 Al Goodman, U. S. Court Backs Spain over ＄500M Sea Treasure, CNN Feb. 4, 2012, 1257 GMT(2057 HKT).

〔2〕 "No ship existed. No hull. No keel. No intact structure suggesting the presence of a ves-sel". See Odyssey Marine Exploration, Inc. v. The Unidentified Shipwrecked Vessel, Case No. 8:07 - cv - 00614 - sdM-MaP, Plaintiff, Odyssey Marine Exploration, inc.'s response to claimant, Kingdom of Spain's Motion to Dismiss or for Summary Judgment, 17 November 2008, p. 6.

认为,第一,发现财产的地方与西班牙之前指出的"梅赛德斯号"最可能的沉没地点相一致,没有其他类似"梅赛德斯号"的军舰在相同的时间段内在此地区内沉没。第二,此海底区域是一片布满残骸碎片的地方,这与水面有船舶爆炸相符。第三,经检验,此处发现的钱币的构造与"梅赛德斯号"船上所载的90万枚多为银币的钱币构造相同。第四,此处发现17门大炮也与"梅赛德斯号"所载的类型一致。此处还有至少一枚铜质重炮,与"梅赛德斯号"所装运将回收利用的大炮一致。第五,此处还有大量的铜块和锡块,亦与"梅赛德斯号"装运的批量相符。结合"梅赛德斯号"的历史背景,上诉法院认为所有的案件证据资料都完整地支持了地区法院的结论,即本案的沉船是"梅赛德斯号"。

如果案件所涉财产是外国政府的财产,联邦地区法院只能在FSIA授权下才享有管辖权。[1] 因此,为了判断联邦地区法院对此对物诉讼是否有管辖权,法院必须回答两个问题:首先,判断此争议标的物是否是外国政府的财产;其次,如果它是,联邦法院在FSIA下对该物是否享有管辖权。

在判定了沉船是"梅塞德斯号"后,法院必须进一步确定是否能对在公海发现的属于他国主权财产的沉船行使管辖权,因为该船的沉没地点亦不在美国领海内。《外国主权豁免法》第1609条规定,"基于在本法制定时美国为其缔约国之一的某些现行国际协定,某一外国在美国的财产应当免于扣押和执行,但本章第1610条和第1611条所规定的除外"。

只要"梅赛德斯号"是西班牙的主权财产,就应该免于诉讼,除非奥德赛公司证明此处适用例外情形。一旦奥德赛公司能够提供证据证明《外国主权豁免法》规定的主权豁免例外适用,举证的责任将转移到西班牙方面,即通过充分的证据来证明例外不能适用。尽管《外

---

〔1〕 28 U.S.C § 1609;Beg v. Islamic Republic of Pakistan,353 F.3d 1323,1324.

国主权豁免法》第1610条和第1611条是主权财产享有扣押豁免的仅有例外，但奥德赛公司并未成功举证有关例外规定在此案中的适用。

同时奥德赛公司还指出，《外国主权豁免法》中规定主张豁免的外国政府财产必须位于美国境内，而“梅赛德斯号”的实际地理位置处于美国领海之外，因而奥德赛公司认为沉船享受国家财产豁免并无法律根据。

但是法院并不支持奥德赛公司的这一抗辩，认为奥德赛公司的此抗辩违反形式逻辑和禁止反言原则，理由如下：

第一，奥德赛公司已经将一部分打捞物运送至美国，依其抗辩，该部分满足美国境内的条件，可以适用《外国主权豁免法》，美国法院有管辖权，而其尚未打捞的部分位于国际海域，不满足国家财产的豁免条件，美国法院无管辖权。这使美国法院对统一被告的标的物的一部分具有管辖权而另一部分不具有管辖权，与形式逻辑相违背。

第二，奥德赛公司将整艘沉船及其全部打捞物作为诉讼对象诉至美国法院，意味着其已默认美国法院对整艘沉船及其全部打捞物的推定管辖权，但是在谈及豁免权时却又将诉讼对象分割为境外和境内部分，明显违反禁止反言。

然而，奥德赛公司又提出，“梅赛德斯号”进行的是“商业活动”，因而不能受到《外国主权豁免法》的保护，因为《外国主权豁免法》所包括的现行国际条约排除了商业用船的主权豁免。奥德赛公司特别指出，1958年《日内瓦公海公约》第9条规定，“由一国所有或经营并专用于政府非商业性服务的船舶，在公海上应有不受船旗国以外任何其他国家管辖的完全豁免权”。从该条文字面意义上看，条文为获得豁免的船舶设置了“非商业性服务”的前置条件。奥德赛公司指出了几项事实证明“梅赛德斯号”是在履行商业职能。尤其是，奥德赛公司指出，“梅赛德斯号”所载的货物是收费的，其中75%的货物都是私人的，私人商人按照其在船上所有货物的价值的1%被收取运费，而且在“梅赛德斯号”沉没时，西班牙没有开战。此外，奥德赛公司认为

“梅赛德斯号”当时是西班牙海上邮政服务的商业运输船舶。然而，法院认为奥德赛公司的观点也是站不住脚的，因为“梅赛德斯号”从事的不是商业活动。

法院通过《外国主权豁免法》的规定以及以往的判例，对何为“商业活动”进行了解释。《外国主权豁免法》将“商业活动”定义为：“商业活动，是指某种正常做法的商业行为，或是指某种特殊的商业交易或行动。是否是商业性的活动，应当根据行为的做法的性质，或特殊的交易和行动的性质决定，而不是根据其目的。”[1]不过，美国联邦最高法院在威尔特奥福尔（Weltover）案[2]的判决中承认这一定义还是没有能够界定“商业性”这一关键词。联邦最高法院对其的解释是：在《外国主权豁免法》下当外国政府是作为市场的私人参与者进行活动而非市场的规制者活动时，此项活动即为商业活动。其核心内容主要体现于以下论述：“法案规定一种行为的商业性质是由其性质而不是目的所决定，因此，问题的关键不在于外国政府的行为是出于营利目的，或是为实现特定主权目标。问题的关键在于，外国政府做出的特定行为（无论其动机如何）属于私人参与者从事‘贸易和运输或者商业’的行为类型”。[3]

在审查了证据后，法院认为“梅赛德斯号”不是市场中“普通的私人”。在沉没时，它是西班牙的军舰。无论是在离开埃尔费罗尔之时，还是沉没之时，“梅赛德斯号”都是在西班牙海军上尉的指挥下。船上人员均由西班牙海军军官和士兵组成，其军备都是西班牙战舰的标准军备，而且运载了大量的西班牙政府的货物，包括由国库支配的金钱，战争捐款和铜锡块。

尽管“梅赛德斯号”确实对所载的西班牙公民的货物收取费用，

---

〔1〕 28 U. S. C. § 1603(d).

〔2〕 504 U. S. at 612, 112 S. Ct. at 2165.

〔3〕 Id. at 614, 112 S. Ct. at 2166.

但其运输仍具有主权性质。西班牙海军历史学家的著述表明，为西班牙公民提供保护与财产的安全运输是西班牙海军的军事职能，尤其是在战时或有战争威胁时。

综上，西班牙是作为一位主权者而不是市场中的私人进行活动，上诉法院认为“梅赛德斯号”并不是在进行商业活动，因此享有《外国主权豁免法》下的扣押豁免。

(二)关于“梅赛德斯号”所载货物与该沉船残骸是否可分问题

鉴于“梅塞德斯号”在沉没时，船上所载的并不只有政府的货物，25位私人诉讼者认为即使“梅赛德斯号”免于扣押，其所载的货物，即从船骸打捞出来的宝物亦不能被豁免。25位私人诉讼者认为，他们能对货物主张权利因为他们是“梅赛德斯号”所载货物的利益相关人的后代，秘鲁主张其对货物享有世传的利益因为货物来源于其领土境内。他们一致认为宝物不能享有豁免，因为船上的货物是私人财产应该与沉船区别开来。[1]

为了避免逻辑的循环，地区法院拒绝解决船上私有物品的归属问题，并声称这样做会牵涉到西班牙的潜在利益，将不可避免地使其成为一方当事人。上诉法院基于两个理由认为沉船和船上的货物应该同时享有豁免。首先，管制沉船的法规，包括适用于对“梅赛德斯号”提起的打捞之诉的《沉没的军用船舰与航空器法》(Submerged Military Craft Act, SMCA)，将货物视为沉船的一部分，也符合《被遗弃沉船法》(Abandoned Shipwreck Act, ASA)的相关规定；[2]其次，应

[1] OdysseyMarine Exploration, Inc. v. The Unidentified, Shipwrecked Vessel, D. C. Docket No. 8:07 - cv - 00614 - SDM-MAP.

[2] 根据《沉没军事航行器法》第1408(1)条，“沉没的军事航行器”定义包括，沉没的军舰或者其他军事船舶，还有“所有的或者任何航行器的相关部分”。“相关部分”被定义为，“设备、货物以及在沉没军事航行器残骸区域内的物品，以及在残骸区域内的船员、乘客的个人财物”。《被遗弃沉船法律》将“沉船”定义为“船舶或残骸，包括其货物和其他物品”。因此，在ASA下，在梅赛德斯号船上的货物不能被认为与沉船分离。

尊重西班牙的“礼让利益”。尽管多方对财产的部分主张了权利，但就价值来看，近25%的货物是西班牙政府的财产。而且，西班牙对其沉船的主权豁免享有更大的利益。如果将“梅赛德斯号”与其货物分离，并对从一艘有豁免权的战舰上打捞的货物进行扣押，则无疑会对西班牙的利益造成潜在的损害。

三、公海水下文化遗产所有权及其法律适用

一般而言，对于本国领海内打捞物的归属问题由各国国内法予以界定，而领海外海域的沉船打捞则属于国际法的管辖范围，这些海域主要包括各国的专属经济区和国际海域的公海两个部分。

按照1982年《联合国海洋法公约》，公海不构成任何国家的领土部分，任何国家也不能将公海任何部分置于其主权之下，公海是全人类的共同财富，任何国家均不能以占领的方法取得公海的权利。虽然公海对一切国家自由开放，但同时又有一套独立的法律制度，如航行制度、捕鱼制度、飞行制度等。《联合国海洋法公约》同时规定，国际海底区域是人类的共同继承遗产。任何国家都不能对国际海底区域及其资源主张或行使主权或主权权利。任何国家或自然人或法人都不能把国际海底区域及其资源的任何部分占为己有。

但是，该公约在第149条对水下文化遗产的保护条款中却没有采用“人类共同继承遗产”的表述，而只是说“为了全人类的利益”。由此看来，国际海底区域文化遗产的地位显然不同于国际海地区域的其他自然资源。而将文化遗产排除出“人类共同继承遗产”之外，为相关国家或者打捞人对其主张水下遗产所有权留下可能。由于目前还没有一个健全的国际法律体系对这类所有权作出清晰的界定，又由于水下文化财产具有的巨大的商业利益，因此国际海底区域的文化遗产的归属问题往往呈现复杂的争议。

反映在“西班牙沉船案”中，所涉及的争议主要是西班牙政府和奥德赛公司，以及西班牙政府和秘鲁政府之间的争议，前者属于沉船

来源国与打捞人间的争议，而后者则属于沉船国籍国与货物来源国间的争议，主要体现为以下三个问题。

(一)《发现物法》的原则是否适用问题

奥德赛公司在案件开始便根据国内法，即美国《发现物法》主张占有权和所有权，以及《打捞法》主张打捞报酬。在美国有关的水下文化遗产法律中，《发现物法》和《打捞法》都是重要的法律制度。发现物法是一个普通法系概念，其源于一个古老的法律理念：即“谁发现，谁占有”(finders, keepers)。按照这样的概念，当发现者主张打捞物的所有权时，就会产生文化遗产的原所属国与发现者间的争议。在《发现物法》下，发现者是有明确表示、意在获得其打捞的财产并已经实际占有该财产的人。同时，发现者必须能够证明或合理推定原所有人已经放弃了其所有权。[1] 但法院在确定何为“放弃”时，所采取的标准却大相径庭。如联邦第四巡回法院要求原所有人进行明示的宣布，[2]而联邦第一，第五和第十一巡回法院则根据时间的流逝来推断出沉船是否被抛弃。[3]

依照国际法规则，包括军舰在内的用于非商业目的的国家船舶享有主权豁免，即不受沿海国管辖，而只受船旗国管辖。对于该艘沉没海底200年以上的军舰，仍然属于国家财产，即使船旗国没有积极主张所有权，也不能推定西班牙放弃了所有权。对于沉没的军舰，美国的司法部门、政府都认为仍然是军舰，不论经过多久，它们仍然受船旗

---

〔1〕 Kevin Berean et al.,“How the Fourth CircuitRocked the Boat”,67 *BROOK. L. REV.* 1249,1252,2002.

〔2〕 Sea Hunt, Inc. v. Unidentified, Shipwrecked Vessel or Vessels, 47 F. Supp. 2d 678, 685 – 88 (E. D. Va. 1999).

〔3〕 See e. g., Martha's Vineyard Scuba Headquarters, Inc. v. Unidentified, Wrecked & Abandoned SteamVessel, 833 F. 2d 1059, 1065 (1st Cir. 1987); Klein v. Unidentified, Wrecked & Abandoned Sailing Vessel, 758F. 2d 1511, 1514 (11th Cir. 1985); Treasure Salvors, Inc. v. Unidentified Wrecked & Abandoned SailingVessel, 569 F. 2d 330, 337 (5th Cir. 1978).

国的专属管辖，非经该国明确许可或者放弃不受他方干涉。如美国前总统克林顿曾发表声明：美国承认这一国际法规则，即沉没的外国国家船舶只有根据该外国船舶的船旗国法才能转让或者放弃；而且，美国承认，无论处于何处，美国或者外国国家沉船的所有权都不会随时间的流逝而消失，不论此国家沉船何时失事，那些准备打捞这类船舶的公司应在取得这些国家的明示许可之后再进行打捞。[1]

2005年，美国通过了《沉没的军用船舰与航空器法》(SMCA)，明确规定在美国水域中沉没的军用船舰和航空器无论是美国的还是外国的都被赋予针对船旗国的豁免权，除非船旗国明确表示放弃豁免，而且这种权利不受时间的影响。同时也有其他国家采取类似的做法，如俄国便认为"在国际海洋法下，所有的沉没的军舰以及政府船舶一直都是属于船旗国的财产"。[2] 由此可见，发现物法的原则在本案中并不构成支持奥德赛公司的诉因，更何况"梅塞德斯号"的沉没地点并不在美国领海内，因而该法也未能被美国法院所适用。

（二）保护水下文化遗产公约的管辖原则

2009年1月2日，联合国教科文组织宣布，《保护水下文化遗产公约》正式生效。[3] 公约旨在有效保护水下文化遗产，控制日益增多的盗捞和毁坏水下遗产的活动。公约确立了缔约国有保护水下文化遗产的义务，明确了就地保护与禁止商业开发的两项重要原则：前者指"在允许或进行任何开发水下文化遗产的活动之前，就地保护应作为首选"；后者明文规定不得以贸易或投机为目的对水下文化遗产进行商业化开发，且不得使其无可挽回地流散。为了使该原则得以实

---

〔1〕 Clinton, "statement on United States Policy for the Protection of Sunken Warships", *Weekly Compilation of Presidential Documents* 195, 22 January 2001.

〔2〕 See communication from the Government of the Russian federation to the US State Department, 3 October 2003, in US Department of State, OFFICE OF OCEAN AFFAIRS, cit. supra note 24.

〔3〕 2008年10月13日，该公约已获得西班牙、古巴、葡萄牙、尼日利亚等20个国家的批准，达到了公约生效所必需的国家数目。

施,公约设定了缔约国保护水下文物的地域管辖的法律制度,但回避了水下文化遗产的所有权归属问题。

根据该公约第7条至第11条规定的原则,对位于不同海域的水下文化遗产,沿海国的管辖权并不相同:(1)对于内水、群岛水和领海,沿海国具有专属管辖权。[1] (2)对于毗连区,公约赋予了沿海国对一切有关水下文化遗产的开发活动的管理和批准的管辖权。(3)对位于其专属经济区与大陆架的水下文化遗产,沿海国为防止对自然资源的主权权利与管辖权受到干涉,有权禁止或授权对水下文化遗产的开发活动。(4)对位于公海或国际海底区域的水下文化遗产,各缔约国享有平等的管辖权,即应由与有关的水下文化遗产确有联系的缔约国向联合国教科文组织总干事报告,并通知其他享有优先权的关联国家,尤其是该遗产的文化、历史和考古起源国,共同协商制订勘探与保护计划。

对于国家船舶或政府公船,《保护水下文化遗产的公约》在第12条第7款规定:"任何缔约国未经船旗国许可,不得对'区域'内的国家船舶或飞行器采取任何行动。"此处"区域"的含义,按公约第1.5条的规定,"系指国家管辖范围以外的海床和洋底及其底土。"公约的该项规定是沿海国与船旗国经过激烈辩论最终达成的妥协,虽然一些传统的航海大国和殖民地国家都主张沉没的军舰应受船旗国的专属管辖,但一些沿海国却认为这样的管辖豁免将会妨碍到其主权行使,又因为这些沉没的船舶往往载有巨大的财富,具有很高的商业价值,因此除了船旗国和私人打捞者对所有权的争议外,船旗国和沿海国在实践中也会就管辖权发生争议,而且就此问题并没有一致的实践。因此,该公约能在多大程度上达到保护水下沉没军舰的目的还留待实践检验。

---

[1] 公约第7条第1款规定"缔约国在行使其主权时,拥有管理和批准开发其内水、群岛水域和领海中的水下文化遗产的活动的专属权利"。

(三)救助法的补偿原则

如果说发现物法赋予第一发现者对被弃物的物权,而救助法关心的却不是财产的所有权问题,因为其推定财产仍属于原所有者或其他人,其关注的主要是对救助者救助努力的补偿。[1] 从实践的角度来看,海事救助的成立条件包括三个:第一,打捞行为是自愿的。这意味着打捞者不是出于任何法律义务才提供了救助;第二,打捞者必须已经成功将一些财物打捞出水;第三,被打捞对象必须处于"危险"中。但对于海底沉睡的文物来说,如果没有迹象表明沉船在水下环境中可能损毁,则可能不足以认定为是处于真正的"危险"中,因此将救助法适用于文化遗产的保护存在明显障碍。而且从目的上看,救助法的目的在于通过提供救助报酬,鼓励发现人将遇险船舶带回海岸,但文化遗产保护的原则却是"不干扰"和"就地保护"。在救助法下打捞报酬与打捞物的价值挂钩,打捞者很可能不顾打捞手段只打捞具有较高经济价值的物品,并对其他有价值的文物造成损害。因此,适用救助法显然不利于海底文化遗产的保护。

四、西班牙沉船案对中国的启示

我国是海洋大国,海岸线长达18,400多公里,共拥有领海和管辖海域300多万平方公里。中国在历史上曾经是航海大国与海上贸易大国,远航期间,许多的船舶因为海上的波涛汹涌而眠于海底。据中国水下考古中心推测,在中国的南海就有不少于2000艘古沉船。[2] 另据海外报道,宋元代以来,中国沿海地区可能沉没了10万艘以上的货船。[3] 这些具有很高的历史、科学和艺术价值的沉船尚未得到相

---

[1] See Liza J. Bowman, "Ocean Apart Over Sunken Ships: Is the Underwater Culture Heritage Convention Really Wrecking Admiralty Law?", *Osgoode Hall Law Journal*, 42, 2004.

[2] 资料来源:人民网-人民日报海外版,2007年6月14日版。

[3] 资料来源:中国新闻网-香港文汇报,2007年12月31日版。

应有效的保护。如1984年5月,英国职业捞宝人“迈克尔·哈彻”仅用了两个半月就探测到一艘沉船,并最终打捞出上万件中国瓷器、152块产于南京的金锭和两门青铜铸炮。这艘沉船后来被证实是当年由中国广州港出发的东印度公司“哥德马尔森号”。一年后,从该沉船打捞起的中国瓷器就被摆到了荷兰的嘉士德拍卖行。[1] 随着轻潜水技术以及其他水下技术的出现,水下文化遗产遭到盗捞、抢掠的情况愈演愈烈。面对这一系列的新问题,我国必须结合自身的实际情况,加速建立与完善水下文化遗产的保护机制。

(一)适时加入公约,探求遗产保护与合作开发模式

《水下文化遗产保护公约》架构的是地域管辖的制度,回避了水下遗产的所有权问题,根据该制度,我国将对于遗存于我国领海内来源于外国的国家船舶和飞行器承担有报告义务,外国并有可能提出豁免与权利要求。因为根据公约第7.3条的规定,缔约国在其群岛水域和领海内行使其主权时,为了在保护国家船只和飞行器的最佳办法方面进行合作,要向是本公约缔约国的船旗国通知,并根据情况,向与该水下文化遗产确有联系的其他国家通知发现可认出国籍的船只和飞行器的情况。

此外,《水下文化遗产保护公约》沿用了《联合国海洋法公约》关于争端解决机制的规定,而我国目前对涉及领土主权的纠纷,尚未承认关于国际争端的强制解决机制。这也是我国至今未加入该公约的原因之一。从维护国家领土主权角度,中国因此而不加入,则得大于失,不过我国领海内的外国沉船不多,外国政府沉船更少见。从保护水下遗产角度,还是应适时加入该公约更为有利。原因如下:其一,在海域争议焦点的南海区域,菲律宾、印尼、越南等经济发展缓慢、科技水平低下的国家对外国打捞者开放。在菲律宾,只要探宝者获得国家博物馆的许可证就可进行海底打捞工作,只需按协议与其共同分享打

〔1〕 参见《中国文物报》2011年5月31日。

捞上来的宝物即可。有些探宝者的活动已借机延伸到了中国海域，这势必损害中国的海洋权益和文化遗产的安全，而此类商业打捞行为恰恰是该公约所严厉禁止的。其二，该公约的“就地保护”原则的法律效果可以使相关的归属争议“搁置”，从而让水下文物得到最大限度的保护。如果双方均为该公约缔约国，就必须受制于“就地保护原则”，这也将有益于此类问题的解决。

我国现行立法所体现的严格控制的文物政策，排除了私人商业发掘的可能。虽可方便国家掌握水下文化遗产的发掘信息，能对文化遗产的打捞、保存进行全面的控制，并减少文物的毁损与流失，但其对应的投入和消耗也十分巨大。考虑到中国现有的考古力量和考古投入，要由政府专业考古人员对每一处海底文化遗产发掘不仅耗资巨大，而且时间冗长，其投入和所获亦难成正比。因此亦可考虑在一定条件下采用海下遗产合作开发的模式。

世界上不少国家都允许海底文化遗产的商业介入，如该案中的原告奥德赛公司曾与英国政府签订了打捞合同，打捞 1964 年沉没的英国军舰皇家海军“苏塞克斯”号（HMS Sussex），根据双方签订的打捞合同，英国政府作为沉船的所有者，有权保留所有有“重要历史影响”的物品，奥德赛海洋勘探公司享有部分打捞出水的物品，或者打捞物销售后的盈利。而且奥德赛公司正在寻求与英国就两艘船的签订打捞协议——皇家海军“胜利”号（HMS Victory）和“拉哥尼亚”号（Laconia）。[1] 不仅有英国，东南亚的很多国家如菲律宾、马来西亚、越南、印度尼西亚等很早就开始与一些资金雄厚的外国打捞者签订合作协议或特许权协议，采用公私合作的方式打捞沉船。

（二）签署双边、多边协定，推进区域合作

水下文化遗产除具有历史和科学艺术价值外，也因为其所处的地

〔1〕 See Michael R. Nelson, “Finders, Weepers-Losers, Keepers-Florida Court Says US Company Must Return Recovered Treasure to Kingdom of Spain.”, *Law and Business Review of the Americas*, 16, 2010.

点的特殊，经常与一国的主权与领土等政治问题联系在一起，水下遗产的来源国与沿海国为了避免就文化遗产的管辖权和所有权产生争端，往往通过协商签订有关归属于保护的双边、多边以及区域性的协定。这些协定针对性强，在解决争议的实践中有很大的适用空间。本案中，美国联邦上诉法院在考虑沉船上的货物是否应该一同享受豁免时，就根据西班牙与美国曾经签订的《美国与西班牙友好关系条约》出于礼让的考虑作出有利于西班牙的判决。

国际上已经存在一些保护水下文化遗产的双边和多边协定。比如 1972 年《荷兰与澳大利亚关于荷兰古代沉船的协议》，1989 年《南非与英国关于 HMS Brikenhead 号沉船的换文》，1989 年《法国与美国关于 CSS Alabama 号沉船的协议》，1997 年《加拿大与英国关于 HMS Erebus 号和 HMS Terror 号勘探、发掘和处置的谅解备忘录》，2001 年《法国与美国关于 La Belle 号沉船的协定》，2004 年美国、英国、法国和加拿大《关于“RMS 泰坦尼克号”沉船的协定》，以及 1992 年修订的《保护遗产欧洲公约》等。[1]

现在中国在黄海、东海以及南海三个海区与沿海各国都存在划界问题，这些区域内以南海存在的争议最为复杂，因为此水域内的文化遗产丰富而且南海周边各国基本上采取开放的打捞措施，这使得本应属于我国的文化遗产因为划界不明而遭受被非法打捞和破坏的风险。因此应该依据国际海洋法，参照《水下文化遗产保护公约》和相关国内立法，通过协商谈判，达成多边和双边协定，力图维护我国正当权益，有效保护水下文化遗产。

鉴于对水下文化遗产进行科学的勘测、挖掘和保护必须拥有高度专业知识和先进技术设备，《水下文化遗产保护公约》中特别规定了缔约国之间开展与加强合作的原则，包括进行水下考古、水下文化遗

---

〔1〕 See Tullio Scovazzi. “The entry into force of the 2001 UNESCO Convention on the Protection of theUnderwater Cultural Heritage”. *Aegean Rev Law Sea*, 1(1), 2010.

产保存技术等方面的交流，并按彼此商定的条件进行与水下文化遗产研究、保护和技术转让。

（三）发展文化遗产保护事业，完善相关遗产历史文献

在西班牙沉船案中，西班牙政府通过国内历史学家提供的大量的历史文献与历史记录，证明了该艘沉船就是“梅赛德斯号”，并成功证明“梅赛德斯号”的国家船舶的身份以及其在沉没之前所从事的活动的性质，最终适用了美国的《外国主权豁免法》。

近三十年来，随着自携式水下呼吸器技术被引入环中国海的水下考古实践，韩国新安元代沉船，日本鹰岛的元军战舰，菲律宾皇家船长、泰国湾至越南岸的元明清沉船……一处处由中国驶出的古代沉船相继被打捞出水，大批中国古代瓷器、铜铁金银等文物流入国外的文物拍卖市场，如英国盗宝商米歇尔·哈彻在中国南海海域盗捞到一艘清乾隆年间沉船。我国的政府和文物部门也由此开始逐渐重视对海底文化遗产的调查与发掘。

近年来国家文物局已组织专业机构在我国近海海域、西沙群岛进行水下文物普查，对西沙群岛部分海域，福建、浙江、山东部分沿海海域进行了重点调查，发现大量水下文物线索。但我国目前水下文化遗产资源的总体现状仍然不明，仍处于遗产普查、摸清家底阶段。而且相关的文献（比如航海记录）十分稀少，沉船信息不多，主动调查有限，而国外的航海档案相对充分，但国际合作工作没有做到位，大部分信息都处在保密状态。[1] 因此，我国应该尽快整合国内的资源，同时建立国际合作机制，全方位展开调查准备与资料收集，为下一步考古发掘和文化遗产保护提供详细、宝贵的线索与证据，以使得今后在主张水下文化遗产所有权时有据可依。

1998 年年底至 1999 年年初，国家水下考古研究中心组织科学家

---

〔1〕 参见赵亚娟：《联合国教科文组织〈保护水下遗产公约〉研究》，厦门大学出版社 2004 年版，第 167 页。

在中国西沙群岛及附近水域开始了名为“南海诸岛考古项目”的考古调查工作，并取得重大成果：在华光礁、北礁、银岛，发现了五代、宋、元、明、清各个年代的水下文物遗址13处，发掘出一批宋元瓷器，石锚，象牙等文物。[1] 这些出土文物不仅充分证明了中国是最早发现与到达南海诸岛与西沙群岛的国家，也为中国作为文物的所有权人提供了有效的证据。

第四节　中国南海水下文化遗产保护机制

一、我国水下遗产保护的实践和立法现状

我国是海洋大国，海岸线长达18,400多公里，共拥有领海和管辖海域300多万平方公里，在7000多年的历史中，我国不仅发展了黄土文化，也发展了东夷文化和百越文化等海洋文化，中华先人开辟了“海上丝绸之路”“海上茶叶之路”“海上陶瓷之路”，在远航期间，许多船舶因为海上的波涛汹涌而眠于海底。如前所述，据中国水下考古中心推测，在中国的南海就有不少于2000艘古沉船。[2] 另据海外报道，宋元以来，中国沿海地区可能沉没了10万艘以上的货船。[3] 从20世纪80年代中后期开始，国际上盗掘水下文物的风潮蔓延到中国南海海域，大量珍贵的水下文物遭到不法分子的盗掘和破坏。

近年来我国对南海水下文化遗产的关注日益加深，对南海水下文化遗产保护机制的建立与完善进行了很大的努力。同时国家文物部门也逐渐着手组建自己的水下考古队伍，30年间中国逐渐建立起了具有独立进行水下文化遗产调查、勘探、登录和保护能力的专业水下

---

〔1〕 参见吴树：《谁在收藏中国》，山西人民出版社2008年版，第105页。

〔2〕 资料来源：人民网－人民日报海外版，2007年6月14日版。

〔3〕 资料来源：中国新闻网－香港文汇报，2007年12月31日版。

遗产保护队伍。20 世纪 90 年代至今,中国已经先后采用抢救性挖掘的方式对辽宁绥中三道岗元代沉船、福建白礁宋代沉船、平潭“碗礁一号”清代沉船、“大练岛一号”元代沉船和海南西沙“华光礁一号”宋代沉船进行了考古发掘。此外还针对一些重要沉船采取了整体打捞的措施,比如对中山舰和“南海一号”沉船的整体打捞,都取得了较好的社会效应和保护效果。

但是目前仍有很大一部分具有很高的历史、科学和艺术价值的沉船尚未得到相应有效的保护。随着新潜水技术以及其他水下装置的出现,水下文化遗产遭到盗捞、抢掠的情况有增无减。面对这一系列的新问题,我国必须结合自身的实际情况,加速建立与完善水下文化遗产的保护机制。

目前,我国对水下文化遗产保护的法律制度主要由以下法律法规构成:《文物保护法》《水下文物保护管理条例》《打捞沉船管理办法》《关于外商参与打捞中国沿海水域沉船沉物管理办法》《沉船沉物打捞单位资质管理规定》和《水上水下施工作业安全管理规定》等。

我国《文物保护法》第 5 条规定:中华人民共和国境内地下、内水和领海中遗存的一切文物,属于国家所有。《文物保护法》第 27 条规定:一切考古发掘工作,必须履行报批手续;从事考古发掘的单位,应当经国务院文物行政部门批准。地下埋藏的文物,任何单位或者个人都不得私自发掘。

我国《水下文物保护管理条例》第 7 条规定,水下文物的考古勘探和发掘活动应当以文物保护和科学研究为目的;任何单位或者个人在中国管辖水域进行水下文物的考古勘探或者发掘活动,必须向国家文物局提出申请,并提供有关资料;未经国家文物局批准,任何单位或者个人不得以任何方式私自勘探或者发掘;外国国家、国际组织、外国法人或者自然人在中国管辖水域进行水下文物的考古勘探或者发掘活动,必须采取与中国合作的方式进行。《水下文物保护管理条例》第 2 条对于水下文物的范围进行了规定,“是指遗存于下列水域的具有历史、艺术和科学价值的人类文化遗产:(1)遗存于中国内水、领海内的一切起源于中国的、起源国不明的和起源于外国的文物;(2)遗存于中国领海以外依照中国法律由中国管辖的其他海域内的起源于中国的和起源国不明的文物;(3)遗存于外国领海以外的其他管辖海域以及公海区域内的起源于中国的文物”。

以上规定表明水下文物归属的两项原则:第一,任何水下文物,无论是源自中国、不明国家或任何其他已知的外国,只要其遗存于中国的内水和领海,均应归属中国国家所有。第二,任何源自中国的水下文物,无论其遗存于中国领海以内还是领海以外,均应归属中国国家所有。这些规定表明我国对文物归属兼采属地管辖与属人管辖原则。

二、建立与完善水下文化遗产的保护机制

(一)扩大文物保护范围与管辖权范围

对于水下文物的范围,按《水下文物保护管理条例》第 2 条规定,“本条例所称水下文物,是指遗存于下列水域的具有历史、艺术和科学价值的人类文化遗产:(1)遗存于中国内水、领海内的一切起源于中国的、起源国不明的和起源于外国的文物;(2)遗存于中国领海以外依照中国法律由中国管辖的其他海域内的起源于中国的和起源国不明的文物;(3)遗存于外国领海以外的其他管辖海域以及公海区域内的起源于中国的文物。前款规定内容不包括 1911 年以后的与重大历史事件、革命运动以及著名人物无关的水下遗存”。

而《水下文化遗产保护公约》第 1 条(a)款规定:“水下文化遗产系指至少 100 年来,周期性地或连续地,部分或全部位于水下的具有文化、历史或考古价值的所有人类生存的遗迹,比如:(i)遗址、建筑、房屋、人工制品和人类遗骸,及其有考古价值的环境和自然环境;(ii)船舶、飞行器、其他运输工具或其任何部分,所载货物或其他物品,及其有考古价值的环境和自然环境;(iii)具有史前意义的物品……”同时,该公约明确排除了海底铺设的管道、电缆以及其他仍

在使用的装置被视为水下文化遗产。

由以上规定可以看出，我国对于水下文化遗产的界定要窄于《水下文化遗产保护公约》，而且我国的《水下文物保护管理条例》对“水下文物”的措辞似乎更偏重“物”，没有包括遗存所在的具有考古和历史价值的环境，也没有包括人类遗骸。但文物总是在一定的环境下才具有特殊意义，保护良好的水下文化遗产及其环境有助于考古学家更多、更准确地发掘水下文化遗产所蕴含的宝贵信息。

综观世界各国水下文化遗产保护模式，主要包括国家主导模式（欧洲强国）、非政府组织模式（英美国家）和商业打捞模式（发展中国家）。中国采取的是国家主导的模式。《水下文物保护管理条例》施行以来，在保护水下文物方面起了重要作用。但该法规定的执法主体（文物行政管理部门）海上执法能力有限，缺少必备船只设备，只能联合边防、渔政、海军等海上力量，这种多头管理分散了文物保护的执法力度。

此外，依据《水下文化遗产保护公约》第 8 条和第 10 条的规定，沿海国对毗连区、专属经济区和大陆架上遗存的水下文化遗产享有管辖权。而根据我国《水下文物保护管理条例》规定，中国内水、领海内的一切水下遗存、领海以外其他管辖水域内起源于中国和起源国不明的水下遗存，都属于国家所有，国家对其行使管辖权；对于外国领海以外的其他管辖海域以及公海区域内的起源于中国的文物，国家享有辨认器物物主的权利。

这意味着，所有发现于中国专属经济区或大陆架，甚至毗连区内的水下文物，只要是其源于另一可得确认的国家，不但不能如《水下文物保护管理条例》第 3 条所规定的，“属于国家所有”，而且都将不受中国的管辖。这等于自我放弃了《水下文化遗产保护公约》第 8 条、第 10 条给予一般沿海国的权利。与其他沿海国家纷纷扩大管辖权的趋势相比，这种自我限制的管辖权很不利于今后的水下文物保护工作。因此，未来如果有机会修订《文物保护法》或《水下文物保护管理条例》,中国应当参照《水下文化遗产保护公约》对"水下文化遗产"的定义扩大水下文物的范围,并且扩大相应的管辖权。

(二)探索私人打捞准入

我国《文物保护法》规定:中华人民共和国境内地下、内水和领海中遗存的一切文物,属于国家所有(第5条);一切考古发掘工作,必须履行报批手续;从事考古发掘的单位,应当经国务院文物行政部门批准(第27条第1款)。地下埋藏的文物,任何单位或者个人都不得私自发掘(第27条第2款)。根据我国《水下文物保护管理条例》第7条规定,水下文物的考古勘探和发掘活动应当以文物保护和科学研究为目的;任何单位或者个人在中国管辖水域进行水下文物的考古勘探或者发掘活动,必须向国家文物局提出申请,并提供有关资料;未经国家文物局批准,任何单位或者个人不得以任何方式私自勘探或者发掘;外国国家、国际组织、外国法人或者自然人在中国管辖水域进行水下文物的考古勘探或者发掘活动,必须采取与中国合作的方式进行。

我国南海周边一些国家,如菲律宾、印度尼西亚、越南、马来西亚等,很早就开始对一些资金雄厚的外国打捞者签订合作协议或特许权协议,采用公私合作的方式打捞沉船。比如在菲律宾,外国打捞公司经过申请并缴纳申请费,在获得菲律宾国家博物馆的许可证后就可以进行海底打捞工作,但必须按协议与其共同分享打捞物。[1]

而我国1992年《关于外商参与打捞中国沿海水域沉船沉物管理办法》第15条规定:外商参与打捞中国沿海水域沉船沉物的捞获物应当按照下列方式处理:(1)在中国内海或者领海内捞获的沉船沉物,属中国所有,外商根据共同打捞合同或者中外合作打捞企业合同的规定,从捞获物或者其折价中取得收益;中方打捞人根据国家有关规定或者中外打捞企业合同的规定从捞获物或者其折价中取得收益。(2)在中国内海,领海外属中国管辖的其他海域内捞获的沉船沉物,

---

〔1〕 参见吴春明:《环中国海沉船》,江西高校出版社2003年版,第29~30页。

由参与打捞的中外双方按照合同规定的比例对捞获物或者其折价进行分成。

以上这种允许私人力量参与水下文化遗产打捞的方式有利也有弊:一方面,国家可以大量节省对水下文化遗产的投入,同时又可以收获一定量的发掘品或者一笔可观的费用;另一方面,依靠私人力量进行的发掘显然不可能像水下考古那么专业、细致、缜密,为了实现利益的最大化,必然会损坏一些不具有重要商业价值的遗产。为了避免破坏重要遗址,国家不仅需要首先对有关的遗址进行评估,确定是否允许私人力量进行发掘,还需要对发掘作业进行监管,以防止某些公司在暴利引诱下超出指定的海域或者遗址进行发掘。在这种开发模式中,必须强调文物保护部门的领导和文物保护专家的意见的重要性,必须以海底文化遗产的保护为最高目标。这种商业开发和文物保护的"双赢"模式,使海底文化遗产保护有望进入良性循环的轨道。

(三)与周边国家合作保护南海水下文化遗产

南海及其邻近海域是环中国海古代海洋文明繁荣的核心地区,也是东西方文明的交汇地,海上航线四通八达,因此,南海属于世界上沉船遗存最集中的海域之一。如前提及的中国水下考古专家的估计,中国南海的古沉船应该超过 2000 艘。[1] 自 1970 年来,全球性的"打捞沉船热"全面升温,由此带来的不科学和随意发掘活动对这些水下文物造成了严重的破坏。同时,南海各国对领海划定问题,60 年来争端不断,导致我国无法对南海水下文物开展有效的保护。

在南海地区,作为负责任的大国,我国为了维持南海地区的和平与稳定,一直采取建设性的克制态度,很早就提出了"主权在我、搁置争议、共同开发"的主张。目前我国和东盟各国均认识到合作解决南海问题的必要性和重要性,中外各方于 2002 年 11 月 4 日签署了《南海各方行为宣言》,并在 2003 年 10 月正式加入《东南亚友好合作条

---

〔1〕 参见石丁:《文物大盗在我国海域活动》,载《环球时报》2004 年 3 月 1 日版。

约》。根据文件,在全面和永久解决争议之前,有关各方可在海洋环保、海洋科学研究、海上航行和交通安全等领域探讨或开展合作。

随着我国与东盟的关系不断深入发展,双方已经逐渐形成了一定的合作机制与框架——以领导人为核心,由部长级会议组成,六个具体工作机制和地区论坛相辅相成的合作框架。会议机制分为以下层次:

1. 领导人会议。东盟与中国领导人非正式会议始于1997年东盟成立30周年。在各期领导人非正式会议上,我国领导人与东盟发表、签署了许多重要文件——《联合宣言》、《全面经济合作框架协议》、《面向和平与繁荣的战略伙伴关系联合宣言》、《东南亚友好合作条约》、《中日韩推进三方合作宣言》。

2. 外长会议。中国从1991年7月首次参加东盟外长会议以来,中国外长每年都参加东盟外长会议。

3. 中国—东盟工作机制。中国和东盟在经贸、科技、商务、安全等方面都存在着各种工作机制,这些机制进一步深化了双方的合作与互信。

在这个与东盟的合作框架之下,东盟与中国在更多领域内取得了较为丰富的成果,比如2000年《东盟与中国禁毒计划》,2001年中国、泰国、老挝、缅甸的《北京宣言》,2002年中国提交的《关于加强非传统安全领域合作的中方立场文件》,2002年《关于非传统安全领域合作联合宣言》等。

在这一框架下,关于水下文化遗产的保护,可在此基础上建立一个"10+1"框架下的水下文化遗产合作机制,将整个南海争议地区的水下文化遗产全部统一控制起来,进行有效的开发,以达成一个"搁置争议,共同开发"的局面,用和平方式解决分歧和争端,进行有效的合作。本书建议以《保护水下文化遗产公约》为范本,由我国牵头合作保护南海中的水下文化遗产,争取在政治合作和经济合作之后,在文化合作方面找出一条新的合作途径。

第五章　文化财产跨国流转的贸易规制

第一节　文化财产跨国流转贸易规制概述

文化财产的跨国流转实际包括了文物的出口与进口两方面，因此必然会涉及国际贸易法的规制问题。在国际法层面，首先涉及 WTO 下全球性多边贸易规则的适用问题，其次还涉及区域性或双边贸易协定的适用问题。其核心是文化财产跨国流转在国际贸易规制下的合法性的问题。由于 WTO 下的 GATT 第 20 条将文化财产列入“一般例外”，因此，适用于一般财产的贸易自由原则显然难以适用于文化财产。在国内法层面，主要涉及对文化财产跨国流转的进出口法律规制问题，尤其是出口限制问题。1970 年 UNESCO 公约无疑是各缔约国文化财产贸易合法与否的法律依据，因为文物原属国禁止出口的法律难以被进口国适用，而该公约规定任一缔约国违反该公约的规定而造成的文化财产进出口或所有权转让均属非法。[1] 因此至少在该公约缔约国范围内，文化财产的出口要受到市场国的进口管制。

可以认为，文化财产的国际流转以限制为原则、以自由为例外。问题在于，限制的权力必须符合一定的国际规则。因此，应当明确一国实施文化财产出口限制的权力限度问题。对文化财产进行出口控制意味着对贸易自由原则的背离。在文化财产的出口国为贸易协定的成员方时，有必要确定这一出口控制行为是否符合贸易协定的要求。

各国关于限制文化财产出口的法律制度发展状况不一，在具体的内容方面也存在不同。随着联合国教科文组织1970年UNESCO公约影响力的扩大，各国立法有趋同趋势。而欧盟以及英联邦等区域性组织也通过硬法或软法等方式来统一规则或设定同一标准，从而加速了标准化进程。就各国关于限制文化财产出口的法律结构而言，一般包括所有权性质、文化财产的级别和出口控制的范围几个部分。

一、所有权性质与文化财产的级别

根据所有权的性质，文化财产可被大致区分为公共所有和私人所有。在境内，所有权性质能否改变，以及如何改变受到的限制相对较小。当涉及文化财产的出口问题时，公共所有的文化财产受到的限制相对较大。比如，在中国，当相关文物为国有文物时，除非获得许可，否则不得出境；危地马拉法律则规定，如果珍贵文物出境或试图出境，则被国有化；英国对于私人所有珍贵文物的出口实施国家优先购买制度。[2] 这一系列国有化措施实际上发挥着出口控制

〔1〕 1970年UNESCO公约第3条。

〔2〕 International Law Association，De Janeiro Conference（2008），*Cultural Heritage Law*，Part II.

的法律功能。

关于文化财产的级别，根据其艺术性、历史意义和考古价值来界定文化财产本身就蕴含着级别意识。对于出口控制而言，就相关文化产品设立不同级别有助于实施行政管理。比如，法国法将文物设为三级：(1)国宝级。该级别文物禁止出口，例外情况下，可临时出境展览；(2)许可级。该级别文物仅在取得欧盟法项出口许可的情况下方可离境；(3)自由流通级。该级别文物不仅可在法国境内自由流动，也可自由出口到其他欧盟国家和非欧盟国家。[1] 中国、荷兰、英国、以色列、南非、澳大利亚、瑞典、瑞士和日本等国均采取了类似的分级管理制度。只不过，在许可的级别和权限、登记的前置性要求以及申请否定比率等方面存在差异。

二、文化财产出口控制的范围

各国文化财产出口控制的范围并不完全一致，既有涵盖面非常广、强度非常高的高度控制模式，也有范围有限、基本流于形式的自由模式，而大部分国家则介于高度控制和自由放任之间。

一般情况下，那些在国际市场上被视为是文化财产主要来源地的发展中国家，其出口控制相对较为严格。以巴西为例，如无许可，1889年之前的艺术和手工产品、书籍和图书馆收藏物等被禁止出口。墨西哥1972年的法律普遍限制考古资料和一些历史文物的出口，即使它们为私人所拥有。类似的，中国《文物保护法》设专节规定“文物出境进境”问题。根据该法第60条，国有文物、非国有文物中的珍贵文物和国家规定禁止出境的其他文物，不得出境。需要说明的是，意大利虽然为发达工业国家，其关于文化财产出口控制的法律也相对较为严

[1] See James A. R. Nafziger and Robert Kirkwood Paterson, *Handbook on the Law of Cultural Heritage and International Trade*, Edward Elgar Publishing, 2014, pp. 126 – 159.

格。根据该国法律,年限超过50年的文化财产原则上禁止出口。[1]

那些在国际市场中既是文化财产来源地又是文化财产消费地的发达国家以及其他经济体则采取了中等程度的出口控制模式。以英国为例,该国议会在20世纪50年代早期立法通过了"威弗利标准"(waverley criteria)来判断某一具体文化财产是否应被禁止出口。该标准依次设立了三个问题留待审查人员回答。其中,问题一为:"该文物是否与我们的历史或国民生活联系紧密,如果离境将导致灾难?"问题二为:"该文物是否具有突出的美学上的重要性?"问题三为:"该文物对于艺术、学问或历史之某些特殊分支部分的研究是否具有突出重要性?"如果相关的答案为否,则该具体文化财产不应被禁止出口。"威弗利标准"影响深远,不仅英联邦中的重要成员国,如加拿大和南非奉为圭臬,日本和法国也采取了类似标准来确定出口控制的范围。[2]

相比较而言,美国关于文化财产的出口控制范围最窄,但有逐渐扩大趋势。如美国1979年的《考古资源保护法》规定,对于位于联邦土地和印第安保留地的考古资源的发掘和挪取,必须经过许可。据此,源于联邦土地和印第安保留地的文物的出口受到限制。在司法实践中,一些法官将类似出口限制适用到源于私人土地的文物之上。此外,1990年《美国原住民墓藏保护与归还法》规定,1990年之后在联邦政府所属或管辖的土地上发现的人体遗骨和有关陪葬品必须归还给印第安人部落和夏威夷原住民组织。这一规定的实际效果将导致相关文物无法出口,而只能保留在美国境内。与美国类似,中国香港、摩洛哥、瑞士和瑞典也采取了相对宽松的出口控制模式。其中,瑞士

---

〔1〕 See Sue J. Park, "Cultural Property Regime in Italy: An Industrialized Source Nation's Difficulties in Retaining and Recovering Its Antiquities", *U. Pa. J. Int'l Econ. L.*, 23, 2002.

〔2〕 InternationalLawAssociation, De Janeiro Conference (2008), *Cultural HeritageLaw*, Part II.

仅在州法层面有关于出口控制的规定，瑞典则推定文化财产的出口可以获得许可证，除非相关文物对于瑞典的文化遗产具有重要价值，即便如此，仍存在若干例外，允许此类文物出口。[1]

第二节 文化财产出口限制在贸易规制下的合法性问题

一、在 WTO 协定下的合法性问题

尽管各国文化财产出口控制法律宽严程度不一，其存在与实施均可能影响到文化财产的进出口，从而与 WTO 法律制度中的相关规定存在抵触。因此，对于文化财产出口控制法律的评价和分析不应仅仅限于比较法的视角，还应将之置于 WTO 法律的语境之中，考察相关国家出口控制法律在 WTO 中的合法性问题。

（一）文化多样化与贸易自由化

早在 WTO 成立之前，世界主要贸易国家已经借助临时生效的条约 GATT 进行国际合作，促进货物贸易的自由流转。其中，对外国进口产品实施最惠国待遇、国民待遇以及禁止数量限制成为 GATT 诸规则的基石。及至 WTO 成立，贸易争端解决机制将贸易争端的规则导向制度化，保证相关争议可通过司法手段加以解决，极大地提升了 WTO 法律的稳定性和可预期性。然而，就在贸易自由化进程日渐深化之际，各国越来越重视通过文化政策来保护本国的身份认同、价值和信念。当前，作为美国为一方以及欧盟诸国，加拿大、澳大利亚、印度、埃及、巴西等国为另一方，在如何处理贸易和文化之间矛盾的方式

[1] See James A. R. Nafziger and Robert Kirkwood Paterson, *Handbook on the Law of Cultural Heritage and International Trade*, Edward Elgar Publishing, 2014, pp. 381 - 408.

上存在较为明显的分歧。前者认为,应给予文化产品商业价值以优先性,而后者则指出,自由贸易不过是文化入侵的幌子,美国在电影和电视工业中的优势地位会影响到进口国的国家文化表达、语言多样性等。文化财产与文化产品并不等同,因此,上述争议所援引的理由并不能照搬到文化财产的争议之上。尽管如此,基于体系一致性,我们仍可以发现,相对于其他国家,美国更愿意承认文化财产商业性的一面。因此,在理论上和实践中,不能排除这样一种可能,一国利用 WTO 的相关法律制度来质疑他国文化财产出口控制措施的合法性。

禁止数量限制是贸易体系的基石之一。GATT 第 11.1 条规定,成员对出口施加数量限制或具有同等效果的措施,均应予以禁止。在印度数量限制(India-Quantitative Restrictions)案中,专家组认为,自由裁量或非自动许可要求属于第 11.1 条项下的数量限制。[1] 鉴于文化财产的出口要受到相关机构的审查,可以认为,对文化财产实施出口控制的行为属于数量限制,原则上为第 11.1 条所禁止。但文化财产毕竟不同于一般的工业化产品,有其不可替代的价值。对此,GATT 第 11.2(b)条为一国限制文化财产出口提供了法律依据。根据该条,为实施国际贸易中的商品归类、分级和销售标准或法规而必须采取进出口禁止或限制的可以豁免于第 11.1 条的要求。当前,为保护本国文化财产和管理相关交易行为,很多国家采取了分级管理体制,不同等级文化财产的出口受到不同程度的控制,这显然符合上述第 11.2(b)条的要求。但一国寻求第 11.2(b)条项下的豁免时,应证明:(1)相关国际贸易中的商品归类、分级和销售标准或法规本身符合国际贸易协定;(2)采取出口控制措施是实施上述标准或法规所必需的。就文化财产而言,并不存在相关国际贸易协定,而且论证出口控制措施是否“必需”需承担较重的举证责任,因此,对于实施出口控

〔1〕 Panel Report, India —Quantitative Restrictions, para. 5.129.

制的国家而言，这远不如直接援引 GATT 项下的“一般例外”来得简便。

GATT 第 20(f)条规定，为保护具有艺术、历史或考古价值的国宝，成员方可以采取数量限制措施，只要此类措施的实施不在情形相同的国家之间构成任意或不合理歧视的手段，或构成对国际贸易的变相限制。这说明，只要实施方式得当，一国可以对文化财产采取出口控制措施。然而需要说明的是，并不能因为存在 GATT 第 20(f)条的规定就认为 GATT 第 11.2(b)条的规定不起作用。由于上述“一般例外”条款针对的是“保护国宝”而非保护文化财产，这意味着必然有一部分保护文化财产的措施不符合“一般例外”。对于那些不属于“保护国宝”的文化财产出口控制措施，成员方仍可求助于第 11.2(b)条项下的豁免。因此，对于 WTO 成员方来说，其对文化财产的出口控制权限可分为两类：

其一，如果相关文化财产构成 WTO 项下的国宝，则出口国可以为保护国宝而采取出口控制，但此类出口措施的实施不应构成武断或任意的歧视，或构成对国际贸易的变相限制。

其二，如果相关文化财产不构成 WTO 项下的国宝，则出口国可以实施贸易归类、分级与销售标准和法规而对文化财产采取出口控制，但此类出口控制应当符合“必需”要件。

(二) 适用 GATT 第 20(f)条的分析

在结构上，GATT 第 20 条分为两个部分——前言和子项。前言针对的是相关措施的实施问题，即“在此类措施的实施不在情形类似的国家之间构成任意或不合理歧视的手段或构成对国际贸易的变相限制的前提下，本协定的任何规定不得解释为阻止任何成员采取或施行以下措施：……”在前言之后，GATT 第 20 条含有 10 个子项，针对的是措施的采取问题。其中，第(f)项规定，为保护具有艺术、历史或考古价值的国宝，成员方可以采取措施限制贸易。

尽管在表述形式上前言先于子项，但在逻辑顺序上，一项出口措施的采取要先于出口措施的实施。易言之,为保护具有艺术、历史或考古价值的国宝,一国首先应采取相关的出口控制措施,然后再实施该出口控制措施。因此,在解释GATT1994第20条时,应先解释相关措施的采取是否符合子项的要求,然后再解释该措施的实施是否符合前言的要求。本着司法经济原则,如果措施的采取本身不符合子项的要求,则没有必要再考虑该措施的实施是否符合前言的要求。同理,在具体的诉讼中,援引GATT第20条进行抗辩的一方,也应严格区分贸易限制措施的采取与贸易限制措施的实施之间的细微差别。[1]

GATT第20条之所以严格区分措施的采取和措施的实施,一个重要的原因在于,前者涉及非贸易目标与贸易手段之间的关系,后者则涉及贸易手段与贸易后果之间的关系。对于这两类关系,虽然均涉及适当性评价,但具体标准并不完全一致。相对而言,前者的判断较为程式化,而后者的判断需要涉及具体的语境。

在具体分析GATT第20(f)条之前,需要简单说明一下关于文化财产保护的国际条约与WTO协定之间的关系问题。《关于争端解决规则与程序的谅解》(Understanding on Rules and Procedures Governing the Settlement of Disputes,DSU)第3.2条明确规定,"WTO争端解决体制在为多边贸易体制提供可靠性和可预测性方面是一个重要因素。各成员认识到该体制适于保护各成员在适用协定项下的权利和义务,及依照解释国际公法的惯例澄清这些协定的现有规定"。在美国汽油(US-Gasoline)案中,上诉机构认为,所谓的"解释国际公法的惯例"包括在《维也纳条约法公约》第31条之中,因为该条款内容已经取得了"习惯或一般国际法"的地位。[2] 根据《维也纳条约法公约》第31条,"条约应依其用语按其上下文并参照条约之目的及宗旨所具有之

〔1〕 参见彭岳:《贸易与道德:中美文化产品争端的法律分析》,载《中国社会科学》2009年第2期。

〔2〕 Appellate Body Report,US —Gasoline,p. 17.

通常意义,善意解释之"。不仅如此,应与上下文一并考虑者尚有:"适用于当事国间关系之任何有关国际法规则"。因此,对于贸易限制措施在WTO项下合法性的分析不能脱离文化财产保护的语境。其中,1970年UNESCO公约因直接涉及文化财产的贸易问题而尤为值得注意。此外,2005年的关于《保护和促进文化表达多样性公约》第1条重申,各国拥有在其领土上维持、采取和实施他们认为合适的保护和促进文化表现形式多言行的政策和措施的主权。该规定对于理解GATT1994第20(f)条的含义也具有重要意义。

1. 子项分析

GATT第20条(f)项明确规定,为保护具有艺术、历史或考古价值的国宝,WTO的一般原则性规定(如禁止数量限制)不得解释为组织任何成员采取或施行出口限制措施。因此,为证明一国对文化财产的出口限制具有WTO的合法性,相关成员必须首先证明,其采取或施行出口限制措施的目的是"为保护",对象是"具有艺术、历史或考古价值的国宝"。

首先,就"为保护"而言,其对于手段和目标之间的关联性要求并不强烈。在US-Gasoline案中,上述机构对比了GATT第20条各子项的措辞,认为,不同的措辞代表着不同的关联程度要求。如(a)项、(b)项和(d)项所采用的"必需",(c)项、(e)项和(g)项多采用的"与……有关",(f)项所采用的"为保护",(h)项的"依照"以及(i)项的"涉及"等均应给予不同的解释。[1] 与"必需"不同,只要相关出口措施的目标之一是保护文化财产即可认为符合"为保护"的要求。因此,在实践中,满足这一证明要求应不存在实质性困难。

其次,就保护的对象是否"具有艺术、历史或考古价值"而言,存在标准设定者的问题。即是由限制出口国根据自己的标准确定某一文化财产"具有艺术、历史或考古价值",还是存在所谓的最低国际标

〔1〕 Appellate Body Report, US —Gasoline, p. 17.

准？该问题的实质在于，一国确定本国国宝的自由裁量权是受到国际法的限制，还是仅仅受到国内法的限制。显然，如果认为文化财产的“文化性”占据主导地位，并且该文化性与一国的身份认同和文化多样性有关，则应倾向于选择后者。如果认为文化财产的“财产性”占主导地位，并且文化的差异性最终会被无情的商业规律所消融，则倾向于选择前者。

然而，如前所述，各国早已在国内法层面建立起各类文化财产分级体制，而相关的国际条约并没有特别涉及如何认定国宝问题。这意味着，当前各国存在一个潜在的共识：应由一国根据国内法标准来判定某一文化财产是否具有艺术、历史或考古价值，而非假手于国际标准。[1] 同样，被众多国家所明示或默示采取的“威弗利标准”也在一定程度上验证了这一结论。根据该标准，为确定文物的重要性，涉及三个问题，其中第一个问题与一国的历史和国民生活有关，第三个问题与艺术、学识或历史的特定分支有关，均不可避免地牵涉到特定国家的艺术、历史和考古价值。而第二个问题——是否具有突出的美学重要性——虽然具有表面上的普世价值，但何为美也最终需要借助于鉴赏者才能确定。文化多样性的魅力之处在于，各国民众对于美的认识并不存在统一客观的标准，更不用说关于美学重要性的判断了。[2]

最后，就“国宝”的范围，需要进一步澄清。具体而言，如果某一文化财产仅仅对于一国某一地区或特殊人口具有特别重要意义，该文化财产能否称得上是“国宝”？另外，如果某一文化财产原本来自他国，对于此类文化财产，能否被所在国称为“国宝”？就此，一些国家采取了“居留期间”标准来判断源于外国的文化财产是否取得了本国

---

〔1〕 当然，这也衍生出另一个问题：其他国家未必会认同出口国所设立的标准。See Gerson, “Who Owns Artifacts? International Art Trade Spurs Legal Discussions”, *NAT' L L. J.*, *Dec.* 27, 1987, at 9, col. 1.

〔2〕 See Jack Donnelly, “Cultural Relativism and Universal Human Rights”, *Human Rights Quarterly*, 6 1984.

"国籍"。如加拿大法律规定,如果某一非源于加拿大的文化财产在加拿大境内存在的期间已经超过35年,则可被视为构成加拿大的文化财产。[1] 最后,GATT第20(f)条中的"国宝"是否仅指实施贸易限制国家的"国宝",还是包括其他国家的"国宝"? 比如,为履行其在联合国教科文1970年公约的义务,一国对他国文化财产的进口实施限制,这是否直接违反GATT第11.1条的规定,并不能援引GATT第20(f)项加以证成。仅从字面分析,GATT第20(f)条并没有明确限制"国宝"的范围。而且,一国限制他国"国宝"进口的目的也是为了保护文化财产。因此,没有理由将限制进口措施排除在(f)项的适用范围之外。

综上所述,GATT第20(f)条项下的"国宝"含义广泛,即包括措施实施国的"国宝",也包括其他国家的"国宝"。就如何判断某一具体文化财产构成"国宝",原则上应由"国宝"所属国根据本国的主权权利加以判断,以维护和促进各国文化表达的多样性。[2] 而为保护此类"国宝",第20(f)条并没有施加更为严格的关系定语。因此,只要相关措施的目的之一在于保护"国宝",原则上,我们需考虑:(1)所涉措施意图保护之利益或价值的相对重要性;(2)所涉措施在多大程度上有助于实现该措施所追求的目的;(3)所涉措施对贸易的限制性影响。即可认为,相关措施的采取能够满足(f)项的要求。

2. 前言分析

按照GATT第20条前言,即使一项措施符合子项关于措施"内容"的要求,援引例外的一方仍需证明,相关措施的"实施"不得在情形相同的国家之间构成任意或不合理的歧视,或构成对国际贸易的变相限制。该前言的目的是要在一成员援引例外条款的"权利"和该成

---

[1] See James A R Nafziger and Robert Kirkwood Paterson, *Handbook on the Law of Cultural Heritage and International Trade*, Edward Elgar Publishing, 2014, pp. 74 - 106.

[2] See John Henry Merryman, "The Public Interest in Cultural Property", *California Law Review*, 77(2), 1989.

员尊重其他成员条约权利的“义务”之间寻求平衡。其中,任意的歧视指的是对于情形相同的国家之间的不同对待并无理由支持;不合理的歧视指的是相关不同对待虽然有理由支持,但理由并不合理。易言之,前者讨论的是必要性问题,后者讨论的是充分性问题。而对国际贸易的变相限制则更注重相关贸易限制措施的实质后果而非形式,是一种藏而不露的限制方式。

在美国虾(US-Shrimp)案中,上诉机构认为构成任意或不合理歧视要满足三个要件:(1)措施的实施导致歧视;(2)该歧视在性质上是任意的或不合理的;(3)该措施必须发生在情形相同的国家之间。其中,第一个要件中的“歧视”不同于GATT第1条、第3条和第11条项下的歧视;第三个要件中的“国家之间”既包括外国与外国之间,也包括本国与外国之间。就第二个要件,上诉机构认为,在实体上,美国所采用的单一标准过于严格,无视其他成员方的特殊情况而缺少灵活性,从而构成了“任意歧视”;在程序上,美国所采取程序具有非正式性和任意性,不符合正当程序要求。[1]

根据上诉机构在US-Shirimp案的思路,一国在对文化产品实施贸易限制并由此产生歧视并不当然地违反GATT第20条的前言,而只有该歧视的理由不存在或不合理,并且针对的情形类似时,才会不符合前言的要求。一般情况下,一国对本国文化财产实施出口控制并不区分出口目的地,因此,很难说得上是构成歧视。有问题的是,如果一国对与之签订条约的国家的文化财产实施进口控制,是否违反第20条前言的要求?对此,可以认为,签订条约的国家与未签订条约的国家属于不同情形,或者认为,相关条约的存在是构成歧视的合理理论。因此,依据文化财产保护的国际条约对文化财产的进口实施限制并不违反第20条的前言。

[1] Appellate Body Report, US—Shrimp, para. 157.

二、在其他国际条约下的合法性问题

除 WTO 外,还存在其他的贸易协定影响到文化财产出口控制的合法性。欧盟运行条约第 36 条[原欧共体条约(TEC)第 30 条]明确涉及文化财产问题,并采用了类似于 GATT 第 20(f)条的表述,即为了保护含有艺术、历史或考古价值的国宝,可采取措施禁止或限制文化产品的进出口。在欧洲委员会诉意大利(Commission v. Italy)案中,[1]欧洲法院认为,意大利就艺术和考古财产的出口收取费用相当于征收出口关税,从而违法了欧共体条约第 26 条的规定。不仅如此,欧洲法院还认为,意大利不能援引欧共体条约第 30 条的规定寻求例外,因为该第 30 条仅针对数量限制而不针对出口税。显然,与 GATT 第 20 条相比,欧盟运行条约第 36 条的范围更窄。

相对而言,北美自由贸易协定(以下简称 NAFTA)关于文化例外的规定则宽松了许多。首先,NFATA 第 2016 条就"文化产业"例外做出了规定,而非仅仅局限于文化财产。其次,NAFTA 还并入了 GATT 第 20 条,从而拓宽了第 20 条的适用范围。[2] 再次,NAFTA 第 104 条规定,当特定的国际环境保护条约与 NAFTA 的特定贸易义务不符时,只要相关环境保护措施具有最低贸易限制效果,则该环境条约中的条款具有优先效力。这一规定也为如何处理文化遗产公约同 NAFTA 之间的关系提供了思路。

三、关于合法性的基本结论

就国际贸易而言,一个明显的趋势是自由化,WTO 的成立可作为显著的标准。在这一自由化的趋势下,隐藏着一股对特定货物贸易进

---

〔1〕 [1968] E. C. R. 423.

〔2〕 Therese Anne Larrea, " Eliminate the Cultural Industries Exemption from NAFTA", *Santa Clara Law Review*, 37, 1997.

行规制的潜流。[1] 对文化财产贸易实施规制这是这股潜流中的一支而已。除文物之外,各国对于毒品、小型武器、人类器官、假冒产品、有害废物、濒危物种等均实施贸易规制,并形成了诸多国际条约。这些被规制的物品之间虽然缺少共同点,但其自由贸易均可能造成负外部性,因此增加了规制的必要性。而传统的首先确定所有权,然后在通过科斯式磋商达到资源最有配置的放任模式不足以消除这一外部性,因为在很多情况下,当事人所关注的不是物的交换价值,而是物的使用价值。就文化财产而言,尤为明显地体现在对特定文化财产的占有方面。此外,交易一方捉襟见肘的财力也导致相关的磋商不具可行性。由于一国采取单方措施的能力不足以消除贸易自由化所带来的负外部性,进行国际合作必不可少。由此形成的局面是,一方面,就一般货物,存在旨在提升贸易自由的公约,如 WTO 和 NAFTA;另一方面,就特殊货物,存在旨在消除和限制外部性的公约。由于后一类公约并不存在强制性的义务,缺少强有力的执行机制以及参与国没有动力主动履行条约义务等,其运行往往不如前一类公约成功,[2] 因此,两类公约之间存在直接冲突的可能性较小。尽管如此,随着国家管制贸易的范围扩大和程度加深,有必要协调这两类公约之间的关系,从而保证整个法律体系的稳定性和一致性。

一国保有文化财产的价值在于提升本国文化和身份的认同感。而一般的贸易政策分析仅仅考虑到进口方、出口方和一般消费者的利益,并不会涉及整个国家的文化和身份认同问题。正是因为如此,WTO 第 20(f)条的例外有其正面价值。在适用第 20(f)条时,必须注意到这样一个现实:相对于贸易,各国在其他领域中的合作更为困难。因此,不应为第 20(f)条项下的"国宝"设立国际最低标准。而应依据

---

〔1〕 See AsifEfrat, "A Theory of Internationally Regulated Goods", *Fordham International Law Journal*, 32, 2009.

〔2〕 See Eric A. Posner, "The International Protection of Cultural Property: Some Skeptical Observations", *Chicago Journal of International Law*, 8, 2007.

2005年的《保护和促进文化表达多样性公约》规定,承认各国确定“国宝”的主权权利,从而扩大WTO第20(f)条的适用范围。

第三节 个人所有文化财产出口的法律控制

一国政府对个人所有的文化财产实施出口限制需要综合考虑合理性、合法性和可行性之间的关系。合法性涉及一国实施出口限制的权限和相应后果。可行性涉及一国的出口控制法律能否被他国所承认和执行。中国的文化财产出口限制法律体制具有明显的国家主义与民族主义特征,其域外效力有限,为提升该法律制度在国际层面的合法性和可行性,应重新审视该制度的合理性。

文化财产既有文化性的一面,又有财产性的一面。就其财产性而言,它可表现为特定的动产或不动产,并成为个人所有权所针对的客体之一。就其文化性而言,它“具有重要考古、史前史、历史、文学、艺术或科学价值”,[1]通常与某一特定区域或国家存在较为密切的关系。与此相对应,对于个人所有文化财产的出口控制不仅影响进口方和出口方的经济利益,也涉及进口国和出口国的贸易政策与文化诉求。如何在贸易自由和文化财产保护、个人财产权利和国家公共利益之间达成大致的平衡成为有待解决的难题。

鉴于文化财产的出口限制涉及进口方和进口国,并且出口控制法律的域外效力有限,单纯从国内法的角度考察贸易自由和文化财产保护问题定然有所欠缺。此外,个人财产权利与国家公共利益之间的冲突及其解决方案也因国际人权法的深入发展而具有国际法的含义。因此,在国际法层面讨论文化财产的出口控制问题有助于全面把握相关法律制度的合理性、合法性和可行性。

---

〔1〕 1970年UNESCO公约第1条。

一、文化财产出口限制的理论争议与利益诉求

(一)国际主义与民族主义的理论争议

对于个人所有文化财产的出口限制问题,文化国际主义总体上持有否定态度,认为文化财产的内在价值可以超过任何武断的边界划分,应由最珍视文化财产的当事人承担保护的重任。与之不同,民族主义则强烈支持资源国通过实施出口限制的方式来维持本国文化的自主权和多样性。考虑到资源国大多为发展中国家,市场国大多为发达国家这一事实,国际主义和民族主义关于文化财产出口限制之争更平添了几分意识形态色彩。

另外,依民族主义,文化财产有其固有的归属地,如果文化财产被认定为 A 国的文化财产,则 A 国人或 A 国拥有该文化财产将优于 B 国人或 B 国拥有该文化财产。由此所产生的疑问在于,由某一特定的人群或某一特定的国家拥有某一特定文化财产是不是文化财产发挥其价值所必需?因此,与其说国际主义与民族主义理论论证了出口控制的正当性和合理性,不如说这两个理论为相关争议提供了位于两极的理论标杆,其象征意义远胜于说服力。

(二)理论争议之下的利益诉求

文化财产的国际主义与民族主义之争承载着众多利益相关者的不同利益诉求。不同的利益诉求也驱使着利益相关者在国际主义与民族主义阵营中频繁转换立场,莫衷一是。实际上,此类高度抽象的话语很可能是不同主体表达和获取利益的托词而已。本书认为,暂时抛开理论之争,转而直接讨论各类不同利益相关人的具体利益诉求反而有助于澄清出口控制制度的优劣,从而为进一步改进和完善奠定基础。

就一项文化财产的进出口事项,涉及的主要利害相关人包括:进出口交易方、考古学家、收藏人、进口国以及出口国等。对于进出口交易方和收藏人而言,文化财产的出口控制直接限制了个人所有权以及

契约自由，因此，应对出口控制的目的、手段及效果进行严格限制。对于考古学家而言，文化财产的科学性价值较之人文性价值有过之而无不及。考虑到文化财产科学性知识的获得与文化财产周围的环境息息相关，考古学家大多主张，应保留文化财产最初被发现时的状态。据此，文化财产的出口将使文化财产彻底脱离其周围的环境，不利于科学性知识的获取，应通过出口控制手段来实施限制。[1] 相比之下，进口国和出口国的立场要暧昧许多。对于只出不进的资源国或只进不出的市场国来说，前者主张实施严格出口限制，后者主张实施贸易自由实属自然。然而，纯粹的资源国和市场国只存在于理论世界之中，任何国家均拥有足以激发民族自豪感和自我认同感的文化财产，完全的贸易自由政策难以施行。考虑到文化财产的经济价值和象征价值，对已经位于本国的文化财产，各国大多会采取限制出口措施，而对于位于他国的文化财产的进口则采取放任态度。

在各种利益诉求的考量之下，对文化财产实施国家管制，允许经过国家批准的特定文化财产出口是一个能够最大限度地满足各方利益的方案。具体而言，在这一体制下，一部分文化财产可以出口到其他国家，从而满足文化财产交易商、收藏人和一部分考古学家的需求；而另一部分文化财产可被限制出口，从而满足某一民族和国家对文化财产象征价值和经济价值的需求，同时也满足一部分考古学家对文化财产进行科学研究的需求。

二、文化财产出口限制的国际法律依据

理论上，根据本国对保有文化财产的偏好，一国可以单方确定一个适当的标准，用来确定某一具体文化财产可否出口。然而，出口控

---

〔1〕 See Alexander A. Bauer, "New Ways of Thinking about Cultural Property: A Critical Appraisal of the Antiquities Trade Debates", *Fordham International Law Journal*, 31, 2008.

制必然会影响到个人所有文化财产的市场价值,由此产生出两个亟待解决的问题:国家实施出口控制的权力限度,以及对受到影响个人财产权是否进行补偿。

国家对个人所有文化财产实施出口限制所涉及的权限问题以及补偿问题既有国内法向度也有国际法向度。在国际法和国内法二元论的体系之下,一国国内的法律制度最终将作为法律事实而受到国际法规范的约束。因此,有必要对现有的国际法框架加以梳理,以明确一国实施出口控制的权力限度和补偿标准。

(一)实施出口限制的权力限度

对文化财产进行出口限制意味着贸易自由原则的背离。在文化财产出口国为贸易协定成员方时,应确定这一出口控制行为是否符合贸易协定的要求。但文化财产毕竟不同于一般的工业化产品,有其不可替代的价值。对此,GATT 第 11.2(b)条为一国限制文化财产出口提供了法律依据。根据该条,为实施国际贸易中的商品归类、分级和销售标准或法规而必须采取进出口禁止或限制的可以豁免于第 11.1 条的要求。

但对于实施出口限制的国家而言,直接援引 GATT 项下的"一般例外"条款,可为文化财产的出口限制提供更为直接的国际法律依据。根据 GATT 第 20(f)条规定,为保护具有艺术、历史或考古价值的国宝(national treasures),成员方可以采取数量限制措施,只要此类措施的实施不在情形相同的国家之间构成任意或不合理歧视的手段,或构成对国际贸易的变相限制。因此,如对于那些非属于"保护国宝"的文化财产实行出口控制措施,成员方仍可求助于第 GATT 第 11.2(b)条项下的豁免。

(二)出口限制的补偿标准

一国政府基于公共利益的需要,对文化财产进行出口控制将影响到个人对其所有文化财产进行处置的权利,并最终降低文化财产的市场价值。由此引发的问题是,个人能否因此而得到补偿?如果给予补偿,则补偿的标准是什么?

在国际上,如果国家行为侵害到外国人的财产权,则其应当承担国际法上的责任,但如果涉及本国国民的财产,则本质上属于国内法事务。[1] 然而,在人权法迅速发展的今天,一国国民可以从人权法的视角来维护自身关于文化财产的财产权,从而使原本属于国内法的事项国际化。如《欧洲保障人权和基本自由公约》(欧洲人权公约)第一议定书第1条规定:

每个自然人或法人都被授予和平地享有其财产的资格。除非为了公共利益并且符合法律以及国际法一般原则所规定的各项条件,任何人都不应当被剥夺其财产。但是,前款规定不应当以任何方式损害一国的如下权利:按其认为必要的方式去强制执行此类法律以便依据一般利益来控制财产使用,或者去收取税收或其他捐税或罚金的支付。

据此,一成员方对文化财产的出口实施限制需要满足三个要件:(1)有关措施必须具有法律的特征;(2)有关措施必须符合一般利益;以及(3)相关措施必须被该成员认为是必需的。这些条件在一定程度上体现了国际法中的比例性原则,[2] 从而与第一议定书第1款第二句话——"符合……国际法一般原则"相呼应。尽管该条并未明文提及补偿及其标准问题。在神圣寺院(Holy Monasteries)案中,欧洲人权法院认为,对于是否补偿问题,"只有在例外的情况下,补偿的缺失才能被认为具有第1条项下的合理性";对于补偿标准问题,"第1条并没有保障一项在所有情况下得到完全补偿的权利,因为'公共利

[1] Factory at Chorzow (Ger. v. Pol.), 1928 P. C. I. J (ser. A) No. 17, at 47 (Sept. 13); Restatement (Third) of Foreign Relations Law of the United States § 712 (1987).

[2] See Mads Andenas and Stefan Zleptnig, Proportionality, "WTO Law: in Comparative Perspective", *Texas International Law Journal*, 42, 2007.

益'这一合理目标有可能要求低于完全市场价的偿还。"[1]

由于欧洲人权公约适用的范围有限,对于那些未加入该公约或类似公约的国家而言,并不存在条约法上的义务对出口限制造成的财产损失实施补偿。因此,对于文化财产出口限制的补偿问题,也分为两类:其一,对文化财产出口控制是否补偿完全依赖于国内法的规定。相关法律问题涉及出口控制是否构成对个人所有财产权的剥夺或使用限制,如果构成,应依何种标准进行补偿。其二,对文化财产出口控制是否补偿不仅依赖于国内法,也依赖于国际法的相关规定。当国际法和国内法产生冲突时,国际法的相关规定可以限制乃至改变一国政府根据国内法作出的决定。

三、文化财产出口限制的域外效力

文化财产的出口控制至少涉及两个法域:出口国法域和进口国法域。出口行为的合法性也应分别按照两个法域中的具体规则来确定。文化财产非法出口的事实本身并不影响进口的合法性,除非该出口控制法律得到他国承认。然而,在法律性质上,文化财产出口控制的法律为公法之一种,被认为体现了国家的利益和政策,其域外效力很难得到其他国家的承认。更有判决认为,执行他国公法相当于在本国境内行使外国主权。[2]

在国内严格控制文化财产的出口而国外又不承认该控制效力的情况下,文化财产出口黑市应然而生。为保护文化财产,促进文化财产市场的健康发展,一个可行的方式是国际合作。即文化财产资源国和市场国通力合作,建立一套相互协作的机制。其中,出口国将制定一系列合理标准来限制本国文化财产的出口,并将相关情况通告进口

---

〔1〕 Holy Monasteries v. Greece, Judgment of 9 December 1994, Series A, No. 301 - A; (1995) 20 EHRR 1.

〔2〕 Attorney-General of New Zealand v. Ortiz et al., [1982] 3 W. L. R. 571, CA.

国;进口国将认可出口国出口控制法律的域外效力,通过海关等行政执法机构控制非法文化财产的进口;一旦非法文化财产进入境内,进口国将协助出口国追讨文化财产等。目前,除 1970 年 UNESCO 公约外,国际统一私法协会的 1995 年 UNIDROIT 公约,以及欧盟的若干规章和指令均涉及国际合作机制问题。

(一)直接承认域外效力的公约

1970 年 UNESCO 公约认为,一方面,各国有责任保护其领土上的文化财产免受偷盗、秘密发掘和非法出口的危险;另一方面,考虑到为避免这些危险,各国必须日益认识到其尊重本国及其他所有国家的文化遗产的道义责任。

就文化财产的出口控制问题,公约第 6 条规定,缔约国发放适当证件,出口国将在该证件中说明有关文化财产的出口已经过批准。根据规定出口的各种文化财产,均须附有此种证件。除非附有上述出口证件,禁止文化财产从本国领土出口。这就在国际法层面认可了出口国采取出口控制措施的合法性。

不管出口国如何管制,总有一些文化财产会被非法出口,因此,进口国的配合必不可少。针对文化财产的不同状况,1970 年 UNESCO 公约要求进口国采取三种机制来配合出口国:(1)如果文化财产为一般的非法出口物,则进口国的某些特定机构被禁止获取此类财产。(2)如果文化财产为出口国某些特定机构所有,并且被窃取的,进口国应当禁止进口该文化财产。(3)如果某些文化财产为不可让与的文化财产,进口国应禁止进口,如果已经进口,应促使其归还。

从上述规定可以看出,1970 年 UNESCO 公约只是有限度地承认了缔约国出口控制法律的域外效力。对于个人所有的文化财产,一国出口控制法律可因如下几种情况而不被其他缔约国所承认:(1)相关文化财产为一般的文化财产,被非法出口到某一缔约国后,购买者、遗产继承者或接受捐赠者并非特定机构。就此,公约缔约国并无义务禁止此类主体获取该文化财产。(2)个人所有的文化财产并不必然以博物馆、公共纪念馆等方式收藏，如果私人收藏的文化财产被窃并出口，则公约缔约国并无义务禁止此类文化财产的进口。(3)个人所有的文化财产并非都具有不可让与性，特别是当相关文化财产的数量较多，具有一定程度的可替代性时更是如此。对于那些可以让与的文化财产，公约缔约国不承担公约第13(d)条项下促使其归还的义务。

可以认为，尽管存在旨在强化合作的1970年UNESCO公约，但因该公约涵盖的范围有限，出口国并不能通过该公约来扩大本国出口控制法律的域外效力。

(二)间接承认域外效力的公约

国际统一私法协会1995年UNIDROIT公约是对1970年UNESCO公约的补充，其侧重点在于文物的返还之上。[1] 尽管1995年UNIDROIT公约并未直接针对出口限制问题，但由于文物返还的前提之一是非法出口，因而间接地承认了资源国出口限制法律的域外效力。

根据1995年UNIDROIT公约第5条，出口国可就两类文物寻求返还：(1)非法出口文物；以及(2)合法出口但非法滞留国外的文物。这一归还请求权的请求时效为3年，最长时效为50年。从可请求返还的文物的范围来看，本条的规定要宽于1970年UNESCO公约。可以说，这是对1970年UNESCO公约范围有限这一缺陷的修正。然而，并非所有的返还请求均能得到满足。根据公约第6条，对于出口国的情况，被请求国仅在两种情况下有义务命令返还：(1)请求国证实从其境内移出的文物严重地损害了第5条第3款所列的利益；或者(2)请求国证实该文物对于请求国具有特殊的文化方面的重要性。因此，请求国出口限制法律的域外效力将大打折扣。

---

〔1〕 尽管1995年UNIDROIT公约使用的是“文物”，而1970年UNESCO公约使用的是“文化财产”，根据1995年UNIDROIT公约第2条及附件，以及1970年UNESCO公约第1条，两者的内涵和外延完全一致。

除普遍性国际公约之外，一些区域性国家组织，如欧盟也通过自身的规章和指令规定了出口控制法律的域外效力问题。1992 年，欧盟制定了 No. 3911/92 规章（2008 年 12 月，这一规章被修改为 No. 116/2009），针对欧盟的文物出口问题建立了统一的出口控制制度。1993 年，欧盟又制定了 No. 93/7EE 指令，内容涉及，当文物被非法转移出某一成员国而到达另一成员国时，是否返还以及如何返还等问题。根据规章，如果出口方要将位于欧盟境内的文物出口到欧盟之外，应当向有权机构申请许可证，只有出口方获得许可证的前提下，海关才给予放行。根据指令，如果文物被非法转移出境，到达另一成员国境内，则出口成员国应当在 1 年内通知进口成员国的中央机构，以启动返还程序。从出口控制法律的域外效力来看，上述规章的域外效力仍应依赖于欧盟或欧盟成员方所参加的其他公约（如 1970 年 UNESCO 公约和 1995 年 UNIDROIT 公约）的具体规定而定；而上述指令实际上发挥着与 1995 年 UNIDROIT 公约相同的功能，均在一定程度上认可他成员国出口控制法律的在其他成员国境内的域外效力。

四、中国文化财产出口限制的法律现状与问题

（一）中国关于文化财产出口控制的法律概况

为了加强对文化财产的保护，全国人大常委会于 1982 年通过了《文物保护法》，并以该法为基础逐步建立了包括法律、行政法规和部门规章等较为全面的文化财产法律体系。就个人所有文化财产的出口控制问题，相关规定主要包括两个方面：

第一个方面涉及个人获取文化财产的范围和途径。在《文物保护法》下，个人所有的文物只限于特殊类型的不可移动文物和数量有限的现有可移动文物。就不可移动文物而言，绝大多数种类为国家专属所有，集体和个人只能取得“纪念建筑物、古建筑”等不可移动文物的所有权，其范围较为有限。就可移动文物而言，国家可通过收藏、征集、购买、接受捐赠等方式取得文物所有权。此外，除另有规定的以

外，中国境内出土的可移动文物均属国家所有。相比之下，集体和个人只能取得“祖传文物以及依法取得的其他文物”。

第二个方面涉及个人所有文化财产的流转与出境。根据所有权性质以及文物类型之不同，《文物保护法》规定了不同的流转和出境规则。首先，就不可移动文物而言，国有不可移动文物不得转让、抵押；非国有不可移动文物不得转让、抵押给外国人。其次，就可移动文物而言，分为馆藏文物和民间收藏文物两类，相关的流转规则也不同。最后，出境的含义要宽于出口，既包括转让文物所有权情况下的出境（即出口）、也包括出租或展览等情况下的出境。对此，《文物保护法》建立了禁止出境和许可出境相结合的出口限制制度。

（二）中国文化财产出口限制法律的特点与问题

《文物保护法》《文物保护法实施条例》以及《文物进出境审核管理办法》较为全面地构建了文物保护、流转及出口控制法律体系。这一体系鼓励文化财产的国家所有，限制个人获取文化财产的范围和途径，并对文物出口实施严格的审查措施，有其积极意义。然而，必须看到的是，实施强制性的国家所有，限制个人获得或转让文物，限制或禁止文物出口均影响乃至决定了文物的归属和流通，必然会使一部分需求难以得到满足，从而引发执法不力的问题。

在现有的法律框架下，中国文化财产出口限制存在如下两个特点：

其一，文化财产出口限制的范围过于广泛。《文物保护法》第60条将禁止出境的文物分为三类：国有文物、非国有文物中的珍贵文物和国家规定禁止出境的其他文物。此三类文物的范围广泛，由此所造成的后果是，绝大部分文物不得出境。

其二，未对出口禁止或限制的后果作出补偿性规定。对个人所有文化财产实施出口控制必然影响到相关当事人的经济利益。特别是当一国文化财产市场相对封闭，境内文化财产的价格与境外同类文化财产的价格之间存在较大差距的情况下，禁止或限制相关文化财产出口将减损个人所有文化财产的价值。就此,中国《文物保护法》并未就补偿与否和补偿程度等问题作出规定。

上述特点表明,中国的文化财产市场是一个受到国家严格管制的市场。为维持管制经济体制,国家必须强化执法能力和执法意愿。然而,如下所述,无论是境内执法还是境外执法均有其限度。

就境内执法而言,存在目标过高、手段不足的可行性问题。一方面,中国政府对于文物的出境采取了最为严格的限制措施,这意味着境外市场文化财产的价格将高于境内类似文化财产的价格;另一方面,中国政府对于限制所造成的经济损失采取不予补偿的政策,这意味文化财产个人所有者的守法成本将极为高昂。两相结合,"严格控制、不予补偿"将导致一部分个人所有者采取非法方式输出文化财产。

如果说境内执法是一个能力问题,则境外执法主要是一个意愿问题。易言之,就境外执法而言,难题在于进口国是否愿意承认出口国出口控制法律在本国的域外效力,以及是否愿意动用本国的执法资源,协助出口国来限制文化财产的出口。如前所述,出口限制法律被视为公法,在不存在特别约定的情况下,他国不会承认此类公法的域外效力。即使存在相关国际公约,如 1970 年 UNESCO 公约等,除非出口控制法律符合国际公约的要求,否则进口国仍然可以不承认该法律的域外效力。问题在于,国际公约是文化财产资源国和市场国利益均衡的产物,不可能完全体现资源出口国的利益诉求。尽管出口国可以大范围地限制本国境内文化财产的出口,但往往只有很小的一部分才能符合公约中的要求,从而获得被进口国的认可。更为严重的,即使某类出口限制法律符合公约要求,基于如下两个原因,进口国将倾向于更为严格地解释公约中的相关条款,从而大大限制了公约的适用范围:

其一,进口国必须在贸易自由和文化财产保护之间做出平衡。文化财产的进口国一般为市场国,其本身可以从文化财产自由贸易中获得众多利益。承认和执行他国的出口控制法律有可能损害到市场国的利益。

其二,进口国有可能到考虑文化价值和法律价值的认同感。就文化价值而言,文化财产的进口国大多持有国际主义立场,主张文化的多样性和文化财产的可让与性。如果一国采取极度严格的出口控制政策,则出口国的民族主义立场将与进口国的国际主义立场产生冲突。就法律价值而言,文化财产的进口国大多强调对个人所有财产权的尊重,如果一国采取限制出口但又不予补偿的政策,则这种控制的域外效力将受到严格限制。

五、文化财产出口控制法律的改进

文化财产的自由贸易与出口控制,文化财产的个人所有与国家管制之间存在持久的冲突,并表现为民族主义与国际主义,个人主义与国家主义之争。对于出口国而言,相关的法律问题是:出口国根据何种标准确定出口限制的范围,以及对于受到出口限制的当事人是否和如何给予补偿等;对于进口国而言,相关的法律问题是:出口国的出口控制法律符合何种条件方能在本国得到承认和执行,以及对于善意购买人是否和如何予以补偿等。

中国现行的出口控制法律具有民族主义和国家主义特征:一方面,国内文化财产市场受到严格的管制,绝大多数文物被限制出境;另一方面,个人因国家限制而遭受的损失将由当事人自我承担,国家不给予补偿。在封闭的市场中,通过国家所有以及强化行政执法等方式,或许可以保证国家持有大部分文化财产资源。但在国际经济交往日益频繁和深化的现代社会,民族主义和国家主义思路因国际贸易法和国际人权法的迅速发展而受到质疑。虽然国际法的软肋在于可强制执行性,但不能不注意到的一个现象是,一国要与其他国际法主体保持正常的政治、经济和文化关系,必须承担相当高昂的成本,而遵守国际法的基本原则、规则是降低此类交往成本的最佳手段之一。

除国际社会的压力之外,一国经济的发展、民智的开化以及个人权利意识的觉醒也会形成强大的内部动力来催生变革。有据于此,中国文化财产出口控制法律的改进可以分为两种类型:被动改进和主动改进。

(一)被动改进

一国文化财产出口控制的法律之所以出现被动改进之情形,源于这样一个简单的事实:一旦文化财产越过资源国边境,则资源国的行政执法权限将受到严格限制。因此,为保护文化财产,必须寻求国际合作。有鉴于此,中国与1989年和1997年分别加入了1970年UNESCO公约和1995年UNIDROIT公约。

加入国际公约、寻求国际合作仅是扩大本国出口控制法律域外效力的第一步。1970年UNESCO公约和1995年UNIDROIT公约仅仅为国家之间的合作搭建了基本的框架,相关条款在被请求国内并无直接适用的效力,国家间的具体合作程序和实体权利义务关系仍有赖于双边条约以及被请求国国内法实施公约的相关规定。当前,在这一领域,较为成功的合作范例是中美两国政府之间于2009年签订的《对旧石器时代到唐末的归类考古材料以及至少250年以上的古迹雕塑和壁上艺术实施进口限制的谅解备忘录》(以下简称"中美备忘录")。该备忘录的国际法依据为1970年UNESCO公约,国内法依据为美国1983年《文化财产公约实施法》(以下简称CPIA)。CPIA是1970年UNESCO公约在美国的实施法,该法授权美国总统在其他缔约国提出符合条件的请求时,对来自该国的文化财产实施进口限制。在具体操作层面,其他缔约国应向总统文化财产咨询委员会提出请求,由该委员会根据如下4项标准进行审查,以确定是否给予协助:[1]

(1)请求国的文化遗产的确因为考古材料被掠夺而处于危险之中;

---

〔1〕 19 U. S. C. 2602(a)(1).

(2)请求国已经采取措施来保护保护其文化遗产;

(3)美国的进口限制,无论是单独限制还是和其他市场国家采取一致行动,将实质性地制止劫掠文化财产的严重后果;

(4)进口限制将促进相关国家之间进行文化财产交流,以促进科学、文化和教育等目的。

由于"中美备忘录"中的文物有严格的年代限制,因此,相关请求所针对的文物必须是唐末即公元907年以前形成的考古材料;或者是250年以上历史的中国古迹雕塑品和壁上艺术品。与中国《文物保护法》所涵盖的出口控制对象相比,上述可得到保护的文物的范围显然有限。这表明,尽管中国《文物保护法》所涵盖的文化财产范围非常广,但只有比较少的一部分才能够得到他国的承认。对于这批得到他国承认的文化财产,一旦非法出境,相关进口国将按照有关文化财产保护公约的规定予以截留和返还;而对于那些不能够得到他国承认的文化财产,一旦非法出境,相关进口国则按照有关自由贸易公约的规定,可以自由交易。

就中国而言,这样一种只有小部分文化财产得到保护、大部分文化财产得不到保护的局面显然有待改进。然而,如果跳出出口国国家利益这一单方思维框架,可以发现,"中美备忘录"是一个出口国和进口国、文化财产所有人与政府之间进行利益博弈的一个结果。正是存在这样一个利益博弈,这样一个国际法框架,才使得中国出口控制法律不至于过于极端,以至于将文化财产的"保护"变成纯粹的"保留"。当然,承认和赞同国际协调的功能并不意味着承认和赞同相关协调的最终结果,但通过相互协调显然是促进共同利益的最佳手段之一。

(二)主动改进

个人所有权所表征的个人利益与国家管制所表征的公共利益之间产生冲突实属正常,如果认为个人利益具有无可置疑的优先动力,则国家将丧失推进社会变革的能力;反之,如果认为公共利益可以取代个人利益，则会侵蚀社会得以存续的基础。[1] 理论上，国家对个人所有的文化财产可采取五种限制模式：完全国有化、禁止出境、限制性许可、非限制性许可和自由贸易。完全国有化、禁止出境以及限制性许可三种模式侧重于国家公共利益的维护，具有国家主义倾向；而非限制许可和自由贸易侧重于个人利益的满足，具有个人主义倾向。

在不存在相关国际公约约束的情况下，一国如何对待本国国民的文化财产是一个纯粹的国内法事项，除特殊情况之外，其他国家及国际社会无权干涉。然而，这并不表明一国政府可以任意地对个人所有文化财产进行处置。换言之，在对个人所有文化财产进行规制时，政府不仅应当证明规制目标的正当性，还应选择适当的规制手段。当前，中国对于个人所有文化财产似乎更为注重"保留"这一目标。但问题在于，该目标的重要性如何？是否存在更为重要的目标有待追求？此外，即使"保留"是一个可以正当化的目标，当前所采取的国家主义限制措施是否就是达成该目标的适当手段？即是否存在其他同样可以达成目标，但对国际贸易和个人财产权影响更小的手段？

相关目标的确定、手段的选择以及目标和手段之间关系的评价是一个极具语境性的话题，本书难以对之进行抽象分析。实际上，即使在抽象层面获得逻辑上的自洽性，该套抽象法则能否解决实际冲突进而具有伦理意义仍有待考察。就文化财产出口控制而言，相关控制措施是否合乎现有法律体系的逻辑固然重要，但唯有在具体的立法或司法的过程中，通过结合具体利益诉求和案情进行分析才能获得大致妥当的结果。

问题在于，按照中国现行的法律制度，只有立法以及授权立法才能确立出口控制的目标和相应的限制手段，在具体的诉讼中，法院无权对目标和手段进行合法性和合理性审查。由此造成的后果是，文化

---

〔1〕 参见彭岳：《国际投资中的间接征收及其认定》，载《复旦学报》（社会科学版）2009 年第 2 期。

财产利益相关者可以通过立法层面的"革命"维护自身利益,但不能通过司法层面的"改革"来推进相关制度的完善。这种"一旦确立即免于质疑"的道德主义立场很难以适应社会发展的需求。考虑到立法变动成本高昂,而司法体系又是个人唯一能够启动的国家机器,从维护个人权利,限制国家权力扩张的角度考虑,归根结底,文化财产出口控制法的改善仍有赖于规制机构权力的自我抑制和司法审查权限的适当扩张。

第六章　文化财产进出口的法律规制

第一节　文化财产出口管制的法律模式

各国对文化财产实行贸易管制的最广泛形式就是出口控制。随着近50年来文化财产的非法出口活动的日益加剧,到了21世纪初,对文物的出口禁令与管制措施开始为各国广泛采用。如今,几乎世界上所有国家都对文化财产的出口采取了各种不同程度的限制或管制措施。根据国家采取出口管制措施的宽严程度不同,可以将文化财产的出口管制制度大致分为三种模式类型。

一、基本上禁止文化财产出口:以中国为例

中国是以禁止文化财产出口为主、以许可文化财产出口为辅的典型国家,这主要是由于中国历史上长期处于文化财产来源国地位且文化财产

流失严重。2009年文化部和海关总署联合颁发了《美术品进出口管理暂行规定》,该暂行办法的目的是"加强对文化财产进出口经营活动、商业艺术作品展览活动的管理,促进中外文化交流,丰富人民群众的文化生活"。该规章适用于各种绘画作品、书法、雕塑、摄影、装饰的进出口,以及受许可的数量在200件以内的复制品,但不包括文物和工业化生产的文化财产。由此可见,中国一直没有放松对文物的出口管制。

(一)受出口管制的文化财产

2007年4月国家文物局公布了新修订的《文物出境审核标准》,原1960年开始施行的《文物出口鉴定参考标准》同时废止。《文物出境审核标准》设定了出口管制的标准线。第3条规定,本标准以1949年为主要标准线。凡在1949年以前(含1949年)生产、制作的具有一定历史、艺术、科学价值的文物,原则上禁止出境。其中,1911年以前(含1911年)生产、制作的文物一律禁止出境。第4条对少数民族文物设定了特殊标准线,规定少数民族文物以1966年为主要标准线。凡在1966年以前(含1966年)生产、制作的有代表性的少数民族文物禁止出境。

(二)出口管制的类型

中国对文物出口采取的是许可证管理。《文物保护法》第60条规定,国有文物、非国有文物中的珍贵文物和国家规定禁止出境的其他文物,不得出境;但是依照本法规定出境展览或者因特殊需要经国务院批准出境的除外。第61条规定,文物出境,应当经国务院文物行政部门指定的文物进出境审核机构审核。经审核允许出境的文物,由国务院文物行政部门发给文物出境许可证,从国务院文物行政部门指定的口岸出境。任何单位或者个人运送、邮寄、携带文物出境,应当向海关申报;海关凭文物出境许可证放行。

(三)文化财产的国有化

关于国有化措施的规定见之于《文物保护法》第5条的规定,即:

文物的中华人民共和国境内地下、内水和领海中遗存的一切文物，属于国家所有；古文化遗址、古墓葬、石窟寺属于国家所有；国家指定保护的纪念建筑物、古建筑、石刻、壁画、近代现代代表性建筑等不可移动文物，除国家另有规定的以外，属于国家所有；对于可移动文物，中国境内出土的文物，属于国家所有，国家另有规定的除外。

（四）违反文化财产出口管制的惩罚和制裁

对违反文化财产出口管制的相关行为，《文物保护法》确立了刑事责任、民事责任和行政责任。《文物保护法》第 64 条规定，走私文物，构成犯罪的，依法追究刑事责任。第 65 条规定，违反《文物保护法》，造成文物灭失、损毁的，依法承担民事责任。对构成走私行为，尚不构成犯罪的，由海关依照有关法律、行政法规的规定给予处罚。

二、有限制地禁止文化财产出口：以英国为例

（一）两套并行的出口许可体系

英国作为欧盟成员国，当前在英国存在两套并行的文化财产许可制度：一套是英国国内法下的许可制度，另一套是欧盟法下的许可制度。这两套许可制度适用的审查原则是统一的。根据该审查原则，除非（1）根据威弗利标准该文化财产具有突出重要性，且（2）没有适当购买人能够把文化财产保留在英国境内，应允许文化财产的出口。

早期的英国出口管制立法是 1939 年《进口、出口和海关权力法案》及“二战”时期的紧急立法，后为 2002 年《出口管制法》所取代。2003 年《文物出口法》于 2004 年 5 月 1 日生效。该法第 2 条规定，从制造或生产日期起至出口日为止超过 50 年的文物出口都要接受出口管制，除非某些特殊物品如邮票、个人文件或出口者自己制造的物品等。为降低出口方的负担，政府签发了许多开放式许可证，允许某些特殊种类物品的出口人无须从文化、媒体和体育部申领个别许可证即可出口。开放式许可证分为一般开放式和个别开放式。一般开放式出口许可证为某些类型的物品设定了价值门槛，适用于所有符合条件

的出口商;个别开放式许可证适用于需要出口的个别出口商。

欧共体关于文物出口的第3911/1992号规章于1993年4月1日生效。该规章对向欧盟关税区之外出口某些文物规定了统一的许可证制度,并把文物的保护作为其宗旨之一。出口这类文物要求文物所在的成员国适格当局签发许可证,许可证在欧盟境内有效。规章要求适格当局在签发许可证前确认,该物品合法地从另一成员国进口,或从第三国进口,或从一成员国合法地出口至第三国后又从该第三国进口。对考古学和科学意义不大的考古物品不适用许可证制度,前提是其在市场中的出现必须合法。但若考古物品是在成员国境内挖掘、发现的产物,则仍需要适用许可证制度。

(二)威弗利标准

如前所述,威弗利标准[1]是判断英国的文化财产能否出口的核心标准。该标准的主要内容是:文物(1)是否与历史以及国民生活的联系非常紧密,以至于出口对英国是一个巨大损失;(2)是否具有突出的美学重要性;(3)是否对艺术、知识性学科或历史分支学科的研究具有突出意义。

文化财产出口审查委员会在1988~1989年的年报中对威弗利标准作了进一步解释如下:[2]

第一个标准是,文物是否与历史以及国民生活联系非常紧密,以至于其出口对英国是一个巨大损失。这一标准设计的初衷是要针对阿尔弗雷多宝石(Alfred Jewel)这样的文物,但根据上下文解释时可以认为,第一条标准包括对当地历史具有重要意义的物品、构成最重

---

〔1〕 Waverley标准以John Anderson——第一任Waverley子爵命名。他在1951~1952年间担任一个与文化财产出口政策有关的委员会的主席。他所主持的委员会1952年提出一项重要的出口政策,即政府在拒绝某个文物出口的同时,应确保该文物的所有人能够以公平价格出售其文物。委员会的提议很快被通过,并随即形成了围绕这一目标的三个具体判断标准。

〔2〕 See Vivian F. Wang, "Whose Responsibility? The Waverley System, Past and Present", *International Journal of Cultural Property*, 15, 2008.

要的历史收藏的组成部分的物品以及与重大历史事件有关的物品。

第二个标准是,文物有突出的美学意义。判断物品是否具有突出的美学意义没有确定的指导性标准,但我们不能对这一标准做限制性解释,认为只有伟大的画作或雕塑才有突出的美学意义。试举一例,我们可能认为一个无名的精美烛台和普桑的名画同样都满足这一标准。至于著名艺术家的作品,我们认为通常名家的作品都满足"突出性"标准。在判断时我们还要考虑作品的保存条件和修复情况。

第三个标准是,是否对艺术、知识性学科或历史分支学科的研究具有突出意义。几乎所有文物都可以置于这个标准之下进行审查。因此我们要尽可能严格地适用这一标准,所选出来的文物应对研究具有重要意义,而不仅是能引起研究兴趣。

(三)出口审查体系

文物出口商提出出口申请后,由英国文化、媒体和体育部指定一位专家顾问对申请进行审查。专家顾问从博物馆或艺术馆的工作人员中选取。如果专家顾问反对出口,文化、媒体和体育部则把申请提交到审查委员会。

审查委员会通常每月举行一次常规会议审查专家顾问提交的案件。审查委员会的任务是决定被审查文物是否满足威弗利标准。如果审查委员会确定文物满足威弗利标准中的一项或几项,需为该文物确定一个公平市场价格。审查委员会接受案件后,出口申请方和专家顾问会受邀提出主张,提出支持文物留在英国或出口至外国的理由。所有主张在委员会审理案件前会散发给所有相关当事方。申请方可以提出其他授予许可证的主张,这些主张和审查委员会提出的总体性建议一起提交给部长。

审查委员会审理案件需要至少 4 名成员参加。除委员会成员,每个案件还需从相关专业领域选出三名独立技术顾问。独立技术顾问在审理案件时与审查委员会成员具有同等地位,享有相同的投票权。

英国文化、媒体和体育部官员及一位律师需在场对审查委员会提出建议。审理案件时，专家委员会、专家顾问和出口申请人同坐一席。通常文物会被带至会议现场，但若物品太大或为易碎物品，则由审查委员会前往文物所在处参观。出口申请人和专家顾问都有机会补充书面陈述并向对方发问。审查委员会可以对双方就事实问题提问。审理结束后，审查委员会请各方退场，就文物是否满足威弗利标准投票。如果多数票认为文物满足威弗利标准，审查委员会会建议国务大臣确定一段时间的延期，以使潜在购买方能够以公平市场价格提出购买要约。

三、有限制地允许文化财产自由出口：以瑞士为例

文化财产来源国被掠夺和被盗的文化财产很大一部分走私到瑞士，瑞士被称为文化财产非法交易的“便利市场”。除此之外，瑞士还是第五大国际文化财产市场。可见，瑞士是一个典型的文化财产市场国，瑞士历史上一直没有一部联邦立法对文化财产的转移做出规制。

2005 年 6 月 1 日，《瑞士关于文化财产国际转移的联邦法》生效（以下简称《文化财产转移法》），填补了相关领域的空白，该法的制定主要是为履行瑞士在联合国教科文组织 1970 年 UNESCO 公约下的义务。2003 年，瑞士成为 1970 年 UNESCO 公约的缔约国，《文化财产转移法》执行了该公约的最低标准。

瑞士《文化财产转移法》主要从瑞士文化财产市场国的地位出发，就瑞士承认与执行联合国教科文组织其他缔约国的出口管制法确立了一系列规则，但也含有少量的瑞士文化财产出口的法律规定。

（一）文化财产的登记制度

《文化财产转移法》确立了文化财产的联邦登记和州登记两套体系。《文化财产转移法》第 3 条规定，对文化遗产具有重要意义的联邦文化财产应在联邦进行登记。登记所产生的法律效果是：(1) 文化财产的取得不适用逆权侵占制度和善意取得制度；(2) 返还请求不受

诉讼时效限制;(3)禁止从瑞士确定性(非临时性)出口。联邦设立专门机构管理文化财产的联邦登记制度,建立电子数据库并向社会公开数据库内容。

关于文化财产的州登记制度,《文化财产转移法》第4条规定,未简化边境检查手续,管理文化财产出口的联邦各州可以连接联邦数据库:(1)登记州文化财产;(2)登记私人所有的文化财产,但要经该所有人同意。各州可以宣布他们所登记的文化财产不能通过逆权侵占制度或善意取得制度取得;或返还请求不受时效限制。

(二)文化财产的出口许可

在联邦登记的文化财产从瑞士出口需要获得专门机构的授权。若满足以下条件可获得授权:(1)文化财产是临时性出口;(2)为研究、保护、展览或类似目的而出口。

由上可见,《文化财产转移法》没有授权联邦机构限制私人所有的文化财产出口或其他权利行使,也没有采取任何国有化措施,如规定文物是瑞士民族文化遗产的一部分。瑞士联邦可以登记联邦所有的对文化遗产具有重要性的文物,并可禁止这类文物从瑞士的永久性出口,但登记不适用于私人所有的文物。

此外,各州可以在其管辖领域内管制文化财产的出口,建立受保护文化财产的登记。但该法同时规定,私人所有的文化财产未经所有权人同意不得登记。可见,《文化财产转移法》没有授权主管当局对私人所有的文化财产在未经所有权人同意的情况下限制出口或限制采取任何处置措施。文化财产的所有权人能够占有、销售、出口、再进口、借出和抵押文化财产,而不受征收或类似政府干预的威胁。[1]

---

〔1〕 See Marc Weber, "New Swiss Law on Cultural Property", *International Journal of Cultural Property*, 13, 2006.

第二节 文化财产出口管制的实施与效果

一、文化财产出口管制措施的实施

(一)禁止与限制出口措施

尽管国家普遍认为,应对文化财产的出口采取限制措施,但具体态度和手段方面仍存在分歧。有些国家采取完全的贸易禁止出口措施,旨在把所有的文化财产都保留在国内。其他国家更重视筛选过程,试图在各个文化财产或各类文化财产中作出区分,把一些保留在国内,另一些允许出口。

贸易禁止出口多是发展中国家采取的管制措施。他们通过立法禁止受保护文化财产的出口,而对受保护文化财产界定的范围非常宽,几乎囊括了当代艺术品之外的所有文化财产。[1] 虽然这些国家也同时采取许可证制度,规定经批准出口的文化财产可以获得许可证,但却几乎从未授予过许可证。贸易禁止出口可以通过立法明确规定或通过行政实施达到类似效果。贸易禁止出口是文物或考古材料丰富的国家居支配地位的政策手段,这些国家集中在地中海区域、中东和中南美洲。

筛选通常通过出口许可证体系实施。筛选体系背后的政策与理念各有不同。有些是要达到贸易禁止出口的效果;有些是要限制出口,只允许"不重要"的物品或复制品出口;与之相对处于另一极的筛选理念是只禁止具有特殊重要性的文化财产出口。[2]

在一些国家,法律明文规定的贸易禁止出口和出口筛选制度同时

---

〔1〕 其中一些规定当代艺术品可以出口,另一些则不允许任何"文化物品"出口。也有的把所有具有"历史、美术或科学意义"的可移动物品都包括在立法禁止的范围之内。

〔2〕 英国和日本是其中的代表。

并存。法国和日本规定对极端重要的艺术作品进行分类或登记，这些是不允许出口的，其他艺术品区分情况决定是否授予出口许可证。[1]另一些国家对不同种类的艺术品提供不同程度的保护。如，在墨西哥，前哥伦比亚时期的出土文物不允许出口，殖民统治时期的建筑物可以区分情况授予出口许可证。

大多数要求出口许可证的国家，无论许可证是对部分文化财产还是对全部文化财产适用，都拥有绝对的拒绝授予许可证的权力，即对文化财产的所有人不提供补偿。通常，这种许可证制度会和优先权制度并用，国家有权为自己或公共机构优先购买某件文化财产。[2]

英国和加拿大未规定政府拥有拒绝授予许可证的绝对权力。只有在短期内公共收藏机构以市场价格提出善意购买文化财产的要约，政府才可以永久拒绝给予许可证。这种做法和优先权有区别。在该种制度下，文化财产所有人不是必须出售该物品，他也可以选择自己保留文化财产。只有公共机构提出购买要约政府才可以永久禁止该文化财产出口。

除直接管制外，税收刺激也是调整文化财产出口的重要手段。英国、加拿大和日本的文化财产法都有税收刺激制度，规定向政府或公共机构捐赠、出售或遗赠文化财产的个人可以获得税收利益。在日本，向政府或国家博物馆捐赠或遗赠艺术品可以享受100%的税收减

---

〔1〕 在法国，所有的艺术品、家具和考古材料在获得出口许可证之前都要接受检查。仍生存的艺术家创作的作品，或1920年之后创作的作品不需要申请许可证就可以出口，但出口前必须接受检查以确保其属于该类。1920年之前创作的艺术品、生产的家具或100年以上的文化财产和考古材料没有许可证不允许出口。许可证的颁发是常规性的，除非艺术作品特别重要。如果文化财产对国家具有重要意义，国家可以行使优先权或撤回出口许可证。此外，属于国宝级的文化财产应进行“分类”标识，并禁止出口。

〔2〕 在法国，政府可以自申请出口之日起6个月内以出口方宣布的价值购买该物品。在意大利，优先权必须在申请出口之日起两个月内行使。在马来西亚，政府可以通过向所有人支付市场价格获取任何申请出口的文化财产。

免。遗赠还可以免予征收不动产税。向政府或国家博物馆出售文化的所得同样也可以享受免税待遇。

（二）文化财产出口证书

文化财产出口证书在对文化财产的进出口管制中发挥着重要作用，1970 年 UNESCO 公约和 1995 年 UNIDROIT 公约都提到了发展文化财产出口证书的重要性。基于此种考虑联合国教科文组织和国际海关组织在 2005 年共同创设了文化财产出口证书的范本。证书范本旨在促使本国没有“适当”文化财产证书的国家采用该范本，通过形成一套统一的国际标准服务于海关工作。

文化财产出口证书范本有其优势所在，它确保了任何海关关员，不论其母语如何，都可以在证书的相同位置找到同种信息。文化财产出口证书连同其他领域的一些技术手段如语言工具等有助于对文化财产进出口实施更严密的控制，并降低伪造证书或授权的风险。文化财产出口证书范本是在专家参与下形成的，这有助于证书范本突破国家的偏见，从而获得各国的广泛承认和采纳。

（三）出口许可手续

每一个国家对属于其民族的文化财产都保持着某种程度的管控。文化财产从国内出口要得到出口国的授权许可，各国规定的应受管制的文化财产范围不同，出口证书要求也不同。在法国，如果文化财产超过了法律确定的最低门槛，其出口就要获得出口证书，文化财产的年代不同，出口证书的有效期也不相同。年代在 100 年以上的文化财产的出口证书无限期有效，其他文化财产出口证书的有效期为 20 年。另一些国家只签发有限期限的出口授权，比利时签发的出口授权的有效期是 1 年，意大利是 3 年。在英国，专业人士在出口某一类文化财产时能取得“开放性的一般出口许可证”，而不必就每一件文化财产的出口分别取得许可证。在意大利规定，在提交申请后 40 天内应颁发文化财产自由流动许可证。在英国，获得出口许可证需要等待 2 个月至6个月。[1] 在法国，文化财产出口许可证必须在提交申请后4个月内颁发。

出口手续的办理通常不是由买卖双方办理，而是由运输方承担。运输方根据客户提供的信息办理各种进出口文件。文化财产所有人虽然是遵守进出口规章的责任人，但却对相关立法知之甚少。法律上的责任人缺乏文化财产进出口立法的相关信息。[2]

1. 运输方办理出口手续

大多数情况下出口手续特别是出口许可证手续会授权给运输方办理。换言之，运输方在出口手续的办理中发挥着关键性作用。运输方还要填写出口许可证表格，向海关提交出口申报，以及提交文化财产出口许可申请。为完成这一职责，他们需要向客户了解办理出口文件所需的各种信息：居住证明文件、身份证、购买发票、销售发票、接收地/目的地、文化财产的数据表、出口许可证复印件、保险和照片。如果不能获取必要的信息和文件，或获取的信息和文件存在明显可疑点，运输方就会拒绝提供运输服务。通常运输方不会从形式上确认客户提供信息的真实性，也不会访问被盗文化财产数据库。运输方获得授权后，通常要对所提交文件的内容负责。拍卖行等专业机构因此把向被授权的运输方追索视为一项额外的保证。

2. 由拍卖行或艺术品中间商办理手续

除运输商以外，拍卖行基于商业的考虑通常也提供办理出口手续的服务。如在法国，拍卖商拍卖的文化财产如果超过办理出口手续的门槛要求，他们会承担办理出口证书的责任，以使文化财产能够达到国际市场上的应有售价。此外，对客户购买的文化财产，他们还会承

---

[1] M. Cornu, "Protection of Cultural Property and Circulation of Cultural Goods", *Study of Comparative Law Europe/Asia*, September 2008.

[2] "Analysis of Structures and Mechanisms for Disseminating the Data Which Authorities Require to Ensure that the Directive on Cultural Property is Being Enforced", See 2004 Report WCO and 2007 Report WCO.

担办理运输手续的责任。某些知名拍卖行已建立内部运输部门，专门负责办理和受托文化财产有关的进出口文件。艺术品中间商偶尔也会代表买方客户承担办理手续的责任。博物馆也会代表自身或向其出借文化财产的收藏者办理出口手续。

遵守文化财产进出口管理法规归根结底是文化财产所有人的义务。在法国，志愿服务公司职业道德准则规定，该类公司有义务建议购买人遵守文化财产进出口法规。销售的一般条件和拍卖行为买方准备的信息单强调，"取得进出口许可证是购买方的责任"。拍卖行要求其客户签署一份声明，保证来自国外的文化财产已经获得了必要的授权，因此是合法进口的。

二、文化财产出口管制的效果分析

（一）禁止文化财产出口的效果分析

尽管各国普遍采取了文化财产的贸易管制措施，但文化财产的非法贸易却广泛存在。大量文化财产非法贸易是由于出口违反了出口国的贸易管制措施所致，这种非法出口情形的大量存在证明了当前的出口管制措施效力有限。

在市场上对某类文化财产存在广泛需求的情况下，绝对禁止该类文化财产出口必然成为无效之举。起作用的有两个相关因素：一是贸易禁止出口的结构会产生反作用力；二是贸易禁止出口实施上存在困难。

文化财产非法国际市场之所以兴旺，是因为出售方和购买方都认为别无选择，在经济刺激的推动下只能进行非法贸易。先从出售方的角度来看。在很多文化财产的来源国国内不存在合法的私人交易市场。即使存在合法的私人交易市场，价格也只是国际市场的零头。文化财产的合法所有人若要出售该文化财产，往往选择在非法市场中进行。如果文化财产的所有权存疑，出售方遇到的问题就更复杂了。

如果遵守国家的管制法令个人得不到任何好处，他就会选择在黑市中出售文化财产，购买方通常不询问任何问题就会慷慨出价购买。文化财产然后通过私下交易消失，出现在国外。

再从购买方的视角来看。对于意欲获取某种文化财产的外国人，也存在一个简单的逻辑：通过合法渠道获取某种文化财产的困难度越大，在黑市中获取该种文化财产的需求就越强。对某一类文化财产的贸易禁止出口措施越多，在非法市场中潜在的购买方数量和资金量也会相应增加。简言之，黑市就是稀缺性的产物。购买方宁可背上非法出口的恶名，承担风险，因为对他来说似乎别无选择。如果合法的出口得到许可，非法出口市场就会自动萎缩。

文化财产的禁止出口还有一个致命缺陷：禁止出口的范围越广，有效执行的难度越大。众所周知，禁止走私是一项高成本的、困难重重的工作。禁止的范围越广，执行的成本越高、难度越大、有效性越低。首先，这种制度很容易受到腐败的侵蚀。其次，由于贸易禁止出口对个人的干扰，使其容易面临大众的抵触。

（二）有选择的出口管制的效果分析

如前所述，大多数的贸易禁止出口效果有限，但有选择地出口管制是行之有效的，英国和日本是成功的例证。从中可以分析出口管制有效性的几个因素。

在英国，所有的艺术品出口都要申请许可证，除非艺术品（1）进口至英国的时间不超过50年；或（2）制作的时间不超过100年；或（3）价值不超过4000英镑。出口许可证的申请首先要经“专家顾问”审核。如果专家建议拒绝给予许可证，案件会被提交给一个行政机构——审查委员会，审查委员会审查的事项如下：（1）物品与英国的历史、国民生活联系程度如何，该物品的出口是不是国家的一项巨大损失；（2）该物品是否具有突出的美学重要性；（3）该物品对艺术或历史学分支学科的研究是否具有突出意义。

该审查委员会的报告表明，在其运作的最初26年内，委员会审理了275个案件,其中180个案件最终决定不给予许可证。但拒颁出口许可证只能是暂时的,除非公共博物馆或收藏机构提出以市场价购买该物品。因购买资金有限,最终只有重要的作品能够保留在国内。审查委员会也在抱怨因购买资金不足导致国内文化财产流失。[1]

在日本,极端重要的文化财产会被指定,一旦被指定,这类文化财产就不再能出口。据估计,被指定为极端重要的文化财产不超过1000个。其他文化财产经申领许可证可以出口,许可证是自由授予的,除非文化财产可能成为"注册"物品。英国和日本非法出口的文化财产的案件与数量较少,这与英国和日本的文化财产贸易管制体系的设置和运作效率有关。因此,需要对这两个国家的文化财产贸易管制体系的特征进行简要分析。

首先,英国和日本都制定有把文化财产保留在国内的激励措施,这在一定程度上缓解了对出口管制体系的压力。这两个国家都允许并尊重私人收藏,一个富有生机的国内文化财产市场可以和国际市场形成竞争关系。公共机构同时也购买文化财产,税收优惠措施的存在促使私人把文化财产捐赠或遗赠给公共机构。在英国,竞买制度确保文化财产所有人被拒绝出口不会遭受任何经济上的损失,从而消除了走私文化财产的动机。日本没有类似的竞买制度,但指定极端重要的文化财产,被指定的文化财产因数量较少,财产所有人会把拥有这些财产视为一种荣誉,不存在出口至国外的动机。

其次,外国市场的需求得到满足也能很大程度上缓解从英国和日本非法出口的压力。从这两个国家合法出口的各种文化财产的数量很多。从中似乎可以得出一个结论,出口限制措施的适用范围要足够窄才能有效运作。保留文化财产的最好方法就是让大部分自由流动,只把那些因出口流失严重的民族文化珍宝运用管制措施

〔1〕 See Vivian F. Wang, "Whose Responsibility? The Waverley System, Past and Present", *International Journal of Cultural Property*, 15, 2008.

保留在国内。[1]

最后,两个国家出口限制措施的范围都足够窄,这就保证了执行上的有效性:行政资源集中于控制一小类特定物品的出口,比试图控制所有文化财产的出口更有效。

不过也应看到,英国和日本的出口管制体系也导致了很多艺术珍宝合法地出售至境外。在英国,一些人开始抱怨民族文化财产正在枯竭,这些不满可分为两类:(1)因为筹到的竞买资金不足,具有重要意义的作品也在流出英国;(2)大量的文化财产因不具有重要意义而自由出口,但其历史学、美学意义却很大。据称很多英国皇宫和著名建筑中的家具和画作逐年减少,这固然满足了外国市场的需求,但这部分文化财产不应保留在国内吗?[2]

文化财产的贸易管制体系要有效运作必须具有选择性,贸易管制措施只能针对一些具有特殊重要性的民族文化珍宝。英国文化财产法中的竞买制度对文化财产所有人来说是公平的,消除了非法出口的动机。但该制度只有在有竞买资金阻止出口时才能发挥作用。

英国和日本的文化财产贸易管制体系的有效运作值得借鉴,但这种模式能否推广至其他文化财产来源国?有选择的贸易管制体系在一个稳定、有组织和守法的社会中能发挥作用。英国和日本都属于富裕国家,公共机构和私人收藏者有足够的资金支撑起国内文化财产市场。这两个国家都有完善的权利体系和高度有组织的艺术品市场。英国和日本的文化财产一般都是人所"拥有的",而非"发现的",只有很少一部分存在产权争议。因此,遵守国家的出口管制制度、申请许

---

〔1〕 印度的例子也许可以从反面证明该结论的正确性。当印度王公遭废弃之时,大量的私人收藏流向各地。印度政府禁止所有的这类文化财产出口。但结果却事与愿违,许多藏品仍然秘密地非法地流散至国外,约有超过2000幅画作的收藏大部分都流散至国外。无论是从文化财产保护的角度还是从经济效益的角度考虑,印度政府都应购买其中一部分真正重要的作品,允许其余作品以合法方式出售至境外,或由政府先把整个收藏购买下来,再选出相对不重要的作品出售。

〔2〕 Binney,"Saving Art for the Nation",*Country Life*,163,1978.

可证没有什么法律上的麻烦或经济上的损失。

对于可能成为被掠夺对象的文化财产，实践已经证明，贸易禁止出口几乎达不到预期效果，大规模的走私仍将继续存在，来源国是否仍应全面禁止该类文化财产的出口？这个问题不易回答。但根据前面的分析，比较合理的选择是缩小出口控制的范围，只关注具有特殊重要性的物品。在资源有限的情况下，防止掠夺的资源应该用于何处？加强对考古地址和建筑物的保护显然比出口环节的检查更有效。

20 世纪 70 年代初，埃及政府考虑在伦敦拍卖市场中出售成千上万的复制艺术品，这些艺术品因对埃及意义不大而堆放在博物馆的地下室或政府办公室中。但民间立即响起“埃及的民族文化瑰宝正在流失”诸如此类的论调。埃及政府无奈只得放弃这一明智之举，正是长期的贸易禁止出口理念让埃及政府对此不得不予以放弃。[1]

第三节　进口国对文化财产的进口管制

对文化财产的进口禁止和出口禁止在结构上存在多方面的差别。出口禁止代表的是一国单方面的判断，完全由出口国决定哪些文化财产不能离开其国境。但对文化财产的进口禁止措施却不代表进口国的自主判断，而是依赖于对另一个国家相关情势的判断：文化财产是否是从另一国盗窃的，或文化财产的出口是否得到另一国的许可，由此决定是否对文化财产采取进口禁止措施。

对文化财产的进口控制不像出口控制那样依赖海关执行。非法进口的文化财产即使越过进口国边境出现在博物馆或交易市场上，其性质不会发生改变而仍属于走私物，进口国可以将其没收并送返。另外，来源国的出口管制却极为依赖边境执行，一旦文化财产出境，出口

---

〔1〕 See “Vast Store of Antiquities to be Sold by Egyptians”, *N. Y. Times*, June 4, 1969.

国能否再次控制该文化财产完全取决于进口国的配合。

一、进口国的文化财产进口管制制度:以瑞士为例

(一)进口管制立法背景与基本模式

如前所述,在2003年瑞士成为1970年UNESCO公约的成员国后,2005年6月1日,《瑞士关于文化财产国际转移的联邦法》生效(以下简称《文化财产转移法》)。该法执行了1970年UNESCO公约的最低标准,其内容包括了对文化财产的出口管制与进口管制两个方面。因为瑞士不是欧盟成员国,欧盟1993年3月生效的93/7/EEC号《关于非法从成员国领土转移的文化物品的返还规章》不适用于瑞士。

由于外国的出口禁令属于公法性质,在瑞士国内法院不可执行。这一状况在1993年欧盟《规章》通过后发生了改变,但只限于欧共体的成员国。如今外国出口管制立法在欧盟成员国间相互被承认和执行。位于一欧盟成员国境内的从另一欧盟成员国非法出口的文化财产必须返还。非法出口文物在一成员国境内的销售不能阻止请求国提出返还请求。如果购买方处于善意,提出返还请求的国家应为购买人提供补偿。

1970年UNESCO公约要求成员国采取立法和执法手段防止文化财产的非法贸易。各国在执行该公约义务时存在两种不同模式:加拿大模式和美国模式。加拿大模式下,加拿大不需要和其他公约缔约国订立双边协议,任何从另一缔约国非法出口至加拿大的物品都会返还给该国。在美国模式下,文化财产的返还需要美国和请求国之间订立双边协议。一般而言,协议会把受保护物品分成几类。以美国和意大利之间订立的双边协定为例,产生于公元前9世纪和公元后4世纪之间的艺术品才受到进口限制。至于协议中包括哪些物品取决于双方的谈判。

瑞士采取的是美国模式,这意味着其他缔约国的文化财产要获得

瑞士法的保护，必须先和瑞士签订双边协定。《文化财产转移法》确立了四项目标：(1)保护瑞士文化财产不受盗窃和非法出口；(2)返还非法进口的外国文化财产；(3)对从外国借贷的艺术品提供归还保证；(4)在艺术品贸易中承担注意义务。

根据《文化财产转移法》第2条第1款，文化财产被界定为"在宗教和广泛领域具有考古、史前、历史、文学、艺术或科学意义且属于1970年UNESCO公约第1条界定下的各类重要财产"。文化财产是否在一国登记过，是否在一国的出口管制下或受到其他方式的保护在所不问。《文化财产转移法》适用于所有的私人和公共财产。

(二)瑞士境内的外国文化财产

1. 走私物品

《文化财产转移法》制定之前，外国不能在瑞士的法院提起非法出口文化财产的返还之诉，因为外国出口管制法属于公法范畴，没有域外效力。请求国如果要提起返还，必须证明对文化财产的所有权。由于在文化财产的转移上存在善意第三人制度，若文物的购买出于善意，请求国无法就走私艺术品获得法律救济。《文化财产转移法》已通过一些案例改变了这种情势。

当前，外国在瑞士提起非法出口文化财产的返还之诉获得成功需要：(1)文化财产从请求国出境是非法的；(2)瑞士已禁止该文化财产的进口；(3)请求国是1970年UNESCO公约的缔约国；(4)在请求国和瑞士之间已经根据《财产转移法》第7条和第9条缔结了关于文化财产进口和归还的双边协定。

此外，下列前提还必须得到满足：(a)协定包括的物品必须是对相关缔约国的文化遗产具有重要意义的文化财产；(b)文化财产受到相关缔约国以保护文化遗产为目的的出口管制；(c)缔约国要给予瑞士互惠。

如果瑞士采取的不是美国模式，瑞士就将返还从任何一个联合国教科文组织公约缔约国非法出口的文化财产。此外，提起返还请求之诉受到时效的限制,即必须在请求国知道文化财产处于何处及位于何人之手一年之内提起。但无论何种情况下,都不应超过文化财产非法出口30年后。

2. 被盗物品

(1)善意第三人购买

如果善意第三人被迫返还文化财产,请求国应向其提供补偿。确定补偿价格需考虑购买价格以及保护和维护文化财产的必要和有益支出。在瑞士依据外国法的规定或在外国进行的善意购买可使文化财产的所有权人丧失所有权。《文化财产转移法》对瑞士法院是否承认这种购买没有做出规定,但瑞士国际私法却对此应适用哪国法律给了明确回答。根据《瑞士国际私法》第100条第1款,动产权利的获得和丧失适用导致获得或丧失的事件发生之时的财产所在地法律,只要动产的获得与国内公共政策不冲突。

(2)法律规定

《文化财产转移法》通过之前,外国及国内被盗文化财产和其他物品并无二致。没有专门的规则适用于被盗文化财产的善意购买。所有违背所有人意志丧失的文化财产的返还请求必须在文化财产丧失后5年内提起。如果物品是通过公开拍卖获取的,或在市场上获得的,或从专卖同类物品的销售人处获得,请求人必须向前所有人支付相同价格才能获得返还。

《文化财产转移法》从不同方面改变了原有规定。第一,在联邦登记的文化财产不能通过法律规定或善意购买的方式取得所有权。第二,获得其他文化财产的时效是30年。第三,《文化财产转移法》扩大了违背所有人意志丧失的文化财产(不只限于属于联邦的财产)的归还请求;返还请求的时效是自所有人发现文化财产所处地点之后一年,最迟不得超过文化财产丧失后30年。后两条规则适用于下列文化财产:(1)联邦政府所有的未登记文化财产;(2)州政府所有的任何文化财产;(3)定居于瑞士或国外的人所有的私人文化财产;(4)位于瑞士境内、能够通过瑞士立法获得的外国文化财产。

(三)文化财产的进口

在《文化财产转移法》制定之前,瑞士不承认外国的出口管制立法,文化财产可以自由进口至瑞士。新立法通过后这种自由进口的机制基本保持不变,但要受到一些限制。

第一项限制是对被盗或违背所有人意志丧失的文化财产的转移、进口和出口的一般限制。当进口人有理由或应该有理由相信文物是被盗的时,则不能向瑞士进口该文物。

第二项限制是联邦理事会有权采取过渡性措施来保护因特殊事件发生处于危险中的文化财产。这些措施包括禁止受威胁物品进口和出口。违反这种保护型措施的出口行为是非法的。

第三项限制是双边条约的新机制。一般意义上,瑞士不承认其他国家的出口管制法。但根据《文化财产转移法》,联邦理事会有权力和 1970 年 UNESCO 公约的缔约国签订关于文化财产进口和归还的双边协定。这种国际条约旨在捍卫瑞士的文化利益和对外政策利益并保护国家所有的文化遗产。条约所涵盖的文化财产必须对相关缔约国的文化遗产具有特殊重要性。此外,物品在缔约国国内必须受到旨在保护文化遗产的出口条款的管制,并且相关国家要承认互惠。

如果文物正在从和瑞士缔结了双边协定的国家出口,进口人必须向瑞士海关证明他们遵守了原产国的出口法律。如果文物原产国的法律要求文物出口必须获得授权,出口人应向瑞士海关提交授权证书。需要明确的一点是,双边条约可能只涵盖对相关国家的文化遗产具有特殊重要性的文化财产。因此,对于达不到"重要性"标准的文化财产的进口不应实施限制。

第四项限制不像前几项那样直接,仅是要求进口人对进口履行某种"声明性义务"。不管文物是从哪国出口的,进口人必须声明文物的类型,如果属于考古挖掘物则需要提供文物的来源地信息,即文物是在哪里被发现或挖掘出来的。此外,如果文物是从 1970 年

UNESCO 公约的缔约国出口的,进口人必须声明该文物的出口不需要出口国的授权。这里所涉及的国家指 1970 年 UNESCO 公约的缔约国,而不只是与瑞士缔结双边协定的国家。

二、公约对文化财产进口管制的要求

(一)1970 年 UNESCO 公约

关于文化财产的进口管制,1970 年 UNESCO 公约第 9 条规定,本公约的任一缔约国在其文化遗产由于考古或人种学的材料遭受掠夺而处境危殆时得向蒙受影响的其他缔约国发出呼吁。在此情况下,本公约缔约国承担参与协调一致的国际努力,以确定并实施必要的具体措施,包括对有关的特定物资的进出口及国际贸易实行管制。在尚未达成协议之前,有关各国应在可能范围内采取临时性措施,以便制止对提出要求的国家的文化遗产造成不可弥补的损失。

上述第 9 条规定了临时性的进口管制措施,适用于那些因掠夺导致国家文化遗产面临危险的专门界定的考古材料,虽然未向缔约国施加采取进口限制的直接义务。按第 9 条规定,如果缔约国认为文化遗产正面临危机,缔约国承诺做出努力采取包括进口管制在内的必要措施。在某些特殊情形下艺术品的贸易引发了对考古地址的大规模破坏以至于严重威胁了全人类的文化遗产。在此情形下,进口国应通过进口管制措施来促进对这一问题的解决。

(二)1995 年 UNIDROIT 公约

国际统一私法协会 1995 年 UNIDROIT 公约是旨在解决文化财产非法贸易问题的最新努力成果。[1] 该公约对为执行来源国的出口管制立法归还非法出口的文物设立了较严格的条件,公约规定来源国需

---

〔1〕 See C. Fox, "The UNIDROIT Convention on Stolen or Illegally Exported Cultural Objects: An Answer to the World Problem of Illicit Trade in Cultural Property" 9 *Am. U. J., Int'l L & Poly*, 225, 1993.

证明文物的出境极大损害了下述一种或数种利益:(1)对文物或其内容的物质保存;(2)一件组合性文物的完整性;(3)资料的保存,如具有科学性或历史性资料的保存;(4)有关部落或社区对传统或宗教文物的使用。或证明文物对请求国具有突出的文化重要性。[1]

这里提出了一个问题,在决定是否执行来源国文化财产法应该依据什么标准评判外国的出口管制法?对此,Merryman 教授在一篇文章中解释了"现存文化的庆典物",他把此称之为"文化上的不可移动性"。对如何确认"文化上不可移动的物品",Merryman 提出了三个判断指征:(1)文物所产生的文化和信仰体系仍然存在;(2)文物被某个文化根据该信仰体系用于宗教或庆典;(3)一旦归还,该物品仍然会被用于此种用途。[2]

上文提及的英国威弗利标准也可以用来判断外国出口管制法的适当性。该标准允许广泛文物的自由贸易,只对少量具有突出重要性的文物实行出口管制。威弗利标准显然比 Merryman 教授所提出的"文化上不可移动的"标准更合适,因为多一个例外存在就会为一大批文物开个口子。试举一例,当一个毛里人离开新西兰定居加拿大时,他完全可以携带对自己有重要精神意义的传统毛里人文物。如果该文物对毛里人所属的整个部落都有重要意义,则该文物的出境应受到限制,如果已出境应根据市场国法律予以返还。

三、进口国实施来源国出口管制的问题

大多数文化财产来源国,甚至少数市场国都有文化财产的出口管制措施,但实际情况表明这些措施的运用并不是非常有效。除了出口国制度设计方面的原因外,另外的原因在于进口国的执行,特别是文

〔1〕 1995 年 UNIDROIT 公约第 5 条第 3 款。

〔2〕 See John Henry Merryman, "A Licit International Traffic in Cultural Objects" (1994) 5th Colloquium on Legal Aspects of International Trade in Art, Licit Trade in Works of Art (Vienna), pp. 23 – 24.

化财产已经出口至国外之后,进口国的进口管制制度发挥着关键性作用。

(一)新西兰奥尔蒂斯(Ortiz)案[1]

1978 年新西兰总检察长诉 Ortiz 等人一案,反映了所要探讨的进出口管制制度的适用问题。在该案中新西兰政府声称,这批珍贵的毛里雕刻艺术品是从新西兰出口的,出口时违反了该国 1962 年《历史物品法》,因此应返还给新西兰。这批雕刻艺术品为著名的瑞士收藏家乔治·奥尔蒂斯(George Ortiz)所购买,随后拿到伦敦的苏士比拍卖会上拍卖。拍卖目录中对这批物品进行了详细说明,称其是"五件毛里雕刻木板组成的系列艺术品"。该目录接着对该件拍品的证明做了如下描述:"拍品之前为罗伯特·雷格斯(Robert Riggs)所有,Riggs1935 年从新英格兰的文物商店中购买,1966 年将其出售。"

这批木刻艺术品的来源一直没有获得确证。但在英国法院诉讼时,法院推测它们是 1972 年在新西兰湿地发现的,此后被出售给一个英国的艺术品交易商,被带离新西兰。之后的某个时期,Ortiz 先生购买了这些艺术品。拍卖目录中错误的描述可能是某个购买人为了隐藏文物的出处而有意所为。

为了在一个更广泛的视角下理解 Ortiz 案,有必要了解毛里物品所处的地域。毛里传统艺术品所处之地的地理位置与加拿大西海岸有许多共同之处。毛里人是何时定居新西兰的至今仍不明确,但普遍认为应该在欧洲人定居新西兰大约 750 年之前。对毛里可移动文化财产大批量搜集的第一波浪潮是在库克(Cook)船长的大航海时期,这一时期出口的文化财产如今大多保存在新西兰国内外博物馆或私人收藏中。至 1900 年为止,新西兰建立了四个大型省级博物馆。这

[1] See Cater, "The Taranaki Panels: A Case Study in the Recovery of Cultural Heritage", *Museum*, 34, 1982.

四个博物馆都收藏有毛里艺术品，并且随着近年来不断从海内外购买收集毛里艺术品，藏品的数量不断增加。1948 年新西兰政府从海外购买了威廉·欧文·奥德曼（W. O. Oldman）的收藏，这是一次成功的购买行为。虽然说新西兰国内已经有了收藏毛里艺术品的大型博物馆，但仍然无法与国外的很多大型收藏相匹敌，如美国、英国、德国、奥地利、瑞典都有着丰富的毛里艺术品收藏。在这一背景下，新西兰国内的各群体开始积极购买海外的毛里艺术品，并开始努力寻求对毛里艺术品的资源返还，有些行动已经取得成功。

本案中，新西兰仅主张毛里艺术品是从新西兰非法出口的，仍不足以获得返还。英国当时不是 1970 年 UNESCO 公约的缔约国，对法院来说，所面临的问题是能否承认外国法效力。对于具有公法性质的出口管制外国立法，本地法院对其的执行在国内法上存在困难。Ortiz 案的法官认为，由于新西兰政府主张对毛里艺术品享有权利的基础是《历史物品法》中的国家征收权，请求等同于执行而非承认。在该案的上诉审中，英国上议院认为新西兰立法要求实际征收，因此请求不能成立，该立法由于其公法性质是不可执行的。

（二）出口管制需要进口管制的配合

来源国普遍建立了出口管制制度，但各国存在一些差别因素。首先是出口限制的文化财产的类型和数量方面存在差别。其次，在执行制度的设计上存在重大差别。许多发展中国家不乏详尽的出口管制立法，但却没有配套的执行制度，以致面对广泛的违法行为束手无策。对一些国家来说，这些立法出台之时起就不了实际作用，因为在这些国家，那些对文化和艺术具有重要意义的文化物品在出口管制立法制定之前就已经被带至国外。一些发展中国家因国内有大量的未发掘文物，出口管制立法的执行面临巨大压力。这些艺术品丰富的来源国急迫地需求其他国家对阻止非法盗掘提供国际援助。即使对加拿大这样的发达国家而言，执行体系也不能有效应对非法出口。加拿大和美国之间边界线相对模糊，海关很难有效执法，这就为非法出口新发掘的、未知的和未经证明的文物提供了契机。此外,在出口管制中涉及的政治问题也是一个相对不确定因素。有时面临危险的是某些原住民的物质财产,但可能因这些原住民在来源国是少数民族,或遭到统治阶层的歧视而无法获得充分保护。[1]

总之,出口管制制度若缺乏有效的配套执行措施则会使其形同虚设。Merryman 教授曾对出口管制制度表达了如下悲观观点:出口管制很难获得执行,在很多国家非常容易获得规避。这类法律排除了合法出口的存在,而让交易转为地下进行,由此滋生了一个活跃的、高利润的、腐败的黑市。[2]

(三)进口国承认出口国出口管制的法律障碍

既然文化财产的非法出口大量存在,文化财产进口国是否愿意承认与执行外国的出口管制制度,就成为出口国的文化财产法能否发挥作用的关键因素之一。非法出口的文化财产很多都没有经过登记和注册,即使经过登记,也可能由于出口环节的检查不够有力,政府一直未发现物品已离开国境。从上文提及的 Ortiz 案来看,新西兰政府直到毛里人艺术品公开在伦敦市场上销售才发觉这些物品早在多年前就离开了新西兰。而毛里人艺术品公开在伦敦销售之前已经流转了好几个国家。

非法出口或被盗文化财产出现于另一国时,还会引发另一个私法问题。如果有两个以上的主体主张所有权,则法院应该如何确认所有权的归属?Merryman 教授曾指出,被盗文化财产和其他财产一样,可

〔1〕 See D. Cole, *Captured Heritage-the Scramble for Northwest Coast Artifacts*, Vancouver and Toronto:Douglas & McIntyre,1985.(University of Oklahoma Press,1995, p.128.)

〔2〕 See John Henry Merryman A Licit International Traffic in Cultural Objects (1994)5th Colloquium on Legal Aspects of International Trade in Art,Licit Trade in Works of Art(Vienna)pp.16-17.

以为其所有人追回，当然也受到善意第三人制度的制约。[1] 如果财产不是被盗而是非法出口的，则存在不同情形。出口管制法被违反的来源国可能在目的国法院没有资格提起财产的返还之诉。

仍以 Ortiz 案为例，新西兰如果仅主张毛里艺术品是从新西兰非法出口的，仍不足以获得诉讼资格，因为新西兰还必须主张其对毛里艺术品拥有权利。[2] 即使新西兰的诉讼资格获得法庭承认，是否市场国应协助返还因违反来源国出口管制法而出口至市场国的文化财产？这也是 Ortiz 案所反映出来的一个问题。

英国当时不是 1970 年 UNESCO 公约的缔约国，在 Ortiz 案中对新西兰的请求应适用英国承认和执行外国出口禁令的普通法。对法院来说，他们所面临的问题是应该在多大程度上赋予外国法效力。这是国际私法或冲突法所要解决的问题。对于与私人权利有关的法律（如侵权法或合同法），可以运用国际私法解决这个问题，只需要根据相关规则确定准据法即适用于具体争议的法律即可。但对于具有公法性质的外国立法（如所得税法、海关法、竞争法等），本地法院是否应促进外国管制立法的执行在国内法上存在困难。加拿大等国的法院明确不执行外国刑法和财税法。[3]

Ortiz 案的法官认为，由于新西兰政府主张对毛里艺术品享有权利的基础是《历史物品法》中的国家征收权，请求等同于执行而非承认。然后他又进一步指出，相关新西兰立法不是刑法性质的，因此在

---

〔1〕 See John Henry Merryman, "Thinking About the Elgin Marbles", *Mich. L. Rev.* 83, 1985.

〔2〕 在加拿大和澳大利亚这样的国家，原住民的权利日益获得法律上的认可，这增加了类似案件法律上的复杂性。如果根据新西兰法律毛里人对可移动的文化财产享有权利，则在市场国的购买者和来源国的前所有人之间情形将更加复杂。市场国尊重来源国的所有权立法，这其中可能不包括承认原住民权利的立法。

〔3〕 Moore v. Mitchell 30 F. 2d 600 (1929), Learned Hand J. In Government of Peru v. Johnson, 720 F. Supp. 810 at 814 (C. D. Cal. 1989)（该案中法院拒绝执行秘鲁对艺术品的出口管制立法）.

英国境内可执行。在该案的上诉审中,英国上议院驳斥了下级法院的裁决,它认为新西兰立法要求实际征收,而这从来未发生,因此请求不能成立。但上议院对于刑法或公法性质的外国法是否具有可执行性没有发表一般性观点。在上诉法院的审判中,丹宁(Denning)爵士明确表示,该立法由于其公法性质是不可执行的。但英国普通法对于什么样的法律属于"非刑事的"或"非财税的"立法没有明确规定,对于这种法律是否应执行也没有明确规定。

(四)进口管制方面存在的问题

1. 进口管制缺乏法律依据

大多数国家没有建立进口管制制度。希腊规定,所有的文化财产都要进行进口申报,取得进口证书,但却没有支持性的法律依据。在西班牙和意大利,进口申报是存在的,但却是选择性适用的。如对进口管制缺乏法律依据,非法进口行为就没有相对应的罪名,这意味着,即使确知一件文化财产是非法进口的,国家也无法惩罚这种非法进口行为。由于进口管制缺乏法律基础,海关部门没有义务在文化财产进入进口国国境时查验来自于其他国家的出口许可证。

2. 边界控制不充分

无论对海关还是对警察部门来说,文化财产的非法交易都不是其优先处理的问题。在此存在多方面的原因。海关机构重点针对的问题是药品和消费品的仿造,而不是文化财产的非法移动。海关关心货物的价值和关税是否付讫。而文化财产在进口时往往带有各种各样的伪装,使得海关很难进行识别。海关在有效识别文化财产时缺乏必要的专业知识。海关不了解文化财产出口文件的类型和出口许可证的合法与否。

3. 缺乏管理资源应对文化财产非法交易

主要的障碍是缺乏管理资源:国内法通常规定对所有的文化财产的出口都实施管制。但与此冲突的是,海关机构的管理资源相对有限。海关显然不可能查验所有的货物,事实上只能进行有针对性的检查:如小型包裹、来自战区的物品和来自危险地区的物品等。

而各种欺诈技术的使用令海关查验更为困难。相关欺诈手段包括:把托运的货物分为不同的包裹,以减少检查的风险;把非法货物伪装成合法货物,如把文化财产藏在不值钱的家具中,并以家具进行申报,或把小物品藏在大物品中;隐瞒真实的来源地;谎报文化财产的性质和价值。

对考古文化财产来说海关查验的难度更大。非法挖掘的文化财产其存在都不为人所知,通过海关来进行保护几乎不可能实现。因为文化财产有来源自好几个国家的可能性,识别文化财产的来源国也面临很大困难。

4. 各国的海关机构缺乏合作

一般而言,向第三国出口文化财产的许可证通常由文化财产所在地的当局颁发。而文化财产的来源地是另一个国家,是由文化财产运输地的国家出具出口证明。运输地国的政府当局与来源国的政府当局没有接触联系。缺乏充分的边界管制以及运输地国和来源地国的政府当局缺乏沟通联系在某些情形下会导致一些严重的问题。

如上所述,向第三国出口文化财产的出口证书由转运国签发。转运国的海关不会对转运货物进行详细审查,也不会与来源国的海关合作。如果各国的相关机构能够展开合作,海关可以发挥更大的排除非法进口的过滤作用。

第四节　进口国家对非法进口的立法与查处

一、加拿大对非法进口的立法与诉讼

(一)文化财产进出口法

加拿大为履行其在联合国教科文组织 1970 年 UNESCO 公约下的义务通过了《文化财产进出口法》,并于 1977 年生效。这部法律不

但确立了加拿大重要文化财产的出口管制制度，还规定了从 1970 年 UNESCO 公约缔约国向加拿大非法出口文化财产的处理。

根据《文化财产进出口法》，1970 年 UNESCO 公约的缔约国作为互惠国可以请求加拿大文化遗产部长协助文化财产的返还和归还。如果文化财产位于加拿大，加拿大总检察长可以代表互惠国提起返还之诉。法院在发出返还令的同时可以发出向善意第三人补偿的命令，如果善意购买人对文化财产拥有合法权利且不知道文化财产的非法出口。

因此，根据加拿大法，执行外国的文化财产出口管制法不需要来源国主张对相关文化财产的权利。法院可以同时发出返还令和对善意第三人的补偿令，这些都是普通法中所没有的程序。无论互惠国的出口管制制度与加拿大有多大差别，都可以在加拿大获得执行。当然，如果加拿大政府认为请求不合理或者违反加拿大的公共政策，加拿大总检察长可以拒绝外国政府提起返还之诉的请求。

（二）对非法进口文化财产的诉讼程序

对于非法出口的文化财产，进口国目前还没有利用刑事诉讼程序对进口人提起指控的倾向。利用刑事诉讼程序存在两个方面的障碍。首先，刑事诉讼历时较长，会让相关文化财产面临灭失或损坏的风险。其次，刑事诉讼对证据的要求较高，程序上的保障也较多。对非法进口文化财产的刑事追诉，下面将通过加拿大的司法实践予以说明。

1. 埃及文物案（Egyptian Antiquities）[1]

1989 年 7 月，加拿大米拉贝尔机场的海关关员在对入境货物进行例行检查时，发现一批埃及文物来源可疑。该批货物是从瑞士起运的，收货人是居住在加拿大的一个埃及居民。海关怀疑货物是从埃及

---

〔1〕 See David A. Walden, "Canada's Culture Property Expert and Import Act: The Experience of Protecting Culture Property", *University of British Columbia Law Review*, 1995.

非法出口的，于是扣留了货物以进行进一步调查。

两个月后，加拿大皇家骑警搜查了进口人位于蒙特利尔的家，发现了一些1988年进口至加拿大的艺术品。加上之前在机场截获的文物，这两批文物主要包括木头石膏和灰泥做的面具、彩绘的木头雕像、铜雕像、石灰岩雕刻的各种动物、花瓶、钱币等。根据瑞士销售商发票上的记载，这些文物是“从公元前13世纪至公元后10世纪的考古发掘品”。

根据加拿大《文化财产进出口法》，加拿大相关政府部门得到海关的通知，被要求协助海关关员聘请埃及文物专家鉴定这些物品的真伪。加拿大一个著名博物馆埃及分馆的负责人审查了这些收藏品，认为215件物品中只有10件似乎是真品。

埃及派来的一位专家先审查了1989年运至加拿大的一批文物，其结论是文物来自盗墓者的发掘，然后从埃及走私出境。这两批文物的照片和描述随后被送至埃及文物当局，文物当局将所有信息向国内博物馆广泛发送。在所有文物中只有两件能找到记录，这就意味着其他文物从未在官方机构登记过。有登记号的两件文物可追踪到进口人，记录表明其在埃及是这两件文物的所有人，但在某个时期已经将文物在埃及出售了。

埃及当局识别出，有几件艺术品上标有展览标记，可见其与沙仑纳(Sharouna)村的考古地址有关。Sharouna考古地址发现于1978年5月，但一直到1981年才正式发掘。埃及官员提出，这些证据表明文物不可能是在加拿大成为1970年UNESCO公约缔约国之前从埃及出口的。但埃及随后又承认，Sharouna考古地址的盗掘自1976年以来就相当猖獗。最后，另有一项有充分细节但无法证实的证据表明了文物出口发生的时间：第一批文物的包装是1986年10月4日的埃及报纸。但据了解，该报纸在其他国家的大城市也能购买到。因此，从箱子中的报纸无法推论出出口的具体日期或证明文物是从埃及出口的。

从1989年9月一直到1990年4月,加拿大皇家骑警一直试图追踪这两批文物在抵达瑞士之前的相关信息,但未获成功。因为没有足够证据表明文物是在1978年6月之后从埃及出口的,法律部门认为无法对文化财产的非法进口提起指控。加拿大相关部门向埃及大使传送消息,指明证据不足的问题,建议把文物释放给进口人。

埃及共和国随后启动了针对进口人的民事诉讼,对进口人的所有权提出异议。进口人试图让法庭不受理案件,但未成功。法庭在否认其动议的同时要求提供"诉讼费用担保",并给了埃及60天存入所需金额。在这一时期,米拉贝尔的那一批货仍保存在商业仓库中,费用不断攀升,海关关员急于释放货物,但考虑到所有权仍有争议,不知应向谁释放。这里提出的问题是,民事诉讼未决时文物应储存在何处,在这一时期如何保障文物的安全。

2. 加拿大皇家骑警诉约克(R. v. YORKE)案〔1〕

1988年7月,加拿大哈利法克斯(Halifax)海关截获了一个从玻利维亚寄给居住在Halifax附近的罗杰·约克(Roger Yorke)先生的一个包裹,Yorke是加拿大居民。包裹里是一段被称为价值100美元"礼物"的围巾。在此之前,加拿大海关已对Yorke监视了几个月,待围巾包裹抵达后,海关关员开始更严密地监视Yorke的活动。

据了解,Yorke先生交易和收藏前哥伦比亚、玻利维亚和秘鲁手工艺品。1988年8月,海关关员搜查了Yorke的住处,获取6000多件玻利维亚和秘鲁的手工艺品,他们声称Yorke取得这些物品违反了海关法(涉嫌错误申报和做低估价)和文化财产出口和进口法(涉嫌对外国文化财产非法进口)。

在所获的6000多件手工艺品中,可识别的有五类:玻利维亚的织

〔1〕 See David A. Walden, "Canada's Culture Property Expert and Import Act: The Experience of Protecting Culture Property", *University of British Columbia Law Review*, 1995.

物;19 世纪的材料;20 世纪上半叶的材料;近期为游客生产的织物;几件被认为是前哥伦比亚时期的金属物品和石刻。来自于卡尔加里(CALGARY)大学的考古学家和文化财产保护机构的织物专家在临时存放地下室中鉴定了这些物品。他们建议应尽快把这些手工艺品转移至能够达到博物馆保护标准的储藏场所去,以确保这些手工艺品的安全。很快加拿大皇家骑警(Royal Canadian Mounted Police)按照专家的建议找到了一个有适宜温度和湿度的仓库,把手工艺品转移至仓库中。这间仓库的温度、湿度和空气质量条件最初是为电脑的组装提供适宜条件,但巧合的是,这些条件恰恰也适宜于存放 5 个世纪之前的织物。

下一步就是由具有玻利维亚和秘鲁文物背景的专家对这些手工艺品进行鉴定,判断其产生年代。只有精确判断海关获取的是什么物品,才能够把准确信息传达给玻利维亚政府和秘鲁政府,才能知晓这些物品是否属于秘鲁和玻利维亚出口限制措施的对象。玻利维亚把文化财产界定为 1900 年之前制造的物品,秘鲁则禁止 1929 年之前制造的物品出口。

寻找文物鉴定专家不像预期中那么容易。有几位具有相关学术背景的专家前来进行了鉴定,其中一些确信他们可以辨别出真品,并判断物品的制造年代,但他们不愿在法庭上进行质证。最后在美国聘请到一位专家,该专家曾为美国海关做过类似鉴定。专家同意鉴定所有的 6000 件手工艺品。第一次鉴定是在 1989 年 1 月进行的,第二次鉴定更为细致深入,是在同年 5 月进行的。根据她的鉴定结论,625 件物品属于玻利维亚和秘鲁国内法中的“文化财产”,另外 5400 件物品的生产日期距今不久,因此不具有“文化意义”。

1989 年 7 月,6000 件手工艺品被发现又面临着新的危险:飞蛾污染。加拿大文物保护机构的资深织物保护专家审查了藏品,认为在被认定为“文化财产”的物品中只有一个背包受到飞蛾幼虫的污染,“非文化财产”物品同时受到飞蛾幼虫和成虫的污染,因此有必要人工把每一块受污染的织物用真空包装封存起来。其后所有物品被装入塑料袋中并密封,重新放回仓库。

1990 年 7 月再次出现飞蛾污染的迹象,这次采取的对措是向织物喷洒杀虫剂。10 月飞蛾幼虫再次出现,专家认为确保织物不受污染的唯一方法是冷冻所有物品。但商业冷冻箱无法使用,因为卫生法规对运输货物的冷冻柜的使用有特殊规定。加拿大文物保护机构提供了一个大冷柜,运往 Halifax,所有物品被统一装入冷冻柜冷冻。

1990 年 9 月初步调查开始。10 月秘鲁政府表示要退出案件审理,不准备按照检察官的请求派遣专家证人。秘鲁国家文化机构的专家根据从加拿大收到的照片判断,绝大多数物品都是现代的复制品,来自玻利维亚的高原地带。因此,这些被没收的物品不构成秘鲁的文化遗产。在加拿大政府官员代表和玻利维亚专家的推动下,秘鲁同意继续进行诉讼,向加拿大派遣检察官请求的专家证人。

初步调查结束后,Yorke 被指控的罪名是非法出口玻利维亚艺术品。法官判决,秘鲁法对文化财产的定义不够具体,因此无法满足加拿大法的要求。尽管对 Yorke 指控的罪名中不包括“非法出口秘鲁文化财产”,但文物也没有返还给他。文物根据秘鲁《关税法》中做低估价的规定予以没收。

二、美国对非法进口的立法与司法判例

(一)国家所有权立法与文化财产贸易

美国对弗雷德里克·斯科尔茨(Frederick Schultz)的宣判是 1980 年开始的一场大辩论的重要转折点。Schultz 根据美国《国家被盗财产法》被宣判预谋购买埃及法下属于埃及政府所有的文物。[1] 美国《国家被盗财产法》最初制定是为了制裁跨洲的汽车盗窃行为,如今

---

〔1〕 18 U. S. C. § 2315 et seq. (1948); Egyptian Public Law 117 (Egypt). United States v. Schultz, 333 F. 3d 393 [2d Cir. N. Y. 2003], cert. denied, 2004 U. S.

却用于帮助外国政府通过国家所有权立法把文化财产保留在国内。

许多考古学者认为 Schultz 案的判决在保护世界文化遗产的斗争中迈出了关键性的一步。埃及学者认为,美国通过该案的判决表明,美国将对世界范围内的非法文物交易商进行起诉,特别是买卖埃及被盗文化财产的交易商。[1] 但该案判决也震惊了博物馆界和国际文物界,一些学者认为该案判决对博物馆官员和文物收藏者产生了威吓作用,令他们在购买文物的时候不再享有充分的安全感。[2]

美国是否应承认埃及等国的国家所有权立法并根据美国《国家被盗财产法》认定某一物品属于被盗物,Schultz 案充分体现了相关争议。Schultz 主张推翻判决,其理由是,埃及国家所有权立法只是一项管理性立法,没有创设财产权;美国支持埃及法没有政府利益;最后,即使能够对 Schultz 提起诉讼,也应该提起民事诉讼而不是刑事诉讼。法院认为,埃及法构成了国家所有权的有效法令,因此埃及政府拥有 Schultz 购买和销售的文化财产的所有权。该文化财产属于《国家被盗财产法》下的被盗物,美国政府能够对 Schultz 提起刑事诉讼。

1. 美国《国家被盗财产法》

制定于 1934 年的美国《国家被盗财产法》是一项联邦刑事立法,立法的最初目的是帮助州政府请求返还被盗摩托车。在该立法之前,犯罪分子经常利用州际商务的渠道隐藏被盗物或作为对抗州管辖权之外的工具,以此来逃避惩罚。《国家被盗财产法》第 2314 条规定,"任何在州际或国际商务中运输、中转或转移货物、物品、商品、有价证券或货币价值在 5000 美元以上,并且知道这些物品是以被盗或欺

---

〔1〕 See Bake, Alexi Shannon, "Selling the Past: United States v. Schultz." *Archaeology*, April 2002. Accessed November 1, 2016. http://www.archaeology.org/online/features/schutz/trial.html.

〔2〕 See StevenVincent, "Commentary: The Stake in the Schultz Trial." *Orientations*, Feb 2002. Accessed November 1, 2016. http://kaleden.com/articles/3322.html.

诈的方式取得的”,可以对在州际间运输该种货物的犯罪分子提起指控。被告可能被判处罚金或监禁。第2315条通过惩罚该种货物的接受者来打消盗窃的动机。该条款规定如下,“任何接受、占有、隐藏、储存、销售或处置任何货物、物品或商品、有价证券或货币价值在5000美元以上,或接受价值在5000美元以上的货物、物品、商品或证券作为贷款担保,上述物品是被盗窃或非法获取后跨越州界或美国边界的并且行为人知道这一事实,被告可以被处以罚款或监禁”。[1] 这两个条款针对的都是有形、可移动的财产,并且占有人知道其非法状态。由此可见,《国家被盗财产法》包含一项要求,被告必须意识到其行为的非法状态。

在《国家被盗财产法》制定之时,文化财产的盗窃问题还未进入公众视域。直到几个世纪之后,国家立法和国际公约才开始进入文化财产破坏和非法盗窃领域。[2] 《国家被盗财产法》的条文没有明确规定对文化财产的保护,但美国法院一直根据《国家被盗财产法》起诉被盗文化财产的交易商。美国法院对被盗文化财产的处理与其他被盗物品没有什么差别,甚至在文化财产因违反外国国家所有权立法而成为被盗物的情形也是如此。

根据美国《国家被盗财产法》,美国政府实际是代表外国政府起诉犯罪嫌疑人,通过适用外国国家所有权立法确定物品是被盗物。在此所引发的一个问题是,在美国刑事诉讼程序中认定被盗物是否要求该物品的所有人在物品被盗之前知道其存在。正是这一问题导致了围绕《国家被盗财产法》在文化财产领域适用的诸种争议。

2. 麦克卡伦(McClain)案[3]

美国法院一旦认定国家所有权立法在州内构成了有效的财产利

---

〔1〕 18 U. S. C. §2315.

〔2〕 Convention for the Protection of Cultural Property in the Event of Armed Conflict, preamble.

〔3〕 U. S. v. McClain I, 545 F. 2d 988 (5th Cir. 1977).

益,就可以适用《国家被盗财产法》来起诉被盗物的交易商。美国法院适用《国家被盗财产法》支持外国国家所有权立法的第一批案件是霍利希德(Hollinshead)和Mcclain案,该案背离了国际私法的一般理念,震惊了美国艺术界。在美国诉Hollinshead案中,[1]Hollinshead向美国布鲁克林博物馆销售一件前哥伦比亚艺术品,布鲁克林博物馆向一位专家征询意见,而这位专家刚好是世界上少数对该物品有研究的人之一,专家认定该物品是被盗物。结果Hollinshead根据《国家被盗财产法》被判交易或预谋交易被盗物品。该案上诉后,第九巡回法院支持一审判决,认为危地马拉国家所有权立法在前哥伦比亚物品上产生了有效的国家财产利益。法庭依据专家证人和实物证据认定,被告知道从危地马拉境内转移石柱违反了国家所有权立法。由于被告知道参与了非法交易,美国可以根据《国家被盗财产法》对被告提起刑事指控。

法庭对Hollinshead案的判决没有引发太大的争议,主要由于以下几方面的原因:Hollinshead案的文物是有记载的,并已经公布过,危地马拉政府和外界专家都知道这件文化财产的存在。石柱的所有权和来源没有任何争议,它是属于外国国家的财产,Hollinshead是在有意识地交易被盗物。

三年后,美国第五巡回法院在McClain案中判决被告违反了《国家被盗财产法》,预谋转移和占有墨西哥国家所有权法下的被盗物,该案判决所依据的事实引发了较多问题。McClain案的被告承认从墨西哥非法出口文化财产,但他们坚持这些文化财产不是墨西哥国家所有的,不能构成《国家被盗财产法》下的被盗物。具体而言,McClain一案中,被告主张墨西哥国家所有权立法,墨西哥第一部所有权立法制定于1897年,但该立法及其前身都没有把所有文化财产的所有权转移给政府。此外,被告主张,由于无法追踪到争议物品的

[1] United States v. Hollinshead, 495 F. 2d 1154(9th Cir. 1974).

来源地点和时间,我们无法当然适用国家所有权立法。

McClain 案的上诉法庭认为,地区法院指导陪审团,墨西哥政府根据国家所有权立法事实上拥有该文化财产,但这一指导是错误的且有偏见性。但对于被告主张《国家被盗财产法》没有意图涵盖国家没有实际占有或支配而根据国家所有权立法属于被盗物的观点,法院表示了不同意见。法庭认为,关键问题在于"本国立法即《国家被盗财产法》是否涵盖一类特殊财产——国家所有但私人能够通过购买或发现占有的财产"。法庭的结论是,美国《国家被盗财产法》的确包括这一类财产,议会制定被盗财产法来阻止受让被盗物品和从事盗窃行为,[1]因此,该案判决被推翻,需要重新考虑墨西哥是否对争议文化财产拥有财产利益。

在 McClain II 案即对 McClain 案的再次上诉中,被告重申了 McClain 案中的许多主张。被告又一次主张,墨西哥国家所有权法没有向政府转移有效的财产利益,《国家被盗财产法》无意适用于根据国家所有权立法宣布为被盗的物品。此外,被告主张墨西哥法的内容太模糊且不一致,使被告无法正确意识到文化财产的法律状态。法庭推翻了对被告的判决,其理由是,尽管 1972 年关于考古、艺术和历史建筑物及区域的联邦立法向政府转移了文化财产的所有权,但法庭早期对陪审团的指导中认为墨西哥自 1897 年以来就拥有这些物品是错误的,导致被告"根据过于模糊以至于无法预见刑事责任的法律"被判定有罪。[2] 但法院认为,关于预谋的判决不应推翻。相关证据表明,被告"知道并且有意忽略墨西哥 1972 年后的所有权主张"。因此,他们的行为满足了预谋违反《国家被盗财产法》的意图要求。McClain 案法庭认为,"尊重另一个主权者的正当行为,通过《国家被盗财产法》惩罚侵犯正当明确的墨西哥所有权的行为是正确的做法,

[1] McClain I,545 F. 2d 988,993.

[2] McClain II,593 F. 2d 658,670 -71.

即使文化财产从未被该主权者的代理机构实际占有过”。

法庭的判决公布后立即招致了几个学者的批判。贝托(Bator)认为,法庭把《国家被盗财产法》适用于不被政府知晓并且从未被政府占有的文化财产模糊了出口管制和所有权之间的界限。法院认为,文化财产的出口“使行为足以被认定为盗窃”,但Bator认为,支持国家所有权立法等同于支持变相的出口管制立法。[1] Bator把“国家所有权立法”戏称为“空白所有权立法”,他反对把McClain案广泛适用于未来的文化财产案件,担心对无辜交易商、收藏者和博物馆的保护会逐渐受到侵蚀。尽管存在各种反对声音,美国法庭已开始把McClain原则用于起诉文化财产的跨国非法交易行为。

(二)美国《文化财产执行法》

McClain案发生前后,许多国际公约致力于解决逐渐增多的文化财产盗窃问题,但大多数旨在解决文化财产非法出口问题的国际公约却以失败告终。[2] 在McClain案之前,1970年联合国教科文组织主持签订了UNESCO公约,允许文化财产来源国在认为其文化财产遭到掠夺威胁时请求市场国以实施进口限制的形式给予援助。联合国教科文组织同时设立了一个政府间组织——世界遗产委员会,负责保存所有世界文化遗产和国家文化遗产的清单,并接受国际援助的请求。

1970年UNESCO公约的主要目的是通过禁止非法出口或转移文化财产的进口制止文化财产的非法贸易。许多市场国反对对所有根据来源国国内法被认定为非法出口的文化财产实施禁令,因此在最终版本中做了修正。联合国教科文组织最后确定,允许国家根据其国内法而不是国际法执行文化财产保护程序。

美国是在McClain案裁决之后签订的联合国教科文组织1970年

---

〔1〕 See Bator, Paul M, “An Essay on the International Trade in Art.” *Stanford Law Review* 34, 1982.

〔2〕 See Marilyn Phelan, “Section: International Legal Developments in Review: 1999: Public InternationalLaw.” *International Lawyer* 34, 2000.

UNESCO 公约,但直到 1983 年美国才制定了《文化财产执行法》来执行公约。《文化财产执行法》从总体上确定了一项原则,被外国法认定为非法出口的文化财产其进口是否合法必须根据美国法判断。《文化财产执行法》是一部具体确定非法进口文化财产的海关法。

任何 1970 年 UNESCO 公约的缔约国可以请求美国对某些种类的考古和人类学材料进行进口管制。《文化财产执行法》授权美国总统和来源国缔结双边或多边协定,以支持对非法出口的文化财产进行进口管制。但总统必须确定,进口管制在制止掠夺方面有重要作用。如果进口文化财产被认定违反了《文化财产执行法》,可以对其征收、没收,并适用民事救济。此外,如果文化财产被征收,应首先将其返还给缔约国,或返还给请求人。

自从 1970 年 UNESCO 公约实施后,美国国内的许多人主张《文化财产执行法》应该是美国对文化财产提供保护的唯一一部法律。学者们主张,既然《文化财产执行法》是专门针对文化财产问题制定的,而《国家被盗财产法》则不是,可以推测议会的意图是应在文化财产案件中适用《文化财产执行法》。此外,他们担忧《国家被盗财产法》的适用会使行政机构无法独立考虑是否存在更广泛的利益来采取行动。这一主张的支持者们同时认为,《文化财产执行法》的程序性要求在针对掠夺和盗窃问题的同时对文化财产的善意购买人提供更充分的保护。

《文化财产执行法》实施后,法庭仍把 McClain 案中的推理适用于所审理的案件,认为国家所有权法律构成认定"被盗"财产的基础。如,在秘鲁政府诉琼森(Government of Peru v. Johnson)一案中,[1]法庭根据秘鲁的国家所有权法律确定秘鲁是否对争议财产拥有真正的财产利益。尽管该案与 McClain 案不同,只是一个民事案件,法庭在

---

〔1〕 Government of Peru v. Johnson, No. CV 88 - 6990 - WPG, 720 F. Supp. 810, U. S. district Court C. D. Cal. (1989).

分析法律时适用了 McClain 标准。秘鲁没有提供文化财产实际来源于秘鲁的证据，以及文化财产是 1985 年之后即前哥伦比亚文化财产国家所有权立法生效后出口的证据，法庭认定秘鲁没有完成举证责任。法庭进一步发现，秘鲁只把国家所有权法律适用于离开国家的物品。

在土耳其共和国诉奥卡斯合伙人（The Republic of Turkey v. OKS Partners）案中，[1]马萨诸塞地方法院表示，美国将支持宣称对文化财产拥有国家所有权的内容明确的国家立法。在该案中，文化财产是否在国家所有权法律生效后被带出国境是审理中的焦点问题。法院认定，自 1906 年来土耳其国家所有权立法得到明确且一致的适用，因此，被告已注意到国家所有权立法的存在和争议文化财产的法律地位。在美国诉前哥伦布文物（United States v. Pre-Columbian Artifacts）案中，[2]伊利诺伊地区法院裁定，违反危地马拉出口管制法意味着文化财产可以被归为"被盗财产"一类。法院认为国家所有权法律明确地把争议文化财产的所有权转移给国家，虽然国家并没有实际占有。因此，和 McClain 案的推理类似，法院认为尽管文化财产不是从任何主体手中拿走的，仍然可认定为从危地马拉政府偷盗。法院的观点是，"被盗财产一定属于其他人"，其他人也可以是外国政府。虽然外国政府可能不知道具体文化财产的存在，但只要法律明确无疑，就可以成为文化财产的所有人。

（三）相关的司法判例

1. 意大利金柱案[3]

在美国诉古金柱（United States v. An Antique Platter of Gold）案中，McClain 原则遭到质疑。由于美国文化财产交易商在海关表格中

---

〔1〕 Republic of Turkey v. OKS Partner, 797 F. Supp. 64 C. D. Mass. 1992.

〔2〕 U. S. v. Pre-Columbian Artifacts, No. 93C2654, 845 F. Supp. 544 – Dist. Court, N. D. Illinois, 1993.

〔3〕 An Antique Platter of Gold, 184 F. 3d 131, 134.

陈述错误,该案审理法院对意大利金柱签发了没收令。法院所依据的第5230-15号海关指南要求海关关员调查文化财产的来源地,确定该地是否存在支持所有权请求的国家所有权立法。具体而言,指南规定,"把《国家被盗财产法》和外国对文化财产所有权的请求联系在一起的第一个案件是美国诉麦克卡伦(United States v. McClain)"。法院认定,由于意大利存在国家文化财产法,罗伯特·哈勃(Robert Haber)把意大利金柱的来源地列为瑞士而不是意大利会导致该物品在海关受到不同的对待。因此,Haber的错误陈述是实质性的。

审理法院同时认定,有理由认为意大利金柱的出口违反意大利文化财产法,因此认定意大利金柱为"被盗财产"。法院审查了Haber对第五修正案和他所签订的销售合同中一个条款的援引,"如果物品被海关机构没收或被任何国家或政府机构提出请求,应对购买人立即做出充分补偿"。法院因此基于《国家被盗财产法》认定没收是正当的。

上诉法院确认了由于海关表格错误陈述对意大利金柱的政府没收行为。法院表示,由于征收基础的独立性,法院不需要"解决《国家被盗财产法》里面是否包括文化财产的概念"。但针对斯坦哈特(Steinhart)的主张,即错误陈述不是实质性的、不能构成对意大利金柱征收的独立法律基础,法院又依据海关指南驳斥了其主张。法院强调,海关关员可能甄别文化财产来自于意大利,因此可能违反了美国《国家被盗财产法》。法院明确依据海关指南的相关规定作出了如下判决:无论McClain案的推理是否是对《国家被盗财产法》的正确解释,都应得到遵循。一个合理的海关关员一定会认为McClain案支持对本案中可能违反意大利文化财产法出口的意大利金柱予以没收。事实上,海关指南明确提到了McClain案的判决,并告知海关关员如果他们不确定某一国家的文化财产法,他们应通知执行部门。[1]

通过这一推理,法院明确了没收意大利金柱的法律基础。上诉法

---

〔1〕 An Antique Platter of Gold, 184 F. 3d 131, 137.

院虽然没有明确针对《国家被盗财产法》阐述，但支持地方法院的判决，认为政府已表明没收的理由，斯坦哈特（Steinhart）没有举证证明意大利金柱不是盗窃的。该案判决没有涉及意大利文化财产法是否构成文化财产有效所有权基础的问题，或解决《国家被盗财产法》和《文化财产执行法》之间的关系问题，或回答这两部法律中的哪一部应适用于文化财产案件的问题。可见，Steinhardt 案传递的是一条复杂的信息：一方面，对《国家被盗财产法》的潜在违反构成了没收的理由；另一方面，法院又不愿直接适用意大利文化财产法作为确认所有权的基础。以下 Schultz 案作为明确阐明这一问题的第二个案件表现出了极大的重要性。

2. 斯科尔茨（Schultz）案[1]

从 20 世纪 90 年代开始，Schultz 开始为臭名昭著的艺术品窃贼和走私者琼纳森·托克雷·帕里（Jonathan Tokeley Parry）提供资金。Jonathan Tokeley-Parry 在一对埃及夫妇的帮助下购买各种各样的被掠夺物品。他们把艺术品涂成不同的颜色装在透明塑料袋里，伪装成廉价纪念章从埃及出口。Schultz 除向 Jonathan Tokeley-Parry 提供资金外，还和 Tokeley-Parry 一起协作逃避 1983 年埃及所有权法律。他们在经过烘烤沾染了茶渍的纸张上复印了 19 世纪的药品标签，声称文化财产属于"托马斯·奥尔库克（Thomas Alcock）收藏"。他们通过这种方式把刚刚盗窃的文化财产转变为私人"正当所有的"英国文化财产。如果文化财产在 20 世纪前属于私人所有，则根据外国公法证明该物属于被盗物要难得多。在国家所有权立法产生之前，大多数来源国依赖出口管制阻止被掠夺艺术品的贸易。英国当局在对 Tokeley-Parry 非法贸易进行调查时发现了 Schultz 的非法行为。Tokeley-Parry 在个人文件和法庭证词中提到了 Schultz。

Schultz 案的审理开始于 2002 年 1 月。在法庭上，美国联邦调查

〔1〕 Schultz, 333 F. 3d 393, 405.

局官员和 Tokeley-Parry 出庭作证，指认 Schultz 参与了无数被盗文化财产的走私和销售。Schultz 被判犯有预谋接收违反美国《国家被盗财产法》的被盗物品的罪行，判决宣判于 2002 年 6 月。

Schultz 主张，埃及法是关于许可证和出口管制的立法，没有向国家授予所有权。由于埃及政府从未实际占有争议文化财产，国家对文化财产的所有权是在出口环节发生的。因此，Schultz 声称，埃及法的主要内容是制止非法出口，而美国的政策是一般不承认外国公法性质的立法。然而，美方证人作证，埃及政府更关注的是非法占有文化财产的情形，而不是走私。法院依据证人的证词和对埃及法的分析得出结论认为，埃及法明确授权政府占有及转移所有可移动和不可移动的文化财产。[1]

埃及法是世界上最明确的国家所有权立法之一，明确宣称所有文化财产都属于政府。为美国作证的埃及证人确认"埃及法的目的是把所有新发现的文化财产置于埃及政府的占有和控制之下，以确保这些文化财产能得到正确保存和记载"。尽管有一些批评者认为埃及法的内容不够明确，在 Schultz 从事非法贸易时期还没有得到一般执行，法院否认了这一观点。法院认为，埃及法在文化财产离开埃及时已经得到了明确统一的适用，因此，Schultz 已经注意到了它的存在。埃及文化财产理事会的总干事——加巴拉·阿里(Gaballa Ali)博士指出，这是外国法第一次在美国获得承认，现在我们可以对国际窃贼和走私者提起诉讼了，他们的财富是建立在我们的损失基础上的。

Schultz 的主张涉及美国的司法政策：国家所有权法律没有创设美国应提供法律保护的利益。由于 Schultz 把埃及法视为出口管制法，他认为美国不支持外国出口限制的立法。由此推论，国家所有权

〔1〕 List of Cultural Property Agreements and Federal RegisterNotices(revised July 30,2002). Accessed November 10, 2016. http://exchanges. state. gov/cul. prop./list. html.

法律,即声称对未发现、未记载和未占有的物品享有所有权的法律事实上是阻止文化财产离开国境的出口管制立法。法院指出,这一主张有一定的合理性,但埃及法不是出口管制立法,而是创设有效所有权的法律。此外,法院注意到其他的美国法院曾根据《国家被盗财产法》起诉过外国窃贼,以阻止美国公民参与国际被盗物品的交易。法院强调了国家在保护其标志性遗产(无论是否由其占有)方面享有重大财产利益,指出,"被盗财产的所有人是外国人这一事实对根据《国家被盗财产法》提起指控没有任何影响"。

Schultz 案法院的分析基本沿袭了先前文化财产案件的推理。如前面所提到的 Republic of Turkey v. OKS Partners 案和 United States v. Pre-Columbian Artifacts 案,国家所有权法是来源国让文化财产管制措施受外国法院特别是市场国法院承认的一种手段。这种法律也有利于考古学利益的保护。但适用《国家被盗财产法》要求国家所有权法律是明确的,以满足美国正当程序的要求。另外,美国法院还要求能够证明文化财产是在国家所有权法律制定之后出口的。来自反对方的声音声称,支持国家所有权法律等于允许外国在制止文化财产出口方面开出"空白支票"。

Schultz 进一步主张,在该案中即使要适用美国法,也应该适用《文化财产执行法》,而不是《国家被盗财产法》。他认为,议会颁布《文化财产执行法》表明,议会不打算让《国家被盗财产法》的触角伸得太远,管辖基于国家所有权法提出的所有权请求,特别是在文化财产从未被外国占有的情形。[1] Schultz 认为《文化财产执行法》是议会意图适用于进口至美国的文化财产的唯一一部法律。此外,他还主张,McClain 案的判决已经遭到动摇。法院驳斥了 Schultz 的观点,认为意大利金柱案的法院判决没有直接涉及意大利文化财产法,因此对本法院关于埃及文化财产法的分析和 McClain 原则的有效性没有任

---

〔1〕 Schultz, 333 F. 3d 393, 403; Schultz, 178 F. Supp. 2d 445, 449.

何影响。无论从法律语言还是从立法意图来看,都无法看出议会试图让《文化财产执行法》成为解决进口文化财产问题的唯一一部法律。相反,法院详细审查了这两部法律的深层政策考虑,认为《国家被盗财产法》的意图在于阻止盗窃,更适合适用于本案情形。[1]

《文化财产执行法》规定,在美国和外国签订协议的情况下美国对某些特定种类的文物实施进口限制。可以采取进口限制措施的情形有两种:(1)文物是从博物馆、宗教机构或公共建筑物中盗窃的;(2)外国证明因为存在过度掠夺和盗窃有采取进口管制的必要。[2]

Schultz 主张,《文化财产执行法》明确禁止从博物馆或其他机构盗窃的文物进口至美国,违反外国文化财产法出口的文物不在《文化财产执行法》限制的范围之内。法院认为这种观点毫无说服力,驳斥道,《文化财产执行法》没有表明进口从博物馆外的其他地方盗窃的文物是合法行为。如如果文物是从缔约国国内的私人住宅盗窃的并且进口至美国,该行为没有违反《文化财产执行法》,但可以肯定的是,可以以违反《国家被盗财产法》运输被盗物品为名对窃贼提起诉讼。[3]

《国家被盗财产法》惩罚有意识地交易盗窃和欺诈方式取得的文物,不论其来源如何。[4]《国家被盗财产法》里没有进口限制的内容,Schultz 案的法院明确了"单纯的非法出口与实际上的盗窃"之间的差异。法院的分析思路是,首先审查国家所有权法律是否满足明确、统一、一致的严格标准,在此基础上分析文物在何时及从何地被盗窃,最后把有效的国家财产利益和出口管制区别开来。此外,从《文化财产执行法》立法史的语言来看,议会意图让《文化财产执行法》与其他刑法并存。尽管《文化财产执行法》和《国家被盗财产法》在某些

---

[1] Schultz, 178 F. Supp. 2d 445, 449.

[2] 19 U. S. C. § 2607 – 08.

[3] Schultz, 333 F. 3d 393, 408 – 09.

[4] 18 U. S. C. § 2315.

领域可能存在重合,《文化财产执行法》的参议员报告明确表示,"《文化财产执行法》第7条b款的实施既不影响政府或联邦法院的既有救济,也不影响禁止盗窃、接收和运输被盗财产的法律"。

《国家被盗财产法》对证据要求比较高,这由于《国家被盗财产法》是一部刑法,对犯罪的构成要件必须进行明确无误地证明,此外还需证明被告的犯罪意图。这就是为何根据《国家被盗财产法》作出的判决比较少的原因。如由于被盗文化财产经常要经过多人之手,确定盗窃发生的时间和地点就成为一个难题。但无论如何,《国家被盗财产法》仍是追索美国境内的被盗文化财产的最有效手段之一。

(四)司法判例反映的趋势

关于 Schultz 案的判决,各方反应不一。一些人持肯定态度,认为该案确认了阻止文化财产掠夺的必要性。另一些持否定态度,认为国家所有权法律仅应在特殊情况下承认,如为全人类利益制止艺术、历史和考古材料在世界范围内流通;美国政府是为了取悦其他国家才采取此种行为的。[1] 反对声音集中在文化财产交易商和收藏者群体,他们认为执行国家所有权法律妨碍了那些最有能力保存和保护文化财产的人采取行动.许多人认为文化财产贸易是一种有益的交流。他们还主张,支持外国的国家所有权立法基本相当于支持外国的出口管制法,因为国家所有权立法就是对文化财产出口的禁止。

包括美国在内的大多数市场国信奉的是"文化财产国际主义",他们认为文化财产应服从于全人类的共同利益,应努力促进信息的自由流动,由有能力的人对文化财产提供保护。大多数来源国信奉的则是"文化民族主义"理念,他们认为文化财产和来源国之间存在重要

---

〔1〕 See Steven Vincent, "Commentary: The Stake in the Schultz Trial." *Orientations*, Feb 2002.

联系，民族遗产的概念超越世界遗产。[1] 处于两端之间的还有一种流行的理论，认为"来源国的文化财产必须要得到保护，针对来源国文化财产的刑事犯罪应禁止，国家必须善意合作以解决针对文化财产的刑事犯罪发生后文化财产的所有权问题"。[2] 因此，有人主张，"国家应返还被盗文化财产"已经成为一项国际习惯法规则，国家对此已经形成了法律信念。另有一些学者主张推动国际保护，认为在来源国不能为文化财产提供充分保护时应允许国际干预。国际法禁止国际干预只会让有能力对文化财产实施保护的国家无法采取行动。仅仅出于援助穷国的考虑也应该建立支持国际干预的长臂管辖基础。

一些人主张对国家间的文化财产争端通过国际仲裁的方式解决。文化财产争端涉及的事项主要有：合法所有人的身份、文化财产所代表的文化、文化财产对该文化的意义，以及文化财产是否应返还。这些事项都可能引发诉讼。大多数国家的国内法院不可能做到不偏不倚。国际仲裁相较于法院诉讼有以下优势：争端解决场所更为中立；仲裁员更中立化且能由当事方指定；适用统一的仲裁规则，这可以降低解决文化财产冲突的成本；最后，当事方可以获得裁决执行的保证。

如今，越来越多的国家开始把国家所有权法律作为产生有效财产利益的根据。美国《国家被盗财产法》适用的是美国财产法原则和联邦刑法，但却依据外国的国家所有权法律确定文化财产的法律地位。从 McClain 和 Schultz 案来看，法院承认，无论国家政府是否实际占有文化财产或在文化财产被盗前知晓其存在，国家所有权法律产生了有效的财产利益，能够满足《国家被盗财产法》中"被盗窃"的定义，达到阻止跨管辖地域运输被盗物品的目的。美国法朝此方向发展尽管招

---

〔1〕 See John Henry Merryman, "Two Ways of Thinking About Cultural Property." *American Journal of International Law* 80, 1986.

〔2〕 See Michael J. Reppas II, "Article: The Deflowering of the Parthenon: A Legal and Moral Analysis on why the 'Elgin Marbles' must be Returned to Greece.", *Fordham Intellectual Property, Media and Entertainment Law Journal* 9, 1999.

致了多方批评，但却反映了文化财产国际保护的国际压力日益增大。[1]

其他市场国多通过发展刑法与文化财产盗窃作斗争。如英国在2003年制定了《文物交易犯罪法》。这部刑法针对的是“获取、处置、进口或出口有瑕疵的文物”。《文物交易犯罪法》把“有瑕疵的文物”界定为“非法挖掘的文物”。该部立法与美国《国家被盗财产法》类似，不考虑文物在获取地是否被认定为“被盗物”，把所有针对被盗文物的交易行为都视为犯罪。美国《国家被盗财产法》没有明确规定适用于文化财产保护，但和英国《文物交易犯罪法》都可以适用于违反出口国国家所有权立法交易被盗文物的非法交易行为。

总而言之，文化财产是文化遗产的一个重要部分，放在历史长河里来评价，它对一个民族的身份认同具有重要意义。对文化财产的转移不加任何控制和限制不仅会对文化财产造成重大破坏，对某一历史时期的证据也是一项不可恢复的损失。美国《国家被盗财产法》最初用于规制针对汽车的盗窃行为，如今适用于文化财产的盗窃行为，成为文化财产保护的一项新手段。Schultz案的上诉法院在论述美国《国家被盗财产法》时有这样一段话：“我们相信，必要时我们的法院有能力根据外国财产法的立法语言和实施情况确定该立法是要授予财产所有权，还是仅为限制出口，《国家被盗财产法》对犯罪意图的要求可以避免惩罚无意间购买被盗物品的人。对《国家被盗财产法》进行适当扩大解读有助于保护主权国家的财产权利”。[2]

因此，在美国判例法和公共政策中，《国家被盗财产法》在相当短的时间内成为保护文化财产的有力工具之一。《国家被盗财产法》规

---

〔1〕 See Karen Goepfert, “Note: The Decapitation of Ramses II”, *Boston University International Law Journal*, Vol. 13, 1995.

〔2〕 See Daniel W. Eck and Patty Gerstenblith, “Cultural Property.” American Bar Association, Section of International Law and Practice, International Cultural Property, Summer 2004.

定了严厉的惩罚措施，承认国家所有权法律创设了有效的财产权利，这预示着文化财产来源国将越来越多地运用国家所有权法律保护敏感文物免于非法挖掘和非法出口。《国家被盗财产法》对可能发生的盗窃行为产生了威吓作用。尽管《国家被盗财产法》对文化财产黑市的影响到底有多大目前尚不明确，但 Schultz 案的判决揭示了文化财产保护未来的趋向。

第七章　文化财产法与普通财产法的体系融合

一方面，文化财产具体表现为有形物，包括动产和不动产；另一方面，该有形物具有独特文化内涵。由此形成的争议是，文化财产法自成一体，还是可以大致归入一国的普通财产法体系之中。相关争议的实质在于，如果文化财产法自成一体，则文化财产至少不应被视为普通财产法意义上的有形物，相应地，众多与有形物有关的法律则不适用于文化财产。在此情况下，一国的立法机关或司法机关应另起炉灶，创制或发展出有别于普通财产法的文化财产法。如果文化财产法仍可纳入普通财产法体系之中，则除非文化财产法有特别规定，普通财产法的原则、规则将一体适用于文化财产。在此情况下，一国的立法机关或司法机关无需另起炉灶，只需依据特别法由于一般法的法律适用相关法律法规即可。

由于文化财产广泛被私人拥有，并且被广泛

交易，如何界定文化财产法的体系归属将实质性影响到文化财产所有人的利益，以及一国管理文化财产成效。设想一个极端的情形，如果一国通过法律宣布，所有个人持有的文化财产均属国有，在当前私人普遍持有的情况下，很可能导致巨大多数文化财产被隐匿、毁损、转移。而一旦文化财产全部收归国有，则有可能会产生"公地悲剧"，产生保护不周的问题。因此，在文化财产法的定性和体系归属方面，应极为慎重。

本章主要讨论三个方面的问题：其一，文化财产的"财产"属性，说明将文化财产将纳入普通财产所可能出现的法律问题；其二，文化财产的"文化"属性，说明将文化财产拔高为抽象文化所可能出现的法律问题；其三，本文指出，将文化财产过度"财产化"或"文化化"这一一元论思维与文化财产的二元属性存在根本冲突，应采取包容实用主义（inclusive pragmativism）的观点，利用普通财产法的法律框架、概念、原则来包容文化财产法中的文化因素，从而在个人所有与国家干预之间寻求平衡。

第一节　文化财产的"财产"属性及其问题

一、文化财产国际保护的财产法根基

在国际层面，文化财产的保护主要表现为公法规范。[1] 之所以如此，主要由三个层面的原因。

其一，各国财产法关于财产类型和内容的规定差异巨大，在国际层面很难达成一致。由于历史原因，英美法系围绕财产所有权建立起法律所有权与衡平所有权并存的双重所有权制度；大陆法系则既强调

〔1〕 关于此处公法规范的含义，参见 Jack Goldsmith & Daryl Levinson, "Law for States: International Law, Constitutional Law, Public Law", 122 *Harv. L. Rev.* 1791, 2009。

维护单一所有权,并从立法上确立了物权和债权相分离的模式,所有权成为物权项下的一个子概念。英美法以对象事实而非权利类型为中心,究其原因,“一个从11世纪开始形成后再无中断、绵延千年至今的法律,自然会一直保持着其形成时期的人们思维水平和当时的制度特性:按照对生活的直观认识本身,以调整对象和诉讼程序的要求来个案地提出各种规则,而不进行逻辑上的考虑做出权利类型的预期安排”。[1] 而欧洲大陆各国法律,特别是德国法则深受人类思想发展之“形而上学阶段”的影响,基于对人类理性的自信,高屋建瓴地构建权利体系,并从上至下地适用到具体争议之中。随着人类思想进入实证阶段,英国的经验主义与德国的理性主义均有所“收敛”,但这一改变不足以使英美财产法和大陆财产法趋同。由此造成的一个后果是,在国际层面,人们往往对财产法基本概念莫衷一是,更不要说相关的框架和结构了。

其二,各国对于保护财产的实施机制也各不相同,很难取得国际共识。英美法的很大一部分法源是法院所创设的普通法,而大陆法的绝大部分法源是立法机关的制定法。这样一个法律渊源构成必然影响到法律的实施。一般情况下,英美法院的法官更倾向于将相关的规则视为裁判规则,而非当事人的权利依据。[2] 而大陆法系的实证主义法学恰恰相反。在英美法中,与财产有关的权利一向被视为“权利束”(bundle of rights),并无高下之分。[3] “法官则往往以正义直觉为依据的关系类推法律适用方法,在审判中类推既往的各种关系,将其中的权利义务比照分配于当前案件中的各方当事人,由此权衡各方

---

〔1〕 参见冉昊:《论两大法系财产法结构的共同性——英美法系双重所有权与大陆法系物权债权二元划分的功能类比》,载《环球法律评论》2006年第1期。

〔2〕 See O. W. Holmes, “The Path of the Law”, 10 *Harv. . L. Rev*. 457, 1897.

〔3〕 新近的理论则对“权利束”理论进行了批判。参见 Henry E. Smith, “Property as the Law of Things”, 125*Harv. L. Rev*. 1691, 2012。

主张之高下,对高者予以保护”。[1] 与之不同,大陆法系法院在审理案件时,则奉行以理性法典为依据的请求权基础方法——“谁得向谁,依据何种法律规范,主张何种权利”。因此,如果说只有规则,英美法系的法官就可以信心十足地履行审判功能,而大陆法系的法官则还要追问相关规则的体系化定位以及由此所衍生的权利之性质、内容等。

其三,虽然各国法律对于文化财产法的定位并不一致,但目前主要采取单行法的方式加以特别规范。其内容主要包括:(1)文化财产的定义。各国对于文化财产的定义不一。相关的判断标准既有价值上的,涉及相关文化产品的艺术性、历史意义和考古价值,也有时间上的,或以期间为准,或以某一具体时点为准。(2)所有权性质。根据所有权的性质,文化财产可被大致区分为公共所有和私人所有。在境内,所有权性质能否改变,以及如何改变受到的限制相对较小。当涉及文化财产的出口问题时,公共所有的文化财产受到的限制相对较大。但各国规定存在较大出入。(3)文化财产的级别。就此各国普遍实施了分级管理体制。比如,法国法将文物设为三级:(1)国宝级。该级别文物禁止出口,例外情况下,可临时出境展览。(2)许可级。该级别文物仅在取得欧盟法项下出口许可的情况下方可离境。(3)自由流通级。该级别文物不仅可在法国境内自由流动,也可自由出口到其他欧盟国家和非欧盟国家。[2] 然而,在许可的级别和权限、登记的前置性要求以及申请否定比率等方面,各国仍存在较大差异。

正是由于在财产法的内容、类型和实施方式方面存在巨大差异,特别是各国在文化财产法的规定方面有具体分歧,在国际层面,很难就财产法形成统一法。退而求其次,各国通过国际公约的方式就文化财产

[1] 参见冉昊:《两大法系法律实施系统比较——财产法律的视角》,载《中国社会科学》2006 年第 1 期。

[2] See James A. R. Nafziger and Robert Kirkwood Paterson, *Handbook on the Law of Cultural Heritage and International Trade*, Edward Elgar Publishing, 2014.

保护设立了最低标准，从而形成国际文化财产保护公法化的局面。

然而，国际文化财产保护公法化仅仅是表象，如果我们分析相关公约的条文及其体现的治理框架，可以发现，公法保护必须以坚实的财产法为基础，否则相关公法的执行将成为无根之木、无源之水。

首先，联合国教科文组织1954年的《武装冲突情况下保护文化财产公约》涉及特殊状态——武装冲突所引发的文化财产保护问题。该公约第4条第3款规定，各缔约国承允禁止、防止及于必要时制止对文化财产任何形式的盗窃、抢劫或侵占以及任何破坏行为；各缔约国不得征用位于另一缔约国领土内的可移动文化财产。《1954年公约第一议定书》第1条第3款规定，每一缔约国承允于敌对行动终止时，向先前被占领土的主管当局返还处于其领土内文化财产，此项财产绝不应作为战争赔偿而予留置。从表述上来看，相关规定的法律性质是公法性的——主要用于约束国家和政府。问题在于，该公约的规定仅仅针对战争时期为保护文物而采取的合法的、有序的抢救性转移并在战后进行返还的行为。而对于那些在武装冲突期间因被抢夺、被盗和遗失而流失至国外的文化财产，上述公约无适用之余地。[1] 不仅如此，即使针对那些可以返还的文物，如果不考虑与这些文化财产有关的财产法规则，则返还工作很难顺利进行。试举一例，上述公约本身并未区分文化财产的公私属性。因此，一般原则是，只要相关文化财产位于被占领领土境内，则在战后应予以返还。问题在于，如果某些文化财产为个人所有，该个人的遗产继承人恰恰为返还国的公民。在此情况下，是否一律返还？为妥当处理该问题，则不能不考虑被返还国的财产法的具体规定。

其次，1970年UNESCO公约涉及各国协作预防文物流失的问题。该公约第11条规定，从被占领国被迫出口和转让所有权的行为应被视为非法。第13条规定，缔约国应通过一切适当手段防止可能引起

---

〔1〕 参见李玉雪：《文物返还问题的法律思考》，载《中国法学》2005年第6期。

文化财产的非法进出口的这一类财产的所有权转让;保证本国的主管机关进行合作,使非法出口的文化财产尽早归还其合法所有者;受理合法所有者或其代表提出的关于找回失落的或失窃的文化财产的诉讼;承认本公约缔约国有不可取消的权利规定并宣布某些文化财产是不能让与的,因而据此也不能出口,若此类财产已经出口务须促使将这类财产归还给有关国家。

有学者认为,上述规定仅能起到预防文物流失的作用,但无以解决那些已经流失至海外并被私人所占有文物的返还问题。其理由是,当文物被进口国允许进口或逃避进口国海关管制而流失至另一国境内时,经过市场行为为进口国公共机构或个人以所有的意思占有,文物最终可能以国家、组织或个人的私人财产的形式而存在,文物返还问题就不能援引 1970 年 UNESCO 公约加以解决。[1] 显然,这一说法能否成立必须要视进口国的财产法相关规则而定。不仅如此,1970 年 UNESCO 公约明文承认通过诉讼方式要求返还文物,其前提在于,提起诉讼之人应为失落或失窃文物的"合法所有者"或其代表。如何判断"合法所有者"应依一国的财产法而定,否则 1970 年 UNESCO 公约所设立的救济方式难以发挥作用。以轰动一时的"鼠首兔首拍卖案"为例。2008 年 10 月,法国佳士得(Christie)拍卖行宣布,将在巴黎拍卖圆明园十二生肖铜像中的鼠首和兔首铜像。为追回流失海外的国宝,中国境内 86 名律师于 2009 年 1 月自发成立了"华夏追索抢救文物律师联合会",意图通过诉讼的方式阻止拍卖、追索国宝。2009 年 2 月,中国律师团邀请欧洲保护中华艺术协会作为申请人,向法国巴黎大审法院申请"禁拍令",要求在拍卖前对拍卖品进行财产保全。经过紧急审理,巴黎大审法院认为,欧洲保护中华艺术协会只能代表该协会,既不能代表中国也不能代表公众利益,而申请人要求法国文化部干预则不属于该法院的审理范围,法院于当日作出裁定,驳回对

[1] 参见李玉雪:《文物返还问题的法律思考》,载《中国法学》2005 年第 6 期。

“禁拍令”的申请。[1] 仅从巴黎大审法院的裁定理由来看，法院似乎接受了中国政府作为鼠首和兔首“合法所有者”的表面证据，但是，因为提起诉讼之人并非该“合法所有者”的代表，故驳回申请。

最后，国际统一私法协会1995年UNIDROIT公约主要在于补充联合国教科文组织1970年UNESCO公约的规定。该公约第3条为追索流失文物设定了时效限制。根据该条，被盗文物（包括非法发掘或者合法发掘但非法持有的文物）的拥有者应当归还该被盗文物。但是，任何关于返还被盗文物的请求，应自请求者知道该文物的所在地及该文物拥有者的身份之时起，在3年期限内提出，并在任何情况下自被盗时起50年以内提出。显然，为使该条款发生功效，则必须借助于一国财产法确定被盗文物的“合法所有者”，确定被盗文物的“拥有者”。

二、强调文化财产之“财产”属性的理论

如上所述，尽管在国际层面存在保护文化财产的国际公约，但这些公约的最终执行仍需落实到各国的财产法之上。其中，1970年UNESCO公约以及1995年UNIDROIT公约均涉及跨国民事诉讼问题。但正如有学者指出的那样，进行跨国民事诉讼要求返还文化财产会面临诸如诉权归属、善意取得、取得时效和消灭时效等问题，而这些问题上述公约并未予以解决。此外，即使在中国法院依据中国法针对流失海外文物的外国占有人提起的诉讼，该类涉外民事诉讼同样遭遇诉权、管辖权、法律适用、判决的作出、判决的承认与执行等诸多方面的法律障碍。[2]

正是因为各国国内法规定不一，1970年UNESCO公约以及1995

〔1〕 参见罗国强：《中国追索流失海外文物的国际法困境与出路——以”鼠首兔首拍卖案”为例》，载《法商研究》2009年第3期。

〔2〕 参见罗国强：《中国追索流失海外文物的国际法困境与出路——以“鼠首兔首拍卖案”为例》，载《法商研究》2009年第3期。

年 UNIDROIT 公约的实际效果有限。文化财产的被盗和非法出口持续存在,文化财产的返还工作举步维艰,而众多文物在武装冲突中被毁于一旦。对于这一现状,一个问题油然而生:是公约的相关规定和执行有待强化?还是公约所针对的问题以及相应的解决方案发生了根本性错误?

对上述问题的不同诊断会就文化财产的国际保护产生根本性的影响。申言之,如果是公约规定存在缺陷或者执行不力,则相应的努力方向是完善国际条约的规定以及强化其在国内的执行,在国际体制的僵化与国内执行的灵活性之间寻求平衡。[1] 反之,如果是公约所针对的问题以及解决方案出现问题,则公约的执行不力是事理使然,在此情况下,不仅不应强化国际条约在国内的执行,反而应重新评估条约的影响力。

强调公约规定不完善以及执行不力的一派理论持有如下观点:

其一,当前公约的用语不够精确,并多含有软法条款。以 1954 年的《武装冲突情况下保护文化财产公约》为例,该公约第 4 条要求各缔约国"尊重"文化财产,但并没有规定相应的义务。该公约第二议定书第 7 条规定的更为具体和有针对性,如要求缔约国"在可行的情况下,尽最大努力确定将要打击的目标不是文化财产"。然而,与 1954 年公约相比,很少有国家加入第二议定书。

其二,当前公约的缔约方质量参差不齐,并且执行机制存在软肋。比如,虽然 1954 年海牙公约以及 1970 年 UNESCO 公约的缔约方均超过了 100 个国家,但在质量方面存在差异。就前者,通常介入各类武装冲突的美国就没有加入 1954 年海牙公约;就后者,有些文化市场国,就没有加入 1970 年的公约。即使对于那些加入公约的国家,并没有"认真对待"条约义务。与 WTO 和 IMF 的高度组织化不同,无论是

---

〔1〕 参见彭岳:《国际条约在国内适用中的制度僵化及其解决》,载《中国法学》2014 年第 4 期。

1954 年海牙公约还是 1970 年 UNESCO 公约，其运行缺乏一个协调机构。[1]

正是认识到文化财产的国际保护存在上述问题，强调公约规定不完善以及执行不力的一派理论认为应使相关国际条约的软法条款“硬化”，并强化国际条约的执行机制。然而，这一派理论并没有注意到，上述国际条约用语模糊、重要国家拒绝加入以及缺乏机构协调条约运行等问题均反映出一个深层次的问题——各国政府缺乏足够的利益做出承诺并进行国际合作。

究其原因，这和国家之间经济、政治和社会发达程度不一的现象密切相关。申言之，在和平时期，各国政府对于如何对待文化财产存在不同观点。那些主张对文化财产出口实施严格限制的国家往往是一些较为贫穷的国家，其政府并没有足够的资源在本国境内实施文化财产保护，更不用说在国际层面要求其他较为富有国家协助防止非法出口了。反之，在富有国家，其博物馆、贸易商和收集者则希望文化财产贸易自由化，并积极向政府施压，拒绝承担更为严格的限制文化财产国际贸易的责任。在多方利益的影响下，这些富有国家对保护本国文化财产不遗余力，但对于保护他国文化财产则基本流于形式。当前，除美国等少数国家外，绝大多数国家对于本国文化财产的出口实施严格控制。[2]

但是，法律规定禁止或限制出口并不意味着相关文化财产就绝迹

---

〔1〕 See Andrea Cunning, “The Safeguarding of Cultural Property in Times of War & Peace”, *Tulsa J Comp & Int' l L.*, 11, 211, 2003.

〔2〕 不过，美国 1979 年的《考古资源保护法》规定，对于位于联邦土地和印第安保留地的考古资源的发掘和挪取，必须经过许可。据此，源于联邦土地和印第安保留地的文物的出口受到限制。在司法实践中，一些法官将类似出口限制适用到源于私人土地的文物之上。此外，1990 年《美国原住民墓藏保护与归还法》规定，1990 年之后在联邦政府所属或管辖的土地上发现的人体遗骨和有关陪葬品必须归还给印第安人部落和夏威夷原住民组织。这一规定的实际效果将导致相关文物无法出口，而只能保留在美国境内。

于国际市场。在一定程度上，文化财产“黑市”的产生和繁荣与相关国家禁止或限制文化财产的出口息息相关。易言之，在国际市场存在大量文化财产需求的情况下，禁止或限制文化财产出口等措施反而促使文化财产进出口交易者铤而走险，进而使出口国的主要政策目标——“保护”和“保留”文化财产受到重大打击。〔1〕 在战争和武装冲突期间，有时文化财产的掠夺恰恰具有军事必要性，特别在种族和文化所引发的冲突中，消灭另一种族的文化存在是武装冲突的目的之一，在此情况下，要求一国或冲突一方“尊重”他国或他方的文化财产与战争或武装冲突的目标相冲突。如在第一次海湾战争中，作为入侵者的伊拉克不仅未能按照1954年海牙公约的规定保护文化财产，反而将掠夺和毁坏文化财产作为军事策略之一。两相比较，文化财产保护只能降格为手段，而战争或武装冲突的胜利才是目标。不仅如此，即使一国在战争期间意图保护文化财产，其成效堪忧。以美国入侵伊拉克为例，尽管美国军方试图保护巴格达的博物馆免受伊拉克当地暴徒侵袭，但是因为武力有限，并且存在其他更为重要的任务，如保护具有经济意义和战略意义的石油设备，而只能任由暴徒掠夺各类财产。

基于以上考虑，强调文化财产之“财产”属性的一派理论认为，应抛弃对公约体制的幻想，将文化财产视为一般财产，不应对之提供超于普通财产的保护。〔2〕 这一结论与各国奉行已久的学说并不一致，也与国际层面的公约规定有所出入。为增强说服力，该派理论对强调文化财产独特性的两种观点展开了批判。

首先，有一种流行观点认为，文化财产与特定民众的尊严有关，拥

〔1〕 See John Henry Merryman, “A Licit International Trade in Cultural Objects”, *International Journal of Cultural Property*, 4, 1995.

〔2〕 See Eric A. Posner, “The International Protection of Cultural Property: Some Skeptical Observations”, *Chi. J. Int' l L.* 8, 2007.

有文化财产事关相关“民众”的身份认同。[1] 强调文化财产之“财产”属性的理论则认为，该流行观点语义模糊，并无足够理性支持。比如，在国际法和国内法中，就何为“民众”以及何谓“拥有”存在歧义。实践中，典型的“拥有”指的是相关文化财产应当被收藏在相关“民众”所属国的博物馆中，而不是被外国博物馆或私人所占有。由此产生的一个疑问是，如果本国个人为相关文化财产的所有人，根据其对物权拒绝向外展示，这一做法是否符合文化财产的“拥有”标准？此外，流行观点之所以认为文化财产与特定民众的尊严有关，是因为该特定民众与文化财产所表征的文明存在密切联系。问题是，除了极少数较为封闭的文明外，绝大多数文明是多元混合的，很难认定某一类民众对于某些特定的文化财产拥有专属权。即使某一类民众能够证明其与相关文化财产存在密切联系，也很难说明，为什么此类文化财产一定有其所拥有。以地球上最为珍贵的资源——土地为例，各国领土在历史长河中屡经变迁，国际法对此一直奉行维持现状原则。如果有一群人提出证据，说明其祖先及其祖先所建立的国家曾经拥有某一外国领土，并据此主张本人及其建立的国家对该外国领土拥有权利，则该类主张并不被承认。如果对待领土尚且采取维持现状原则，则对于相对并不重要的文化财产，也应采取类似原则。

其次，还有一种观点认为，文化财产具有学术和美学价值，并且严重依赖于其所处的环境。前者为我们提供了一扇了解过去的窗口，后者则要求，对于文化财产的处理应极为谨慎，不应剥离其与周围环境之间的有机联系。对此观点，强调文化财产“财产”属性的理论不以为然。就文化财产的学术和美学价值，该理论认为，当代艺术作品也毫无疑问地具有学术和美学价值，但并不妨碍当代艺术作品的自由交易。即使那些具有考古价值的文化财产，也并不必然要保留在原地。

---

〔1〕 See Patty Gerstenblith, “Identity and Cultural Property: The Protection of Cultural Property in the UnitedStates”, *BU L Rev.*, 75, 1995.

而令人特别难以理解的是，某些文化财产可以在境内自由流通，但却不能出口。强调文化财产"财产"属性的理论认为，这一措施不具合理性。因此，文化财产与当代的艺术、石油以及其他文化的或自然的资源一样，没有什么特殊性，应归属于普通财产，一体保护。但也有观点认为，自然资源并非财产，"能够被人们占有支配和控制是某一对象成为人们的财产的必要条件，如果某一对象不能够满足这一必要条件，那么它就无法成为人们的财产。经过考察和分析，我们可以发现，从严格意义上来讲，自然资源作为人类资财的来源并不直接体现为人类的财产，只有当自然资源转化为人类的资财时才能体现为人类的财产。自然资源实质上只是产生人类财产的'本底'，无法成为人类直接支配控制的对象，只有从'本底'中取出的东西才能够被人类所支配控制，成为人类的财产"。[1]

基于对上述两个流行观点的批判，强调文化财产"财产"属性的理论认为，尽管当前存在国际条约协调各国在战争和和平期间如何保护文化财产，并促进其返还，但在文化多元主义的影响下，各国对于文化财产的看法迥异，一国所珍视的文化财产很可能被其他国家视若敝屣，而相关的国际合作缺少足够的共同利益基础加以支撑。在此情况下，应直面现实，承认宣称一国对某一文化财产拥有道德权利的修辞学已经在国际层面破产。应将文化财产还原为普通财产加以保护。[2]

三、将文化财产作为普通财产所面临的问题

从法律上来讲，财产是英美法中的一个重要概念。在英美法学者看来，理解财产含义的最好办法是，"看一看一个拥有资产的人在临终时会留下点什么。他一般都会拥有房屋，但也许该房归其夫妻共

[1] 参见刘卫先：《论可持续发展视野下自然资源的非财产性》，载《中国人口·资源与环境》2013 年第 2 期。

[2] See Eric A. Posner, "The International Protection of Cultural Property: Some Skeptical Observations", *Chi. J. Int'l L.*, 8, 2007.

有,可能是他们夫妻以抵押方式购买的。他或他们往往拥有家庭用品和一部汽车,尽管汽车或其家庭用品也许是以分期付款方式购买的。他也许有人身保险单、活期和定期银行存款、在住宅互助会的金钱投资、在一个或多个有限责任公司的股票,以及一些政府债券。如果他投资从事经营,他应该拥有一间办公室,并可能在一栋大厦里租有另一间办公室。他应该拥有一些办公设备,或许还有一部大货车,并可能正在租用一部计算机。他也许拥有一批打算再出售的货物,一些尚未提取货物的提单,一些小额现金支票、硬币和办公室账户上的银行存款余额。他的顾客可能欠他的钱。他也许拥有专利、商标和一本有关办公室管理的书的版权。他的营业商誉也是可以估价的资产。如果他的父亲相当富有,死亡时留下遗孀而又没有遗嘱,那么,他和他的兄弟姐妹一起对其父亲的遗产享有期待的权益,即使须待其母亲死亡后方能取得。他还可能是其死亡亲属的遗产的执行人,或为地方俱乐部或慈善机构的受托人”。[1] 从学理的角度,上述解说显然不能令人满意,但这恰恰是英美财产法的特色,即从具有相对性的“剩余性权利”(residual rights)角度,构建具体而多变的财产法体系。

与之不同,大陆法学者则首先从高度抽象的角度来界定财产,并具体区分为物权与债权。其中,对于物权,更是以所有权为核心,构建包括担保物权和用益物权的高度抽象的权利体系。如中国《物权法》第1条将物权法的作用界定为“明确物的归属,发挥物的效用,保护权利人的物权”。与之相对应,物权法的调整内容既包括静态的对物的支配关系,也包括动态的物权变动调整,还包括涉及物权秩序的第三人保护等。[2] 其中,对物的支配关系被认为构成物权体系的基础,与债权的对人的请求权遥相呼应。在权利人享有对物支配的前提下,引

---

〔1〕 参见[英]H. 劳森、B. 拉登:《财产法》(第2版),施天涛等译,中国大百科全书出版社1998年版,第14页。

〔2〕 参见孙宪忠:《物权法基本规范及主要制度的反思》(上),载《中国法学》1999年第5期。

申出另一个重要的关于物权的性质——对世性。即原则上,对物的支配权排除了其他一切人干涉的权利,其他一切人负有义务尊重这一支配权。从支配性的作用和对世性的效力这两点,我们还可以认为,"既然物权对一切人有效力,又由权利人直接支配而不需请求,那么物就被置于主体的意思范围笼罩之下,导致了一种完全由权利人控制的绝对的权利"——绝对权。[1]

无论是英美法系的相对性所有权还是大陆法系绝对的所有权,在适用到文化财产时均涉及如何处理两类权利——消极排他权和积极支配权。就两者关系而言,前者为手段,后者为目标。但是,当涉及第三方利益时,财产之排他或支配并不能自为目的。由于利用文化财产所产生的争议仍有进一步讨论的必要。

首先,就消极排他权而言,该权利主要发挥手段功能,其合理性要看其所服务的目标。当某一文化财产为私人所有时,无论是英美法还是大陆法均承认所有权人拥有排他权。这一权利被美国当代"新私法"学者视为是财产法中手段性权利,目的在于促进所有人对物的利用。[2] 不同于传统的基于基本事实的实用主义,"新私法"视角下的财产法认为,社会中的财产具有较为固定和完整的结构,内部由各类组成部分构成,这些部分并非相互独立的原则,而是相互勾连支持。财产的总体性质难以通过单一的权利加以表述。[3] 因此,与此前的权利束财产理论有所不同,这一新的理论含有结构因素,被称为"模

---

〔1〕 参见冉昊:《"相对"的所有权——双重所有权的英美法系视角与大陆法系绝对所有权的解构》,载《环球法律评论》2004 年第 4 期;参见冉昊:《对物权与对人权的区分及其实质》,载《法学研究》2005 年第 3 期。

〔2〕 See John C. P. Goldberg, "Introduction: Pragmatism and Private Law", *Harvard Law Review*, 125, 2012.

〔3〕 See Henry E. Smith, "Property as the Law of Things", *Harvard Law Review*, 125, 2012.

块化”理论。[1]“模块化”理论强调财产关系中信息成本的重要性，认为在很大程度上，财产权利的制度设计在于降低信息成本，从而有助于财产内部关系与财产外部关系之间的均衡发展。延续英美财产法相对性的特点，“模块化”理论认为，根据对象之不同，财产标准化的程度也不一致。在这一模式下，排除权不仅仅减少了第三人的信息成本，还保证了所有权人的剩余权。相反，权利束理论仅仅指出各类权利之间存在相对性，但不能指出这些权利之间存在相对较为固定的关系，以及各类权利（特别是排除权和使用权）之间的结构性价值。此外，“模块化”理论也有助于说明物权法定以及物权优于债权的原因。总而言之，财产权利的“模块化”有助于将大量的社会互动纳入不特定的财产内部关系之中，而将少量的可控的社会互动纳入特定的财产外部关系之中，从而节省了社会交往信息成本。相对于权利束理论，“模块化”理论强调了的私人财产体系的巨大优点——就如何管理资源，承认存在分散的决策权威（有助于减少分层体系的信息要求）；强调了财产的可伸缩性；有助于解释财产法的棱镜特征——针对不同的主体，标准化的程度可以不一致。与英美法系有所不同，当代大陆法系仍然采取概念主义模式界定所有权的内容。比如，中国《物权法》第39条规定，所有权人对自己的不动产或者动产，依法享有占有、使用、收益和处分的权利。如果我们引入“模块化”理论，则上述占有、使用、收益和处分四项标准权利之间的关系还有待澄清。比如，就获得财产的经济效益的角度而言，占有、使用、收益和处分均属于同一层次，但是，如果财产所有权人不能排除第三方的干涉，则其与其他民事主体所建立起来的法律关系（包括物权和债权关系）将时刻受到冲击，所有权人能否获得占有、适用、收益或处分的收益将处于极不稳定的状态。因此，尽管大陆法系的立法中强调了所有权人的积

---

[1] See Thomas W. Merrill, “Property as Modularity”, *Harvard Law Review*, 125, 2012.

极权能,但这种积极权能是以消极权能——排除权为基础的。就此,我们可以认为,所有权中的排除权是具有基础性作用的权利,其存在主要为了保证所有权中其他权能的发挥。如果我们把这样一个结论应用到文化财产之上,则可以认为,文化财产所有人就文化财产拥有基础性的权利——排除他人干涉权,而排除他人干涉的目的在于是自己的所有权利益得到保障。显然,这样一个结论为世界各国所公认。

其次,就积极支配权而言,该权利就用于说明所有权人利用文化财产的权能。在大陆法系中,所有权被认为是最为完整的物权,在英美法系中,所有权则被认为是排除其他优先权利之后的剩余性财产权。尽管两者表述不一,但均承认,所有权人对于物拥有积极支配的权能。在大陆法系,这被表述为占有、使用、收益和处分,而在英美法中则名称不一。就文化财产而言,处分权一直是关注的重点。按照性质,处分分为法律上的处分和事实上的处分,就前者,特别涉及能否转让的问题,就后者,涉及能否销毁的问题。既然将处分定位为所有人的一项权能,则所有权人可根据意思自治享有转让或不转让的自由,或者销毁或不销毁的自由。同时,在转让时,所有权人可以自由选择交易对象和交易方式。理论上,文化财产所有人可通过行使其处分权,将其文化财产出口或销毁。然而,这一结论没有考虑到,所有权人在处分文化财产时很可能会涉及第三人和社会利益。而恰恰在这一方面,处分权受到严格限制。易言之,所有权人的排他权之所以能够得到举世公认,是以相关积极支配权利的无害(指的是对第三人和社会无害)行使为限度的。如果相关排他权所保障的权利被有害行使,则构成了权利滥用(jus abutendi),对于该被滥用的权利,第三人和社会就失去了尊重的理由。[1] 在此情况下,大陆法意义上的具有对世效力的所有权因为不能排除他人的干涉而丧失了绝对性,英美法意义

[1] See Larissa katz, "Spite and Extortion: A Jurisdictional Principle of Abuse of Property Right", *The Yale Law Journal*, 122, 2013.

上的具有兜底效应的剩余权也不再无所不包。具体而言，就法律上的处分权而言，的确存在不适于自由让渡财产所有权的情况。[1] 主要表现为三种情况：(1)经济效率本身可能需要对财产进行限制；[2] (2)某些特定的分配目标只能通过一些不可让渡规则加以实现；(3)未受限制的市场活动可能与现代民主国家的责任功能不符。[3] 虽然通过效率、公平和民主等抽象词汇证明干预之正当性有些迂阔，但在个人意思自治领域的确存在某些情况需要国家干预。当文化财产所有权人将文化财产出口时，就可能触及稀缺文化资源的分配问题，以及国家利益问题，在此情况下，文化财产所有权人的处分行为就有可能构成有害行使，其权利就应当受到限制。在此意义上，可以认为，上述强调文化财产“财产”属性的理论过于相信个人意思自治与市场机制，而没有考虑到，即使将文化财产“财产化”，仍需防止所有权人滥用权利。与法律上的处分行为相比，事实上的处分行为更为隐蔽。如同法律上的处分，当事实上的处分行为属于有害行使权利时，则构成权利滥用，所有者在行使积极支配权时应一并考虑资源浪费、负外部性等因素。[4]

根据上述文化财产中的消解排他权和积极支配权的说明，可以认为，即使将文化财产“降格”为普通财产，对于文化财产的利用，如出口或摧毁也会因为涉及权力滥用而受到较为严格的限制。因此，那些强调文化财产“财产”属性的理论存在一个盲点，即认为如果文化财产被定性为普通财产，则文化财产将会被彻底商业化，可以由所有权人任意处置。显然，这一观点将财产法等同于权利保护的财产规则

---

〔1〕 See Calabresi, Melamed, “Property Rules, Liability Rules, and Inalienability: One View of the Cathedra”1, *Harv. L. Rev.* ,85,1972.

〔2〕 See Lee Anne Fennell, “Adjusting Alienability”, *Harv. L. Rev.* ,122,2009.

〔3〕 See Susan Rose-Ackerman, “Inalienability and the Theory of Property Rights”, *Columbia Law Review*,85,1985.

〔4〕 See Lior Jacob Strahilevitz, “The Right to Destroy”, *The Yale Law Journal*, 114,2005.

了。问题在于，对于权利保护，存在所谓的财产规则、责任规则和不可让渡规则三个策略，仅仅将文化财产界定为普通财产，并不必然认为只能采用财产规则来规范文化财产。[1] 根据经典理论，通过财产规则保护权利指的是，当有人希望从权利持有人手中获得相关权利时，则必须通过自愿交易的方式，而相关权利的价值必须经由买卖双方协商而定。通过权力财产保护的权利，受到国家的干预较少。因此，在财产规则下，由谁拥有初始的权利至关重要。据此，如果文化财产仅受财产规则保护，则文化财产的所有权人就可以排除他人干涉，自我确定相关文化财产的命运。然而，在财产规则之外，还存在另外两类保护权利的规则。其中，责任规则指的是，当有人破坏了他人初始权利时，如果愿意就此损害支付客观确定的价值，那么该权利就得到了责任规则的保护。以文化财产为例，如果相关文化财产被善意第三人获得的情况下，侵害该文化财产的一方当事人可通过损害赔偿的方式救济原文化财产所有人的权益。原文化财产所有权人则不能再向案外第三人主张所有权。与财产规则不同，在责任规则下，相关损害赔偿的数额由第三方客观确定，从而消除了原所有权主观定价的权利。就文化财产而言，这意味着，不管相关文化财产对于原所有权人有何重要意义，该主观价值不应反映到客观定价之中。所谓权利的不可让渡性指的是，即使买卖双方通过自愿协商的方式就权利转让达成一致，由于存在外部性（包括经济上的和非经济上的），基于成本收益、道德或父爱主义等因素的考虑，[2] 或是因为交易主体能力问题，或是因为交易客体或交易方式的适当性问题，相关权利仍不可予以转让。在此情况下，国家之干预不仅仅体现在确定初始权利的归属以及如果遭受损害应当予以赔偿方面，还体现在可让渡性的条件设定之上。就

---

〔1〕 See Guido Calabresi and A. Douglas Melamed, "Property Rules, Liability Rules, and Inalienability", *Harv. L. Rev.*, 85, 1972.

〔2〕 关于父爱主义一般性的陈述，参见郭春镇：《法律父爱主义及其对基本权利的限制》，法律出版社2013年版，第15~20页。

绝大部分普通财产所体现的权利而言，存在混合的保护方式。如果将文化财产“降格”为普通文化财产，并不意味着仅仅受到财产规则的保护。因此，上述强调文化财产“财产”属性的理论并不具有说服力。

第二节　文化财产法的“文化”属性及其问题

文化财产既有“文化”属性也有“财产”属性。如上所述，即使将文化财产“降格”为普通财产，如何调整属于普通财产的文化财产仍然需要考虑文化财产自身的特性而定，而不能一味地将文化财产商业化。强调文化财产“财产”属性的理论将物权法定原则绝对化，而没有考虑到，物权法定的主要目的在于减少所有人以外的第三人避免侵权的信息成本，而非具有天生的正当性。〔1〕如果我们不能从物权法定中推出文化财产交易自由的原则。同样，也不能从主要涉及当事人意思自治问题的合同法中推断出文化财产交易自由原则。由此，产生的一个疑问是，限制文化财产转让（特别是出口）的法律如何与私法相衔接？而与此相关的另外一个问题是，对于文化财产的特殊保护可能会与物权法的一些规定相冲突，在此情况下如何协调物权法和文化财产法之间的关系？

如果从实体法的角度来看，上述冲突主要通过特别法优于一般法的方法来解决。如我国《物权法》第 8 条规定，“其他相关法律对物权另有特别规定的，依照其规定”。这就暂时缓解了文化财产法与普通财产法之间的矛盾。不仅如此，《物权法》第 7 条还规定，“物权的取得和行使，应当遵守法律，尊重社会公德，不得损害公共利益和他人合法权益。”该条款具有兜底效应，将没有具体规定的物权的取得和形式问题纳入一个规范性的框架之内。这一点为《物权法》第 114 条所

〔1〕参见苏永钦：《民事财产法在新世纪面临的挑战》，载《新世纪智库论坛》2000 年第 12 期。

印证,即“拾得漂流物、发现埋藏物或者隐藏物的,参照拾得遗失物的有关规定。文物保护法等法律另有规定的,依照其规定”。据此,我国《物权法》就文化财产设立了特别法优先、一般法兜底的制度。

实体法做出了规定并不意味着理论上的争议尘埃落定。就文化财产法律制度而言,如果其具体规定偏离普通财产法的规定越远,则说明其越不被视为普通财产。而这必然影响到文化财产各方关系人的利益。如同我们要为物权法建构一个内容合理、逻辑自洽、自我生长的理论体系一样,为妥当处理文化财产中各方关系人的权益之争,我们必须在物权法或财产法的基础之上,进一步论证,文化财产何以特殊?这一特殊性何以决定了应偏离普通财产法的一般规定而要设立特定的规则?

一、人格财产与文化财产

理论上,可通过两种论证途径说明法律应对文化财产特别对待。第一个论述途径着重于指出文化财产这一客体不同于普通财产,依据同等事物同等对待的事理,说明应对文化财产加以特别对待。第二个论述途径着重于指出文化财产所对应的主体的特殊性,从主体的性质推出应对文化财产特别对待。为便于讨论计,第一个论述途径被称为文化财产的“人格财产”说,第二个论述途径被称为文化财产的“团体人格”说。

“人格财产”说源于对自然人一般人格权的承认。在实证法领域,一般人格权并未得到普遍认同,如《德国民法典》没有关于一般人格权的规定,迟至1954年,联邦最高法院才在一个微不足道的案件中承认了一般人格权。[1] 1804年的《法国民法典》不仅没有承认一般人格权,而且没有承认任何一般人格权是一种框架权利。直至1970

[1] 参见[德]梅迪库斯:《德国民法总论》,邵建东译,法律出版社2000年版,第805~807页。与之类似,《法国民法典》1994年的民法典改革再次通过引入第16条以及第16条第1-12项规定了大量的人格利益,例如身体、健康等的保护问题。但直到现在,法国法也没有承认一般人格权,“他们认为承认特别人格权就足够了”。

年的民法典改革，立法者才在第9条引入了“私生活受尊重的权利”。1994年的民法典改革则再次通过引入第16条，规定了大量的人格利益，例如身体、健康等的保护问题。但直到现在，法国法也没有承认一般人格权。由于一般人格权具有非常大的不确定性，其保护是必然牵涉到利益权衡问题，因此有的国家另辟蹊径，转而通过一般条款式的侵权责任规则加以补救。比如，中国《侵权责任法》第2条规定，“侵害民事权益，应当依照本法承担侵权责任”，这是一个典型的一般条款式规定。该条还继续规定，“本法所称民事权益，包括生命权、健康权、姓名权、名誉权、荣誉权、肖像权、隐私权、婚姻自主权、监护权、所有权、用益物权、担保物权、著作权、专利权、商标专用权、发现权、股权、继承权等人身、财产权益”。《侵权责任法》第6条第1款规定，“行为人因过错侵害他人民事权益，应当承担侵权责任”。第15条则规定，承担侵权责任的方式主要有：停止侵害；排除妨碍；消除危险；返还财产；恢复原状；赔偿损失；赔礼道歉；消除影响、恢复名誉。据此，有学者提出质疑：当一个国家的侵权法如同《中华人民共和国侵权责任法》这样，一方面保护的对象宽泛而确定，另一方面提供给保护对象的救济手段既包括损害赔偿又包括停止侵害、排除妨碍、消除危险、赔礼道歉、消除影响、恢复名誉时，我们也许需要考虑这样的侵权法立法体系下，还需要单独规定一般人格权吗？[1]

本文认为，在法律技术上，一国是否承认一般人格权的存在将实质性地影响到侵权论证的思路。如果一国承认一般人格权，则对于列举的人格权所不能包含的部分，当事人可以将之归入一般人格权的范畴；如果一国不承认一般人格权，则当事人必须费尽心力将相关权益包装为法律所认可的特别人格权。在疑难案件中，后者往往并不具有说服力。而如果将问题具体化到文化财产的保护或限制之上，则可以

〔1〕 参见沈建峰：《一般人格权和侵权法结构的互动关系》，载《天津法学》2013年第2期。

发现,如果一国承认一般人格权的存在,则论者可以从人格的一般特征论证相关文化财产具有人格利益;而如果一国否认一般人格权的存在,则论者必须说明,相关文化财产依附于某类特定的人权权益,或者是特定人格权益的体现,因而应获得特别的保护或限制。

根据最高人民法院《关于确定民事侵权精神损害赔偿责任若干问题的解释》第1条的规定,自然人因人身权(生命权、健康权、身体权以及人身自由权)以及人格权(如姓名权、肖像权、名誉权、荣誉权以及人格尊严权)遭受非法侵害,向人民法院起诉请求赔偿精神损害的,人民法院应当依法予以受理。不仅如此,"违反社会公共利益、社会公德侵害他人隐私或者其他人格利益,受害人以侵权为由向人民法院起诉请求赔偿精神损害的,人民法院应当依法予以受理。"这些规定说明精神损害的赔偿问题,中国司法部门已经认可存在一般的人格利益。该司法解释第8条还规定,"因侵权致人精神损害,但未造成严重后果,受害人请求赔偿精神损害的,一般不予支持,人民法院可以根据情形判令侵权人停止侵害、恢复名誉、消除影响、赔礼道歉。因侵权致人精神损害,造成严重后果的,人民法院除判令侵权人承担停止侵害、恢复名誉、消除影响、赔礼道歉等民事责任外,可以根据受害人一方的请求判令其赔偿相应的精神损害抚慰金"。这些规定为人格财产的保护提供了坚实的法律基础。限于篇幅,本文将以存在一般人格权作为理论预设,讨论人格财产问题以及对文化财产保护或限制的影响。

在一般人格权理论下,之所以会保护人格财产,一个重要的原因在于相关权利人对于某些特定的财产具有人格利益。没有人否认在财产之上同样可以存在相应的人格利益(无论是否能够被类型化)。那么到底哪些财产上存在人格利益呢?有学者认为,财产与人格的相互关系来源于两个方面:一是本身为"身外之物"(外在物)的内化,即象征人格或寄托情感;二是本身为人身的东西的外化,即财产直接源于人的身体或智慧。并据此提出四类具有人格利益的财产,即具有人格象征意义的财产、寄托特定人情感的财产、源于特定人身体的财产和源于特定人智慧的知识产权等。[1] 其中,判断某一财产是否具有人格象征意义,要考量的该财产是否使财产相关人产生象征某人人格的联想,此种财产所象征或体现的主体,既可是财产所有权人自己,也可为所有权人之外的其他人。[2] 判断某一财产是否寄托了特定人的情感问题,需要看特定人的情感寄托是否为社会或承认,或者被认为属于“正常”人类感情的表达。[3] 源于特定人身体的财产主要表现为尸体、遗骸、骨灰、脱离人体的器官或组织,可再生的血液等。对于此类财产,“其部分已非人身,成为外界之物,当然为法律上之物,而得为权利之标的也”。[4] 这些财产或物之本身与人格权的载体具有较强的关联性,因而被认为具有强烈的人格权益因素。[5] 最后,就源于特定人智慧的知识产权,存在较为完善的知识产权法加以保护,从而使得其中的人格权益隐而未现。[6] 可以认为,上述关于人格财产的分类较为全面,基本上覆盖了与人格权益有关的财产类型。问题在于,文化财产构成人格财产吗?

---

〔1〕 参见易继明、周琼:《论具有人格利益的财产》,载《法学研究》2008 年第 1 期。

〔2〕 如在“王青云诉美洋达摄影有限公司丢失其送扩的父母生前照片赔偿案”中,法院支持原告关于照片被毁损而要求精神损害赔偿的诉讼请求。参见最高人民法院中国应用法学研究所编:《人民法院案例选》1998 年第 4 辑,时事出版社 1999 年版,第 82 页。

〔3〕 如在 Compell v. Animal Quarantine Station 案中,美国法官肯定了原告因爱犬死亡而受到的精神损害,判决被告赔偿原告精神抚慰金。See Campbell v. Animal Quarantine Station, Civ. No. 45699(1st Cir. Mar. 17, 1977).

〔4〕 参见史尚宽:《民法总论》,中国政法大学出版社 2000 年版,第 250 页。

〔5〕 如在“杨秀龙等诉贵阳医学院附属医院受委托进行病理解剖时未经同意留取死者部分脏器侵权案”中,法院认为,死者亲属对于尸体享有人格权益。参见最高人民法院中国应用法学研究所编:《人民法院案例选》2000 年第 3 辑,人民法院出版社 2001 年版,第 110 页。

〔6〕 参见冯晓青:《知识产权的人格理论研究》,载《河南政法管理干部学院报》2003 年第 4 期;不同的观点,参见李琛:《质疑知识产权之“人格财产一体性”》,载《中国社会科学》2004 年第 2 期。

为确定文化财产是否构成人格财产，首先必须明确人格财产的认定标准问题。上述观点根据人格与财产的关系，将人格财产视为“身外之物”（外在物）的内化或本身为人身的东西的外化具有直觉上的吸引力。问题在于，仅仅根据具体个人之偏好将物人格化过于武断和主观。[1] 而如果将人完全抽象化，则可能会导致人格概念的破产。比如，在康德的理论体系中，人就是抽象理性的具体而微者，人与人之间并无差别，在此情况下，也就不存在个人人格财产。新古典经济学中的理性人与康德关于人的界定一脉相承，在对财产进行经济分析时，人的要素被市场偏好所取代。实际上，由于人是社会动物，其人格的构成必然受到社会环境的影响。在确定人格财产时，既不能从抽象的理性人的角度来判断，也不能从单个个人的主观喜好来判断，而应考虑到社会的接受程度。否则，在拜物教的眼中，几乎所有其触及之物均可能构成这一具有反社会人格者的人格财产。

作为自然人，具有人格的前提之一是拥有肉身。[2] 对于个人而言，该肉身与其人格密切相连，甚至被“面由心生”或“形神合一”等传统思想视为内在人格之外在体现。即使肉身某些组成部分脱离出来，成为财产之一部分，也必然被社会认同为人之一部分。在此情况下，承认脱离肉身的器官、血液等的人格财产地位没有多少争议。问题在于，作为文化财产的人之肉身或其构成部分（如木乃伊、墓葬或博物馆中的遗骸）往往被肉身所属人格之外的第三人所拥有，在此情况下，以人格财产来说明应对文化财产作特别保护已然失去了理论的根基。因此，文化财产成为人格财产仅能局限在持有人对相关特定文化财产寄托了特定情感这一具体情形之中。按照黑格尔关于人格权本质上就是财产权的理论——人作为理念的体现，必须占有外部世界展

〔1〕 比如，近期关于狗肉节的争议具有非常大的主观性。参见庄庆鸿、郭美宏：《“玉林狗肉节”：政府退场，争议仍在》，载《中国青年报》2014 年 6 月 18 日版。

〔2〕 拥有肉身包括生前和死后。相关理论争议，参见税兵：《身后损害的法律拟制——穿越生死线的民法机理》，载《中国社会科学》2011 年第 6 期。

现其具体存在，抽象的人只有与外在物客观物建立关系的过程中，才能在家庭和国家等具体环境中得到发展。[1] 与法国“广义财产”理论中的“无财产即无人格”不同，[2] 黑格尔主张“无财产即无人格之具体体现”。在理念论下，与个人人格相比，家庭和国家是理念的更高形式的体现，而与之相关联的财产形式也更为高级。黑格尔的国家观含有摧毁所有个人自由权利的种子，认为人只有在集体中才是完善的。按此观点，将文化财产降格为人格财产保护反而与理念的发展规律相违背。毋宁是，文化财产是理念之于团体人格的体现，其保护力度应强于理念之个人人格的体现——人格财产。[3]

综上所述，将文化财产视为人格财产加以特别保护有两个难点：或是人格财产仅能覆盖部分被人寄托情感的文化财产，而其他的文化财产仍将不能获得充分保护；或是人格财产之保护本质在于对人格的尊重，相关保护程度不足以保护文化财产。

二、文化财产的团体人格理论

即使个人人格财产理论不适于说明文化财产法律保护的特殊性，也并不意味不可以通过团体人格理论加以证成。具体而言，如果相关文化财产与某一被国家所承认的团体存在人格关联关系，并且该联系被认为具有积极作用时，则文化财产的所有人在处分该文化财产时，应当受到严格限制。[4] 因此，现在的问题是，团体人格权益涵盖对文

---

〔1〕 参见[德]黑格尔：《法哲学原理》，范扬、张启泰译，商务印书馆1982年版，第48页。

〔2〕 参见尹田：《无财产即无人格——法国民法上广义财产理论的现代启示》，载《法学家》2004年第2期。

〔3〕 比如在人格财产理论中，个人有权在法律上或事实上处分所有物，但文化财产的处分却受到了严格的限制。Margaret Jane Radin, “Property and Personhood”, *Stanford Law Review*, 34(5), 1982.

〔4〕 See John Moustakas, “Group Rights in Cultural Property: Justifying Strict Inalienability”, *Cornell L. Rev.*, 74, 1989.

化财产的权益吗?对此,有理论认为,“团体人格是用作区分团体有无民法上独立财产主体地位的纯法律技术工具,既无社会政治性,亦无伦理性。人格权是一个历史性概念,保护的是专属自然人人格所具有的那些伦理性要素,不能以同等含义适用于团体人格。法人的名称权、名誉权等权利无精神利益,实质上是一种财产权,且不具有专属性,非为任何团体人格存在之必须,故法人无人格权”。[1] 根据该理论,团体人格并不存在,或者说即使存在团体人格,该人格不过是个人人格的集合而已,在个人人格之外,并不存在独立的团体人格。

为说明文化财产的团体人格属性,应首先解决团体人格是否依附于个人人格这一问题。现代法律普遍承认,在个人人格之外,还存在团体人格。尽管存在激烈争议,无论是团体人格的拟制说还是实在的团体人格说均承认,人格的功能之一在于确定权利能力和行为能力的载体,在于确定法律主客体的关系,在于便利人合组织参与法律活动。[2] 人合组织并不是个人的单纯集合,而是结构性的合作。一旦个人之间形成了结构性的合作关系,则由此而产生的组织就获得了独立于组成部分的品格:整体性、可转化性和自我调节性。在结构主义思维模式下,“事实上,一个内容永远是下一级内容的形式,而一个形式永远是比它更高级的形式的内容”。[3] 在黑格尔的理念论下,所谓的形式就是更高形态的理念存在。因此,无论是从结构发生学的角度,还是从理念逻辑进化的角度,团体人格均应独立于个人人格而存在。在法律实证主义领域,承认团体人格独立于其组成成员人格的案例比比皆是。[4]

---

〔1〕 参见尹田:《论法人人格权》,载《法学研究》2004 年第 4 期。

〔2〕 参见[德]梅迪库斯:《德国民法总论》,邵建东译,法律出版社 2000 年版,第 823 页。

〔3〕 参见[瑞士]皮亚杰:《结构主义》,倪连生、王琳译,商务印书馆 1984 年版,第 4~12 页,第 121 页。

〔4〕 Wisconsin v. Yoder, 406 U. S. 205 (1972); SantaClaraPueblo v. Martinez, 436 U. S. 49 (1978).

在确定存在独立的团体人格的情况下，下一步就要讨论，团体人权权益包括对文化财产的权益。就此，上述个人人格权理论具有借鉴意义。易言之，如果满足特定条件，则团体可基于特定文化财产的人格权益限制对文化财产的处分方式。不可否认，在法律没有明确界定的情况下，团体的界限较为模糊，并进而影响到团体人格权益的认定。但是，没有明确的界限并不意味着不存在团体人格权益。就文化财产而言，当就团体是否存在或团体界限模糊时，可将法律上明确承认的团体，如民族和国家等视为替代性团体。借鉴关于个人人格财产理论，一般情况下，如果相关文化财产与特定团体的身份认同和尊严存在密切关系，以及该关系并不构成对第三人的损害，则可以认为，团体对于该相关文化财产具有人格利益。在判断是否存在密切联系和是否构成损害时，应考虑如下几个方面的因素：[1]

其一，该团体或团体成员拥有该文化财产时间的长短。比如，某一文化财产虽然源于外国，但是长期以来一直为本国居民所持有，则持有国就与该文化财产存在密切联系。

其二，相关文化财产对于特定团体的历史意义。比如，如果相关文化财产是侵略战争的掠夺物，则拥有国与该文化财产之间的关系构成对第三人——被侵略国和整个国际社会团体的损害。在此情况下，虽然拥有国长期以来占有该文化财产，也不能认为该国对该文物财产拥有人格权益。反倒是被侵略国对于该文化财产拥有事关该国尊严的团体人格权。

其三，相关文化财产的独特性及其与相关团体身份认同之间的关系。文化财产是人的创造物，是人类文化的具体物化。文化财产的独特性与文化的独特性息息相关。持有此类事关本团体文化内核的文化产品有助于增强本团体的身份认同感，也有助于人类社会的多元

〔1〕 See John Moustakas, "Group Rights in Cultural Property: Justifying Strict Inalienability", *Cornell L. Rev.*, 74, 1989.

化。而多元文化有助于人类社会的繁荣和延续。

实践中,尽管各国设定标准不一,但基本上体现出上述考虑。以著名的“威弗利标准”为例,在判断是否某一具体文化财产是否应被禁止出口时,该标准依次设立了三个问题留待审查人员回答。其中,问题一:该文物是否与我们的历史或国民生活联系紧密,如果离境将导致灾难? 问题二:该文物是否具有突出的美学上的重要性? 问题三:该文物对于艺术、学问或历史之某些特殊分支部分的研究是否具有突出重要性?[1]显然上述问题一是密切联系标准的具体化,而问题二和问题三用于判断相关联系是否具有损害性。

在文化财产构成团体人格财产的情况下,当前关于对文化财产“另眼相看”的法律制度就得到了合理的解释。以文化财产的不可让渡为例。在普通财产法中也存在不可让渡权利,一般情况下,如果从经济效率的角度考虑,相关交易会产生负面第三方效应,或者从分配正义角度考虑,相关交易触犯了社会的道德律令,则该类交易应当被禁止。[2] 问题在于,文化财产的不可让渡在性质上并不等同于普通财产的不可让渡。比如,在很多情况下,文化财产不是不可让渡,而是不可让渡到境外(禁止出口)。因此,相对于普通财产的市场不可让渡,文化财产是严格不可让渡。这一严格性不仅仅体现在不能通过市场交易的方式让渡文化财产所有权,还体现在不能通过其他非市场交易的方式(如赠与或遗赠)让渡文化财产的所有权。对于文化财产之所以采取如此严格的规定,其合理性只能立基在相关让渡会损害到团体人格这一理论之上。换言之,对于具有团体人格利益的文化财产,相关团体只有通过占有(直接占有或通过本团体内部成员间接占有)才能体现出与该文化财产所具有的人格联系,这不仅关乎当代人的尊

〔1〕 International Law Association, De Janeiro Conference(2008), Cultural Heritage Law, Part II.

〔2〕 See Guido Calabresi and A. Douglas Melamed, “Property Rules, Liability Rules, and Inalienability: One View of the Cathedral”, *Harvard Law Review*, 85(6), 1972.

严还影响到其后各代团体成员的利益。

不仅如此,将文化财产定性为团体人格财产还能在一定程度上澄清文化财产国际主义论调的实质。具体而言,一些否定返还他国文化财产的观点认为,文化财产为全人类共同遗产,不应由某一国或某一团体所独占,为了全体人类的利益,应有最优能力保护该文化财产的一方持有文化财产,而不应将之返还给其来源国或团体。这一论证的核心要点在于,文化财产为天下之公物,为有能者得之。特别是,当与该文化财产密切相关的团体已经灭亡的情况下,文化财产国际主义者更是认为,文化财产已经失去了人格寄托,成为可自由交易的商品。从文化财产的团体人格理论来看,上述观点不能说全然没有道理。在此情况下,主张返还该文化财产的国家应当证明,本国对于该特定文化财产享有人格权益。否则,当某一文化财产的团体人格色彩较为淡薄时,目前并不存在压倒性的理由满足请求返还国的返还要求。

三、文化财产人格理论的总体评价

将文化财产视为普通财产的结果之一是各国按照传统的财产法的方式来保护文化财产。在国际层面,相关的争议主要体现在管辖权确定、法律选择和执行等方面。[1] 根据其不同的倾向,这些争议被划分为两大阵营:国际主义与国家主义。[2] 然而,如果采取国际私法方法解决文化财产的保护问题,则只能加深文化财产资源国和文化财产市场国之间由来已久的冲突。比如,在传统的财产法下,一般情况下,个人可排除他人干涉其对物的支配权,相应的文化财产可以自由让渡甚至毁损。即使是受到特别保护的人格财产,如果其人格性来自于所

〔1〕 AP Prunty, "Toward Establishing an International Tribunal for the Settlement of Cultural Property Disputes: How to Keep Greece From Losing its Marbles," *GEO. L. J.* ,72, 1985.

〔2〕 See John Henry Merryman, "Two Ways of Thinking About Cultural Property", *The American Journal of International Law*, 80(4), 1986.

有权人，则所有权人依然享有一定程度的自由处分权。显然，这一以个人所有权为蓝本的分析框架没有考虑到集体的利益，没有考虑到某一特定集团对于文化财产拥有法律上应予承认的权益。

个人人格理论不适于厘清关于文化财产的争议并不意味着人格理论的破产。如果说个人格权的核心是个人尊严权，[1]那么团体人格权的核心就应该是团体尊严权。就文化财产而言，这意味着某一团体的尊严与某些特定文化财产的状况密切相关，该文化财产表征着该特定团体的存在、发展、繁荣昌盛。与个人人格理论相比，团体人格理论能够较好地说明为什么应对文化财产实施特别的保护，也有助于说明，为什么应限制乃至禁止特定文化财产的出口，以及要求他国返还对该国具有特殊意义的文化财产。

需要注意的是，在团体人格理论下，并非所有的文化财产均能得到特别的对待。对于那些不具有重要人格意义的文化财产，理论上只能得到类似于普通财产的保护。而且即使某些文化财产被个人赋予了人格色彩，相关的保护也不能提升到团体人格文化财产的高度。因此，强调文化财产"文化"属性并不意味着抹杀其"财产"属性。

第三节 文化财产法的体系化

通过团体人格理论可将文化财产区分为具有团体人格的文化财产和不具有团体人格的文化财产。这一分类体现在各国的实证法之中。比如，根据普遍实行的文物分类保护法，具有团体人格的文化财产一般被定义为"国宝"，[2]而不具团体人格的文化财产则按照其本身的艺术、历史等特性加以分类。理论上，这一分类甚至还能以具有

---

〔1〕 如《最高人民法院关于确定民事侵权精神损害赔偿责任若干问题的解释》(法释〔2001〕7号)第1条明确提及"人格尊严权"。

〔2〕 类似地，在WTO法律体系中，具有团体人格的文化财产被称为"国宝"。参见GATT1994第20条。

团体人格的文化财产全部国有、不具团体人格的文化财产基本私有的方式加以贯彻。问题在于，文化财产持有人成分复杂，强行将所有具有团体人格的文化财产收归国有并不现实，甚至会在短时间内造成大量珍贵文物的毁损。

一、中国文化财产法的独特制度设计及问题

就文化财产，中国的法律规定并没有根据是否具有团体人格这一标准加以区分。而是利用政府的权威，通过国家所有另辟蹊径。中国1982年《文物保护法》首先采取了不溯及既往的国有化策略，即"中华人民共和国境内地下、内水和领海中遗存的一切文物，属于国家所有"。然后，对于不动产，分为两个类型，一种类型采取全盘国有制，即"古文化遗址、古墓葬、石窟寺属于国家所有"，另一种类型采取分类所有制，即"国家指定保护的纪念建筑物、古建筑、石刻等，除国家另有规定的以外，属于国家所有"；而"属于集体所有和私人所有的纪念建筑物、古建筑和传世文物，其所有权受国家法律的保护"。最后，对于动产，国家机关、部队、全民所有制企业、事业组织收藏的文物，属于国家所有。根据《物权法》第41条的规定，"法律规定专属于国家所有的不动产和动产，任何单位和个人不能取得所有权"。这就在理论上保证文化财产向国家所有集中的趋势。

在国家所有的前提下，1982年《文物保护法》通过法律形式规定国家支配文化财产似乎"顺理成章"。比如，该法明确，对于国家所有文化财产，奉行"只进不出"的政策。该法第23条规定，"全民所有的博物馆、图书馆和其他单位的文物藏品禁止出卖"。第24条规定，"私人收藏的文物可以由文化行政管理部门指定的单位收购，其他任何单位或者个人不得经营文物收购业务"。第26条还规定，"银行、冶炼厂、造纸厂以及废旧物资回收部门，应与文化行政管理部门共同负责拣选出掺杂在金银器和废旧物资中的文物，除供银行研究所必需的历史货币可以由银行留用外，其余移交给文化行政管理部门处理。

移交的文物须合理作价。公安、海关、工商行政管理部门依法没收的重要文物,应当移交给文化行政管理部门”。

然而,上述的“顺理成章”是建构在国有与国家管理性质不分的基础之上的。鉴于国有文化财产也是广义的国有资产之一,借鉴当前(狭义)国有资产管理领域的研究成果,认识国家所有与国家管理之间的不同十分有必要。[1]

首先,就国有资产而言,中央政府具有两重身份,分别行使权力和权利两种职能。依据宪法,国务院是最高国家权力机关的执行机关,是最高国家行政机关。它以国家行政主体的身份依法行使国家行政权力,同时依据物权法,国务院代表国家行使国有财产的所有权,它又以国家这个特殊民事主体代表的身份,依法行使民事财产权利。法律明确了国务院的两种不同身份,分别行使的是不同的权力与权利。国有资产管理的“政资分开”原则,就是要区分这两种不同身份和职能。其中,行使“权力”的应是行政机关,行使“权利”的应是以民事主体身份行事的特设机构。

其次,国有财产的管理监督不是所有权的权能,而是与所有权相联系,保障所有权实现的职能。国有财产分布极其广泛,形态多种多样,直接支配者众多,国有财产所有权的行使,必须分别通过管理、监督和营运体系才能实现。为了保障国家所有权的统一行使,国务院在政府系统内也需要能够利用行政体系,运用行政权力,采取行政手段对国有财产实施自上而下的管理和监督。这种政府内部的管理、监督职能应由行政机关来履行,而不应由以民事主体身份行事的特设机构来履行,特设机构履行的只应是出资人的职能,行使的是出资人享有的民事权利,而不是管理监督的行政权力。

---

〔1〕“国有资产的管理、监督、营运”,国务院国有资产监督管理委员会网站,http://www.sasac.gov.cn/n1180/n1271/n20515/n2697175/12403722.html.,最后访问日期:2016年12月1日。

第三,国有资产的管理、监督只能是政府的行政职能,不应由行使出资人的职能的机构行使。国有资产的管理、监督依靠的是行政强制力。国有资产的管理、监督应看作政府的公共管理职能。国有资产出资人的职能和国有资产的管理、监督职能不应该由同一部门施行。

改革开放以来,上述关于国有资产所有和国有资产监管之间的差别几乎成为常识。然而,中国1982年《文物保护法》的制度设计却与这一常识相违背。[1] 如果说,此前因为"政企不分"导致中国国有企业丧失经济活力的话,对于文化财产的所有与监管部分也同样会出现效率低下、分配不均的问题。现行的《文物保护法》第44条明文规定,"禁止国有文物收藏单位将馆藏文物赠与、出租或者出售给其他单位、个人"。在文物收藏单位以外的公民、法人和其他组织可以取得文物受到严格限制的情况下,[2]文化财产将不可避免地向国家所

---

〔1〕 中国《文物保护法》屡经修改,体现出国家对文化财产保护的重视。1982年11月19日第五届全国人民代表大会常务委员会第二十五次会议通过《中华人民共和国文物保护法》,1982年11月19日全国人民代表大会常务委员会令第十一号公布,自公布之日起施行。1991年6月29日第七届全国人民代表大会常务委员会第二十次会议通过,1991年6月29日中华人民共和国主席令第四十七号公布,自公布之日起施行。2002年10月28日第九届全国人民代表大会常务委员会第三十次会议通过,2002年10月28日中华人民共和国主席令第76号公布施行。2007年12月29日《全国人民代表大会常务委员会关于修改〈中华人民共和国文物保护法〉的决定》由中华人民共和国第十届全国人民代表大会常务委员会第三十一次会议于2007年12月29日通过,自公布之日起施行。2013年6月29日全国人民代表大会常务委员会关于修改《中华人民共和国文物保护法》等十二部法律的决定(2013年6月29日第十二届全国人民代表大会常务委员会第三次会议通过)。第十二届全国人民代表大会常务委员会第三次会议决定对《中华人民共和国文物保护法》作出修改:(一)将第25条第2款修改为:"非国有不可移动文物转让、抵押或者改变用途的,应当根据其级别报相应的文物行政部门备案。"(二)将第56条第2款修改为:"拍卖企业拍卖的文物,在拍卖前应当经省、自治区、直辖市人民政府文物行政部门审核,并报国务院文物行政部门备案"。

〔2〕 根据中国《文物保护法》第50条的规定,文物收藏单位以外的公民、法人和其他组织可以收藏通过下列方式取得的文物:(1)依法继承或者接受赠与;(2)从文物商店购买;(3)从经营文物拍卖的拍卖企业购买;(4)公民个人合法所有的文物相互交换或者依法转让;(5)国家规定的其他合法方式。文物收藏单位以外的公民、法人和其他组织收藏的前款文物可以依法流通。

有制度集中。而文化财产的所有和监管部分有可能导致文化财产的保护产生“公地悲剧”,因而导致不利后果。

如上所述,文化财产是否可以让渡主要视相关文化财产是否属于团体人格财产而定,这与文化财产是否属于不可再生资源,以及与文化财产的所有制并无直接关联。中国的文化财产法律体制力图通过大范围的国有化体制来证明实施严格不可让渡规则的合理性并不具有合理性。

二、中国文化财产法与国内私法的脱节问题

尽管中国《文物保护法》的大量条款涉及文化财产的所有权问题,但是这些规定仅仅发挥着便利政府借助国家所有来行使国家管制的渠道功能。私法强调意思自治和所有权人对物的排他支配权,公法则强调信息公开和程序公正,一旦公法权力披上私法的外衣,极有可能形成公法向私法逃遁,不仅公法权力无从制约,私法权利也必然会被滥用。

如前所述,中国《物权法》第8条规定,其他相关法律对物权另有特别规定的,依照其规定。这似乎承认了《文物保护法》对于物权规定的优先性。然而,即便按照广义的物权范围说,认为物权法的基本范畴包括规范静态的物权关系、规范动态的动态关系以及保护交易中的第三人三个方面,[1]我们仍然可以发现,中国1982年《文物保护法》中绝大部分涉及国有文化财产的条款主要是管制性的规定,与物权法中的强制性范畴存在性质上的区别。[2]这意味着,对于国有文化财产而言,相关所有人除了应遵守文物管理部门的管制性规定之

〔1〕 参见孙宪忠:《物权法基本范畴及主要制度的反思》(上),载《中国法学》1999年第5期。

〔2〕 并非文化财产法中存在这一现象,在金融法中,金融私法中的强制性规范与金融公法中的管制性规范之间存在性质差别。参见王保树:《金融法二元规范结构的协调与发展趋势——完善金融法体系的一个视点》,载《广东社会科学》2009年第1期。

外，还可以对文化财产享有排他的支配权。当然，现行的《文物保护法》的众多管制条款已经从外部限制了国有文化财产所有人行使其财产所有权的限度。如第21条规定，“对不可移动文物进行修缮、保养、迁移，必须遵守不改变文物原状的原则”。该规定的实质是限制了文化财产所有权人在事实上的处分权；第44条规定，“禁止国有文物收藏单位将馆藏文物赠与、出租或者出售给其他单位、个人”。该规定相当于限制了文化财产所有权人在法律上的处分权。问题在于，现行的《文物保护法》为何做出此类限定？根据《物权法》第4条的规定，“国家、集体、私人的物权和其他权利人的物权受法律保护，任何单位和个人不得侵犯”。第39条规定，“所有权人对自己的不动产或者动产，依法享有占有、使用、收益和处分的权利”。《文物保护法》第21条和第44条恰恰限制了国有物权人最核心的权能——处分权。如果我们在国有资产管理领域承认国家所有与国家监管是性质不同的私法权利与公法权力，则没有任何理由否认，国有文化财产通常是国有资产之一，同样需要在国家所有与国家监管之间做出性质上的区分。如果我们在国有资产监管领域尊重公司法所架构的公司治理体系，同样也应当在文化财产保护领域尊重由物权法所架构的国家所有制。总而言之，通过所有制形式证成外部干预的正当性只不过是计划经济下的产物，并不符合当前“市场在资源配置中起决定性作用”的原则。

在权利保护的财产规则、责任规则和不可让渡性规则中，财产规则较为符合“市场在资源配置中起决定性作用”。然而，如前所述，并非所有的权利均适于财产规则。就人格财产而言，其对于特定当事人的独特性和不可替代性得到社会承认，应当予以尊重。这一规则不是推翻财产规则，而是为了更好的发挥财产规则的效用。[1] 团体人格财产理论植根于私法体系内部，如果某一团体与特定文化财产均在密切联系，以及此类联系并不构成对所有权人之外第三人的损害，则应

---

〔1〕 See Anne Fennell, “Adjusting Alienability”, *Harv. L. Rev.*, 122, 2009.

当引入严格不可让渡规则,否则,文化财产仍应适用普通财产法规则。与中国《文物保护法》所倡导的文化财产国有化,国有财产公法管控化的方案相比,团体人格财产理论更为忠实地体现了对国家所有权的尊重,也更能与物权法形成一个统一的体系。

需要指出的是,仅仅基于文化财产国家所有这一私法事实,中国《文物保护法》对于国家所有文化财产的管控没有坚实的理论依据。国家之所以对文化财产实施管制,一个重要的原因在于文化财产(不管是国有还是私有)具有"公共物"的特征,因而,在其目的约束的范围内,对它们实施特殊规则。本文认为,为促使文化财产法与物权法等法律的体系化,应强调有别于所有权人的团体对于文化财产的照管权利及义务,通过文化财产的团体人格理论,限制文化财产所有权中的排他权和支配权。所有文化财产应当按照是否具有团体人格特性加以分类,有团体人格特性的,可被认定为珍贵文物,没有团体人格特征的,可被认定为非珍贵文物。对于前者,还应继续区分为国宝和非国宝,国宝体现出整个中华民族的团体人格,应适用严格的非让渡规则;非国宝的文物则适用市场的非让渡规则。对于后者,则不应施加特别限制,有普通财产法加以调整即可。

如果我们不再单纯地将文化财产区分为国有和非国有,而是代之以团体人格和非团体人格,则这一制度就可能与世界其他国家的相关文化财产管理相接轨。由于团体人格理论为私法理论,相应的法律规范具有浓厚的私法特征,因而原则上具有域外效力,也更容易被其他国家所接纳。反之,如果我们仍然以国家管控取代国家所有,则名义上为私法的规则很可能被他国识别为公法的规则而得不到承认。

当然,在特定的情况下,中国的关于文化财产保护的法律有可能作为强制性规范被他国法院所适用。但是,这涉及众多的法律适用难点。以2010年奥地利最高法院审理的一起案件为例。奥地利买方从奥地利卖方购得一件约有两千年历史的中国陶瓷模具,该陶瓷模具由香港进口至欧洲。合同履行完毕后,买方诉至法院,要求卖方退还货款，理由是，根据中国大陆禁止涉案文物出口有关规范，买卖合同无效。该案中，奥地利法也是涉案合同的准据法，而中国大陆的有关规范是第三国强制性规范。法院是否认可涉案第三国强制性规范对合同效力的影响至关重要。就此，奥地利最高法院依《欧盟合同之债的法律适用公约》第7条第1款——“依本公约适用一国法律时，对于与案情具有密切联系的另一国法律中的强制性规则，可以赋予其效力，前提是依该另一国的法律，这些规则必须适用于合同，而不论合同准据法为何。在考虑是否赋予这些规则效力时，应考虑其性质、目的以及适用或不适用的后果。”——指出，第三国强制性规范对合同产生影响的前提是该第三国与合同具有密切联系。问题是，双方当事人对于陶瓷模具何时以及通过何种方式由中国大陆出境到中国香港地区一无所知。因此，根据现有的证据，无法认定当事人为合同之目的违反中国大陆的文物出口禁令，因此不能依《罗马公约》第7条第1款认可中国有关强制性规范的效力。最终，法院裁定系争合同有效，对买方的主张不予支持。[1]

必须指出的是，上述“直接适用的法”制度直接关涉国际私法中的冲突规范能否得到适用，而且某一具体案件是否牵涉一国“直接适用的法”具有相当大的解释空间和不确定性。[2] 在文化财产“国际主义”影响下，中国的文化财产管制性规范很可能被识别为管理性规范，而非效力性规范，这样，即使相关规范被援引，也不会影响到合同的效力问题。更为重要的是，一旦文化财产被转卖，则很可能受制于善意第三人原则。对于要求原物返还的当事人而言，仅仅通过金钱补偿难以达到效果。

---

〔1〕 OGH，30. 6. 2010 – 9Ob 76/09f. 具体案情陈述参见肖永平、龙威狄：《论中国国际私法中的强制性规范》，载《中国社会科学》2012年第10期。

〔2〕 参见刘仁山：《“直接适用的法”在我国的适用——兼评〈《涉外民事关系法律适用法》解释（一）〉第10条》，载《法商研究》2013年第3期。

三、文化财产保护的体系化之路

如上所述,在国际层面,文化财产的保护主要表现为公法规范。除了各国财产法关于财产类型和内容的规定差异巨大,实施机制不一,在国际层面很难达成一致等原因外,与各国法律对于文化财产法的定位不一也存在密切关系。这些不同关乎一国私法的基本制度,短期乃至长期内,国际社会很难达成一致。传统的国际私法强调“物之所在地”这一连接点,相当于为过去的违法行为进行合法背书。退而求其次,通过国际公法规范保护文化财产可以在一定程度上纠正这一形式上的中立。

然而,各国不同的财产法均为文化财产的特别保护留下了足够的空间。传统的以强调个人排他支配物的财产法逐渐融入了新鲜的元素——关系财产说。[1] 关系财产说认可人格之于财产的影响,并具体区分为个人人格财产和团体人格财产。其中团体人格财产说并不强调对于财产的所有,而是对于财产的特殊关系。问题在于,当前关于文化财产的国际公约仍以传统的财产法观点为基本前提,其关注点仍在于谁“拥有”特定文化财产,而非谁与特定的文化财产存在特殊关系。传统的财产法通过排除策略有助于发挥所有权人对于物的支配效用,但是,这一排除策略并不能将某一团体与特定文化财产之间的人格联系完全切割。因此,在承认个人所有权的同时,也应当承认特定文化财产所承载的团体人格因素。

如果说人的存在感依赖于外在的物,则团体的存在感必然要或多或少地借助于团体人格物来表达。人作为社会动物,需要一种社会的归属感,而实现这种归属感的途径之一在于与具有团体人格的文化财产建立起互通的联系。也正是在这一点上,不应一概否定文化财产中

---

〔1〕 See Carol M. Rose, “Crystals and Mud in Property Law”, *Stan. L. Rev.*, 40, 1988.

的“文化”属性。然而,承认文化财产的“文化”属性并不意味着要消除其“财产”属性。不加区分地限制文化财产交易只不过是另一种形式的拜物教。

公法对文化财产的监管逻辑与私法关于文化财产的自治逻辑存在显著不同,前者着眼于分配正义和社会福利,后者着眼于矫正正义和权利理论。两个各有其存在的合理意义。而团体人格理论在两者之间架设了相互沟通的桥梁,是权利理论内部自身的革命。在这一理论下,团体人格之所以应当受到尊重,不是因为它能够增加主张文化财产权国家或团体的社会福利,而是因为它是社会关系所产生的道德义务——公平感的具体体现。当前,我们应着力消除文化财产所有制所带来的管制困惑,防止用公法权力取代私法权利的倾向扩张。除了继续利用国际体制追讨文化财产之外,也应重新审视现行的《文物保护法》与《物权法》之间的体系冲突,并在财产法之中积极引入团体人格理论,为国家干预设立较高的准入门槛,从而减少因为过度干预所带来的负面效果。唯有如此,中国的文化财产法才拥有可被其他国家法律制度所承认的私法品格,也唯有如此,文化财产法才能在“文化”属性与“财产”属性之间寻求平衡。

第八章　中国文物保护法律的制度逻辑及其改进

自1982年11月公布以来，《文物保护法》历经1991年、2007年和2013年的三次修正和2002年的修订，已然基本成型。然而，这部重要法律的逐步"成熟"并没有彻底扭转中国文物保护和市场交易的乱象。自该法施行以来，各类侵害文物的违法犯罪活动仍日渐猖獗，此外，正常的经济建设也威胁到文物的保存，有关文物保护的专家指出，"上述情况之严重，为新中国成立以来所未有，也为历史上所罕见，其严重性已远远超过了包括'文化大革命'在内的前30年。如果不严加整治，遏制其继续发展，将会造成更加严重的后果"。[1]

正是在此背景下，2014年，按照全国人大常委会立法规划和国务院立法工作计划，国家文物局研

〔1〕 参见谢辰生：《当前文物工作的四种错误倾向——在全国人大常委会纪念〈文物保护法〉颁布30周年座谈会上的发言》，载《中国文物科学研究》2013年第1期。

究起草了《中华人民共和国文物保护法(修订草案征求意见稿)》(以下简称“2014 意见稿”)。不同于以往的习惯做法,这一由行政主管部门起草的意见稿不仅在 7 月中旬印发给各地文物部门征求意见,还经由地方文物局下发到了一些民间博物馆。按照相关通知要求,各地文物部门应按时反馈修改意见,将本地区对“2014 意见稿”修订意见和建议的报告及花脸稿,一并在 9 月 15 日前报送国家文物局。[1] 自 8 月中旬起,国家文物局集中开展《文物保护法》修法调研,召开修订草案征求意见座谈会,听取地方文物部门意见建议。根据官网信息,在重点调研的河南和河北两个文物大省,代表们(主要来自于关部门、省市县文物部门、部分文博单位等)对修订草案给予充分肯定。而文化部主管的《中国文化报》也适时报道,在安徽省召开的修法调研会上,“部分文物管理部门负责人的发言。大家在发言中充分肯定了由国家文物局主持的‘修订草案征求意见稿’所取得的成绩”。[2] 至此,“2014 意见稿”的正确性已然确定无疑,而剩下的工作则转向了相关条文的字斟句酌之上。

然而,就在文物管理部门和职能部门中的各类代表纷纷为“2014 意见稿”背书之际,反对意见通过互联网媒介此起彼伏。其中,有的指向《文物保护法》相关条款在表述及适用上的不当性,而该条款被“2014 意见稿”所保留;有的则早在“2014 意见稿”出台之前就提出了与之内容相左的民间稿。[3] 这些意见来自专业律师、文物收藏家和

---

〔1〕 国家文物局“关于征求对《中华人民共和国文物保护法(修订草案征求意见稿)》意见的通知”(文物政函〔2014〕2330 号)。

〔2〕 参见何薇:《国家文物局集中开展〈文物保护法〉修法调研》,载国家文物局网站:http://www.sach.gov.cn/art/2014/8/26/art_722_112645.html.,最后访问日期:2016 年 12 月 10 日;乔国良:《励小捷在安徽调研强调强化文物管理,推进〈文物保护法〉修订》,载《中国文化报》8 月 25 日,第 1 版。

〔3〕 如《古墓疑云——错位的法律》,直指《文物保护法》第 5 条在适用中的问题,http://bbs.tianya.cn/post-law-661332-1.shtml;《关于尽快启动修改〈中华人民共和国文物保护法〉的建议》,http://blog.sina.com.cn/s/blog_77dd5ba60101c9ge.html.,最后访问日期:2016 年 12 月 10 日。

民间博物馆馆长，不可谓不专业。

本书无意调和上述肯定派和否定派之间的分歧。在当前部门立法格局下，反对意见再强，如果进不了正常的立法渠道，则肯定派必然占据上风。不过，民主的立法过程正是要激发各类观点，通过充分的讨论来达成大致一致的意见。[1] 否则，相关的征求意见的做法只能成为部门利益法制化的装饰品。有鉴于此，本书以《文物保护法》及“2014 意见稿”为核心，分析中国文物保护法的制度逻辑，并在现有的法律体系下，[2]寻求最佳的综合性和一致性理解。

第一节 《文物保护法》的基本制度及其变迁

一、1982 年《文物保护法》所确立的基本制度

1982 年《文物保护法》的前身是国务院于 1961 年颁发的《文物保护管理暂行条例》。该暂行条例侧重于地上地下不能移动的文物保护方面，考古发掘和流散文物的条文很少，历史文化名城和馆藏文物则根本没有涉及。1982 年《文物保护法》对暂行条例作出如下几个方面的修改：

其一，明确了文物所有权的归属问题。1982 年《文物保护法》第 4 条建立起国家绝对所有和国家相对所有两种国有制。国家绝对所有指的是：(1)“中华人民共和国境内地下、内水和领海中遗存的一切文物，属于国家所有”；(2)“古文化遗址、古墓葬、石窟寺属于国家所有”；(3)“国家机关、部队、全民所有制企业、事业单位收藏的文物，属

---

〔1〕 参见廖盛芳：《民主立法的典范——文物保护法修改过程印象》，载《中国人大》2002 年第 21 期；张文彬：《民主立法与科学立法的成功实践——纪念〈文物保护法〉修订实施五周年》，载《中国文物科学研究》2007 年第 4 期。

〔2〕 因此，从法律体系层面考察，本文虽涉及法律修订问题，但仍属于一种“体系后的研究”。参见陈甦：《体系前研究到体系后研究的范式转型》，载《法学研究》2011 年第 5 期。

于国家所有”。国家相对所有指的是，“国家制定保护的纪念建筑物、古建筑、石刻等，除国家另有规定外，属于国家所有”。此外，集体和个人所有的纪念建筑物、古建筑物和传世文物，其所有权受国家保护，但是，文物的所有者必须遵守国家有关保护文物的规定。

其二，严格控制流散文物的市场流通。1982 年《文物保护法》规定了统一收购和“严禁倒卖牟利”的原则，以利于加强文物市场管理，防止文物走私外流。

其三，设立专门文物管理机构，规定了文物经费问题，增加了奖惩规定。立法草案报告特别提出，文物保护管理工作是一项专业性、政策性和社会性都很强的工作，涉及各个方面，“必须加强各级文物行政管理部门的职能，认真协调各方面的关系。同时，还需要各有关方面对文物保护工作大力支持，以保证本法的贯彻执行”。

其四，对原有的文物保护单位的规定作出了进一步完善，细化了考古发掘的前置性要求，设立了历史文化名城制度，增加了馆藏文物的规定等。

上述文物国有以及流通限制制度一经确立，就被视为《文物保护法》的支柱。[1] 长期以来，官方的主流观点认为，1982 年《文物保护法》所确立的制度架构没有问题，有问题的是如何发挥此类制度的功能。如对于同样的问题，1991 年的修正案的应对措施是增加行政违法行为和犯罪行为的类型。[2]

---

〔1〕 如有观点认为，1982 年《文物保护法》中的“个人所有权的限制原则”、“处分权的限制原则”和“经营权的限制原则”是反映社会主义法律特征的三个重要原则。参见韩秀美：《贯彻文物保护法应注意的两个问题》，载《法学》1983 年第 8 期。

〔2〕 对此，可比较 1982 年“关于《中华人民共和国文物保护法》（草案）的说明”与 1991 年“关于《中华人民共和国文物保护法修正案（草案）》的说明”。两个草案说明均强调，当前突出的问题是文物犯罪激增以及某些部门和企事业单位片面追求局部的、眼前的利益等。但是，在实践中，已有工作人员指出，1991 年修正的《文物保护法》依然不能适应时代发展的需要。参见方印华：《对〈文物保护法〉的几点修改建议》，载《政治与法律》1995 年第 1 期。

二、2002年对《文物保护法》的修订

随着改革的深化、开放的扩大和社会主义市场经济的发展，在2001年文化部提交的修订草案说明中，官方承认，文物保护工作出现了一些新情况、新问题，不仅"文物保护力度不够"，"文物管理制度不够严格"，而且"不少文物未能得到合理利用"。[1] 有鉴于此，2002年《文物保护法》第4条规定，"文物工作贯彻保护为主、抢救第一、合理利用、加强管理的方针"。但是，对于1982年《文物保护法》中的文物国有以及流通限制制度，2002年的修订案不仅未予放松，反而有愈加收紧的趋势。

首先，2002年《文物保护法》第5条扩大了文物国有的范围，并建立以"一旦国有，永久国有"的所有权制度。具体而言，就不可移动文物，关于国家绝对所有的相关规定被保留下来，相对所有的范围还扩展到"壁画、近代现代代表性建筑"等。就可移动文物，第5条同样将之区分为国家绝对所有和国家相对所有。为防止国有文物流失，"国有不可移动文物的所有权不因其所依附的土地所有权或者使用权的改变而改变"；"属于国家所有的可移动文物的所有权不因其保管、收藏单位的终止或者变更而改变"。

其次，2002年《文物保护法》明确了文物流通的范围和途径，建立起文物流通经营主体特许制度，强化对文物流通的监督。就可予以流通文物的范围，第51条规定，对于来源符合第50条规定的文物，公民、法人和其他组织可以通过继承或者接受赠予、购买、相互交换或依法转让等方式取得文物予以收藏。这些文物可以依法流通。但是，公民、法人和其他组织不得买卖非国有馆藏珍贵文物，另外，除非国家允许，也不得买卖国有文物。而对于来源不符合第50条规定的文物，则

---

〔1〕 2001年时任文化部部长孙家正"关于《中华人民共和国文物保护法（修订草案）》的说明"。

一律不得买卖。就文物流通途径,第53条和第54条禁止文物购销经营单位和经营文物拍卖企业以外的公民、法人和其他组织私自买卖文物。之所以做出如此严格的规定,主要的理由在于:目前,在国家不掌握私人收藏文物的情况下,文物流通管理不严可能给文物犯罪活动提供可乘之机。[1] 显然,如果除经批准的文物商店、拍卖企业外,其他单位或者个人不得从事文物的商业经营活动,并且"文物商店购买、销售文物,拍卖企业拍卖文物,应当按照国家有关规定作出记录,并报原审核的文物行政部门备案",则盗掘文物的犯罪分子和走私文物的犯罪分子很难利用文物经营渠道销赃或收集文物。

2002年《文物保护法》的相关条文中并没有明确说明这样两个问题,为贯彻"保护为主、抢救第一、合理利用、加强管理"方针,是否有必要采取以国家所有为主的制度? 另外,为防止犯罪分子利用市场渠道销赃或收集文物,是否必须限制文物流通渠道? 易言之,如果1982年《文物保护法》颁布以来,仍难以有效扭转中国文物因为盗掘和经济建设而遭受大规模破坏的趋势,是否意味着立法者们开错了药方? 显然,上述关于规制目标正当性、规制手段有效性的考量并没有进入立法者的视野。在2007年和2013年的修正案中,相关规定简化了流通审批手续,但没有根本触及文物国有和流通限制等制度。

第二节　《文物保护法》的合法性和合理性危机

为实现文物保护之目的,1982年《文物保护法》建立起严格的文物国有制度,该制度为其后的《文物保护法》所沿用,并得到强化。然而,如下所述,以国家所有促进文物保护并无坚实的实证法依据,其合理性有待进一步论证。

---

[1] 2001年时任文化部部长孙家正"关于《中华人民共和国文物保护法(修订草案)》的说明"。

一、以国家所有促进文物保护缺乏明确的实证法依据

严格说来,将绝大多数文物确定为国家所有,存在合宪争议。具体而言,1982 年《文物保护法》颁布时,1978 年《宪法》依然生效。该法第 5 条规定,中华人民共和国的生产资料所有制现阶段主要有两种:社会主义全民所有制和社会主义劳动群众集体所有制。与此相对应,第 9 条规定,国家保护公民的合法收入、储蓄、房屋和其他生活资料的所有权。按当时之观点,绝大多数文物并不属于社会主义意义上的“其他生活资料”,理论上只能将其归属于生产资料,相应地,绝大多数文物或应归全民所有,或应归集体所有。但是,1982 年《文物保护法》并未采取这一生产资料和生活资料两分法,而是根据文物可移动与否,分别确定其所有权的归属。其中,国家所有被提升到主导地位,集体所有和私人所有仅处于次要地位。

在立法时机的选择上,1982 年《文物保护法》可谓恰逢其时。这一方面体现在,其所采用的法律用语和分类方法与此后通过的 1982《宪法》基本一致。如 1982 年《宪法》将国家所有等同于全民所有,将“生产资料”修改为“合法财产”。[1] 另一方面体现在,抢在 1982 年《宪法》出台之前制定《文物保护法》,可以避免合宪性问题的困扰。申言之,在 1982 年《宪法》项下,1982 年《文物保护法》关于文物国有的规定存在如下两个方面的问题:

其一,1982 年《宪法》条款并未明确规定文物国有问题。

1982 年《宪法》第 9 条规定,矿藏、水流、森林、山岭、草原、荒地、滩涂等自然资源,都属于国家所有,即全民所有。第 10 条规定,城市土地属于国家所有。据此,可以认为,遗存在上述自然资源和城市土体所覆盖的地下、内水和领海中依存的一切文物,属于国家所有。然而,《宪法》第 9 条和第 10 条同样规定,由法律规定属于集体所有的森

---

〔1〕 1982 年《宪法》第 9 条和第 13 条。

林和山岭、草原、荒地、滩涂并非国家所有;农村和城市郊区的土地,除由法律规定属于国家所有的以外,属于集体所有。依据同样的逻辑,我们只能认为,遗存在上述集体所有的自然资源和土地所覆盖的地下文物,应当属于集体所有。显然,1982 年《文物保护法》的相关规定与上述对宪法条文的理解直接冲突。不仅如此,国家和集体对自然资源和土地拥有所有权并不意味着不存在独立的土地使用权。[1] 我们不能从土地所有权直接推断出所有不可移动文物为土地所有权人所有。1982 年《文物保护法》在一定程度上承认两者可以分离,但却将绝大部分不可移动文物确定为国家所有。这一做法显然没有直接的宪法依据。

其二,1982 年《宪法》的授权条款也不支持文物国有的规定。

与 1978 年《宪法》不同,根据 1982 年《宪法》第 13 条,公民个人不仅可以拥有合法的收入、储蓄、房屋,还可以拥有"其他合法财产"。理论上,存在两种确定"其他合法财产"范围的方法:(1)仅包括由法律所规定的特定财产,即"正面清单"模式;(2)包括不为法律禁止的所有财产,即"负面清单"模式。考虑到《宪法》第 13 条采取了列举的表述方式以及改革开放之初的特殊情况,[2] 将"其他合法财产"解释为"正面清单"模式并无不妥之处。这意味着,理论上《文物保护法》是可以援引《宪法》第 13 条来限制公民个人拥有文物的范围和渠道。然而,即使采取这一解释思路仍存在逻辑上的漏洞。根据《宪法》第 13 条的规定,《文物保护法》的立法者或许有权就公民合法拥有的文

---

〔1〕 如张千帆教授认为,1982 年《宪法》第 10 条所建立的城市"国有土地"和"全民"所有权只能是一种名义所有权,1982 年《宪法》关于城市土地"国家所有"的规定并未剥夺任何个人或单位的土地使用权。参见张千帆:《城市土地"国家所有"的困惑与消解》,载《中国法学》2012 年第 3 期。

〔2〕 在 1982 年《文物保护法》制定之后的第 5 年,《经济日报》才在 1987 年 6 月 13 日的头版头条发表了一篇通讯《关广梅现象》,从而掀起了一场姓"资"还是姓"社"的大讨论。在此讨论后不久召开的中共十三大给出了一个初步的答案:"是否有利于发展生产力,应当成为我们考虑问题的一切出发点和检验一切工作的根本标准。"

物列出“正面清单”,但没有权力限制集体拥有文物的范围和渠道。而实际的情况是,《文物保护法》往往将集体和私人相并列,也同样采取了“正面清单”的限制模式,[1]这显然没有《宪法》上的依据。

可以认为,1982 年《文物保护法》成功地利用了时间差,在形式上采取了 1982 年《宪法》的法律用语的同时,植入了与其规定不符的法律内容。由于缺乏溯及力,1982 年宪法及其修正案只能承认并强化这一规定所造成文物国家所有的现状。比如,《宪法》1988 年修正案正式承认土地所有权和使用权分离,恰恰能够说明存在于集体土地上的不可移动文物属于国家所有。而在 1982 年《文物保护法》问世之初,此类文物的所有权归属恰恰并不明确。同样《宪法》2004 修正案不再采用“正面清单”模式列举公民财产所有权类型,而是统一规定为“公民的合法的私有财产不受侵犯”。在 1982 年《文物保护法》问世之初,公民个人所有的财产类型受到宪法的严格限制,绝大多数文物恰恰不在“正面清单”的范围之内。

综上所述,1982 年《文物保护法》关于文物国有的规定并无宪法上的直接依据,或者即使涉及某些条款,其规定也不符合宪法的要求。值得注意的是,1982 年《文物保护法》似乎也无意以宪法为依据。直至 2002 年《文物保护法》修订时,立法者才在该法第 1 条中添加“根据宪法”这一表述。吊诡的是,如果根据当时修正的宪法,2002 年《文物保护法》本不应出现上述绝大多数文物均属国有的条款。

《文物保护法》与《宪法》之间之所以存在紧张关系,一个重要的原因是缺乏关于国家所有权的一般性法律规定作为中介。随着 2007 年《物权法》的出台,上述紧张关系有所缓解。在“国家所有权和集体所有权、私人所有权”一章,《物权法》第 51 条特别规定,“法律规定属于国家所有的文物,属于国家所有”。这一规定发挥着承接转合的作用。其中,国家所有权具有宪法、民法和特别法意义上的三种含义,

---

[1] 1982 年《文物保护法》第 5 条。

《宪法》中的基础性规范，经由《物权法》中的确认性规范和授权性规范而转向了特别法，并最终形成管制型规范。[1] 问题在于，这种承接转合仅说明了国家所有权转换的形式，并不能保证相关法律内容在法律体系间转化时相互协调一致。易言之，单纯从形式到形式并不能够构成一个稳定的自我调整结构。[2] 《物权法》第 51 条仅在形式上保证了《文物保护法》有权确定文物国有问题，但在内容上，未能对之加以具体化。《文物保护法》与《宪法》之间的实质紧张关系依然存在。

二、以国家所有促进文物保护欠缺合理性

在法律体系中，没有明确的实体法依据并不阻碍立法或司法创新。实际上，在保持核心法律制度不变的情况下，为了维持体系的适应力，边缘性的法律制度应具有足够的灵活性。而一般法或上位法中的授权条款就有助于在稳定和变通之间达至平衡。正因如此，对于《物权法》第 51 条的解读应着眼于法律体系的完备，特别是要注意如下两点：

首先，作为下位法，《物权法》应当符合《宪法》的规定，并具体体现《宪法》的要求，是宪法在民事领域的具体化。《物权法》第 51 条的意义在于，其明确指出，在非宪法层面，文物国家所有的问题首先是一个物权法问题，必须经由物权法的授权，特别法才能作出规定。

其次，作为特别法，《文物保护法》在作出规定时，必须注意到与一般法之间的体系一致性，只有基于特别理由，才能偏离物权法的一般原则。

当然，上述宪法、一般法以及特别法之间的关系是一个理想化的

---

〔1〕 此即国家所有权的“双阶构造”学说。参见税兵：《自然资源国家所有权双阶构造说》，载《法学研究》2013 年第 4 期。

〔2〕 因此“双阶构造”学说具有浓厚的形式主义，并不是一种具有自主性和自我调节性的结构。关于结构主义特征，参见［瑞士］皮亚杰：《结构主义》，倪连生、王琳译，商务印书馆 2012 年版，第 3 页、第 96 页。

图景。现实的情况是,1982 年《文物保护法》的制定早于其后较为成熟的 1982 年《宪法》,而修订后的 2002《文物保护法》又早于 2007 年颁布的《物权法》,因此,以后法标准评价前法有苛责之嫌。但是,从法律体系的完备性角度而言,《宪法》具有核心的重要性,《物权法》具有系统重要性,作为特别法的《文物保护法》应积极调整,去适应《宪法》和《物权法》的变化,而非相反。因此,即使《物权法》第 51 条仅简单地确认文物国有属于物权法上的国有制,并且授权特别法制定具体规则,作为《文物保护法》的修法者也不应卸下体系化的职责。

有基于此,现在需要讨论的问题是,在没有实体法依据的情况下,《文物保护法》关于文物国有的合理化说明是否依然与《宪法》和《物权法》所构建的体系相容?为此,有必要考察和分析当初立法者所提出的相关立法理由,以确定其是否依然具有说服力。

在 1982 年关于《文物保护法(草案)》的说明中,草案起草者就建立文物所有权制度提供了两条言简意赅的说明:

理由一,对文物所有权没有明确的规定导致文物保护管理工作出现混乱。"目前文物保护管理工作中出现种种混乱的一个重要原因,是对文物所有权没有明确的规定。有的单位占用古建筑迟迟不搬迁,甚至任意拆改,有的地方和单位把出土文物据为己有,不交给国家,不听从文物部门的调拨。就是因为他们自以为是产权所有者。因此在总则中明确规定了埋藏在地下的文物以及国家机关、部队、全民所有制企业、事业单位收藏的文物和各级文物保护单位,除了国家另有规定的以外,其所有权属于国家"。

理由二,属于集体和私人所有的纪念建筑物、古建筑和传世文物,所有权受到国家法律的保护。但是,"文物的所有者必须遵守国家有关保护文物的规定"。

这一立法说明将文物的所有权区分为两种情况:国家所有和非国家(集体和私人)所有。其中,理由二逻辑明晰,明确区分私法上的所有权与公法上的管理权。相比之下,理由一显得逻辑混乱。因为,从所有权不明确导致保护管理混乱这一大前提中，只能推定应明晰所有权的归属，不能推定必须建立文物国家所有制度，实际上，为建立文物国家所有制度，立法者还需要进一步假设：如果文物国家所有，则文物的保护管理更为便利。问题在于，按照这一逻辑，则不应在国家所有之外再承认集体所有和个人所有。易言之，如果立法者的假设成立，规定所有的文物均属国有岂不更为逻辑一致？

在当前《宪法》和《物权法》所构建的法律体系内，上述立法理由不仅逻辑不一致，还会遇到如下两个价值判断难题。

其一，文物保护管理与文物所有权归属何者更为重要？在法律体系中，不同的事项具有不同的重要性。当前，无论在国家层面，还是在民事基本制度层面，私法上的所有权确定问题具有根本重要性，而公法上的保护管理便利考量往往处于附属地位。如果不附加额外说明，仅以保护管理便利为由限制乃至剥夺所有权有本末倒置之嫌。

其二，即使承认文物保护管理更具重要地位，作为手段的文物国家所有是否必然优于非国家所有？文物属于国家涉及更为复杂的国有财产问题，[1]实际的情况是，基于经济利益考虑，国有文物的管理人和使用人往往会凭借自身的行政权力来扩张私法上的所有权，将原本明晰的公法和私法关系混为一谈，反而削弱了文物管理部门的执法能力。[2]

就合理性的角度而言，存在逻辑不一致、说明理由缺乏可靠性问

---

〔1〕 如有观点认为，当前中国，国有财产的具体范围通过《宪法》、《民法通则》和《物权法》等都已经得到确定，大体可以分为企业类、行政事业类和资源类三种，其中的行政事业类和资源类国有财产在于实现公共利益。参见程淑娟：《论国家所有权的客体——以作为集合物的‘国有财产’为中心的思考》，载《西北大学学报》（哲学社会科学版）2011 年第 1 期。

〔2〕 参见周佑勇、尹建国：《乔家大院经营权被转让引发的思考》，载《学习月刊》2008 年第 5 期；宋雪莲：《乔家大院“转让”风波背后——文物“两权分离”的情理纠葛》，载《中国经济周刊》2008 年第 8 期。

题,而涉及过多的价值判断则说明理由的可信度较低,[1]两相结合,此类立法说明很难具有说服力。因此,仅凭上述立法理由似乎不能证明《文物保护法》偏离《宪法》和《物权法》一般原则的合理性。

三、限制文物流通渠道的特殊问题

1982年《文物保护法》不仅确立了文物国有为主导的所有权制度,还就文物的流通渠道作了限制。对此,2002年《文物保护法》一体继承,并有逐步收紧之倾向。在1982年《文物保护法(草案)》的说明中,立法者如是说明限制流通的合理性:"目前文物市场的混乱情况相当严重,有的地方投机倒把和文物走私活动猖獗。产生这种情况的一个重要原因是多头经营,互相竞争。因而……规定了统一收购和'严禁倒卖牟利'的原则,以利于加强文物市场管理,防止文物走私外流。"[2]在2002年《文物保护法(修订草案)》的说明中,立法者说得更为明白:"目前,在国家不掌握私人收藏文物的情况下,文物流通管理不严可能给文物犯罪活动提供可乘之机。为此,草案增加规定:禁止文物购销经营单位和经营文物拍卖的拍卖企业以外的公民、法人或者其他组织私自买卖文物。"[3]

如果将上述限制流通的立法理由与文物国有的立法理由相比较,可以发现惊人的相似之处。即立法者在确立草案时,相关条款的目标并非纯粹为了文物保护,而是"利于加强文物市场管理"。显然,这一管理者本位的法律制度在规制目标与手段的设计层面同样存在严重的本末倒置问题。管理者的逻辑是:强化管理有助于文物保护,因此,

---

〔1〕 参见[美]罗伯特·诺奇克:《合理性的本质》,葛四有、陈昉译,上海译文出版社2012年版,第114页。

〔2〕 1982年时任文化部部长朱穆之"关于《中华人民共和国文物保护法(草案)》的说明"。

〔3〕 2001年时任文化部部长孙家正"关于《中华人民共和国文物保护法(修订草案)》的说明"。

在立法时，首要的任务是便利其管理。问题在于，从目标层面来看，《文物保护法》的合法目标不仅仅限于保护，除了保护之外，还存在“合理利用”这一选项；从手段层面来看，即使某一手段有助于文物保护，但如果负面效应过大，仍不宜采用。因此，如果将强化管理有助于文物保护的逻辑演绎到极致，则文物管理部门将取得毫无限制的权力。在价值多元、资源有限和追求效率的社会中，这一结论显然是不能成立的。

不仅如此，在《文物保护法》中，限制文物流通制度与文物国有制度相辅相成。易言之，因为文物国有，在所有人虚位以及管理人和使用人管理不力的情况下，其被盗掘的可能性更大。如果限制流通能够消除对盗掘文物的需求，则必然有助于保护国有文物。问题在于，这一制度设计是以两个假设为前提的，即(1)文物国有是值得追求的社会目标；(2)不存在游离于正规流通渠道的“黑市”。如上所述，就前者，存在争议；就后者，与一般的常识相背离。在此情况下，限制文物流通来保护国有文物失去了合理性。

在部门立法的实践中，相关制度设计往往要受制于管理机构的“管见”(tunnel vision)。[1] 由于缺乏适当的制约，这些在逻辑上不一致、价值上不确定，具有浓厚管理者本位的次优方案依然最终成为国家立法。但是，此类立法缺乏体系性，由于缺乏配套法规的支持，必然会出现执行不力的乱象，并可能冲击其他更为基本的制度。因此，对于《文物保护法》的体系性缺陷，“2014 意见稿”应加以补救。

第三节　“2014 意见稿”的突破

在“2014 意见稿”的通知中，国家文物局指出，“本次修法力求突破部门法的局限性，开阔视野，全面厘清政府、社会、个人在文物保护

---

〔1〕 See Todd C. Zubler, Book Note, “Breaking the Vicious Circle: Toward Effective Risk Regulation”, *Harv. J. Law & Tech.*, 8, 1994.

中的职责、权利和义务；力求全面体现文物工作方针，新增专章明确文物合理利用的法律地位，充实文物合理利用的措施要求”。这一说法委婉地承认，《文物保护法》存在部门法的局限性，重保护、轻利用；此前的规定也没有解决好政府、社会和个人在文物保护中的关系。

一、“2014 意见稿”的主要变化

相对于此前的《文物保护法》，“2014 意见稿”的逻辑布局更为合理。如原来的“馆藏文物”和“民间收藏文物”两章被合并为“可移动文物”一章，从而与“不可移动文物”形成对应关系。此外，为突出合理利用这一方针，还专设“合理利用”一章。与形式合理化相伴的是内容方面的改进，主要体现在：

首先，就文物所有权的归属问题，“2014 意见稿”第 5 条基本延续了此前的做法，将之区分为国有和非国有两类。绝大部分不可移动文物归国家所有，集体和个人只能拥有古建筑、近代现代代表性建筑。“2014 意见稿”的创见在于，对国有的古建筑、石刻、壁画、近代现代重要史迹和代表性建筑等不可移动文物，在国家另有规定时，可以转让或抵押。这就为不可移动文物从国有转向非国有奠定了法律基础。此外，“2014 意见稿”还鼓励公民、法人和其他组织可以参与尚未得到有效保护的国有省级、市、县级文物保护单位和一般不可移动文物的保护和利用，承担文物保护责任，取得相应的使用权和收益权。但国有不可移动文物的所有权不变。[1] 这一规定间接承认，所有权与文物保护之间并不存在必然联系。

其次，就流通渠道，与《文物保护法》的规定相比，“2014 意见稿”有所放松。如从事文物购销活动的企业，不再需要经由国务院文物行政部门或者省、自治区、直辖市人民政府文物行政部门批准设立，从事文物拍卖活动的拍卖企业，也不再需要取得国务院文物行政部门颁发

---

〔1〕“2014 意见稿”第 74 条。

的文物拍卖许可证，而只需要由全国性的文物购销行业组织或者全国性的文物拍卖行业组织按照国务院文物主管部门的规定实行认证和管理。此外，从事文物购销活动的企业和从事文物拍卖活动的拍卖企业，也无须在销售或拍卖前经省、自治区、直辖市人民政府文物行政部门审核，只需按照国务院文物主管部门的规定作出交易记录，并报企业所在地省、自治区、直辖市人民政府文物主管部门备案。[1]

最后，就合理利用，“2014 意见稿”强调国有文物的共用性。即国有文物保护单位应当尽可能向公众开放；由国家机关、国有事业组织和国有企业等使用的，应当创造条件局部或定期开放，暂不具备开放条件的，应当以适当的方式进行展示。如果非国有文物保护单位向公众开放、提供展览展示服务的，文物主管部门应当给予支持和帮助。[2] 不仅如此，“2014 意见稿”还确立了一旦共用，永久共用的原则，即已建立文物保护管理所、博物馆或者辟为考古遗址公园等参观游览场所的国有文物保护单位，不得改变其公共文化用途，不得交由企业作为资产经营，不得转让、抵押。[3]

可以认为，“2014 意见稿”在一定程度上突破了 1982 年《文物保护法》所划定的底线，不仅特定的不可移动文物可以非国有化，省级、市、县级文物保护单位以及国有一般不可移动文物的使用权和收益权也可转让给公民、法人和其他组织。同时，从事文物商业经营的条件也由行政审批制转为了行业协会认证制。更为重要的是，“2014 意见稿”确立了国有文物的公物性质，回应了学者们关于建立公物制度的

---

〔1〕“2014 意见稿”第 58 条、第 59 条和第 61 条。

〔2〕“2014 意见稿”第 72 条。

〔3〕“2014 意见稿”第 73 条。

建议。[1]

正是因为增加了“合理利用”一章，此前欠缺合理性考虑的问题再次被提出来：对文物的所有和流通实施严格限制，其规制目标是什么？就该目标，什么才是适当的规制手段？为回答这两个问题，必须重回法律文本，寻求文本所体现的制度逻辑，并对之进行评价。

二、“合理利用”的制度价值

如果说《文物保护法》以保护为首要任务，则“2014 意见稿”的重心已然向“合理利用”转移。比如，“2014 意见稿”第 1 条开宗明义地提出：“为加强文物保护，规范文物利用……根据宪法，制定本法。”而此前《文物保护法》第 1 条只突出强调“为加强对文物的保护”。在“合理利用”的视角下，文物国家所有、文物出境管制以及文物流动限制等法律制度体现出新的价值。

（一）文物国家所有与合理利用

“2014 意见稿”第 5 条就不可移动文物和可移动文物分别规定了所有权的归属问题。其内容与 2002 年《文物保护法》基本一致，主要涉及哪些种类的文物为国家所有，以及文物国有性质的永固性。不仅如此，“2014 意见稿”还进一步规定，古文化遗址、古墓葬、石窟寺属于国家所有，“不得转让、抵押”；属于国家所有的古建筑、石刻、壁画、近代现代重要史迹和代表性建筑物等不可移动文物，“不得转让、抵押，

[1] 比如，早在 2003 年，肖泽晟教授就提出，“我国不少地方也开始出现私人博物馆，2001 年北京市制定并实施的《北京市博物馆管理条例》甚至明确鼓励公民、法人兴办私立博物馆。尽管这一规定与《中华人民共和国文物保护法》的规定存在抵触，但是，在目前国立博物馆技术落后、经费紧张的情况下，发挥私人的力量来保护文物将成为我们的最佳选择，没有必要禁止。国家完全可以扩大收藏出土文物的博物馆范围，使一部分私立博物馆也可以替国家代管和保藏出土文物，从而使同样作为公益性事业的私立博物馆也拥有保护重要文物的权利。至于私人博物馆是否应受公物法调整，取决于行政机关是否在其上作出供公用的意思表示”。参见肖泽晟：《公物的范围——兼论不宜由国务院国资委管理的财产》，载《行政法学研究》2003 年第 3 期。

国家另有规定的除外”。“2014 意见稿”规定“不得转让、抵押”等限制条件至少包含两层含义：(1)重申此类不可移动文物，“一旦国有，永久国有”；(2)限定此类不可移动文物可予以利用方式，即应着眼于其使用价值而非交换价值。

如果仅依据《文物保护法》所提供的理由——强化文物保护管理，我们很难认为文物归属于国家，与文物部门可以加强管理之间存在必然的逻辑关系。但是，如果文物国有的目的在于促进其合理利用，或者说，不同于非国有所有权人，国有所有权人负有额外义务向公众开放或者以适当方式展示文物，则文物国有有其合理性。在此意义上，可以认为，“2014 意见稿”第 72 条关于“国有文物保护单位应当尽可能向公众开放”的规定足以促使立法者就文物所有权设立特殊的制度。反之，如果文物国有并不承担额外的义务，而仅仅是出于管理便利之需要，则此类制度仍将与《宪法》和《物权法》的一般原则不符。

(二)文物出境管制与合理利用

“合理利用”不仅有助于说明文物国有的合理性，还能在一定程度上证明限制或禁止文物出境这一规定的合理性。1982 年《文物保护法》有两条涉及文物出境问题。其中，具有重要历史、艺术、科学价值的文物，除经国务院批准运往国外展览外，一律禁止出境；其他文物如出口或由个人携带文物出境的，需要经文化行政管理部门鉴定，并发给出口许可证。就为何做出这两条规定，立法草案说明并没有给出理由。及至 2002 年修订《文物保护法》时，上述两个关于文物出境的条款被进一步扩充和明确，并特别补充了文物出境展览的规定。但是，相关修订草案说明书也没有说明，为何要限制文物贸易。

立法者之所以未提供合理化说明，一个重要的原因可能是除少数发达国家(如美国)外，绝大多数国家均对本国文物出境实施严格管制；另一个重要的原因在于，社会各界一致公认，珍贵文物是一国瑰宝,与该国身份认同息息相关,因此禁止此类文物出口“天经地义”。[1] 问题是,在《文物保护法》的法律框架下,国有文物和非国有文物并不同等对待,如第60条规定,“国有文物、非国有文物中的珍贵文物和国家规定禁止出境的其他文物,不得出境”。对此,仅仅求助于各国实践和社会共识并不足以说明,对国有文物的规定要严格于对非国有文物的规定。然而,一旦引入“合理利用”这一视角,则上述规定就具有相对合理性。申言之,尽管《文物保护法》未明确要求国有文物所有权人、管理人或使用人应向公众开放展览相关文物,但是,相对于非国有所有权人而言,国有文物更有潜能发挥公物功能,从而满足公众基本文化需求。值得注意的是,“2014意见稿”将上述第60条修改为“国有文物、馆藏文物和国家禁止出境的其他文物,不得出境”,这一修改更为明显地体现出合理利用的特色。毕竟,相对于非国有珍贵文物而言,面向公众开放的馆藏文物更符合合理利用的要求。

(三)文物流通限制与合理利用

如上所述,在《文物保护法》的法律框架下,之所以就流通的文物品种和流通的渠道做出规定,主要目的在于防止文物盗掘和走私犯罪分子利用常规市场机制进行销赃和收购。然而,以限制文物市场为代价来预防和打击犯罪显得本末倒置,由于被管制的市场成本过高,迫使众多文物交易流向“黑市”,反而不利于各类馆藏机构和个人收集文物。有鉴于此,“2014意见稿”大大放松了关于文物流动的限制性要求,[2] 从而使文物流通制度不再依附于文物国家所有,而获得了相对独立性。

然而,在放宽流通渠道的同时,“2014意见稿”反而扩大了不可自

---

〔1〕 参见孙南申、彭岳:《国家对个人所有文化财产出口控制的法律分析》,载《上海财经大学学报》2013年第5期;Eric A. Posner,“The International Protection of Cultural Property:Some Skeptical Observations”, *Chi. J. Int'l L.*, 8, 2007.

〔2〕 “2014意见稿”第53条、第54条。

由买卖文物的范围。在表述层面,《文物保护法》第 51 条就公民、法人和其他组织不得买卖的文物范围细分为四项,“2014 意见稿”将之缩减为三项。在实质内容上,“非国有馆珍贵文物”被修改为“馆藏文物”,其范围显著扩大。如果要为这一改动寻求合理性,则“合理利用”是一个不二选择。申言之,馆藏文物更倾向于向公众开放和展览所收藏的文物,而此类文物一旦落入私人收藏家之后,则很可能退出公共领域。为促进文物的合理利用,“2014 意见稿”有必要将所有馆藏文物纳入不得买卖的范围,而不是仅仅限于“非国有馆的珍贵文物”。

综上所述,如果我们从“合理利用”的视角审视“2014 意见稿”的诸多规定,则可以发现,文物国有、禁止出境与禁止买卖等诸多制度设计具有逻辑一致性和价值确定性。可以认为,正是“合理利用”使“2014 意见稿”有别于此前的《文物保护法》,从而缓和了与《宪法》和《物权法》等基础性或系统重要性法律规定之间的紧张关系,因而保证了法律体系的完整。

第四节　“2014 意见稿”的新挑战

“2014 意见稿”强调文物的“合理利用”,在一定程度上扭转了《文物保护法》的物本主义特性,为该部法律的人本化提供了契机。但是,一旦跳出为保护而保护的怪圈,则两个具有更具根本重要性的问题接踵而来:文物保护的目标和适当手段是什么?对文物进行合理利用的限度在哪里?

一、文物保护中的目标、手段及问题

从物权法的角度来看,文物所有权人对特定文物享有直接支配和排他的权利,表现为占有、使用、收益和处分等权能。这些权利受法律保护,任何单位和个人不得侵犯。根据《物权法》第 38 条的规定,侵

害物权,除承担民事责任外,违反行政管理规定的,依法承担行政责任;构成犯罪的,依法追究刑事责任。在理论上,只要确定了文物的所有权归属,所有权人可依据《物权法》的相关规定维护自身的权利,而无须国家行政权力的积极介入。因此,本文所讨论的文物保护中的目标和手段问题,其本质在于确定国家公权力对私权利的干预条件和方式。对此,可以分为两个层面进行分析:

其一,国家基于何种公共利益考量,对文物实施保护?在理论层面,有学者将文物保护中的公共利益分为三大类型:(1)文物具有表达价值。如文物表征着现代物品所难以取代的真实性和确定性;文物象征和表达特定的道德观念;文物是留存在当前的过去,构成文化记忆的基础;文物具有特定的感染力;文物增强我们的身份认同感和社区归属感。(2)文物具有政治和宗教功能。特定的文物与一国的身份认同息息相关,或者构成某一宗教存在的明证,与国家自豪感、民族自尊心以及宗教信仰不可分离。(3)文物具有实用性。文物自身保存着关于过去的大量信息,或者自身构成特定的美学典范,它们不仅可以使我们了解过去还可以满足我们的文化需求。不仅如此,文物本身是财富的象征,具有较强的经济价值和附带经济效应等。[1] 实在法层面,"2014 意见稿"第 1 条规定了立法目的:"促进科学研究,传承中华优秀传统文化,进行爱国主义和革命传统教育,建设社会主义精神文明和物质文明"。这些理论和法律规定均说明,文物具有特殊性,它不仅仅是具有财产价值的实物,还是特定文化的承载体。文物之整体构成了本质上属于一个国家或民族的"文化资源",民众对于该"文化资源"享有"人民人格"(peoplehood)。[2] 特定文物的所有权人可以拥有文物之"体",但不能独占文物之"魂"。国家之所以对文

---

〔1〕 See John Henry Merryman, "The Public Interest in Cultural Property", *Cal. L. Rev.*, 77, 1989.

〔2〕 See Kristen A. Carpenter, Sonia K. Katyal, and Angela R. Riley, "In Defense of Property", *Yale L. J.*, 118, 2009.

物提供额外保护，其目的在于为民众保存整个文化。

其二，国家采取何种方式来保护文物？文物具有财产的一面，又具有文化的一面，[1]物权法可为前者提供较为充足的保护，但是在保护文化方面则力有不逮。不可否认，无论是文物国有还是文物私有，民众对于文物之“文化”方面均享有人格利益，为保护此团体人格利益，法律必须附带地保护“文化”的物质载体——文物，而这必然对文物的“财产”方面形成限制。[2] 比如，根据《物权法》第39条的规定，所有权人对文物拥有处分的权利。一般情况下，在当事人处分其所有的文物时，其他非所有权人并无阻止的权利。[3] 但是，如果所有权人处分文物具有外部性，如所有权人销毁文物，或者将文物转让给外国人以供出口，则可能影响到民众对文物的团体人格利益，法律有必要加以限制。[4]

问题在于，“2014意见稿”未能针对团体人格利益保护问题设立相应的规则，而是保留了此前《文物保护法》关于文物国有化的规定。在物权法层面，文物国家所有是一项私法制度，相关法律规则不足以确保所有权人善待文物。国有文物的具体管理者和使用人，反而会利用私法制度所赋予的自由空间，片面追求经济利益，忽视文化效益。这显然违背了设立文物国有制度的初衷。

既然私法层面的文物国有本身不足以阻止抽象所有权人的代理人牺牲“文化”因素来谋求经济利益，则有必要借助文物的团体人格

[1] See Roger W. Mastalir, "A Proposal for Protecting the 'Cultural' and 'Property' Aspects of Cultural Property Under International Law", *Fordham Int'l L. J.*, 16, 1992.

[2] See Ernest J Weinrib, "Private Law and Public Right", *U. Toronto L. J.*, 61, 2011.

[3] See Lior Jacob Strahilevitz, "The Right to Destroy", *Yale L. J.*, 114, 2005.

[4] See John Moustakas, "Group Rights in Cultural Property: Justifying Strict Inalienability", *Cornell L. Rev.*, 74, 1989.

理论建立有别于私产或私物制度的文物公产或公物制度。[1] 就此，目前国内尚无成熟的理论和制度可以借鉴，[2]“2014 意见稿”关于公物共用的规定面临着巨大的不确定性。

二、文物合理利用中的限度

文物合理利用具有两层含义。一层含义主要着眼于文物的“财产”方面，主要表现为所有权人依据私法对文物的合理利用；另一层含义则关注于文物的“文化”方面，主要表现为民众依据公法对文物的合理利用。虽同为合理利用，但两者的合理性依据各不相同。

首先，在私法的框架下，物尽其用只是一个制度理念，而不是具体的法律要求。所有权人只需遵循“不为害”原则即可。如《物权法》第7 条明确规定，“物权的取得和行使，应当遵守法律，尊重社会公德，不得损害公共利益和他人合法权益。”根据“不为害”原则下，所有权人有资格根据自己的偏好进行物的利用，无须满足更高的外在标准，如效率或公平等。法律之所以就合理利用设定如此低的门槛，一个重要的原因在于，在制度层面，“不为害”原则恰恰能够促进整体资源的最佳利用。具体而言，如果我们要求所有权人在利用物时，必须履行所

---

〔1〕 对于公产或公物的讨论分为物权法和行政法视角，前者认为应在《物权法》中规定公物问题（周志刚：《公物概念及其在我国的适用——兼析〈物权法草案（征求意见稿）〉相关条款》，载《现代法学》2006 年第 4 期），后者认为公物主要是公法概念（刘艺：《公物法中的物、财产、产权——从德法公物法之客体差异谈起》，载《浙江学刊》2010 年第 2 期；刘丽萍：《行政法上的物权初探》，载《政法论坛》2003 年第 3 期）。有学者则认为，“除了在理论解说上的差异，在实际应用中，公所有权说与私所有权说并无不同，只是公所有权说倾向于在原则上全面排除公物的私法适用，而私所有权说则以公用的必要为限”。参见杨解君、赖超超：《公物上的权利（力）构成——公法与私法的双重视点》，载《法律科学》（西北政法学院学报）2007 年第 4 期。

〔2〕 当前国内法律仅仅有限度地承认个人人格财产权益，如易继明、周琼：《论具有人格利益的财产》，载《法学研究》2008 年第 1 期。而主流理论认为，“人格权是一个历史性概念，其保护的是专属自然人人格所具有的那些伦理性要素，不能以同等含义适用于团体人格”。参见尹田：《论法人人格权》，载《法学研究》2004 年第 4 期。

谓的“社会义务规范”,[1]促进而非不得损害公共利益和他人合法利益,则该所有权人将面临三个障碍:(1)能力层面,为履行“社会义务规范”,则所有权人不仅要获得有关特定物的信息,还应对其他人的合法利益了若指掌。这已然超出了所有权人的能力范围。(2)原则层面,要求所有权人以公共利益和他人合法利益为准确定物的利用,会挤压本人的自由空间,并造成个人自由权利名存实亡。(3)效率层面,因为存在信息上的成本,所有权人利用排他和直接支配策略来确定特定物的用途,远比国家统一管理来的高效。要求所有权人积极考虑公共利益和他人合法利益必然瓦解物权的排他性,并抬高了直接支配的成本。[2] 显然,上述能力层面和效率层面的障碍只会导致所有权人判断充满武断,而原则层面的障碍则阻碍了社会向多元和宽容方向演进。不仅如此,如果所有权人不能就物行使确定的排他权利,如果他人权利过度干预所有权人行使所有权,则必然造成物之利用的“反公地悲剧”。[3]

其次,在公法的框架下,物尽其用不仅仅是一个法律理念,更是一个具体的法律要求。公法层面的文物利用具有两个典型的特征:(1)公共性。原则上每一民众均有权接触文物,满足其文化需求;(2)体系性。利用文物利用必须与文物安全、生产和生活相协调。公共性和体系性决定了,只有在文物具有公物性质的情况下,所有权人才需承担相应义务。相应地,政府对于此类文物拥有公法上的管理权,民众则拥有了公法上的使用权。

对于文物所有人而言,文物是否构成公物对其权利影响甚大。公

---

〔1〕 See Gregory S. Alexander, “The Social-Obligation Norm in American Property Law”, *Corenll L. Rev.* ,94,2009.

〔2〕 See Larissa katz et al. ,“A Jurisdictional Principle of Abuse of Property Right”, *Yale L. J.* ,122,2013.

〔3〕 See Michael A. Heller, “The Tragedy of the Anticommons: Property in the Transition from Marx to Markets”, *Harv. L. Rev.* ,111,1998.

物不能只适用于私法规范，否则，公共目的的执行就可能受制于私法权利人意志的摆布。[1] 就公物的法律属性而言，公共利益要求行政机关采取必要的辅助手段促进文物利用，而民众也不得被排除在文物的一般利用之外。在此情况下，所有权人失去了决定如何利用文物的资格，而转由行政机关依据专业技术、斟酌社会政策加以确定。

问题在于，民众对文物加以利用必然会增加所有权人维护文物的成本。如果将成本转嫁给文物利用者，则民众的一般利用将有可能转化为权贵的特别利用，反而有损设立公物制度的目的；如果由所有权人承担主要维护成本，则必然存在激励难题，影响到文物的可利用，甚至导致文物的非公物化。对此，“2014 意见稿”第 72 条仅规定了一个倡导性条款，即“国有文物保护单位应担尽可能向公众开放；由国家机关、国有事业单位和国有企业使用的，应当创造条件局部或定期开放，暂不具备开放条件的，应当以适当的方式进行展示”。可以想见，除非存在足够的经济激励，该条所设想的向公众开放制度很难实现。

第五节 “2015 送审稿”的评议

2015 年4 月 24 日第十二届全国人民代表大会常务委员会第十四次会议通过《全国人民代表大会常务委员会关于修改〈中华人民共和国文物保护法〉的决定》，对《文物保护法》实施了第四次修正。令人遗憾的是，这部强调“开门立法、整体规范、内外衔接、适度超前”的《文物保护法》在修正时基本上没有采纳“2014 意见稿”的观点，也没有妥善解决文物保护与文物所有之间的关系。2015 年12 月 28 日，国务院法制办公室在中国政府法制信息网上，将文化部报请国务院审议的《中华人民共和国文物保护法修订草案（送审稿）》及其说明公

---

〔1〕 参见[德]汉斯·J. 沃尔夫、奥托·巴霍夫、罗尔夫·斯托贝尔：《行政法》（第 2 卷），高家伟译，商务印书馆 2002 年版，第 474 页。

布，征求社会各界意见，以便进一步研究、修改后报请国务院常务会议审议。新的《文物保护法》修正案再次提上日程。在如此短的时期内，这一由政府主管部门密集提出修正《文物保护法》的非常规做法说明，当前《文物保护法》的理念、制度与技术存在很大缺陷，需要通盘考察。与“2014 意见稿”相比，“2015 送审稿”具有以下变化。

一、“2015 送审稿”的继承

第一，在立法理念上，送审稿沿用了修改后的目录框架、提倡“保护与利用”并举的立法价值、积极扩大社会参与范围，在文物保护方面增设公益性基金等平台，在文物利用方面进一步突出文物非经济效益的文化功能；此外还规定文物购销企业应当取得文物购销资质，[1]这意味着允许民间兴办古玩市场、开古玩店；甚至新增第 48 条允许外国人或者外国团体在中华人民共和国境内进行考古调查、勘探、发掘，删除了“2014 意见稿”第 60 条禁止设立中外合资、中外合作和外商独资的从事文物购销活动的企业或者从事文物拍卖活动的拍卖企业，这就为苏富比、佳士得等外资公司在中国拍卖文物提供了契机。

第二，在立法定位上，送审稿更为注重在法律体系内寻求内外衔接，这体现在第七章监督检查的主体更为全面、[2]第八章的行政责任和刑事责任更为细化，[3]有利于在既有法律体系中统一不同效力等级的法律、行政法规、司法解释和文件、部委规章、地方法规、政党及组

〔1〕“2015 送审稿”第 1 条、第 8 条、第 13 条、第 20 条和第 61 条。

〔2〕“2015 送审稿”第 80 ~ 87 条，监督主体包括人民代表大会、人民代表大会常务委员会、人民政府、县级以上人民政府文物主管部门会同有关部门以及社会和媒体的监督。

〔3〕“2015 送审稿”第 88 ~ 104 条和第 109 条。

织文件、行业规范关于文物保护的主体及其权责的规定,[1]便于寻求对法律体系最佳的综合性和一致性理解。

第三,在立法技术上,送审稿更为强调精确性和时代性,明确了只有与著名历史人物达到"密切相关"程度才能成为受本法保护的文物,同时在受本法保护的文物条款和可移动文物条款均加入了"影音像资料",注重利用信息技术、互联网环境形成数字化管理,[2]并在附则中新增了各项行政审批的时限参照行政许可法、资质资格的制定主体等。[3]

二、"2015 送审稿"的挑战

然而,法律总是滞后于社会实践,送审稿基于各方利益的衡平就更为保守谨慎。与适度超前的"2014 意见稿"相比,"2015 送审稿"反而呈现相对收缩的特点。

首先是目标层面,虽然总则直言"保护"和"利用"并举,然而立法者最终还是选择使用《文物保护法》而非《文物法》作为题名,并进一

---

〔1〕 文物保护的法律体系中,按照效力等级依次划分为:法律、行政法规、司法解释和文件、部委规章、地方法规、行业规范。其中,法律主要围绕 1982 年《文物保护法》以及 1991 年、2007 年和 2015 年的三次修正和 2002 年的修订。行政法规主要包括 2013 年修订的《文物保护法实施条例》,2011 年修订的《水下文物保护管理条例》,国务院关于打击盗掘和走私文物活动的意见、公布全国重点文物保护单位的通知、关于开发建设活动中文物保护工作的意见,国务院办公厅转发文化部、建设部、文物局等部门的工作意见等。司法解释和文件主要是《最高人民法院、最高人民检察院关于办理妨害文物管理等刑事案件适用法律若干问题的解释》及《最高人民法院关于对遗产中文物如何处理问题的批复》。部委规章主要是国家文物局牵头制定的文物拍卖管理、合理利用、巡查执法、公示考古发掘资质及考古发掘领队资质、入境展览、维修申报等。地方法规主要由少数文化大省和直辖市的文物局下发的有关文物保护的通知,集中于北京市、山西省、河北省、浙江省、江苏省、四川省、福建省、广东省等地,尤以河北省为最。行业规范如由四川广汉三星堆博物馆牵头的一系列文件。以上系作者整理、总结自威科先行法律文库。

〔2〕 "2015 送审稿"第 2 条、第 3 条、第 12 条和第 14 条。

〔3〕 "2015 送审稿"第 110 ~ 114 条。

步突出了国家所有权的地位、模糊了其他文物所有权主体的法律地位。送审稿删除了文物保护补偿机制;[1]删除了通过公开竞争的方式转让国有一般不可移动文物中的古建筑、近现代建筑;[2]删除了公民、法人和其他组织可以参与尚未得到有效保护的国有省级、市、县级文物保护单位和一般不可移动文物的保护和利用,承担文物保护责任,取得相应的使用权和收益权。[3]

其次是手段层面,与文物的"保护"和"利用"目标相对的是"管理"与"流通"的手段问题。在管理层面,虽然送审稿将政府管理与社会参与相结合,然而单纯在部分管理事务中增加群众监督环节并不能改变单一的上管下局面。在流通层面,"2015 送审稿"与既有法律体系相比已经有极大地放松,与"2014 意见稿"相比反而有所限制,不仅新增了非国有文物收藏单位之间交换文物应当报省、自治区、直辖市人民政府文物主管部门备案;而且明文规定国有文物收藏单位和非国有文物收藏单位之间不得交换文物。[4]

最后是实践层面,修订草案在行政审批方面也有所变化。一是从数量上看有增无减,送审稿共设定行政审批 28 项,保留现行《文物保护法》及其"实施条例"设定的行政审批 20 项(行政许可 18 项,政府内部审批 2 项);新增行政审批 6 项(行政许可 5 项,政府内部审批 1 项);将现行《文物保护法》设定的 2 项行政许可拆分为 4 项。二是从重心上看相关审批权限整体下放,属地方事权的交由地方负责,立法意图在具体制度设计上达到简政放权、分级负责、层级管理、权责统一的效果,然而,这恰恰是理想与现实最容易脱节之处。通常,政府在市场竞争领域、社会自治领域进行过度干预被视为"不必要"的审批权,然而文物作为公益物品需要行政审批的权力垂直上收而非下放,特别

[1] "2014 意见稿"第 13 条。
[2] "2014 意见稿"第 28 条。
[3] "2014 意见稿"第 28 条。
[4] "2015 送审稿"第 55 条。

是对一般不可移动文物的拆除审批权[1]不必也不能从省级政府下放到县级政府，一是因为文物部门是同级政府系统里较为弱势[2]的“冷衙门”，很难对其他部门形成有效制约，相反在部门发生利益冲突时往往缺失话语权；二是地方政府竞争，[3]包括地方官员政绩考核通常会优先选择其任期内见效最快的经济指标而牺牲环境保护、文物保护等指标获得招商引资，在“经济锦标赛”的指挥下，政府的这种降低规制标准来吸引产业的行为可能会产生空间溢出效应，即生产要素（特别是资本）由于地方政府的政策差异产生跨地区流动，其他地区担心由于文物保护标准严苛而导致本地区产业外迁、处于不利竞争地位，地方政府间类似“囚徒困境”的集体非理性行为就可能导致文物保护规制的“逐底竞争”（race-to-the-bottom）。[4] 这一概念通常指代地方政府基于土地财政考虑渴望资本流入而牺牲环境规制标准，此次送审稿下放审批权限导致地方政府极有可能贪图眼前利益大拆大建、损毁文物进行商业开发，甚至破坏古建筑、挪来洋建筑、城市建设贪大求洋，凡此种种，对于文物保护而言将是一场劫难。

---

〔1〕“2015 送审稿”第 21 条。

〔2〕从机构设置看，全国省局中只有四个正厅级的文物局，14 个单独成立机构的副厅级文物局，还有 13 个加挂文物局牌子的文化厅内设机构。全国 2853 个县中单设文物局的很少，大部分为文广新、文广旅或文广体局，由一位副局长兼管文物工作，还有近 1/3 的县没有文物管理部门，由县博物馆、县文管所代行文物行政职能。再看从业人员队伍情况，截至 2015 年年底为 14 万 6 千多人，多数人员集中在省市文物部门、文保事业单位和博物馆，而基层文管所、县博物馆的人员很少，并且专业人员比例很低。参见徐宝军：《〈文物保护法〉在法律责任上的疏漏及完善措施研究》，载《发展导报》2016 年 11 月 25 日版。

〔3〕地方政府竞争，主要是指一国内部地方政府利用国家的税收政策、环境保护政策、教育机会、医疗标准、社会福利等措施诱导资本、劳动力以及相关流动性生产要素的竞相流入，以提升本地区的相对竞争优势。参见 Altert Breton, *Competitive Governments: An Economic Theory of Politics and Public Finance*, Cambridge University Press, 1996, p. 18。

〔4〕See D. Wheeler, “Racing to the Bottom? Foreign Investment and Air Pollution in Developing Countries”, *The Journal of Environmental Development*, 10(3), 2001.

结　语

文物国有和流动限制是《文物保护法》的两大支柱制度，其确立及实施严重地限制了个人获得文物的范围和利用文物获利的空间。就为何对文物的“财产”方面实施如此严格的限制，1982 年《文物保护法》及其后的修订草案说明给出了两个理由：便利文物保护管理以及打击文物犯罪活动。从法律体系的角度来看，为了上述两个目的而限制文物所有权的取得和行使有本末倒置之嫌。不仅如此，在法律实施过程中，因为涉及私法上的财产权利，公法执法者必然遭遇多重障碍，效率低下。这也说明，在为保护而保护的理念下，《文物保护法》的实施状况不能令人满意。

“2014 意见稿”的创见在于，文物利用的重要性被彰显，国有文物被赋予了公物性，这一变化有助于使文物保护脱离上述自我证成的困境，并赋予文物国有和流通限制以新的制度意义。“2014 意见稿”将此前诸多制度进行合理化的同时，也为自己设立了更大的挑战目标。比如，为在理论上将文物保护与文物利用相贯通,并形成统一性认识,有必要引入民众对文物的团体人格理论。即正是基于团体人格,国家才有权对本属于私法领域中的文物归属和使用问题施加限制;也正是基于团体人格,国家才有权要求文物所有权人,特别是国有文物所有权人承担特定的社会义务,并建立与之相关的公物制度。

文物规制合理性、规制目标和手段的选择等问题对于《文物保护法》的修法者提出了更高要求。尽管成熟的文物制度不能一蹴而就,但在当前关系文物存亡的紧要关头,如果立法者仍不能通过制度创新促使文物法律的合理化,则可能错失良机,文物保护仍将继续延续法律日益严格而文物破坏依然如故的尴尬局面。

中国文物保护法以广泛的文物国有以及严格的行政管控为其特色。虽然逻辑上自成一体,但其存在并没有根本扭转中国文物遭受大规模破坏的长期趋势。究其原因,这与《文物保护法》过度依赖文物国有来保护文物的方式有关。2014 年修订草案意见稿在维持既有文物保护体制的同时,强调了对文物的合理利用,一定程度上缓解了文物保护法的合法性和合理性危机。但是,2015 年通过的第四次修正案并没有认同 2014 年修正草案意见稿的理念。当前,应在文物国有的基础上,建立文物公物制度。

参考文献

一、中文

1. 吴树:《谁在收藏中国》,山西人民出版社 2008 年版。

2. 吴春明:《环中国海沉船》,江西高校出版社 2003 年版。

3. 郭玉军:《国际法与比较法视野下的文化遗产保护问题研究》,武汉大学出版社 2011 年版。

4. 高升:《文化财产返还国际正义的多元化机制研究》,中国政法大学出版社 2010 年版。

5. 李玉雪:《文物返还问题的法律思考》,载《中国法学》2005 年第 6 期。

6. 霍政欣:《追索海外流失文物的法律问题研究》,载《武大国际法评论》2010 年第 1 期。

7. 赵亚娟:《水下文化遗产保护的国际法制》,载《武大国际法评论》2007 年第 1 期。

8. 郭玉军、靳婷:《被盗艺术品跨国所有权争议解决的若干问题研究》,载《河北法学》2009 年第4期。

9. 孙南申、张程毅:《文化财产的跨国流转与返还的法律问题与对策》,载《国际商务研究》2012年第1期。

10. 龚柏华、阮振宇:《我国追索非法流转境外文化财产国际法律问题研究》,载《法学评论》2003年第3期。

11. 张函:《国际艺术品贸易中的法律问题》,武汉大学2009年博士学位论文。

12. 高升:《1970年UNESCO公约框架下的文化财产返还机制研究》,载《法治研究》2009年第7期。

13. 王云霞:《论文化遗产权》,载《中国人民大学学报》2011年第2期。

14. 孙南申、彭岳:《国家对个人所有文化财产出口控制的法律分析》,载《上海财经大学学报》2013年第5期。

15. 罗国强:《中国追索流失海外文物的国际法困境与出路——以"鼠首兔首拍卖案"为例》,载《法商研究》2009年第3期。

16. 彭岳:《贸易与道德:中美文化产品争端的法律分析》,载《中国社会科学》2009年第2期。

17. 龚柏华:《追索圆明园流失海外兽首国际法律问题研究》,载《东方法学》2009年第2期。

18. 孙南申、孙雯:《海底文物返还的法律问题分析及其启示》,载《上海财经大学学报》2012年第6期。

19. 冉昊:《两大法系法律实施系统比较——财产法律的视角》,载《中国社会科学》2006年第1期。

20. 肖永平、龙威狄:《论中国国际私法中的强制性规范》,载《中国社会科学》2012年第10期。

二、英文

1. John Henry Merryman, "Two Ways of Thinking about Culture

Property”,80 *American Journal of International Law*,1986.

2. John Henry Merryman,“The Public Interest in Cultural Property”, 77 *Cal. L. Rev*. 1989.

3. Richard Pankhurst,Ethiopia,“The Aksum Obelisk,and the Return of Africa’s Cultural Heritage”,*African Affairs Vol*. 98 *No*. 391,2009.

4. Jeremy Waldron,“Superseding Historical Injustice”,*Ethics* 103, 1,1992.

5. Messenger et al. , *The Ethics of Collecting Cultural Property*, Albuquerque,University of New Mexico Press,1989.

6. Arabella Yip,“Stolen Art:Who Owns It Often Depends on Whose Law Applies”,*Spencer’s Art Law Journal*,*Vol*. 1,*No*. 1,Spring 2010.

7. Derek Fincham,“How Adopting the Lex Origin Rule Can Impede the Flow of Illicit Cultural Property”, 32, Columbia. *Journal of Law& Arts*,111,Fall,2008.

8. Symeon Symeonides, “A Choice-of-Law Rule for Conflicts Involving Stolen Cultural Property”,38 *Vand. Journal of Transnational Law*,2005.

9. James A. R. Nafziger,Robert Kirkwood Paterson,*Handbook on the Law of Cultural Heritage and International Trade*, Edward Elgar Publishing,2014.

10. James A. R. Nafzige,“The New International Legal framework for the Return, Restitution of Forfeiture of Culture Property”, 15 *New York University of International Law and Politics*,1982.

11. Liza J. Bowman,“Ocean Apart Over Sunken Ships: Is the Underwater Culture Heritage Convention Really Wrecking Admiralty Law?” 42 *OsgoodeHall Law Journal*,2004.

12. Tullio Scovazzi,“The entry into Force of the 2001 UNESCO Convention on the Protection of the Underwater Cultural Heritage”,

Aegean Review of Law of Sea,2010(1).

13. Vivian F. Wang,"Whose Responsibility? The Waverley System, Past and Present",15 *International Journal of Cultural Property* 2008.

14. David A. Walden, "Canada's Culture Property Expert and Import Act:The Experience of Protecting Culture Property", *University of British Columbia Law Review*, Special Issues, 1995.

15. Eric A. Posner,"The International Protection of Cultural Property: Some Skeptical Observations",8 Chicago, *Journal of International Law*, 213,2007.

16. Kristen A. Carpenter et al.,"In Defense of Property",118 *Yale Law Journal*,1022,2009.

17. John Moustakas,"Group Rights in Cultural Property:Justifying Strict Inalienability",74 *Cornell Law Review*,1989.

18. Andrea Cunning, "The Safeguarding of Cultural Property in Times of War & Peace",11 *TulsaJournal of Comparative & International Law*,211,2003.

附录：

《中华人民共和国文物保护法》与修订草案对照表

（加粗文字为修改内容）

《中华人民共和国文物保护法》 （2015年修正） 经全国人大常委会通过的现行法律	《中华人民共和国文物保护法》 （2016年修订草案送审稿） 由国务院法制办向社会公开征求意见
目　录 第一章　总则 第二章　不可移动文物 第三章　考古发掘 第四章　馆藏文物 第五章　民间收藏文物 第六章　文物出境进境 第七章　法律责任 第八章　附则	目　录 第一章　总则 第二章　不可移动文物 **第三章　考古管理** **第四章　可移动文物** 第五章　文物出境进境 **第六章　合理利用** **第七章　监督检查** **第八章**　法律责任 **第九章**　附则
第一章　总　　则	第一章　总　　则
第一条　为了加强对文物的保护，继承中华民族优秀的历史文化遗产，促进科学研究工作，进行爱国主义和革命传统教育，建设社会主义精神文明和物质文明，根据宪法，制定本法。	第一条　为了**加强文物保护，规范文物利用，促进科学研究，传承中华优秀传统文化，**进行爱国主义和革命传统教育，建设社会主义精神文明和物质文明，根据宪法，制定本法。
第二条　在中华人民共和国境内，下列文物受国家保护： （一）具有历史、艺术、科学价值的古文化遗址、古墓葬、古建筑、石窟寺和石刻、壁画； （二）与重大历史事件、革命运动或者著名人物有关的以及具有重要纪念意义、教育意义或者史料价值的近代现代重要史迹、实物、代表性建筑； （三）历史上各时代珍贵的艺术品、工艺美术品；	第二条　在中华人民共和国境内，下列文物受**本法**保护： （一）具有历史、艺术、科学价值的古文化遗址、古墓葬、古建筑、石窟寺和石刻、壁画； （二）与**重要历史时期**、重大历史事件或者著名**历史**人物**密切相关的**，以及具有重要纪念意义、教育意义或者史料价值的近代现代史迹、实物、代表性建筑； （三）历史上各时代珍贵的艺术品、工艺美术品；

续表

<table>
<tr><th>《中华人民共和国文物保护法》
(2015 年修正)
经全国人大常委会通过的现行法律</th><th>《中华人民共和国文物保护法》
(2016 年修订草案送审稿)
由国务院法制办向社会公开征求意见</th></tr>
<tr><td>(四)历史上各时代重要的文献资料以及具有历史、艺术、科学价值的手稿和图书资料等;
(五)反映历史上各时代、各民族社会制度、社会生产、社会生活的代表性实物。
文物认定的标准和办法由国务院文物行政部门制定,并报国务院批准。
具有科学价值的古脊椎动物化石和古人类化石同文物一样受国家保护。</td><td>(四)历史上各时代重要的文献资料以及具有历史、艺术、科学价值的手稿、图书资料和影音像资料等;
(五)反映历史上各时代、各民族社会制度、社会生产、社会生活的代表性实物。
具有科学价值的古脊椎动物化石和古人类化石同文物一样受国家保护。</td></tr>
<tr><td>第三条　古文化遗址、古墓葬、古建筑、石窟寺、石刻、壁画、近代现代重要史迹和代表性建筑等不可移动文物,根据它们的历史、艺术、科学价值,可以分别确定为全国重点文物保护单位,省级文物保护单位,市、县级文物保护单位。
历史上各时代重要实物、艺术品、文献、手稿、图书资料、代表性实物等可移动文物,分为珍贵文物和一般文物;珍贵文物分为一级文物、二级文物、三级文物。</td><td>第三条　古文化遗址、古墓葬、古建筑、石窟寺、石刻、壁画、近代现代重要史迹和代表性建筑等不可移动文物,根据它们的历史、艺术、科学价值,应当分别确定为文物保护单位和一般不可移动文物;文物保护单位分为全国重点文物保护单位,省级文物保护单位,市、县级文物保护单位。
历史上各时代重要实物、艺术品、文献、手稿、图书资料、影音像资料、代表性实物等可移动文物,根据它们的历史、艺术、科学价值,应当分别确定为珍贵文物和一般文物;珍贵文物分为一级文物、二级文物、三级文物。</td></tr>
<tr><td>第五条　中华人民共和国境内地下、内水和领海中遗存的一切文物,属于国家所有。
古文化遗址、古墓葬、石窟寺属于国家所有。国家指定保护的纪念建筑物、古建筑、石刻、壁画、近代现代代表性建筑等不可移动文物,除国家另有规定的以外,属于国家所有。
国有不可移动文物的所有权不因其所依附的土地所有权或者使用权的改变而改变。
下列可移动文物,属于国家所有:
(一)中国境内出土的文物,国家另有规定的除外;</td><td>第四条　中华人民共和国境内地下、内水和领海中遗存的一切文物,属于国家所有。
古文化遗址、古墓葬、石窟寺属于国家所有。
国有不可移动文物的所有权不因其所依附的土地所有权或者使用权的改变而改变。
下列可移动文物,属于国家所有:
(一)中国境内出土的文物,国家另有规定的除外;
(二)国有文物收藏单位、国家机关、军队、国有企业和其他事业组织等收藏的文物;</td></tr>
</table>

续表

《中华人民共和国文物保护法》 (2015 年修正) 经全国人大常委会通过的现行法律	《中华人民共和国文物保护法》 (2016 年修订草案送审稿) 由国务院法制办向社会公开征求意见
(二)国有文物收藏单位以及其他国家机关、部队和国有企业、事业组织等收藏、保管的文物; (三)国家征集、购买的文物; (四)公民、法人和其他组织捐赠给国家的文物; (五)法律规定属于国家所有的其他文物。 属于国家所有的可移动文物的所有权不因其保管、收藏单位的终止或者变更而改变。 国有文物所有权受法律保护,不容侵犯。	(三)国家征集、购买的文物; **(四)国家接受捐赠的文物;** (五)法律规定属于国家所有的其他文物。 属于国家所有的可移动文物的所有权不因其保管、收藏单位的终止或者变更而改变。 国有文物所有权受法律保护,不容侵犯。
第六条　属于集体所有和私人所有的纪念建筑物、古建筑和祖传文物以及依法取得的其他文物,其所有权受法律保护。文物的所有者必须遵守国家有关文物保护的法律、法规的规定。	**第五条**　属于集体所有和私人所有的古建筑、**近代现代代表性建筑等不可移动文物,**以及依法取得的其他文物,其所有权受法律保护。
第七条　一切机关、组织和个人都有依法保护文物的义务。	**第六条**　一切机关、组织和个人都有依法保护文物的义务。
第四条　文物工作贯彻保护为主、抢救第一、合理利用、加强管理的方针。	**第七条**　文物工作贯彻保护为主、抢救第一、合理利用、加强管理的方针。
第八条　国务院文物行政部门主管全国文物保护工作。 地方各级人民政府负责本行政区域内的文物保护工作。县级以上地方人民政府承担文物保护工作的部门对本行政区域内的文物保护实施监督管理。 县级以上人民政府有关行政部门在各自的职责范围内,负责有关的文物保护工作。	第八条　**文物事业属于公益性文化事业,是基本公共文化服务的重要组成部分。** **国家发展文物事业。各级人民政府应当将文物事业纳入国民经济和社会发展规划、城乡规划、财政预算。** 地方各级人民政府负责本行政区域的文物保护,**并将文物保护纳入绩效考核内容,考核结果作为领导干部综合考核评价的重要指标。** 国有博物馆、纪念馆、文物保护单位等的事业性收入,专门用于文物保护,任何单位或者个人不得侵占、挪用。

续表

《中华人民共和国文物保护法》 (2015 年修正) 经全国人大常委会通过的现行法律	《中华人民共和国文物保护法》 (2016 年修订草案送审稿) 由国务院法制办向社会公开征求意见
	第九条　国家扶持民族地区、边远地区、贫困地区的文物事业发展。
第十条　国家发展文物保护事业。县级以上人民政府应当将文物保护事业纳入本级国民经济和社会发展规划,所需经费列入本级财政预算。 国家用于文物保护的财政拨款随着财政收入增长而增加。 国有博物馆、纪念馆、文物保护单位等的事业性收入,专门用于文物保护,任何单位或者个人不得侵占、挪用。 国家鼓励通过捐赠等方式设立文物保护社会基金,专门用于文物保护,任何单位或者个人不得侵占、挪用。	**第十条　国务院文物主管部门负责统一管理全国文物工作,编制文物事业发展规划,制定文物工作政策和制度,依法督办重大违法案件,监督检查有关法律法规及政策的落实情况,组织实施重大文物保护项目,会同地方人民政府对全国重点文物保护单位实施保护管理。** **县级以上地方人民政府文物主管部门负责管理本行政区域的文物工作,完善文物工作措施,组织实施文物保护项目,依法查处违法案件,监督检查文物保护和利用情况。**
第九条　各级人民政府应当重视文物保护,正确处理经济建设、社会发展与文物保护的关系,确保文物安全。 基本建设、旅游发展必须遵守文物保护工作的方针,其活动不得对文物造成损害。 公安机关、工商行政管理部门、海关、城乡建设规划部门和其他有关国家机关,应当依法认真履行所承担的保护文物的职责,维护文物管理秩序。	**第十一条**　公安机关、海关、工商行政管理部门和**国土、海洋、建设、规划等主管部门,以及**其他有关国家机关,应当依法履行保护文物的职责,维护文物管理秩序。
第十一条　文物是不可再生的文化资源。国家加强文物保护的宣传教育,增强全民文物保护的意识,鼓励文物保护的科学研究,提高文物保护的科学技术水平。	**第十二条**　文物是不可再生的文化资源。国家加强文物保护的宣传教育,增强全民文物保护的意识。**文物主管部门和教育主管部门、新闻出版广播影视主管部门等,应当将文物保护纳入教育和宣传工作。** **国家加强**文物保护的科学研究,提高文物保护的科学技术水平。**文物主管部门和科技主管部门、工业和信息化主管部门等,应当促进文物保护科技成果的推广和应用。**

续表

《中华人民共和国文物保护法》 (2015 年修正) 经全国人大常委会通过的现行法律	《中华人民共和国文物保护法》 (2016 年修订草案送审稿) 由国务院法制办向社会公开征求意见
	第十三条　国家鼓励公民、法人和其他组织参与文物保护,支持开展文物保护志愿服务活动。 国家鼓励设立文物保护社会**公益**基金,专门用于文物保护,任何单位或者个人不得侵占、挪用。
	第十四条　国家建立文物登录制度,完善文物资源管理,推动文物信息共享,具体标准及办法由国务院文物主管部门制定。
第十二条　有下列事迹的单位或者个人,由国家给予精神鼓励或者物质奖励: (一)认真执行文物保护法律、法规,保护文物成绩显著的; (二)为保护文物与违法犯罪行为作坚决斗争的; (三)将个人收藏的重要文物捐献给国家或者为文物保护事业作出捐赠的; (四)发现文物及时上报或者上交,使文物得到保护的; (五)在考古发掘工作中作出重大贡献的; (六)在文物保护科学技术方面有重要发明创造或者其他重要贡献的; (七)在文物面临破坏危险时,抢救文物有功的; (八)长期从事文物工作,作出显著成绩的。	**第十五条**　有下列事迹的单位或者个人,由**县级以上人民政府及其有关部门**给予精神鼓励或者物质奖励: (一)认真执行文物保护法律、法规,保护文物成绩显著的; (二)为保护文物与违法犯罪行为作坚决斗争的; **(三)捐资修缮或者修复国有文物的;** **(四)**将**私人**收藏的重要文物**捐赠或者无偿用于公益事业的**; **(五)**发现文物及时上报或者上交,使文物得到保护的; **(六)在文物普查或者**考古发掘工作中作出重大贡献的; **(七)**在文物保护科学技术方面有重要发明创造或者其他重要贡献的; **(八)**在文物面临损毁危险时,抢救文物有功的; **(九)**长期从事文物工作,作出显著成绩的。
	第十六条　每年六月的第二个星期六为文化遗产日。

续表

《中华人民共和国文物保护法》 （2015 年修正） 经全国人大常委会通过的现行法律	《中华人民共和国文物保护法》 （2016 年修订草案送审稿） 由国务院法制办向社会公开征求意见
第二章　不可移动文物	第二章　不可移动文物
	第十七条　县级人民政府文物主管部门进行不可移动文物认定，应当组织专业机构或者专业人员开展调查，听取相关权利人意见，向社会公示认定对象，并作出书面决定。不可移动文物认定，自县级人民政府文物主管部门作出书面决定之日起生效。 **所有权人或者其他公民、法人和组织，可以向不可移动文物认定对象所在地县级人民政府文物主管部门申请不可移动文物认定；对文物主管部门作出的行政决定不服的，可以依法提出行政复议。** **认定过程中，不得拆除、损毁不可移动文物认定对象。**
第十三条　国务院文物行政部门在省级、市、县级文物保护单位中，选择具有重大历史、艺术、科学价值的确定为全国重点文物保护单位，或者直接确定为全国重点文物保护单位，报国务院核定公布。 省级文物保护单位，由省、自治区、直辖市人民政府核定公布，并报国务院备案。 市级和县级文物保护单位，分别由设区的市、自治州和县级人民政府核定公布，并报省、自治区、直辖市人民政府备案。 尚未核定公布为文物保护单位的不可移动文物，由县级人民政府文物行政部门予以登记并公布。	**第十八条　一般不可移动文物，**由县级人民政府文物主管部门予以公布。 **市、县**级文物保护单位，分别由设区的市、自治州和县级人民政府**文物主管部门报本级人民政府**核定公布，并报省、自治区、直辖市人民政府**文物主管部门**备案。 省级文物保护单位，由省、自治区、直辖市人民政府**文物主管部门报本级人民政府**核定公布，并报国务院**文物主管部门**备案。 全国重点文物保护单位，**由国务院文物主管部门**报国务院核定公布。
	第十九条　一般不可移动文物，由县级人民政府文物主管部门建立档案，设立标志，制定保护措施，明确保护责任主体并书面告知其法定的权利和义务。

续表

《中华人民共和国文物保护法》 (2015 年修正) 经全国人大常委会通过的现行法律	《中华人民共和国文物保护法》 (2016 年修订草案送审稿) 由国务院法制办向社会公开征求意见
	第二十条　国有一般不可移动文物由使用人负责保养、修缮;非国有一般不可移动文物由所有权人负责保养、修缮。使用人或者所有权人修缮确有困难的,可以向县级人民政府文物主管部门申请经费支持。 对一般不可移动文物进行修缮,应当遵守不改变文物原状的原则,并报县级人民政府文物主管部门批准。 鼓励社会组织、社会公益基金等对一般不可移动文物的修缮给予资助。
	第二十一条　一般不可移动文物,不得擅自迁移、拆除;因建设工程需要必须迁移、拆除的,应当由县级人民政府批准;属于古文化遗址、古墓葬的,应当进行考古发掘。迁移、拆除、考古发掘所需经费由建设单位承担。 依照前款规定拆除的国有一般不可移动文物中具有艺术、科学和研究价值的壁画、雕塑、建筑构件等,由县级人民政府文物主管部门指定国有博物馆收藏。
第十五条　各级文物保护单位,分别由省、自治区、直辖市人民政府和市、县级人民政府划定必要的保护范围,作出标志说明,建立记录档案,并区别情况分别设置专门机构或者专人负责管理。全国重点文物保护单位的保护范围和记录档案,由省、自治区、直辖市人民政府文物行政部门报国务院文物行政部门备案。 县级以上地方人民政府文物行政部门应当根据不同文物的保护需要,制定文物保护单位和未核定为文物保护单位的不可移动文物的具体保护措施,并公告施行。	**第二十二条**　各级文物保护单位,分别由省、自治区、直辖市人民政府和市、县级人民政府**及时**划定**公布**保护范围,作出标志说明,建立记录档案,并区别情况分别设置**或者委托**专门机构负责**保护**管理。全国重点文物保护单位的保护范围和记录档案,由省、自治区、直辖市人民政府文物主管部门报国务院文物主管部门备案。 **依照前款规定设置或者接受委托的保护管理机构,应当建立健全规章制度,采取防火、防盗、防自然灾害等安全防范措施;其安全保卫人员,应当依法配备防卫器械。**

续表

《中华人民共和国文物保护法》（2015 年修正）经全国人大常委会通过的现行法律	《中华人民共和国文物保护法》（2016 年修订草案送审稿）由国务院法制办向社会公开征求意见
第十六条　各级人民政府制定城乡建设规划，应当根据文物保护的需要，事先由城乡建设规划部门会同文物行政部门商定对本行政区域内各级文物保护单位的保护措施，并纳入规划。	**第二十三条**　县级以上地方人民政府文物主管部门应当制定文物保护单位的具体保护措施，并公告施行。 **根据文物保护的需要，文物保护单位可以编制保护规划，并与当地城乡规划和土地利用总体规划相衔接。省级文物保护单位和市、县级文物保护单位的保护规划，分别由省、自治区、直辖市人民政府文物主管部门和市、县级人民政府文物主管部门组织编制，并报本级人民政府公布实施。全国重点文物保护单位的保护规划，由省、自治区、直辖市人民政府组织编制，经国务院文物主管部门审核同意后公布实施。**
第十七条　文物保护单位的保护范围内不得进行其他建设工程或者爆破、钻探、挖掘等作业。但是，因特殊情况需要在文物保护单位的保护范围内进行其他建设工程或者爆破、钻探、挖掘等作业的，必须保证文物保护单位的安全，并经核定公布该文物保护单位的人民政府批准，在批准前应当征得上一级人民政府文物行政部门同意；在全国重点文物保护单位的保护范围内进行其他建设工程或者爆破、钻探、挖掘等作业的，必须经省、自治区、直辖市人民政府批准，在批准前应当征得国务院文物行政部门同意。	**第二十四条**　文物保护单位的保护范围内不得进行**与文物保护无关的**建设工程或者爆破、钻探、挖掘等作业。因特殊情况需要在文物保护单位的保护范围内进行**与文物保护无关的**建设工程或者爆破、钻探、挖掘等作业的，**应当根据文物保护单位的等级报相应的文物主管部门批准。**
第十八条　根据保护文物的实际需要，经省、自治区、直辖市人民政府批准，可以在文物保护单位的周围划出一定的建设控制地带，并予以公布。 在文物保护单位的建设控制地带内进行建设工程，不得破坏文物保护单位的历史风貌；工程设计方案应当根据文物保护单位的级别，经相应的文物行政部门同意后，报城乡建设规划部门批准。	**第二十五条**　根据文物保护的需要，可以在文物保护单位**保护范围之外**划出一定的建设控制地带。**全国重点文物保护单位和省级文物保护单位的建设控制地带，由省、自治区、直辖市人民政府文物主管部门会同同级城乡规划主管部门划定，报省、自治区、直辖市人民政府批准公布；市、县级文物保护单位的建设控制地带，由市、县人民政府文物主管部门会同同级城乡规划主管部门划定，报核定公布该文物保护单位的人民政府批准公布。** **在文物保护单位的建设控制地带内**

续表

《中华人民共和国文物保护法》(2015 年修正)经全国人大常委会通过的现行法律	《中华人民共和国文物保护法》(2016 年修订草案送审稿)由国务院法制办向社会公开征求意见
	进行建设工程,不得破坏文物保护单位的**环境和**历史风貌。**建设**工程设计方案应当**符合文物保护单位保护规划的要求;未公布文物保护单位保护规划的,建设项目批准前,应当根据文物保护单位的等级征求相应文物主管部门的意见。**
第十九条　在文物保护单位的保护范围和建设控制地带内,不得建设污染文物保护单位及其环境的设施,不得进行可能影响文物保护单位安全及其环境的活动。对已有的污染文物保护单位及其环境的设施,应当限期治理。	**第二十六条**　在文物保护单位的保护范围和建设控制地带内,**不得建设危害文物安全的建筑物、构筑物,**不得建设污染文物及其环境的设施,不得**开展影响文物**安全及其环境的活动。 **文物保护单位的保护范围和建设控制地带公布前已有的危害文物安全的建筑物、构筑物,当地人民政府应当及时处理;**已有的污染文物及其环境的设施,**当地人民政府**应当限期治理。
第二十条　建设工程选址,应当尽可能避开不可移动文物;因特殊情况不能避开的,对文物保护单位应当尽可能实施原址保护。 实施原址保护的,建设单位应当事先确定保护措施,根据文物保护单位的级别报相应的文物行政部门批准,并将保护措施列入可行性研究报告或者设计任务书。 无法实施原址保护,必须迁移异地保护或者拆除的,应当报省、自治区、直辖市人民政府批准;迁移或者拆除省级文物保护单位的,批准前须征得国务院文物行政部门同意。全国重点文物保护单位不得拆除;需要迁移的,须由省、自治区、直辖市人民政府报国务院批准。 依照前款规定拆除的国有不可移动文物中具有收藏价值的壁画、雕塑、建筑构件等,由文物行政部门指定的文物收藏单位收藏。 本条规定的原址保护、迁移、拆除所需费用,由建设单位列入建设工程预算。	**第二十七条**　建设工程选址,应当**避开文物保护单位**;因特殊情况不能避开的,应当尽可能对文物保护单位实施原址保护。 **对文物保护单位**实施原址保护的,建设单位应当事先**拟订**保护措施,根据文物保护单位的**等级征求相应文物主管部门的意见;未征求相应文物主管部门的意见,或者未按照文物主管部门的意见落实保护措施的,不得开工建设。** 无法**对文物保护单位**实施原址保护,必须迁移或者拆除的,应当报省、自治区、直辖市人民政府批准。全国重点文物保护单位不得拆除;需要迁移的,**应当**由省、自治区、直辖市人民政府报国务院批准。**迁移或者拆除的文物保护单位属于古文化遗址、古墓葬的,应当进行考古发掘。** 依照前款规定拆除的国有**文物保护单位**中具有**艺术、科学和研究**价值的壁画、雕塑、建筑构件等,**由省、自治区、直辖市人民政府**文物主管部门**指定国有博物馆**收藏。 本条规定的原址保护、迁移、拆除、**考古发掘**所需**经费**,由建设单位**承担**。

续表

《中华人民共和国文物保护法》（2015 年修正）经全国人大常委会通过的现行法律	《中华人民共和国文物保护法》（2016 年修订草案送审稿）由国务院法制办向社会公开征求意见
第二十一条　国有不可移动文物由使用人负责修缮、保养；非国有不可移动文物由所有人负责修缮、保养。非国有不可移动文物有损毁危险，所有人不具备修缮能力的，当地人民政府应当给予帮助；所有人具备修缮能力而拒不依法履行修缮义务的，县级以上人民政府可以给予抢救修缮，所需费用由所有人负担。 对文物保护单位进行修缮，应当根据文物保护单位的级别报相应的文物行政部门批准；对未核定为文物保护单位的不可移动文物进行修缮，应当报登记的县级人民政府文物行政部门批准。 文物保护单位的修缮、迁移、重建，由取得文物保护工程资质证书的单位承担。 对不可移动文物进行修缮、保养、迁移，必须遵守不改变文物原状的原则。	**第二十八条　文物保护单位的保护管理机构、使用人或者所有权人，承担文物保护单位的安全巡查和日常维护保养工作，当地人民政府文物主管部门应当给予指导和必要的经费支持。** **因自然灾害致使文物保护单位有损毁危险的，当地人民政府应当组织实施抢险加固工程，并根据文物保护单位的等级及时报告相应的文物主管部门。**
	第二十九条　已建立文物保护管理机构、博物馆，或者辟为考古遗址公园等参观游览场所的国有文物保护单位，其修缮工程、保护性设施和安全防护设施建设工程，根据文物保护单位的等级，由各级财政分别给予经费保障；本级财政不足的，可以申请上级财政给予补助。 **由国家机关、国有企事业单位和社会团体等使用的国有文物保护单位，其修缮工程、保护性设施和安全防护设施建设工程所需经费由使用人承担；经费不足的，使用人可以根据文物保护单位的等级，向相应的人民政府文物主管部门申请补助。** **非国有文物保护单位的修缮工程、保护性设施和安全防护设施建设工程所需经费由所有权人承担；所有权人确有困难的，可以根据文物保护单位的等级，向相应的人民政府文物主管部门或者向社会组织、社会公益基金申请资助，并承担相应的义务。**

续表

《中华人民共和国文物保护法》 （2015 年修正） 经全国人大常委会通过的现行法律	《中华人民共和国文物保护法》 （2016 年修订草案送审稿） 由国务院法制办向社会公开征求意见
	第三十条　实施文物保护单位的修缮工程、保护性设施和安全防护设施建设工程，应当遵守不改变文物原状和最小干预的原则，并根据文物保护单位的等级报相应的文物主管部门批准；批准工程的文物主管部门应当对工程及经费使用情况实施监管。
第二十二条　不可移动文物已经全部毁坏的，应当实施遗址保护，不得在原址重建。但是，因特殊情况需要在原址重建的，由省、自治区、直辖市人民政府文物行政部门报省、自治区、直辖市人民政府批准；全国重点文物保护单位需要在原址重建的，由省、自治区、直辖市人民政府报国务院批准。	**第三十一条　文物保护单位**全部毁坏的，应当实施遗址保护，不得在原址重建。因特殊情况需要在原址重建的，由省、自治区、直辖市人民政府文物主管部门报**本级**人民政府批准；**涉及**全国重点文物保护单位的，由省、自治区、直辖市人民政府报国务院批准。
第二十三条　核定为文物保护单位的属于国家所有的纪念建筑物或者古建筑，除可以建立博物馆、保管所或者辟为参观游览场所外，作其他用途的，市、县级文物保护单位应当经核定公布该文物保护单位的人民政府文物行政部门征得上一级文物行政部门同意后，报核定公布该文物保护单位的人民政府批准；省级文物保护单位应当经核定公布该文物保护单位的省级人民政府的文物行政部门审核同意后，报该省级人民政府批准；全国重点文物保护单位作其他用途的，应当由省、自治区、直辖市人民政府报国务院批准。国有未核定为文物保护单位的不可移动文物作其他用途的，应当报告县级人民政府文物行政部门。	**删除**
第二十四条　国有不可移动文物不得转让、抵押。建立博物馆、保管所或者辟为参观游览场所的国有文物保护单位，不得作为企业资产经营。	**删除**

续表

《中华人民共和国文物保护法》 （2015 年修正） 经全国人大常委会通过的现行法律	《中华人民共和国文物保护法》 （2016 年修订草案送审稿） 由国务院法制办向社会公开征求意见
第二十五条　非国有不可移动文物不得转让、抵押给外国人。 非国有不可移动文物转让、抵押或者改变用途的，应当根据其级别报相应的文物行政部门备案。	**删除**
第二十六条　使用不可移动文物，必须遵守不改变文物原状的原则，负责保护建筑物及其附属文物的安全，不得损毁、改建、添建或者拆除不可移动文物。 对危害文物保护单位安全、破坏文物保护单位历史风貌的建筑物、构筑物，当地人民政府应当及时调查处理，必要时，对该建筑物、构筑物予以拆迁。	**删除**
	第三十二条　实施文物保护单位的修缮工程、保护性设施和安全防护设施建设工程、迁移工程、重建工程、拆除工程，应当编制工程方案，并经与文物保护单位等级相应的文物主管部门委托的专业机构审核。 **前款所指工程，应当由取得相应等级文物保护工程资质、资格的单位和人员实施。**
	第三十三条　根据历史文献和调查资料，县级以上人民政府文物主管部门应当会同规划、国土、水利、海洋等主管部门，在保存文物丰富的区域划定公布地下文物埋藏区或者水下文物保护区。县级以上人民政府文物主管部门应当对埋藏区、保护区内的建设工程和生产活动进行监测。
	第三十四条　工业遗产、商业老字号、农业遗产、传统村落、乡土建筑、文化线路、文化景观中的不可移动文物，其保护管理应当与整体风貌相协调，促进传统文化的传承。

续表

《中华人民共和国文物保护法》 (2015 年修正) 经全国人大常委会通过的现行法律	《中华人民共和国文物保护法》 (2016 年修订草案送审稿) 由国务院法制办向社会公开征求意见
第十四条　保存文物特别丰富并且具有重大历史价值或者革命纪念意义的城市,由国务院核定公布为历史文化名城。 保存文物特别丰富并且具有重大历史价值或者革命纪念意义的城镇、街道、村庄,由省、自治区、直辖市人民政府核定公布为历史文化街区、村镇,并报国务院备案。 历史文化名城和历史文化街区、村镇所在地的县级以上地方人民政府应当组织编制专门的历史文化名城和历史文化街区、村镇保护规划,并纳入城市总体规划。 历史文化名城和历史文化街区、村镇的保护办法,由国务院制定。	**第三十五条**　保存文物特别丰富并且具有重大历史价值或者革命纪念意义的城市,由国务院核定公布为历史文化名城。 保存文物特别丰富并且具有重大历史价值或者革命纪念意义的城镇、街道、村庄,由省、自治区、直辖市人民政府核定公布为历史文化街区、村镇,并报国务院备案。 历史文化名城和历史文化街区、村镇所在地的县级以上地方人民政府,应当组织编制专门的历史文化名城和历史文化街区、村镇保护规划,并纳入城市总体规划。
	第三十六条　具有突出和普遍价值的不可移动文物,由国务院文物主管部门列入《中国世界文化遗产预备名单》。 **世界文化遗产的申报,由国务院文物主管部门指导有关省、自治区、直辖市人民政府组织实施。**
	第三十七条　世界文化遗产,以及世界文化与自然混合遗产中的文化遗产,其保护管理应当遵守《保护世界文化和自然遗产公约》的相关规定;涉及不可移动文物保护管理的,依照本法有关规定执行。 **世界文化遗产保护规划的编制和审批,按照全国重点文物保护单位保护规划的有关规定执行。**
	第三十八条　不可移动文物灭失、损毁,且不具备遗址保护价值的,由原公布的文物主管部门、人民政府撤销不可移动文物认定或者文物保护单位的等级并公布。 **撤销不可移动文物认定或者文物保护单位的等级,应当事先进行论证或者听证。** **不可移动文物历史、艺术、科学价值严重减损的,按照不可移动文物定级的程序重新确定等级。**

续表

《中华人民共和国文物保护法》 (2015 年修正) 经全国人大常委会通过的现行法律	《中华人民共和国文物保护法》 (2016 年修订草案送审稿) 由国务院法制办向社会公开征求意见
第三章　考古发掘	第三章　**考古管理**
第二十七条　一切考古发掘工作,必须履行报批手续;从事考古发掘的单位,应当经国务院文物行政部门批准。 地下埋藏的文物,任何单位或者个人都不得私自发掘。	**删除**
	第三十九条　从事考古调查、勘探、发掘的单位和人员,应当取得相应的资质、资格。 **考古调查、勘探、发掘的具体工作规范,由国务院文物主管部门制定。**
	第四十条　在地下文物埋藏区、水下文物保护区范围内实施建设工程,或者在地下文物埋藏区、水下文物保护区范围外实施大型建设工程,应当事先进行考古调查、勘探。 **上述建设工程,涉及土地使用权划拨、出让的,应当在划拨、出让土地使用权之前进行考古调查、勘探。**
第二十九条　进行大型基本建设工程,建设单位应当事先报请省、自治区、直辖市人民政府文物行政部门组织从事考古发掘的单位在工程范围内有可能埋藏文物的地方进行考古调查、勘探。 考古调查、勘探中发现文物的,由省、自治区、直辖市人民政府文物行政部门根据文物保护的要求会同建设单位共同商定保护措施;遇有重要发现的,由省、自治区、直辖市人民政府文物行政部门及时报国务院文物行政部门处理。 第三十条　需要配合建设工程进行的考古发掘工作,应当由省、自治区、直辖市文物行政部门在勘探工作的基础上提出发掘计划,报国务院文物行政部门批准。国务院文物行政部门在批准前,应当征求社会科学研究机构及其他科研机构	**第四十一条　本法第四十条　规定的考古调查、勘探事项,不涉及土地划拨、出让的,由建设单位委托具有考古调查、勘探资质的单位实施;涉及土地划拨、出让的,由土地划拨、出让方委托具有考古调查、勘探资质的单位实施。考古调查、勘探结束后,建设单位或者土地划拨、出让方应当向省、自治区、直辖市人民政府文物主管部门提交考古调查、勘探报告。** **省、自治区、直辖市人民政府文物主管部门收到考古调查、勘探报告后,应当作出是否需要进行考古发掘的决定;需要进行考古发掘的,应当报国务院文物主管部门批准。批准进行考古发掘的,由建设单位或者土地划拨、出让方委托具有考古发掘资质的单位实施。**

续表

《中华人民共和国文物保护法》 (2015 年修正) 经全国人大常委会通过的现行法律	《中华人民共和国文物保护法》 (2016 年修订草案送审稿) 由国务院法制办向社会公开征求意见
和有关专家的意见。 确因建设工期紧迫或者有自然破坏危险,对古文化遗址、古墓葬急需进行抢救发掘的,由省、自治区、直辖市人民政府文物行政部门组织发掘,并同时补办审批手续。	
第三十一条　凡因进行基本建设和生产建设需要的考古调查、勘探、发掘,所需费用由建设单位列入建设工程预算。	**第四十二条　依照本法第四十一条规定实施考古调查、勘探、发掘所需经费,不涉及土地划拨、出让的,由建设单位承担;涉及土地划拨、出让的,由土地划拨、出让方承担。**
	第四十三条　依照本法第四十一条规定实施考古调查、勘探、发掘中有重要发现的,由省、自治区、直辖市人民政府文物主管部门根据文物保护的需要,会同建设单位或者土地划拨、出让方共同商定保护措施;遇有重大发现的,由省、自治区、直辖市人民政府文物主管部门及时报请国务院文物主管部门确定保护措施。 **因采取文物保护措施致使建设单位合法利益受损的,应当给予合理补偿。**
第三十二条　在进行建设工程或者在农业生产中,任何单位或者个人发现文物,应当保护现场,立即报告当地文物行政部门,文物行政部门接到报告后,如无特殊情况,应当在二十四小时内赶赴现场,并在七日内提出处理意见。文物行政部门可以报请当地人民政府通知公安机关协助保护现场;发现重要文物的,应当立即上报国务院文物行政部门,国务院文物行政部门应当在接到报告后十五日内提出处理意见。 依照前款规定发现的文物属于国家所有,任何单位或者个人不得哄抢、私分、藏匿。	**第四十四条　在工程建设或者农业生产中,**任何单位或者个人发现文物的,应当保护现场,立即报告当地文物主管部门;文物主管部门接到报告后,应当**及时**赶赴现场**并作出处理决定;有重要或者重大发现的,当地文物主管部门应当报请省、自治区、直辖市人民政府文物主管部门或者国务院文物主管部门作出处理决定。** 依照前款规定发现的文物属于国家所有,任何单位或者个人不得哄抢、私分、藏匿。

续表

《中华人民共和国文物保护法》 （2015 年修正） 经全国人大常委会通过的现行法律	《中华人民共和国文物保护法》 （2016 年修订草案送审稿） 由国务院法制办向社会公开征求意见
第二十八条　从事考古发掘的单位，为了科学研究进行考古发掘，应当提出发掘计划，报国务院文物行政部门批准；对全国重点文物保护单位的考古发掘计划，应当经国务院文物行政部门审核后报国务院批准。国务院文物行政部门在批准或者审核前，应当征求社会科学研究机构及其他科研机构和有关专家的意见。	**第四十五条**　从事考古发掘的单位，为了科学研究进行考古**调查、勘探、**发掘，应当报国务院文物主管部门批准。
第三十四条　考古调查、勘探、发掘的结果，应当报告国务院文物行政部门和省、自治区、直辖市人民政府文物行政部门。 考古发掘的文物，应当登记造册，妥善保管，按照国家有关规定移交给由省、自治区、直辖市人民政府文物行政部门或者国务院文物行政部门指定的国有博物馆、图书馆或者其他国有收藏文物的单位收藏。经省、自治区、直辖市人民政府文物行政部门批准，从事考古发掘的单位可以保留少量出土文物作为科研标本。 考古发掘的文物，任何单位或者个人不得侵占。	**第四十六条　考古发掘单位应当在考古发掘结束之日起 30 日内，向国务院文物主管部门提交结项报告，并在提交结项报告之日起 3 年内向国务院文物主管部门提交考古发掘研究报告。**
	第四十七条　考古发掘的文物，应当**由考古发掘单位**登记造册，妥善**保护，并及时**移交给省、自治区、直辖市人民政府文物主管部门或者国务院文物主管部门指定的国有博物馆收藏；经省、自治区、直辖市人民政府文物主管部门批准，考古发掘单位可以保留少量文物作为科研标本。
第三十三条　非经国务院文物行政部门报国务院特别许可，任何外国人或者外国团体不得在中华人民共和国境内进行考古调查、勘探、发掘。	**第四十八条　外国人或者外国团体在中华人民共和国境内进行考古调查、勘探、发掘，应当采取与中方合作的方式，并由中方合作单位向国务院文物主管部门提出申请；国务院文物主管部门在批准前应当征求相关部门意见。**
第三十五条　根据保证文物安全、进行科学研究和充分发挥文物作用的需要，省、自治区、直辖市人民政府文物行政部门经本级人民政府批准，可以调用本行政区域内的出土文物；国务院文物行政部门经国务院批准，可以调用全国的重要出土文物。	**删除**

续表

《中华人民共和国文物保护法》 (2015 年修正) 经全国人大常委会通过的现行法律	《中华人民共和国文物保护法》 (2016 年修订草案送审稿) 由国务院法制办向社会公开征求意见
第四章　馆藏文物	第四章　**可移动**文物
第三十七条　文物收藏单位可以通过下列方式取得文物: (一)购买; (二)接受捐赠; (三)依法交换; (四)法律、行政法规规定的其他方式。 国有文物收藏单位还可以通过文物行政部门指定保管或者调拨方式取得文物。	**第四十九条**　博物馆、图书馆和其他文物收藏单位,可以通过下列方式取得文物: (一)购买; (二)接受捐赠; (三)依法交换; (四)法律、行政法规规定的其他方式。 国有**博物馆**还可以通过文物主管部门指定**收藏**或者调拨方式取得文物。 **文物收藏单位应当尊重捐赠人的意愿,对捐赠的文物妥善收藏、保管与展示。需要对捐赠的文物进行处置的,应当征得捐赠人同意。** **文物收藏单位不得将收藏的文物赠与、出售、抵押、质押给其他单位和个人。**
第三十六条　博物馆、图书馆和其他文物收藏单位对收藏的文物,必须区分文物等级,设置藏品档案,建立严格的管理制度,并报主管的文物行政部门备案。 县级以上地方人民政府文物行政部门应当分别建立本行政区域内的馆藏文物档案;国务院文物行政部门应当建立国家一级文物藏品档案和其主管的国有文物收藏单位馆藏文物档案。	**第五十条　可移动文物的等级,由文物收藏单位按照文物定级标准提出定级意见,报文物主管部门审核确定;一般文物由市、县级人民政府文物主管部门审核确定,二级文物、三级文物由省、自治区、直辖市人民政府文物主管部门审核确定,一级文物由国务院文物主管部门审核确定。** **第五十一条　文物收藏单位应当建立文物的账目及档案,并按照国务院文物主管部门的规定履行备案手续。** **县级以上地方人民政府文物主管部门应当分别建立本行政区域的可移动文物档案数据库;国务院文物主管部门应当建立全国可移动文物档案数据库。**
第三十八条　文物收藏单位应当根据馆藏文物的保护需要,按照国家有关规定建立、健全管理制度,并报主管的文物行政部门备案。未经批准,任何单位或者个人不得调取馆藏文物。	**第五十二条**　文物收藏单位应当按照国家有关规定**配备防火、防盗、防自然及人为损坏的设施,改善文物保存环境,建立、健全保护管理制度,确保文物的安全。**

续表

《中华人民共和国文物保护法》 （2015 年修正） 经全国人大常委会通过的现行法律	《中华人民共和国文物保护法》 （2016 年修订草案送审稿） 由国务院法制办向社会公开征求意见
文物收藏单位的法定代表人对馆藏文物的安全负责。国有文物收藏单位的法定代表人离任时，应当按照馆藏文物档案办理馆藏文物移交手续。	文物收藏单位的法定代表人对文物的安全负责。未经**法定代表人**批准，任何单位或者个人不得调取文物。文物收藏单位的法定代表人**、文物保管人员**离任**前**，应当办理文物移交手续。
第三十九条　国务院文物行政部门可以调拨全国的国有馆藏文物。省、自治区、直辖市人民政府文物行政部门可以调拨本行政区域内其主管的国有文物收藏单位馆藏文物；调拨国有馆藏一级文物，应当报国务院文物行政部门备案。 国有文物收藏单位可以申请调拨国有馆藏文物。	**第五十三条　根据保证文物安全、进行科学研究和充分发挥文物作用的需要，**国务院文物主管部门可以调拨**国有博物馆收藏的**文物，省、自治区、直辖市人民政府文物主管部门可以调拨本行政区域内**国有博物馆收藏的**文物。
第四十条　文物收藏单位应当充分发挥馆藏文物的作用，通过举办展览、科学研究等活动，加强对中华民族优秀的历史文化和革命传统的宣传教育。 国有文物收藏单位之间因举办展览、科学研究等需借用馆藏文物的，应当报主管的文物行政部门备案；借用馆藏一级文物的，应当经省、自治区、直辖市人民政府文物行政部门批准，并报国务院文物行政部门备案。 非国有文物收藏单位和其他单位举办展览需借用国有馆藏文物的，应当报主管的文物行政部门批准；借用国有馆藏一级文物，应当经国务院文物行政部门批准。 文物收藏单位之间借用文物的最长期限不得超过三年。	**第五十四条**　国有文物收藏单位之间因举办展览等需要借用文物的，应当**分别**报主管的文物行政部门备案。 非国有文物收藏单位和其他单位因举办展览等需要借用**国有文物收藏单位所收藏**文物的，应当**由国有文物收藏单位**报主管的文物行政部门批准。 借用文物的最长期限不得超过 3 年。
第四十一条　已经建立馆藏文物档案的国有文物收藏单位，经省、自治区、直辖市人民政府文物行政部门批准，并报国务院文物行政部门备案，其馆藏文物可以在国有文物收藏单位之间交换。	**第五十五条　国有文物收藏单位之间交换文物，应当报省、自治区、直辖市人民政府文物主管部门批准。非国有文物收藏单位之间交换文物，应当报省、自治区、直辖市人民政府文物主管部门备案。** **国有文物收藏单位和非国有文物收藏单位之间不得交换文物。**

续表

《中华人民共和国文物保护法》 （2015 年修正） 经全国人大常委会通过的现行法律	《中华人民共和国文物保护法》 （2016 年修订草案送审稿） 由国务院法制办向社会公开征求意见
第四十六条　修复馆藏文物,不得改变馆藏文物的原状;复制、拍摄、拓印馆藏文物,不得对馆藏文物造成损害。具体管理办法由国务院制定。 不可移动文物的单体文物的修复、复制、拍摄、拓印,适用前款规定。	**第五十六条　文物收藏单位修复、复制、拓印文物,不得对文物造成损害。文物收藏单位修复、复制、拓印文物,应当由取得相应等级资质、资格的单位和人员实施。** **国有文物收藏单位修复二级文物、三级文物的,应当报省、自治区、直辖市人民政府文物主管部门批准;修复一级文物的,应当报国务院文物主管部门批准。** **国有文物收藏单位复制、拓印珍贵文物的,应当报省、自治区、直辖市人民政府文物主管部门批准。**
第四十二条　未建立馆藏文物档案的国有文物收藏单位,不得依照本法第四十条、第四十一条　的规定处置其馆藏文物。	**删除**
第四十三条　依法调拨、交换、借用国有馆藏文物,取得文物的文物收藏单位可以对提供文物的文物收藏单位给予合理补偿,具体管理办法由国务院文物行政部门制定。 国有文物收藏单位调拨、交换、出借文物所得的补偿费用,必须用于改善文物的收藏条件和收集新的文物,不得挪作他用;任何单位或者个人不得侵占。 调拨、交换、借用的文物必须严格保管,不得丢失、损毁。	**删除**
第四十四条　禁止国有文物收藏单位将馆藏文物赠与、出租或者出售给其他单位、个人。	**删除**
第四十五条　国有文物收藏单位不再收藏的文物的处置办法,由国务院另行制定。	**第五十七条　因腐蚀损毁等原因无法修复并且无继续保存价值的一般文物,文物收藏单位可以提出退出收藏申请,报省、自治区、直辖市人民政府文物主管部门批准。退出收藏的文物,应当用于教学、科研等公益用途。**

续表

《中华人民共和国文物保护法》 （2015 年修正） 经全国人大常委会通过的现行法律	《中华人民共和国文物保护法》 （2016 年修订草案送审稿） 由国务院法制办向社会公开征求意见
第四十七条　博物馆、图书馆和其他收藏文物的单位应当按照国家有关规定配备防火、防盗、防自然损坏的设施，确保馆藏文物的安全。	**删除**
第四十八条　馆藏一级文物损毁的，应当报国务院文物行政部门核查处理。其他馆藏文物损毁的，应当报省、自治区、直辖市人民政府文物行政部门核查处理；省、自治区、直辖市人民政府文物行政部门应当将核查处理结果报国务院文物行政部门备案。 馆藏文物被盗、被抢或者丢失的，文物收藏单位应当立即向公安机关报案，并同时向主管的文物行政部门报告。	**删除**
第四十九条　文物行政部门和国有文物收藏单位的工作人员不得借用国有文物，不得非法侵占国有文物。	**删除**
	第五十八条　收藏、保管文物的国家机关、军队、国有企业和文物收藏单位以外的事业组织，应当健全文物管理制度，确保文物安全。 **县级以上人民政府文物主管部门应当对国家机关、军队、国有企业和文物收藏单位以外的事业组织收藏、保管文物，提供鉴定、修复、保管、展览等方面的指导和帮助，并对符合文物定级标准的文物确定等级。**
	第五十九条　文物收藏单位、国家机关、军队、国有企业和其他事业组织以外的单位或者个人收藏文物的，可以向当地文物主管部门申请文物定级。 **文物主管部门应当对文物鉴定、修复、保管、展览等社会服务进行规范管理。**

续表

《中华人民共和国文物保护法》 (2015 年修正) 经全国人大常委会通过的现行法律	《中华人民共和国文物保护法》 (2016 年修订草案送审稿) 由国务院法制办向社会公开征求意见
第五章　民间收藏文物	**删除**
第五十条　文物收藏单位以外的公民、法人和其他组织可以收藏通过下列方式取得的文物: (一)依法继承或者接受赠与; (二)从文物商店购买; (三)从经营文物拍卖的拍卖企业购买; (四)公民个人合法所有的文物相互交换或者依法转让; (五)国家规定的其他合法方式。 文物收藏单位以外的公民、法人和其他组织收藏的前款文物可以依法流通。	**删除**
第五十一条　公民、法人和其他组织不得买卖下列文物: (一)国有文物,但是国家允许的除外; (二)非国有馆藏珍贵文物; (三)国有不可移动文物中的壁画、雕塑、建筑构件等,但是依法拆除的国有不可移动文物中的壁画、雕塑、建筑构件等不属于本法第二十条第四款规定的应由文物收藏单位收藏的除外; (四)来源不符合本法第五十条规定的文物。	**第六十条　任何单位和个人**不得买卖下列文物: (一)国有文物,但是国家允许的除外; **(二)文物收藏单位收藏的文物;** **(三)盗窃、盗掘、走私的文物。**
第五十二条　国家鼓励文物收藏单位以外的公民、法人和其他组织将其收藏的文物捐赠给国有文物收藏单位或者出借给文物收藏单位展览和研究。 国有文物收藏单位应当尊重并按照捐赠人的意愿,对捐赠的文物妥善收藏、保管和展示。 国家禁止出境的文物,不得转让、出租、质押给外国人。	**删除**

续表

《中华人民共和国文物保护法》 （2015 年修正） 经全国人大常委会通过的现行法律	《中华人民共和国文物保护法》 （2016 年修订草案送审稿） 由国务院法制办向社会公开征求意见
第五十三条　文物商店应当由省、自治区、直辖市人民政府文物行政部门批准设立，依法进行管理。 文物商店不得从事文物拍卖经营活动，不得设立经营文物拍卖的拍卖企业。	**第六十一条　文物购销企业应当取得文物购销资质。文物拍卖企业应当取得文物拍卖资质。** **文物购销企业不得从事文物拍卖活动，不得设立文物拍卖企业。文物拍卖企业不得从事文物购销活动，不得设立文物购销企业。**
第五十四条　依法设立的拍卖企业经营文物拍卖的，应当取得省、自治区、直辖市人民政府文物行政部门颁发的文物拍卖许可证。 经营文物拍卖的拍卖企业不得从事文物购销经营活动，不得设立文物商店。	
第五十五条　文物行政部门的工作人员不得举办或者参与举办文物商店或者经营文物拍卖的拍卖企业。 文物收藏单位不得举办或者参与举办文物商店或者经营文物拍卖的拍卖企业。 禁止设立中外合资、中外合作和外商独资的文物商店或者经营文物拍卖的拍卖企业。 除经批准的文物商店、经营文物拍卖的拍卖企业外，其他单位或者个人不得从事文物的商业经营活动。	**第六十二条　文物主管部门、文物保护管理机构、文物收藏单位及其工作人员，不得设立文物购销企业和文物拍卖企业，不得参与相关经营活动。**
第五十六条　文物商店销售的文物，在销售前应当经省、自治区、直辖市人民政府文物行政部门审核；对允许销售的，省、自治区、直辖市人民政府文物行政部门应当作出标识。 拍卖企业拍卖的文物，在拍卖前应当经省、自治区、直辖市人民政府文物行政部门审核，并报国务院文物行政部门备案。	**删除**

续表

《中华人民共和国文物保护法》 (2015 年修正) 经全国人大常委会通过的现行法律	《中华人民共和国文物保护法》 (2016 年修订草案送审稿) 由国务院法制办向社会公开征求意见
第五十七条　文物商店购买、销售文物,拍卖企业拍卖文物,应当按照国家有关规定作出记录,并报原审核的文物行政部门备案。 拍卖文物时,委托人、买受人要求对其身份保密的,文物行政部门应当为其保密;但是,法律、行政法规另有规定的除外。	**第六十三条　文物购销企业和文物拍卖企业应当按照国务院文物主管部门的规定作出经营记录,并报企业住所地县级以上地方人民政府文物主管部门备案。** **省、自治区、直辖市人民政府文物主管部门应当建立并定期公布文物购销企业和文物拍卖企业的信用记录。**
第五十八条　文物行政部门在审核拟拍卖的文物时,可以指定国有文物收藏单位优先购买其中的珍贵文物。购买价格由文物收藏单位的代表与文物的委托人协商确定。	**第六十四条　国家对拍卖的文物享有优先购买权。拍卖的文物在交付买受人前,国务院文物主管部门可以指定国有博物馆优先购买。**
第五十九条　银行、冶炼厂、造纸厂以及废旧物资回收单位,应当与当地文物行政部门共同负责拣选掺杂在金银器和废旧物资中的文物。拣选文物除供银行研究所必需的历史货币可以由人民银行留用外,应当移交当地文物行政部门。移交拣选文物,应当给予合理补偿。	**删除**
	第六十五条　县级以上人民政府文物主管部门应当会同工商行政管理部门、商务主管部门等,对文物购销、拍卖的经营活动和场所进行监管。
第六章　文物出境进境	**第五章**　文物出境进境
第六十一条　文物出境,应当经国务院文物行政部门指定的文物进出境审核机构审核。经审核允许出境的文物,由国务院文物行政部门发给文物出境许可证,从国务院文物行政部门指定的口岸出境。 任何单位或者个人运送、邮寄、携带文物出境,应当向海关申报;海关凭文物出境许可证放行。	**第六十六条**　任何单位或者个人运送、**寄递**、携带文物出境,应当**报国家文物进出境审核机构审核,取得文物出境许可证,并向审核机构所在地海关申报;海关验核文物出境许可证后,依法办理相关手续。** **文物出境审核标准,由国务院文物主管部门制定。**

续表

《中华人民共和国文物保护法》 （2015 年修正） 经全国人大常委会通过的现行法律	《中华人民共和国文物保护法》 （2016 年修订草案送审稿） 由国务院法制办向社会公开征求意见
第六十条　国有文物、非国有文物中的珍贵文物和国家规定禁止出境的其他文物，不得出境；但是依照本法规定出境展览或者因特殊需要经国务院批准出境的除外。	**第六十七条**　国有文物、**文物收藏单位收藏的文物**和国家规定禁止出境的其他文物，不得出境；**因展览等需要临时出境的，应当经国务院文物主管部门批准，并依照本法第六十六条　第一款规定的程序办理临时出境手续。** **文物出境展览的期限不得超过 1 年。因特殊需要，经原审批机关批准可以延期；但是，延期最长不得超过 1 年。** **临时出境的文物复进境，应当向海关申报，并由原文物进出境审核机构审核查验。**
第六十二条　文物出境展览，应当报国务院文物行政部门批准；一级文物超过国务院规定数量的，应当报国务院批准。 一级文物中的孤品和易损品，禁止出境展览。 出境展览的文物出境，由文物进出境审核机构审核、登记。海关凭国务院文物行政部门或者国务院的批准文件放行。出境展览的文物复进境，由原文物进出境审核机构审核查验。	
第六十三条　文物临时进境，应当向海关申报，并报文物进出境审核机构审核、登记。 临时进境的文物复出境，必须经原审核、登记的文物进出境审核机构审核查验；经审核查验无误的，由国务院文物行政部门发给文物出境许可证，海关凭文物出境许可证放行。	**第六十八条**　文物临时进境，应当向海关申报，并报**国家文物进出境审核机构查验**、登记。 临时进境的文物复出境，**应当经原查验**、登记的审核机构审核查验，**依法办理相关手续。**
	第六十九条　非法出境的文物，由国务院文物主管部门会同国务院其他有关部门予以追索。 **对历史上非法出境的文物，国家保留收回的权利。国务院文物主管部门应当会同国务院其他有关部门，对历史上非法出境的文物开展调查，促进其返还。**
	第七十条　中华人民共和国遵守已缔结或者参加的国际条约，禁止和防止文物非法出境及进境。

续表

《中华人民共和国文物保护法》 (2015 年修正) 经全国人大常委会通过的现行法律	《中华人民共和国文物保护法》 (2016 年修订草案送审稿) 由国务院法制办向社会公开征求意见
	第六章　合理利用
	第七十一条　文物利用,应当体现文物的历史文化内涵,尊重科学,遵守公德,面向公众,传承优秀传统文化,弘扬社会主义核心价值观,发挥引领风尚、教育人民、服务社会、推动发展的作用。 文物利用应当确保文物安全,与人民群众的生产生活相协调,防止不当利用、过度开发。
	第七十二条　文物主管部门应当根据文物保护单位的类别、等级、保存状况,制定文物利用规范,并纳入文物保护单位的保护规划。 实施文物保护工程,应当体现文物利用规范的要求,做到保护与利用相统筹。
	第七十三条　国有文物保护单位应当尽可能向公众开放;由国家机关、国有企事业单位和社会团体等使用的,应当创造条件实行局部或者定期开放。 非国有文物保护单位向公众开放、提供公共文化服务的,县级以上人民政府文物主管部门应当给予支持和帮助。
	第七十四条　已建立文物保护管理机构、博物馆,或者辟为考古遗址公园等参观游览场所的国有文物保护单位和一般不可移动文物,不得作为企业资产经营,不得转让、抵押。 国有全国重点文物保护单位、省级文物保护单位改变现有用途的,除可以建立文物保护管理机构、博物馆或者辟为考古遗址公园等参观游览场所外,全国重点文物保护单位应当由省、自治区、直辖市人民政府报国务院批准;省级文物保护单位应当由省、自治区、直辖市人民政府文物主管部门报本级人民政府批准。

续表

《中华人民共和国文物保护法》(2015 年修正)经全国人大常委会通过的现行法律	《中华人民共和国文物保护法》(2016 年修订草案送审稿)由国务院法制办向社会公开征求意见
	第七十五条　尚未建立文物保护管理机构、博物馆,或者辟为考古遗址公园等参观游览场所的国有市、县级文物保护单位和一般不可移动文物,公民、法人和其他组织可以参与其保护与利用,在文物主管部门监管下使用并承担保养、修缮责任。 县级以上地方人民政府文物主管部门应当选择前款所指文物,公开征集保护利用方案,通过论证、听证等程序确定保护利用方案及实施主体。保护利用方案及相关协议,应当根据不可移动文物的等级报相应的文物主管部门备案;涉及需要审批的事项,依照法律、法规的规定执行。
	第七十六条　县级以上人民政府文物主管部门应当建立国有可移动文物共享机制,通过调拨、交换、借用等方式,实现文物资源共享,丰富博物馆的展览内容。 鼓励博物馆展览进学校、社区、军营、企业、乡村,充分发挥文物的作用。
	第七十七条　博物馆应当充分挖掘文物的文化内涵,开发文博创意产品,注重依托数字、网络等技术,推动文物利用的科技创新。
	第七十八条　博物馆以外的公民、法人和其他组织,利用所收藏的文物开展公共文化服务活动的,县级以上人民政府文物主管部门应当给予指导和帮助。
	第七十九条　国务院文物主管部门应当会同国务院其他有关部门,发布文物合理利用的指导性意见,促进文物资源的可持续利用和社会共享。县级以上地方人民政府文物主管部门应当对文物利用情况进行定期评估,推广合理利用文物的经验。

续表

《中华人民共和国文物保护法》 (2015 年修正) 经全国人大常委会通过的现行法律	《中华人民共和国文物保护法》 (2016 年修订草案送审稿) 由国务院法制办向社会公开征求意见
	第七章　监督检查
	第八十条　县级以上地方人民政府应当定期向本级人民代表大会或者人民代表大会常务委员会报告文物保护工作,依法接受监督。
	第八十一条　县级以上地方人民政府应当定期对本级人民政府负有文物保护职责的部门和下级人民政府的文物保护工作进行监督检查,并将监督检查结果与绩效考核挂钩。
	第八十二条　根据工作需要,县级以上人民政府文物主管部门会同有关部门,建立文物保护监督检查协调机制,及时解决重大问题。
	第八十三条　国务院文物主管部门应当对地方人民政府及其文物主管部门的文物保护和利用情况开展经常性的监督检查。 县级以上地方人民政府文物主管部门应当对本行政区域的文物保护和利用情况开展日常性的监督检查。
	第八十四条　县级以上人民政府文物主管部门依法实施监督检查,可以进入现场,根据需要查阅、复制相关文件、资料,询问单位主要负责人和相关人员,查封、扣押造成文物破坏、损毁的设施设备,责令有关单位和个人停止侵害文物的行为。对依法实施的监督检查,有关单位和个人应当配合,不得拒绝、阻碍和隐瞒。 县级以上人民政府文物主管部门依法实施监督检查,其监督检查人员不得少于二人,并应当出示执法证件。

续表

《中华人民共和国文物保护法》 (2015 年修正) 经全国人大常委会通过的现行法律	《中华人民共和国文物保护法》 (2016 年修订草案送审稿) 由国务院法制办向社会公开征求意见
	第八十五条　对公民、法人和其他组织举报的破坏文物的信息和线索,县级以上人民政府文物主管部门应当查清事实,依法处理,并及时反馈处理结果;涉嫌违法犯罪的,应当同时向公安机关报案。 县级以上人民政府文物主管部门及其工作人员,对公民、法人和其他组织举报的破坏文物的信息和线索不调查、不处理、不反馈的,公民、法人和其他组织可以向有关国家机关控告或者检举。
	第八十六条　各级人民政府文物主管部门应当依法公开文物工作信息和文物违法案件查办信息,接受社会和媒体的监督。
	第八十七条　对严重破坏文物,致使社会公共利益受到损害的行为,文物主管部门、依法登记成立的以文物保护为宗旨的社会组织,可以向人民法院提起诉讼。
第七章　法律责任	**第八章**　法律责任
第六十四条　违反本法规定,有下列行为之一,构成犯罪的,依法追究刑事责任: (一)盗掘古文化遗址、古墓葬的; (二)故意或者过失损毁国家保护的珍贵文物的; (三)擅自将国有馆藏文物出售或者私自送给非国有单位或者个人的; (四)将国家禁止出境的珍贵文物私自出售或者送给外国人的; (五)以牟利为目的倒卖国家禁止经营的文物的; (六)走私文物的; (七)盗窃、哄抢、私分或者非法侵占国有文物的; (八)应当追究刑事责任的其他妨害文物管理行为。	**删除**

续表

《中华人民共和国文物保护法》 (2015 年修正) 经全国人大常委会通过的现行法律	《中华人民共和国文物保护法》 (2016 年修订草案送审稿) 由国务院法制办向社会公开征求意见
	第八十八条　本法规定应当备案而未备案,或者应当报告而未报告的,由县级以上人民政府文物主管部门责令改正;未按照要求改正的,予以警告;造成严重后果的,依法追究有关单位或者个人的责任。
	第八十九条　单位或者个人未按照本法规定取得相应的资质、资格,从事相关活动的,由县级以上人民政府文物主管部门责令改正,没收违法所得;违法所得金额在 1 万元以上的,并处违法所得金额 5 倍以上 8 倍以下罚款;违法所得金额在 1 万元以下的,并处 1 万元以上 2 万元以下罚款。
第六十六条　有下列行为之一,尚不构成犯罪的,由县级以上人民政府文物主管部门责令改正,造成严重后果的,处五万元以上五十万元以下的罚款;情节严重的,由原发证机关吊销资质证书: (一)擅自在文物保护单位的保护范围内进行建设工程或者爆破、钻探、挖掘等作业的; (二)在文物保护单位的建设控制地带内进行建设工程,其工程设计方案未经文物行政部门同意、报城乡建设规划部门批准,对文物保护单位的历史风貌造成破坏的; (三)擅自迁移、拆除不可移动文物的; (四)擅自修缮不可移动文物,明显改变文物原状的; (五)擅自在原址重建已全部毁坏的不可移动文物,造成文物破坏的; (六)施工单位未取得文物保护工程资质证书,擅自从事文物修缮、迁移、重建的。 刻划、涂污或者损坏文物尚不严重	**第九十条　擅自在文物保护单位的保护范围内进行与文物保护无关的建设工程或者爆破、钻探、挖掘等作业的,由县级以上人民政府文物主管部门责令停止施工、恢复原状;情节严重的,由县级以上人民政府文物主管部门查封、扣押相关设施设备,并对责任单位处 50 万元以上 100 万元以下罚款;构成犯罪的,依法追究刑事责任。** **第九十一条　建设单位在文物保护单位的建设控制地带内进行建设工程,建设工程设计方案不符合文物保护单位保护规划要求的,由县级以上人民政府文物主管部门责令改正,可以并处 10 万元以上 50 万元以下罚款。** **第九十二条　在文物保护单位的保护范围和建设控制地带内开展影响文物安全及其环境的活动的,由县级人民政府文物主管部门责令停止活动、恢复原状,并可以对责任单位处 5 万元以上 10 万元以下罚款,对责任人处 1000 元以上 1 万元以下罚款。**

续表

《中华人民共和国文物保护法》 (2015 年修正) 经全国人大常委会通过的现行法律	《中华人民共和国文物保护法》 (2016 年修订草案送审稿) 由国务院法制办向社会公开征求意见
的,或者损毁依照本法第十五条第一款规定设立的文物保护单位标志的,由公安机关或者文物所在单位给予警告,可以并处罚款。	第九十三条　违反本法规定,有下列行为之一的,由县级以上人民政府文物主管部门责令停止施工、依法改正,可以并处 5 万元以上 20 万元以下罚款: (一)建设单位未事先拟订文物保护单位原址保护措施并根据文物保护单位的等级征求相应文物主管部门意见,或者未按照文物主管部门的意见落实保护措施的; (二)未编制文物保护单位的修缮工程、保护性设施和安全防护设施建设工程、迁移工程、重建工程、拆除工程方案的; (三)修缮工程、保护性设施和安全防护设施建设工程、迁移工程、重建工程、拆除工程方案未经与文物保护单位等级相应的文物主管部门委托的专业机构审核的。
	第九十四条　违反本法规定,有下列行为之一的,由县级以上人民政府文物主管部门责令改正;未按照要求改正的,查封、扣押相关设施设备,并对责任单位处 50 万元以上 100 万元以下罚款,对责任人处 2 万元以上 10 万元以下罚款;构成犯罪的,依法追究刑事责任: (一)擅自修缮不可移动文物的; (二)擅自实施文物保护单位保护性设施和安全防护设施建设工程的; (三)擅自迁移、拆除不可移动文物的; (四)迁移、拆除古文化遗址、古墓葬未进行考古发掘的; (五)擅自进行原址重建的; (六)实施建设工程未依照本法规定进行考古调查、勘探、发掘的。

续表

《中华人民共和国文物保护法》（2015 年修正）经全国人大常委会通过的现行法律	《中华人民共和国文物保护法》（2016 年修订草案送审稿）由国务院法制办向社会公开征求意见
第六十七条　在文物保护单位的保护范围内或者建设控制地带内建设污染文物保护单位及其环境的设施的，或者对已有的污染文物保护单位及其环境的设施未在规定的期限内完成治理的，由环境保护行政部门依照有关法律、法规的规定给予处罚。	**删除**
第六十九条　历史文化名城的布局、环境、历史风貌等遭到严重破坏的，由国务院撤销其历史文化名城称号；历史文化城镇、街道、村庄的布局、环境、历史风貌等遭到严重破坏的，由省、自治区、直辖市人民政府撤销其历史文化街区、村镇称号；对负有责任的主管人员和其他直接责任人员依法给予行政处分。	**删除**
第七十四条　有下列行为之一，尚不构成犯罪的，由县级以上人民政府文物主管部门会同公安机关追缴文物；情节严重的，处五千元以上五万元以下的罚款： （一）发现文物隐匿不报或者拒不上交的； （二）未按照规定移交拣选文物的。	**第九十五条　在工程建设或者农业生产中，任何单位或者个人哄抢、私分、藏匿所发现文物的，由县级人民政府文物主管部门会同公安机关予以收缴，并对责任单位处 10 万元以上 50 万元以下罚款，对责任人处 1 万元以上 5 万元以下罚款；构成犯罪的，依法追究刑事责任。**
第七十五条　有下列行为之一的，由县级以上人民政府文物主管部门责令改正： （一）改变国有未核定为文物保护单位的不可移动文物的用途，未依照本法规定报告的； （二）转让、抵押非国有不可移动文物或者改变其用途，未依照本法规定备案的； （三）国有不可移动文物的使用人拒不依法履行修缮义务的； （四）考古发掘单位未经批准擅自进行考古发掘，或者不如实报告考古发掘结果的； （五）文物收藏单位未按照国家有关	**第九十六条　从事考古发掘的单位违反本法规定，有下列行为之一的，由省、自治区、直辖市人民政府文物主管部门或者国务院文物主管部门责令改正；未按照要求改正的，暂停审批其新的考古调查、勘探、发掘项目：** **（一）未经批准进行考古调查、勘探、发掘的；** **（二）未按照规定提交考古发掘结项报告或者考古发掘研究报告的；** **（三）未及时移交考古发掘文物的。**

续表

《中华人民共和国文物保护法》 (2015 年修正) 经全国人大常委会通过的现行法律	《中华人民共和国文物保护法》 (2016 年修订草案送审稿) 由国务院法制办向社会公开征求意见
规定建立馆藏文物档案、管理制度,或者未将馆藏文物档案、管理制度备案的; (六)违反本法第三十八条规定,未经批准擅自调取馆藏文物的; (七)馆藏文物损毁未报文物行政部门核查处理,或者馆藏文物被盗、被抢或者丢失,文物收藏单位未及时向公安机关或者文物行政部门报告的; (八)文物商店销售文物或者拍卖企业拍卖文物,未按照国家有关规定作出记录或者未将所作记录报文物行政部门备案的。	
第七十条 有下列行为之一,尚不构成犯罪的,由县级以上人民政府文物主管部门责令改正,可以并处二万元以下的罚款,有违法所得的,没收违法所得: (一)文物收藏单位未按照国家有关规定配备防火、防盗、防自然损坏的设施的; (二)国有文物收藏单位法定代表人离任时未按照馆藏文物档案移交馆藏文物,或者所移交的馆藏文物与馆藏文物档案不符的; (三)将国有馆藏文物赠与、出租或者出售给其他单位、个人的; (四)违反本法第四十条、第四十一条、第四十五条规定处置国有馆藏文物的; (五)违反本法第四十三条规定挪用或者侵占依法调拨、交换、出借文物所得补偿费用的。	**第九十七条 文物收藏单位违反本法规定,有下列行为之一的,由县级以上人民政府文物主管部门责令改正;未按照要求改正的,对国有文物收藏单位负有责任的主管人员和直接责任人员依法给予处分: (一)未建立文物账目及档案; (二)文物收藏单位的法定代表人、文物保管人员离任前未办理文物移交手续; (三)国有文物收藏单位擅自将所收藏文物出借给非国有文物收藏单位和其他单位举办展览; (四)擅自交换文物; (五)擅自修复、复制、拓印文物; (六)未按照法定的条件和程序办理文物退藏手续。**
	第九十八条 国有文物收藏单位将文物赠与、出售、抵押、质押给其他单位和个人的,由县级以上人民政府文物主管部门责令改正、没收违法所得,并对负有责任的主管人员和直接责任人员依法给予处分;构成犯罪的,依法追究刑事责任。

续表

《中华人民共和国文物保护法》(2015年修正)经全国人大常委会通过的现行法律	《中华人民共和国文物保护法》(2016年修订草案送审稿)由国务院法制办向社会公开征求意见
第七十一条　买卖国家禁止买卖的文物或者将禁止出境的文物转让、出租、质押给外国人,尚不构成犯罪的,由县级以上人民政府文物主管部门责令改正,没收违法所得,违法经营额一万元以上的,并处违法经营额二倍以上五倍以下的罚款;违法经营额不足一万元的,并处五千元以上二万元以下的罚款。	**第九十九条　违反本法第六十条规定,买卖禁止买卖的文物尚未构成犯罪的,由县级以上人民政府文物主管部门没收涉案文物和违法所得,并对买卖双方分别处违法所得金额5倍以上8倍以下罚款;构成犯罪的,依法追究刑事责任。**
第七十二条　未经许可,擅自设立文物商店、经营文物拍卖的拍卖企业,或者擅自从事文物的商业经营活动,尚不构成犯罪的,由工商行政管理部门依法予以制止,没收违法所得、非法经营的文物,违法经营额五万元以上的,并处违法经营额二倍以上五倍以下的罚款;违法经营额不足五万元的,并处二万元以上十万元以下的罚款。	**删除**
第七十三条　有下列情形之一的,由工商行政管理部门没收违法所得、非法经营的文物,违法经营额五万元以上的,并处违法经营额一倍以上三倍以下的罚款;违法经营额不足五万元的,并处五千元以上五万元以下的罚款;情节严重的,由原发证机关吊销许可证书: (一)文物商店从事文物拍卖经营活动的; (二)经营文物拍卖的拍卖企业从事文物购销经营活动的; (三)文物商店销售的文物、拍卖企业拍卖的文物,未经审核的; (四)文物收藏单位从事文物的商业经营活动的。	**第一百条　违反本法规定,有下列情形之一的,由县级以上人民政府文物主管部门责令改正,没收涉案文物和违法所得,并处违法所得金额5倍以上8倍以下罚款;未按照要求改正的,责令停业整顿;情节严重的,由工商行政管理部门吊销工商营业执照:** **(一)文物购销企业从事文物拍卖或者设立文物拍卖企业;** **(二)文物拍卖企业从事文物购销或者设立文物购销企业。**
第七十六条　文物行政部门、文物收藏单位、文物商店、经营文物拍卖的拍卖企业的工作人员,有下列行为之一的,依法给予行政处分,情节严重的,依法开除公职或者吊销其从业资格;构成犯罪的,依法追究刑事责任:	**第一百零一条　违反本法第六十二条　规定的,由县级以上人民政府文物主管部门责令改正,没收涉案文物和违法所得,并处违法所得金额5倍以上8倍以下罚款;已经取得工商营业执照的,由工商行政管理部门吊销工商营业执照。**

续表

《中华人民共和国文物保护法》(2015 年修正) 经全国人大常委会通过的现行法律	《中华人民共和国文物保护法》(2016 年修订草案送审稿) 由国务院法制办向社会公开征求意见
(一)文物行政部门的工作人员违反本法规定,滥用审批权限、不履行职责或者发现违法行为不予查处,造成严重后果的; (二)文物行政部门和国有文物收藏单位的工作人员借用或者非法侵占国有文物的; (三)文物行政部门的工作人员举办或者参与举办文物商店或者经营文物拍卖的拍卖企业的; (四)因不负责任造成文物保护单位、珍贵文物损毁或者流失的; (五)贪污、挪用文物保护经费的。 前款被开除公职或者被吊销从业资格的人员,自被开除公职或者被吊销从业资格之日起十年内不得担任文物管理人员或者从事文物经营活动。	
第六十五条　违反本法规定,造成文物灭失、损毁的,依法承担民事责任。 违反本法规定,构成违反治安管理行为的,由公安机关依法给予治安管理处罚。 违反本法规定,构成走私行为,尚不构成犯罪的,由海关依照有关法律、行政法规的规定给予处罚。	**第一百零二条　违反本法对文物出境进境管理规定的,由海关查封、扣押涉案文物,并依照有关法律、法规给予处罚;构成犯罪的,依法追究刑事责任。**
第六十八条　有下列行为之一的,由县级以上人民政府文物主管部门责令改正,没收违法所得,违法所得一万元以上的,并处违法所得二倍以上五倍以下的罚款;违法所得不足一万元的,并处五千元以上二万元以下的罚款: (一)转让或者抵押国有不可移动文物,或者将国有不可移动文物作为企业资产经营的; (二)将非国有不可移动文物转让或者抵押给外国人的; (三)擅自改变国有文物保护单位的用途的。	**第一百零三条　违反本法第七十四条　第一款规定的,由县级以上人民政府文物主管部门责令改正,没收违法所得,并处违法所得金额 5 倍以上 8 倍以下罚款;构成犯罪的,依法追究刑事责任。**

续表

《中华人民共和国文物保护法》（2015 年修正）经全国人大常委会通过的现行法律	《中华人民共和国文物保护法》（2016 年修订草案送审稿）由国务院法制办向社会公开征求意见
	第一百零四条　违反本法规定，在我国管辖海域内破坏、发掘、走私文物的，由国务院海洋主管部门会同国务院文物主管部门查封、扣押涉案文物、船只、工具等，并依照有关法律、法规进行处罚；构成犯罪的，依法追究刑事责任。
	第一百零五条　违反本法规定，构成违反治安管理行为的，**依照治安管理的法律、法规给予处罚。**
	第一百零六条　违反本法规定，造成文物**破坏**、损毁、灭失的，**除应当依法给予行政处罚或者追究刑事责任外，还应当**依法承担民事责任。
	第一百零七条　责任单位或者责任人逾期不履行依照本法作出的罚款的行政处罚决定，作出行政处罚决定的行政机关可以加处罚款或者滞纳金。加处罚款或者滞纳金的数额不得超出行政处罚决定的数额。
第七十九条　人民法院、人民检察院、公安机关、海关和工商行政管理部门依法没收的文物应当登记造册，妥善保管，结案后无偿移交文物行政部门，由文物行政部门指定的国有文物收藏单位收藏。	**第一百零八条　人民法院、人民检察院、公安机关、海关、工商行政管理部门、海洋主管部门等，对**依法没收的**涉案**文物，应当**及时**登记造册，妥善保管，**并将登记册副本送达同级文物主管部门；**结案后**30 日内，应当将罚没文物**无偿移交**同级**文物主管部门，**并**由文物主管部门指定国有**博物馆**收藏。
第七十七条　有本法第六十六条、第六十八条、第七十条、第七十一条、第七十四条、第七十五条　规定所列行为之一的，负有责任的主管人员和其他直接责任人员是国家工作人员的，依法给予行政处分。	**第一百零九条　文物主管部门和其他负有文物保护管理职责的国家机关及其工作人员，**滥用职权、玩忽职守、徇私舞弊，**违反本法规定造成文物破坏、损毁或者灭失的，**对负有责任的主管人员和其他直接责任人员，**由任免机关或者监察机关**依法给予处分；构成犯罪的，依法追究刑事责任。
第七十八条　公安机关、工商行政管理部门、海关、城乡建设规划部门和其他国家机关，违反本法规定滥用职权、玩忽	

续表

《中华人民共和国文物保护法》 （2015 年修正） 经全国人大常委会通过的现行法律	《中华人民共和国文物保护法》 （2016 年修订草案送审稿） 由国务院法制办向社会公开征求意见
职守、徇私舞弊，造成国家保护的珍贵文物损毁或者流失的，对负有责任的主管人员和其他直接责任人员依法给予行政处分；构成犯罪的，依法追究刑事责任。	
第八章　附　　则	**第九章**　附　　则
	第一百一十条　本法规定的各项行政审批的时限，按照行政许可法的规定执行。
	第一百一十一条　本法规定应当取得资质、资格的，相关资质、资格由有关全国性文物行业组织进行认证和管理；资质、资格的认证标准由国务院文物主管部门制定。
	第一百一十二条　文物司法鉴定，由国务院司法行政部门会同国务院文物主管部门实施管理。
	第一百一十三条　文物保护涉及的消防设施、消防通道、安全防护设施等，应当按照有关消防、安防的技术标准和规范设置；确因文物保护需要，无法按照有关标准和规范设置的，由县级以上人民政府文物主管部门会同有关部门制定专门的消防、安防等措施。
	第一百一十四条　文物保护领域综合执法，按照国务院的决定执行。
第八十条　本法自公布之日起施行。	**第一百一十五条**　本法自年月日起施行。**年月日第届全国人民代表大会常务委员第次会议通过的《中华人民共和国文物保护法》同时废止。**